Ernst A. Kramer

Juristische Methodenlehre

Juristische Methodenlehre

Ernst A. Kramer

Professor emeritus an der Universität Basel

6. Auflage

 Verlag C.H. BECK München

 MANZ Wien

 Stämpfli Verlag

Bibliografische Information der Deutschen Nationalbibliothek
Die Deutsche Nationalbibliothek verzeichnet diese Publikation in der Deutschen National-
bibliografie; detaillierte bibliografische Daten sind im Internet über http://dnb.d-nb.de ab-
rufbar.

© Stämpfli Verlag AG Bern · 2019

Dieses Werk ist in unserem Buchshop unter
www.staempfliverlag.com erhältlich.

ISBN Print   978-3-7272-3462-0 (Stämpfli)

ISBN 978-3-406-74474-7 (Beck)
ISBN 978-3-214-06739-7 (Manz)

FSC
www.fsc.org
MIX
Papier aus ver-
antwortungsvollen
Quellen
FSC® C019821

«Methode ist, so könnte man knapp formu-
lieren, der Umweg zu einer Sache, die auf
dem kürzesten Weg nicht oder doch nur
scheinbar zu haben ist.»
Helmut MAYER
(in: «NZZ» 28./29.6.2003, Nr. 147, 76)

Vorwort

Die vorliegende 6. Auflage enthält durchgängig punktuelle Aktualisierungen und Verbesserungen.

Zur Anlage des Buches, das auf meinen St. Galler und Basler Methodenvorlesungen beruht, ist weiterhin auf das im Anschluss auszugsweise abgedruckte Vorwort zur 1. Auflage zu verweisen. Dort findet sich auch eine Begründung für den für ein Lehrbuch auffallend umfangreichen Fussnotenapparat. Um diesen zu entlasten, versucht die Neuauflage eine Neuerung: Ehemalige, oft sehr umfangreiche Fussnoten, die nicht in erster Linie Belegfunktion erfüllen, sondern vertiefenden oder weiterführenden Charakter haben, sind nun in den Text heraufgenommen worden, gestaltet als vom Haupttext abgehobene, enger gedruckte Passagen mit Einschubcharakter.

Deutschen und österreichischen Leserinnen und Lesern gegenüber ist klarzustellen, dass sich das Buch grundsätzlich am schweizerischen Recht orientiert. Der Umstand, dass es erfreulicher Weise auch in Deutschland und Österreich Beachtung gefunden hat, belegt allerdings, dass die in dieser Einführung angesprochenen methodologischen Weichenstellungen in Deutschland und Österreich regelmässig gleich oder doch wenigstens vergleichbar zu beurteilen sind wie nach schweizerischem Recht. Dazu im Einführungskapitel auch die Erläuterung im Texteinschub auf S. 51 f. Hinweise und Belege zum deutschen und österreichischen Recht sowie zu anderen ausländischen Rechtsordnungen sind regelmässig als solche gekennzeichnet.

Michael STÜRNER (Universität Konstanz) danke ich für wertvolle Hinweise. Sehr zu danken habe ich auch diesmal Frau Daniela DE MARCO in St. Gallen, die das Manuskript wie immer sorgfältig ins Reine schrieb. Die Zusammenarbeit mit dem Stämpfli Verlag liess keine Wünsche übrig.

Das Buch ist meiner Frau Karin Verena gewidmet. Sie hat mich vor vielen Jahren motiviert, mein Basler Vorlesungsmanuskript zu einem Lehrbuch auszubauen.

Basel/St. Gallen, im Juni 2019   ERNST A. KRAMER

Aus dem Vorwort zur Erstauflage

Der Titel des Buches spricht sehr weitgehend von «Juristischer Methodenlehre», obwohl es «nur» um deren traditionellen Kernbereich, die Methode der Rechtsfindung, geht, nicht aber um methodologische Probleme der Vertragsgestaltung und der Gesetzgebung. Das Buch ist darüber hinaus aus der Optik eines Privatrechtlers geschrieben. Dies bedeutet, dass die Beispiele aus der Gesetzgebung und die Auseinandersetzung mit einschlägiger Literatur und Judikatur regelmässig privatrechtsorientiert sind. Ich bin mir bewusst, dass die spezifischen methodologischen Problemstellungen des Öffentlichen Rechts und des Strafrechts nicht voll ausgelotet sind, meine aber trotzdem, dass die Ausführungen im Allgemeinen auf das schweizerische Recht insgesamt bezogen werden können. Im Übrigen ist zum Inhalt nicht mehr zu sagen; das Buch sollte für sich selbst sprechen können.

In Bezug auf die äussere Gestaltung will ich den studierenden Leserinnen und Lesern den Zuspruch mitgeben, dass sie sich durch den für Lehrbücher ungewöhnlich umfangreichen Anmerkungsapparat nicht abschrecken lassen sollten. Ich wollte auf diesen nicht verzichten, zum einen, weil methodologische Ausführungen noch viel stärker als rechtsdogmatische Stellungnahmen vom oft recht persönlich gefärbten theoretischen Positionsbezug des Verfassers geprägt sind, so dass der Leser über den Anmerkungsapparat zu weiterführender Lektüre vor allem auch abweichender Auffassungen angeregt werden sollte; zum anderen, weil in Bezug auf methodologische Fragen geradezu nichts selbstverständlich ist, so dass das Bedürfnis, die eigene Auffassung zu belegen, noch viel stärker empfunden wird als bei Publikationen in «etablierten» Fachdisziplinen.

Inhaltsverzeichnis

11

14

Abkürzungsverzeichnis

a.a.O.	am angeführten Ort
ABGB	Allgemeines Bürgerliches Gesetzbuch für Österreich vom 1.6.1811
Abs.	Absatz
abw.	abweichend
AcP	Archiv für die civilistische Praxis
AEUV	Vertrag über die Arbeitsweise der Europäischen Union (in Kraft seit 1.12.2009)
AGB	Allgemeine Geschäftsbedingungen
AHV	Alters- und Hinterlassenenversicherung
AJP	Aktuelle Juristische Praxis
ALR	Preussisches Allgemeines Landrecht vom 5.7.1794
A.M. (a.M.)	Anderer Meinung
AöR	Archiv des öffentlichen Rechts
AppGer	Appellationsgericht
ARSP	Archiv für Rechts- und Sozialphilosophie
Art.	Artikel
ARV	Zeitschrift für Arbeitsrecht und Arbeitslosenversicherung
AS	Amtliche Sammlung des Bundesrechts
ASA	Archiv für Schweizerisches Abgaberecht
Aufl.	Auflage
AVG	Bundesgesetz über die Arbeitsvermittlung und den Personalverleih vom 6.10.1989
BAG	(deutsches) Bundesarbeitsgericht
BAGE	Entscheidungen des (deutschen) Bundesarbeitsgerichts
BB	Der Betriebs-Berater
BBl	Bundesblatt der Schweizerischen Eidgenossenschaft
Bd.	Band
BetmG	Bundesgesetz über Betäubungsmittel vom 3.10.1951
BezGer	Bezirksgericht
BGB	Bürgerliches Gesetzbuch für das Deutsche Reich vom 18.8.1896
BGE	Entscheidungen des Schweizerischen Bundesgerichts

BGer	Schweizerisches Bundesgericht
BGG	Bundesgesetz über das Bundesgericht vom 17.6.2005
BGHSt	Entscheidungen des (deutschen) Bundesgerichtshofes in Strafsachen
BGHZ	Entscheidungen des (deutschen) Bundesgerichtshofes in Zivilsachen
BJM	Basler Juristische Mitteilungen
BK	(Berner) Kommentar zum schweizerischen Privatrecht
BR	Baurecht, Mitteilungen des Seminars für schweizerisches Baurecht
BSK	Basler Kommentar zum Schweizerischen Privatrecht
BV	Schweizerische Bundesverfassung vom 28.5.1874
BVerfG	(deutsches) Bundesverfassungsgericht
BVerfGE	Entscheidungen des (deutschen) Bundesverfassungsgerichts
bzw.	beziehungsweise
Cal. Law Rev.	California Law Review
chap.	chapitre
Cir.	Circuit
CISG	siehe UN-Kaufrecht
Dalloz	Recueil Le Dalloz
dens.	denselben
ders.	derselbe
d.h.	das heisst
dies.	dieselben
Dig.	Digesten
Diss.	Dissertation
DÖV	Die öffentliche Verwaltung
DSG	Bundesgesetz über den Datenschutz vom 19.6.1992
DVBl.	Deutsches Verwaltungsblatt
E.	Erwägung (in einer Bundesgerichtsentscheidung)
EGV	Vertrag zur Gründung der Europäischen Gemeinschaft (Stand vor 1.12.2009)
EGMR	Europäischer Gerichtshof für Menschenrechte
EMRK	Europäische Menschenrechtskonvention
ERPL	European Review of Private Law
et al.	et alii

etc.	et cetera
EU	Europäische Union
EuGH	Europäischer Gerichtshof (seit 1.12.2009: Gerichtshof der Europäischen Union)
EuGRZ	Europäische Grundrechts-Zeitschrift
EuR	Europarecht (Zeitschrift)
EUV	Vertrag über die Europäische Union (in Kraft seit 1.12. 2009)
EuZW	Europäische Zeitschrift für Wirtschaftsrecht
EvBl	Evidenzblatt der Rechtsmittelentscheidungen (in: ÖJZ)
EVGE	Entscheidungen des Eidgenössischen Versicherungsgerichts
EWR	Europäischer Wirtschaftsraum
EWS	Europäisches Wirtschafts- und Steuerrecht
f. (ff.)	folgende (fortfolgende)
F.2d	Federal Reporter Second Series
FN	Fussnote
GAV	Gesamtarbeitsvertrag
GG	Grundgesetz für die Bundesrepublik Deutschland vom 23.5.1949
GPR	Zeitschrift für Gemeinschaftsprivatrecht
GrünhutsZ	Zeitschrift für das Privat- und öffentliche Recht der Gegenwart
GRUR	Gewerblicher Rechtsschutz und Urheberrecht: Zeitschrift des Deutschen Vereins zum Schutz des gewerblichen Eigentums
GSchG	Bundesgesetz über den Schutz der Gewässer vom 24.1.1991
GV	Generalversammlung
GVG	Bundesgesetz über den Geschäftsverkehr der Bundesversammlung vom 23.3.1962
Harv. Law Rev.	Harvard Law Review
HAVE	Haftung und Versicherung
h.L.	herrschende Lehre
Hrsg.	Herausgeber
ICLQ	International and Comparative Law Quarterly
i.d.F.	in der Fassung

i.e.S.	im engeren Sinne
IGH	Internationaler Gerichtshof (Den Haag)
IPRG	Bundesgesetz über das internationale Privatrecht vom 18.12.1987
i.S.	im Sinne
i.V.m.	in Verbindung mit
i.w.S.	im weiteren Sinne
JAR	Jahrbuch des Schweizerischen Arbeitsrechts
Jb.	Jahrbuch
JBl	Juristische Blätter
JCP	Juris-Classeur Périodique / La Semaine Juridique, édition générale
JherJb.	Jherings Jahrbücher
J. Leg. Stud.	Journal of Legal Studies
JuS	Juristische Schulung
JW	Juristische Wochenschrift
JZ	Juristenzeitung
Kap.	Kapitel
KG	Bundesgesetz über Kartelle und andere Wettbewerbs-beschränkungen vom 6.10.1995 (mit Änderungen vom 20.6.2003)
KKG	Bundesgesetz über den Konsumkredit vom 23.3.2001
KritV	Kritische Vierteljahreszeitschrift für Gesetzgebung und Rechtswissenschaft
KSchG	(österreichisches) Konsumentenschutzgesetz vom 8.3.1979
KV	Kantonsverfassung
LES	Liechtensteinische Entscheidungssammlung (Teil der LJZ)
lit.	litera
Liv.	Livre
LJZ	Liechtensteinische Juristen-Zeitung
LPG	Bundesgesetz über die landwirtschaftliche Pacht vom 3.10.1952
Mass.	Massachusetts
MBVR	Monatsschrift für bernisches Verwaltungsrecht und Notariatswesen

MSchG	Bundesgesetz über den Schutz von Marken und Herkunftsangaben vom 28.8.1992
Münch.Komm.	Münchener Kommentar zum BGB
N	Randnote (Randnummer)
Nachw.	Nachweise
n.Chr.	nach Christus
NJW	Neue Juristische Wochenschrift
Nr.	Nummer
NStZ	Neue Zeitschrift für Strafrecht
NZZ	Neue Zürcher Zeitung
OGer	Obergericht
OGH	Oberster Gerichtshof (österreichisch oder liechtensteinisch)
ÖBA	Österreichisches Bankarchiv
ÖJZ	Österreichische Juristen-Zeitung
OLGZ	Oberlandesgericht in Zivilsachen
OR	Bundesgesetz betreffend die Ergänzung des Schweizerischen Zivilgesetzbuches, Fünfter Teil: Obligationenrecht vom 30.3.1911
P.	Punkt
ParlG	Bundesgesetz über die Bundesversammlung vom 13.12.2002
PartG	Bundesgesetz über die eingetragene Partnerschaft gleichgeschlechtlicher Paare vom 18.6.2004
PBV	Verordnung über die Bekanntgabe von Preisen vom 11.12.1978
PRG	Bundesgesetz über Pauschalreisen vom 18.6.1993
PrHG	Bundesgesetz über die Produktehaftpflicht vom 18.6.1993
PüG	Bundesgesetz über die Preisüberwachung vom 20.12.1985
RabelsZ	Rabels Zeitschrift für ausländisches und internationales Privatrecht
RdA	Recht der Arbeit
recht	recht. Zeitschrift für juristische Ausbildung und Praxis
Rev. int. de droit comp.	Revue internationale de droit comparé
RGZ	(deutsches) Reichsgericht in Zivilsachen

S.	Seite
S. (s.)	Siehe
SemJud	La Semaine Judicaire
sic!	Zeitschrift für Immaterialgüter-, Informations- und Wettbewerbsrecht
SJZ	Schweizerische Juristen-Zeitung
SPR	Schweizerisches Privatrecht (Buchreihe hrsg. von CHAPPUIS u.a.)
StGB	Schweizerisches Strafgesetzbuch vom 21.12.1937
StuW	Steuer und Wirtschaft: Zeitschrift für die gesamten Steuerwissenschaften
SVG	Bundesgesetz über den Strassenverkehr vom 19.12.1958
SZ	Entscheidungen des österreichischen Obersten Gerichtshofes in Zivil- und Justizverwaltungssachen
SZIER	Schweizerische Zeitschrift für Internationales und Europäisches Recht
SZW	Schweizerische Zeitschrift für Wirtschaftsrecht
t.	tome
TPG	Bundesgesetz über die Transplantationen von Organen, Geweben und Zellen vom 8.10.2004
u.a.	und andere
UN	United Nations
UN-Kaufrecht	Übereinkommen der Vereinten Nationen über Verträge über den internationalen Warenkauf vom 11.4.1980 / United Nations Convention on Contracts for the International Sale of Goods («CISG»)
U.S.	United States Reporter
USG	Bundesgesetz über den Umweltschutz vom 7.10.1983
u.U.	unter Umständen
UWG	Bundesgesetz gegen den unlauteren Wettbewerb vom 19.12.1986
v.	versus
Verf.	Verfasser
VersR	Versicherungsrecht
vgl.	vergleiche
Vol.	Volume

VVDStRL	Veröffentlichungen der Vereinigung deutscher Staatsrechtslehrer
VVG	Bundesgesetz über den Versicherungsvertrag vom 3.4.1908
WaG	Bundesgesetz über den Wald vom 4.10.1991
wbl	Wirtschaftsrechtliche Blätter
WLR	Weekly Law Reports
WM	Wertpapiermitteilungen
WRP	Wettbewerb in Recht und Praxis
WVK	Wiener Übereinkommen über das Recht der Verträge
ZaöRV	Zeitschrift für ausländisches öffentliches Recht und Völkerrecht
z.B.	zum Beispiel
ZBGR	Schweizerisches Zeitschrift für Beurkundungs- und Grundbuchrecht
ZBJV	Zeitschrift des Bernischen Juristenvereins
ZBl	Schweizerisches Zentralblatt für Staats- und Verwaltungsrecht
ZEuP	Zeitschrift für Europäisches Privatrecht
ZfPW	Zeitschrift für die gesamte Privatrechtswissenschaft
ZfRV	Zeitschrift für Europarecht, Internationales Privatrecht und Rechtsvergleichung
ZVglRWiss	Zeitschrift für Vergleichende Rechtswissenschaft
ZG	Zeitschrift für Gesetzgebung
ZGB	Schweizerisches Zivilgesetzbuch vom 10.12.1907
Z. ges. Staatswiss.	Zeitschrift für die gesamte Staatswissenschaft
ZGR	Zeitschrift für Unternehmens- und Gesellschaftsrecht
ZHR	Zeitschrift für das gesamte Handelsrecht und Wirtschaftsrecht
Ziff.	Ziffer
ZIP	Zeitschrift für Wirtschaftsrecht
ZK	(Zürcher) Kommentar zum schweizerischen Zivilgesetzbuch
ZNR	Zeitschrift für Neuere Rechtsgeschichte
ZöR	Zeitschrift für öffentliches Recht
ZR	Blätter für Zürcherische Rechtsprechung
ZRP	Zeitschrift für Rechtspolitik
ZSR	Zeitschrift für Schweizerisches Recht

ZStrR	Schweizerische Zeitschrift für Strafrecht
ZStrW	Zeitschrift für die gesamte Strafrechtswissenschaft
z.T.	zum Teil
ZVersWiss	Zeitschrift für die gesamte Versicherungswissenschaft
ZVR	Zeitschrift für Verkehrsrecht
ZZP	Zeitschrift für Zivilprozess

Verzeichnis der abgekürzt zitierten Literatur*

ADOMEIT KLAUS/HÄHNCHEN SUSANNE, Rechtstheorie für Studenten, 6. Aufl., Heidelberg 2012

ALEXY ROBERT, Theorie der juristischen Argumentation: die Theorie des rationalen Diskurses als Theorie der juristischen Begründung, 3. Aufl., Frankfurt a.M. 1996

AMSTUTZ MARC, *Interpretatio multiplex*: Zur Europäisierung des schweizerischen Privatrechts im Spiegel von BGE 129 III 335, in: Privatrecht und Methode: Festschrift für Ernst A. Kramer, Basel 2004, 67 ff.

AMSTUTZ MARC/NIGGLI ALEXANDER, Recht und Wittgenstein III. Vom Gesetzeswortlaut und seiner Rolle in der rechtswissenschaftlichen Methodenlehre, in: Richterliche Rechtsfortbildung in Theorie und Praxis: Festschrift für Hans Peter Walter, Bern 2005, 9 ff.

ARZT GUNTHER, Einführung in die Rechtswissenschaft: Grundlagen mit Beispielen aus dem schweizerischen Recht, 2. Aufl., Basel/Frankfurt a.M. 1996

AUER MARIETTA, Materialisierung, Flexibilisierung, Richterfreiheit. Generalklauseln im Spiegel der Antinomien des Privatrechtsdenkens, Tübingen 2005

BALDUS CHRISTIAN/THEISEN FRANK/VOGEL FRIEDERIKE (Hrsg.), «Gesetzgeber» und Rechtsanwendung, Tübingen 2013

BALDUS MANFRED, Die Einheit der Rechtsordnung: Bedeutungen einer juristischen Formel in Rechtstheorie, Zivil- und Staatsrechtswissenschaft des 19. und 20. Jahrhunderts, Berlin 1995

BÄR ROLF, Praxisänderung und Rechtssicherheit, in: Freiheit und Verantwortung im Recht: Festschrift zum 60. Geburtstag von Arthur Meier-Hayoz, Bern 1982, 1 ff.

BARAK AHARON, Purposive Interpretation in Law, Princeton und Oxford 2005

BÉGUELIN MICHEL, Das Gewohnheitsrecht in der Praxis des Bundesgerichts, Bern 1968

BENGOETXEA JOXERRAMON, The Legal Reasoning of the European Court of Justice, Oxford 1993

---

*   Die *kursiv gesetzten Titelbestandteile* beziehen sich auf die in den Fussnoten verwendeten Kurztitel.

BIAGGINI GIOVANNI, *Verfassung* und Richterrecht: verfassungsrechtliche Grenzen der Rechtsfortbildung im Wege der bundesgerichtlichen Rechtsprechung, Basel/Frankfurt a.M. 1991

BIAGGINI GIOVANNI, Methodik in der Rechtsanwendung, in: Grundprobleme der Auslegung aus Sicht des öffentlichen Rechts. *Symposium* zum 60. Geburtstag von René *Rhinow*, Bern 2004, 27 ff.

BIAGGINI GIOVANNI, «*Ratio legis*» und richterliche Rechtsfortbildung, in: Die Bedeutung der «Ratio Legis», Kolloquium der Juristischen Fakultät der Universität Basel, Basel etc. 2001, 51 ff.

BOBBIO NORBERTO, Teoria generale del diritto, Torino 1993

BÖCKLI PETER, Steuerumgehung: Qualifikation gegenläufiger Rechtsgeschäfte und normative Gegenprobe, in: Steuerrecht im Rechtsstaat: Festschrift für Francis Cagianut zum 65. Geburtstag, Bern/Stuttgart 1990, 289 ff.

BRANDENBURG HANS-FRIEDRICH, Die teleologische Reduktion: Grundlagen und Erscheinungsformen der auslegungsunterschreitenden Gesetzeseinschränkung im Privatrecht, Göttingen 1983

BURCKHARDT WALTHER, *Methode* und System des Rechts: mit Beispielen, Zürich 1936

BURCKHARDT WALTHER, *Einführung* in die Rechtswissenschaft, 2. Aufl., Zürich 1948

BUSSE DIETRICH, Juristische Semantik: Grundfragen der juristischen Interpretationstheorie in sprachwissenschaftlicher Sicht, Berlin 1993

BYDLINSKI FRANZ, *Privatautonomie* und objektive Grundlagen des verpflichtenden Rechtsgeschäftes, Wien/New York 1967

BYDLINSKI FRANZ, Möglichkeiten und Grenzen der Präzisierung aktueller Generalklauseln, in: Rechtsdogmatik und praktische Vernunft: *Symposion* zum 80. Geburtstag von Franz *Wieacker*, Göttingen 1990, 189 ff.

BYDLINSKI FRANZ, Juristische *Methodenlehre* und Rechtsbegriff, 2. Aufl., Wien/New York 1991

BYDLINSKI FRANZ, Über prinzipiell-systematische *Rechtsfindung* im Privatrecht: Vortrag, gehalten vor der Juristischen Gesellschaft zu Berlin am 17. Mai 1995, Berlin/New York 1995

BYDLINSKI FRANZ, *System* und Prinzipien des Privatrechts, Wien/New York 1996

BYDLINSKI FRANZ, *Richterrecht* über Richterrecht, in: 50 Jahre Bundesgerichtshof. Festgabe aus der Wissenschaft, Bd. I, München 2000

BYDLINSKI FRANZ/BYDLINSKI PETER, Grundzüge der juristischen Methodenlehre, 3. Aufl., Wien 2018

CANARIS CLAUS-WILHELM, *Systemdenken* und Systembegriff in der Jurisprudenz: entwickelt am Beispiel des deutschen Privatrechts, 2. Aufl., Berlin
1983

CANARIS CLAUS-WILHELM, Die *Feststellung von Lücken* im Gesetz: eine methodologische Studie über Voraussetzungen und Grenzen der richterlichen
Rechtsfortbildung praeter legem, 2. Aufl., Berlin 1983

CANARIS CLAUS-WILHELM, Die richtlinienkonforme Auslegung und Rechtsfortbildung im System der juristischen Methodenlehre, in: Im Dienste der Gerechtigkeit: *Festschrift* für Franz *Bydlinski*, Wien/New York 2002, 69 ff.

CARNELUTTI FRANCESCO, Teoria generale del diritto, Roma 1940

CARONI PIO, Einleitungstitel des Zivilgesetzbuches, Basel/Frankfurt a.M. 1996

CHIARIELLO ELISABETH, Der Richter als Verfassungsgeber? – Zur Fortbildung
von Grundlagen des Rechtsstaats und der Demokratie durch höchste Gerichte, Zürich/St. Gallen 2009

COING HELMUT, Juristische Methodenlehre, Berlin/New York 1972

DECKERT MARTINA RENATE, Folgenorientierung in der Rechtsanwendung,
München 1995

DEDEYAN DANIEL, Regulierung der Unternehmenskommunikation, Zürich/
Basel/Genf 2015

DESCHENAUX HENRI, Der Einleitungstitel, in: Schweizerisches Privatrecht,
Bd. II, Basel/Stuttgart 1967

DÜRR DAVID, in: Zürcher Kommentar, 1. Teilbd., Vorb. zu Art. 1 und 4 ZGB;
Kommentar zu Art. 1 ZGB, Zürich 1998 (zit. ZK-ZGB/DÜRR)

DU PASQUIER CLAUDE, Les lacunes de la loi et la jurisprudence du Tribunal fé-
déral suisse sur l'art. 1 er CCS, Basel 1951

EGGER AUGUST, in: Zürcher Kommentar, I. Bd., Einleitung (Art. 1–10 ZGB),
Das Personenrecht (Art. 11–89 ZGB), 2. Aufl., Zürich 1930 (Nachdruck
1978)

EHRENZWEIG ARMIN, System des österreichischen allgemeinen Privatrechts,
Bd. I/1: Allgemeiner Teil, 2. Aufl., Wien 1951

EHRLICH EUGEN, Die juristische Logik, 2. Aufl., Tübingen 1925

EMMENEGGER SUSAN/TSCHENTSCHER AXEL, Kommentar zu Art. 1 ZGB, in: Caroni Pio u.a., Berner Kommentar, Bd. I, 1. Abteilung (Art. 1–9 ZGB), Bern
2012

ENGISCH KARL, Der Begriff der Rechtslücke. Eine analytische Studie zu Wilhelm Sauers Methodenlehre, in: *Festschrift* für Wilhelm *Sauer* zu seinem
70. Geburtstag am 24. Juni 1949, Berlin 1949, 85 ff.

ENGISCH KARL, *Logische Studien* zur Gesetzesanwendung, 3. Aufl., Heidelberg 1963

ENGISCH KARL, *Einführung* in das juristische Denken, 11. Aufl., hrsg. und bearbeitet von Würtenberger Thomas/Otto Dirk, Stuttgart etc. 2010

ERNST WOLFGANG, Gelehrtes Recht. Die Jurisprudenz aus der Sicht des Zivilrechtlehrers, in: Christoph Engel/Wolfgang Schön (Hrsg.), Das Proprium der Rechtswissenschaft, Tübingen 2007, 3 ff.

ESSER JOSEF, Richterrecht, Gerichtsgebrauch und Gewohnheitsrecht, in: *Festschrift* für Fritz *von Hippel* zum 70. Geburtstag, Tübingen 1967, 95 ff.

ESSER JOSEF, *Vorverständnis und Methodenwahl* in der Rechtsfindung: Rationalitätsgrundlagen richterlicher Entscheidungspraxis, Frankfurt a.M. 1972

ESSER JOSEF, *Grundsatz und Norm* in der richterlichen Fortbildung des Privatrechts: rechtsvergleichende Beiträge zur Rechtsquellen- und Interpretationslehre, 4. Aufl., Tübingen 1990

FIKENTSCHER WOLFGANG, Methoden des Rechts in vergleichender Darstellung, 5 Bde., Tübingen 1975–1977

FORSTMOSER PETER/MEIER-HAYOZ ARTHUR/NOBEL PETER, Schweizerisches Aktienrecht, Bern 1996

FORSTMOSER PETER/VOGT HANS-UELI, Einführung in das Recht, 5. Aufl., Bern 2012

GADAMER HANS-GEORG, Gesammelte Werke / Bd. 1 Hermeneutik I. Wahrheit und Methode. Grundzüge einer philosophischen Hermeneutik, unveränderte Ausgabe, Tübingen 2010

GÄCHTER THOMAS, Rechtsmissbrauch im öffentlichen Recht, Zürich 2005.

GAUCH PETER, Der Werkvertrag: ein systematischer Grundriss, 7. Aufl., Zürich 2019

GAUCH PETER/SCHLUEP WALTER R./SCHMID JÖRG, Schweizerisches Obligationenrecht. Allgemeiner Teil, Bd. I, 10. Aufl., Zürich 2014

GERMANN OSKAR ADOLF, *Präjudizien* als Rechtsquelle: eine Studie zu den Methoden der Rechtsfindung, Stockholm etc. 1960

GERMANN OSKAR ADOLF, *Probleme* und Methoden der Rechtsfindung, 2. Aufl., Bern 1967

GIGER HANS, in: Berner Kommentar, Teilbd VI, 2. Abteilung, 1. Teilbd., 1. Abschnitt, Allgemeine Bestimmungen – Der Fahrniskauf (Art. 184–215 OR), Bern 1979 (zit. BK-OR/GIGER)

GMÜR MAX, Die Anwendung des Rechts nach Art. 1 des schweizerischen Zivilgesetzbuches, Bern 1908

GRUBER URS PETER, Methoden des internationalen Einheitsrechts, Tübingen 2004

HABERMAS JÜRGEN, Faktizität und Geltung, 4. Aufl., Frankfurt a.M. 1994

HÄFELIN ULRICH, Die verfassungskonforme Auslegung und ihre Grenzen, in: Recht als Prozess und Gefüge: Festschrift für Hans Huber zum 80. Geburtstag, Bern 1981, 241 ff.

HÄFELIN ULRICH, Zur Lückenfüllung im öffentlichen Recht, in: *Festschrift* zum 70. Geburtstag von Hans *Nef*, Zürich 1981, 91 ff.

HÄFELIN ULRICH, Bindung des Richters an den Wortlaut des Gesetzes, in: *Festschrift* für Cyril *Hegnauer* zum 65. Geburtstag, Bern 1986, 111 ff.

HÄFELIN ULRICH/HALLER WALTER/KELLER HELEN/THURNHERR DANIELA, Schweizerisches Bundesstaatsrecht, 9. Aufl., Zürich 2016

HÄFELIN ULRICH/MÜLLER GEORG/UHLMANN FELIX, Allgemeines Verwaltungsrecht, 7. Aufl., Zürich 2016

HAGER GÜNTER, Rechtsmethoden in Europa, Tübingen 2009

HANGARTNER YVO, Grundzüge des schweizerischen Staatsrechts, 2 Bde., Zürich 1980/1982

HART H.L.A., The Concept of Law, 2. Aufl., Oxford 1994

HASENBÖHLER FRANZ, Richter und Gesetzgeber in der Schweiz, in: Frank Richard (Hrsg.), Unabhängigkeit und Bindungen des Richters in der Bundesrepublik Deutschland, in Österreich und in der Schweiz: Ergebnisse einer internationalen Richtertagung, ZSR-Beiheft 12, 2. Aufl., Basel 1997, 99 ff.

HASSEMER WINFRIED, Erscheinungsformen des modernen Rechts, Frankfurt a.M. 2007

HAUSHEER HEINZ/JAUN MANUEL, Die Einleitungsartikel des ZGB: Art. 1–10 ZGB, Bern 2003

HAVERKATE GÖRG, Gewissheitsverluste im juristischen Denken: zur politischen Funktion der juristischen Methode, Berlin 1977

HECK PHILIPP, *Gesetzesauslegung und Interessenjurisprudenz,* Tübingen 1914

HECK PHILIPP, *Begriffsbildung und Interessenjurisprudenz,* Tübingen 1932

HEDEMANN JUSTUS WILHELM, Die Flucht in die Generalklauseln: Eine Gefahr für Recht und Staat, Tübingen 1933

HEINEMANN ANDREAS, Rechtliche Transplantate zwischen Europäischer Union und der Schweiz, in: Fahrländer Lukas/Heizmann Reto A. (Hrsg.), Europäisierung der schweizerischen Rechtsordnung, Zürich/St. Gallen 2013, 3 ff.

HERRESTHAL CARSTEN, Rechtsfortbildung im europarechtlichen Bezugsrahmen, München 2006

HÖHN ERNST, *Praktische Methodik* der Gesetzesauslegung, Zürich 1993

HÖHN ERNST, Zweck(e) des Steuerrechts und Auslegung, in: Die Steuerrechts-ordnung in der Diskussion: *Festschrift* für Klaus *Tipke* zum 70. Geburtstag, Köln 1995, 213 ff.

HÖPFNER CLEMENS, Die systemkonforme Auslegung, Tübingen 2008

HOFER SIBYLLE/HRUBESCH-MILLAUER STEPHANIE, Einleitungsartikel und Perso-nenrecht, 2. Aufl., Bern 2012

HONSELL HEINRICH, Teleologische Reduktion versus Rechtsmissbrauch, in: Der Gerechtigkeitsanspruch des Rechts: *Festschrift* für Theo *Mayer-Maly* zum 65. Geburtstag, Wien/New York 1996, 369 ff.

HONSELL HEINRICH, Kommentar zu Art. 1 ZGB, in: Geiser Thomas/ Fountoulakis Christiana (Hrsg.), Kommentar zum schweizerischen Privat-recht, Zivilgesetzbuch I: Art. 1–456, 6. Aufl., Basel/Frankfurt a.M. 2018 (zit. BSK-ZGB/HONSELL)

HONSELL HEINRICH, Schweizerisches *Obligationenrecht*, Besonderer Teil, 10. Aufl., Bern 2017

HONSELL HEINRICH/ISENRING BERNHARD/KESSLER MARTIN A., Schweizerisches Haftpflichtrecht, 5. Aufl., Zürich u.a. 2013

HONSELL HEINRICH/MAYER-MALY THEO, Rechtswissenschaft, 7. Aufl., Baden-Baden/Wien/Bern 2017

HOPF GERHARD, Gesetzesmaterialien und Rechtsanwendung im Zivilrecht, in: Festschrift 200 Jahre ABGB, Bd. II, Wien 2011, 1051 ff.

HOTZ KASPAR, Richterrecht zwischen methodischer Bindung und Beliebigkeit?, Zürich/St. Gallen 2008

HRUBESCH-MILLAUER STEPHANIE, Kommentar zu Art. 4 ZGB, in: Caroni Pio u.a., Berner Kommentar, Bd. I, 1. Abteilung (Art. 1–9 ZGB), Bern 2012

HUBER EUGEN, Recht und Rechtsverwirklichung: Probleme der Gesetzgebung und der Rechtsphilosophie, Basel 1921

HÜRLIMANN-KAUP BETTINA/SCHMID JÖRG, Einleitungsartikel des ZGB und Per-sonenrecht, 3. Aufl., Zürich 2016

HUTTER SILVAN, Die Gesetzeslücke im Verwaltungsrecht, Fribourg 1989

HUWILER BRUNO, *Aequitas* und bona fides als Faktoren der Rechtsverwirkli-chung: zur Gesetzgebungsgeschichte des Rechtsmissbrauchsverbotes (Art. 2 Abs. 2 ZGB), in: Vers un droit privé européen commun? – Skizzen zum gemeineuropäischen Privatrecht, ZSR-Beiheft 16, Basel 1994, 57 ff.

HUWILER BRUNO, *Privatrecht und Methode*: Bemerkungen aus Anlass des Bu-ches von Ernst A. Kramer über Juristische Methodenlehre, Beiheft zu «recht», Bern 1999

JAUN MANUEL, Die teleologische Reduktion im schweizerischen Recht: konzeptionelle Erfassung, Voraussetzungen und Schranken der Rechtsfindung contra verba legis, Bern 2001

JESTAEDT MATTHIAS, Richterliche Rechtsetzung statt richterliche Rechtsfortbildung. Methodologische Betrachtungen zum sog. Richterrecht, in: Bumke Christian (Hrsg.), Richterrecht zwischen Gesetzesrecht und Rechtsgestaltung, Tübingen 2012, 49 ff.

JHERING RUDOLPH, Geist des römischen Rechts auf den verschiedenen Stufen seiner Entwicklung, *Erster Theil,* Leipzig 1852; *Zweiter Theil 2. Abteilung,* Leipzig 1858

KÄHLER LORENZ, Strukturen und Methoden der Rechtsprechungsänderung, 2. Aufl., Baden-Baden 2011

KANTOROWICZ HERMANN (alias Gnaeus Flavius), Der Kampf um die Rechtswissenschaft, Heidelberg 1906

KAUFMANN OTTO K., «oder» ... oder ... «und» ...?: Bemerkung zur Bedeutung des Rechtsgefühls in der bundesgerichtlichen Rechtsfindung, in: Mélanges Robert Patry, Lausanne 1988, 367 ff.

KEHRER JOHANNES, Gesetzeskonforme Methodik. Zur Bedeutung der §§ 6, 7 ABGB für die privatrechtliche Methodenlehre, Wien 2013

KELLER ADOLF, Die Kritik, Korrektur und Interpretation des Gesetzeswortlautes, Winterthur 1960

KELSEN HANS, Reine Rechtslehre, 2. Aufl., Wien 1960

KERSCHNER FERDINAND/KEHRER JOHANNES, Kommentierung der §§ 6, 7 sowie des §12 ABGB, in: Fenyves Attila/Kerschner Ferdinand/Vonkilch Andreas (Hrsg.), ABGB, 3. Aufl. des Klang-Kommentars, Teilbd. zu §§ 1–43 ABGB, Wien 2014

KLATT MATTHIAS, Theorie der Wortlautgrenze, Baden-Baden 2004

KLÖCKNER ILKA, Grenzüberschreitende Bindung an zivilgerichtliche Präjudizien: Möglichkeiten und Grenzen im Europäischen Rechtsraum und bei staatsvertraglich angelegter Rechtsvereinheitlichung, Tübingen 2006

KLUG ULRICH, Juristische Logik, 4. Aufl., Berlin etc. 1982

KOCH HANS-JOACHIM/RÜSSMANN HELMUT, Juristische Begründungslehre: eine Einführung in Grundprobleme der Rechtswissenschaft, München 1982

KODEK GEORG E., Kommentierung der §§ 6, 7 sowie des § 12 ABGB, in: Rummel Peter/Lukas Meinhard (Hrsg.), ABGB, Teilband zu §§ 1–43 ABGB, 4. Aufl., Wien 2015

KÖHLER HELMUT/BORNKAMM JOACHIM/FEDDERSEN JÖRN, Gesetz gegen den unlauteren Wettbewerb. UWG, 37. Aufl., München 2019

KOLLER PETER, Theorie des Rechts: eine Einführung, 2. Aufl., Wien etc. 1997

KOLLER THOMAS, Privatrecht und Steuerrecht: eine Grundlagenstudie zur Interdependenz zweier Rechtsgebiete, Bern 1993

KRAMER ERNST A., *Analogie und Willkürverbot* (methodologische Anmerkungen zu BGE 104 II 15), in: Beiträge zur Methode des Rechts: St. Galler Festgabe zum Schweizerischen Juristentag 1981, Bern/Stuttgart 1981, 99 ff.

KRAMER ERNST A., in: Kramer/Schmidlin, Berner Kommentar, Bd. VI, 1. Abteilung, 1. Teilband, Allgemeine Einleitung in das schweizerische Obligationenrecht und Kommentar zu Art. 1–18 OR, Bern 1986 (zit. BK-OR/KRAMER)

KRAMER ERNST A., Kommentar zu Art. 19–22 OR, in: Berner Kommentar, Band VI, 1. Abteilung, 2. Teilband, Unterteilband 1a, Inhalt des Vertrages, Bern 1991 (zit. BK-OR/KRAMER)

KRAMER ERNST A., *Teleologische Reduktion* – Plädoyer für einen Akt methodentheoretischer Rezeption, in: Rechtsanwendung in Theorie und Praxis: Symposium zum 70. Geburtstag von Arthur Meier-Hayoz, ZSR-Beiheft 15, Basel 1993, 65 ff.

KRAMER ERNST A., Lateinische Parömien zur Methode der Rechtsanwendung, in: Steuerrecht: ausgewählte Probleme am Ende des 20. Jahrhunderts (*Festschrift* zum 65. Geburtstag von Ernst *Höhn*), Bern etc. 1995, 141 ff.

KREY VOLKER, Studien zum Gesetzesvorbehalt im Strafrecht. Eine Einführung in die Problematik des Analogieverbots, Berlin 1977

KRIELE MARTIN, Theorie der Rechtsgewinnung: entwickelt am Problem der Verfassungsinterpretation, 2. Aufl., Berlin 1976

LANZ RAPHAEL, Die wirtschaftliche Betrachtungsweise im schweizerischen Privatrecht: inwiefern hat im schweizerischen Privatrecht eine durch die äussere Form hindurch dringende materielle Würdigung zu erfolgen?, Bern 2000

LARENZ KARL, Methodenlehre der Rechtswissenschaft, 6. Aufl., Berlin 1991

LARENZ KARL/CANARIS CLAUS-WILHELM, Methodenlehre der Rechtswissenschaft, 3. Aufl., Berlin etc. Nachdruck 1999

LE ROY YVES/SCHOENENBERGER MARIE-BERNADETTE, Introduction générale au droit suisse, 4. Aufl., Zürich etc. 2015

LIEBS DETLEF, Lateinische Rechtsregeln und Rechtssprichwörter, 7. Aufl., München 2007

LIETH OLIVER, Die ökonomische Analyse des Rechts im Spiegelbild klassischer Argumentationsrestriktionen des Rechts und seiner Methodenlehre, Baden-Baden 2007

LINHART KARIN, Internationales Einheitsrecht und einheitliche Auslegung, Tübingen 2005

LIVER PETER, Der Begriff der *Rechtsquelle*, in: Rechtsquellenprobleme im schweizerischen Recht: Festgabe der Rechts- und Wirtschaftswissenschaftlichen Fakultät der Universität Bern für den schweizerischen Juristenverein, Jahresversammlung 1955, Bern 1955, 1 ff.

LIVER PETER, Der *Wille des Gesetzes:* Rektoratsrede, Bern 1954

LOCHER PETER, Grenzen der Rechtsfindung im Steuerrecht, Bern 1983

LOOSCHELDERS DIRK/ROTH WOLFGANG, Juristische Methodik im Prozess der Rechtsanwendung: zugleich ein Beitrag zu den verfassungsrechtlichen Grundlagen von Gesetzesauslegung und Rechtsfortbildung, Berlin 1996

MANAÏ DOMINIQUE, Le juge entre la loi et l'équité: essai sur le pouvoir d'appréciation du juge en droit suisse, Lausanne 1985

MARTENS SEBASTIAN A.E., Methodenlehre des Unionsrechts, Tübingen 2013

MASTRONARDI PHILIPPE, Juristisches Denken: eine Einführung, 2. Aufl., Bern etc. 2003

MAYER-MALY THEO, *Rangordnung* von Normen innerhalb des Gesetzes, in: Starck Christian (Hrsg.), Rangordnung der Gesetze: 7. Symposion der Kommission «Die Funktion des Gesetzes in Geschichte und Gegenwart» am 22. und 23. April 1994, Göttingen 1995, 123 ff.

MAYER-MALY THEO, in: Honsell Heinrich/Vogt Nedim Peter/Geiser Thomas (Hrsg.), Schweizerisches Zivilgesetzbuch, Bd. I, 1. Aufl., Basel/Frankfurt a.M. 1996 (zit. BSK-ZGB/MAYER-MALY)

MEIER-HAYOZ ARTHUR, Der *Richter als Gesetzgeber:* eine Besinnung auf die von den Gerichten befolgten Verfahrensgrundsätze im Bereiche der freien richterlichen Rechtsfindung gemäss Art. 1 Abs. 2 des schweizerischen Zivilgesetzbuches, Zürich 1951

MEIER-HAYOZ ARTHUR, in: Liver Peter u.a., Berner Kommentar, Bd. I, Einleitung (Art. 1–10 ZGB), Bern 1962, Nachdruck 1966 (zit. BK-ZGB/MEIER-HAYOZ)

MEIER-HAYOZ ARTHUR, Der Richter als Gesetzgeber: zur rechtspolitischen Komponente richterlicher Tätigkeit, in: *Festschrift* zum 70. Geburtstag von Max *Guldener*, Zürich 1973, 189 ff.

MEIER-HAYOZ ARTHUR, *Schlusswort,* in: Rechtsanwendung in Theorie und Praxis: Symposium zum 70. Geburtstag von Arthur Meier-Hayoz, ZSR-Beiheft 15, Basel 1993, 89 ff.

MEIER-HAYOZ ARTHUR/FORSTMOSER PETER/SETHE ROLF, Schweizerisches Gesellschaftsrecht, 12. Aufl., Bern 2018

MELIN PATRICK, Gesetzesauslegung in den USA und in Deutschland, Tübingen 2005

MERZ HANS, in: Liver Peter u.a., Berner Kommentar, Bd. I, Einleitung (Art. 1–10 ZGB), Bern 1962, Nachdruck 1966 (zit. BK-ZGB/MERZ)

MERZ HANS, *Neues* zu den Methoden der Rechtsfindung?, in: Rechtsanwendung in Theorie und Praxis: Symposium zum 70. Geburtstag von Arthur Meier-Hayoz, ZSR-Beiheft 15, Basel 1993, 55 ff.

METZGER AXEL, Extra legem, intra ius: Allgemeine Rechtsgrundsätze im Europäischen Privatrecht, Tübingen 2007

MICHAEL LOTHAR, Der allgemeine Gleichheitssatz als Methodennorm komparativer Systeme, Berlin 1997

MÖLLERS THOMAS M.J., Juristische Methodenlehre, München 2017

MOOR PIERRE, Dynamique du système juridique. Une théorie générale du droit, Genève/Zürich/Basel 2010

MORAND CHARLES-ALBERT, Vers une méthodologie de la pesée des valeurs constitutionnelles, in: De la constitution: Etudes en l'honneur de Jean-François Aubert, Basel/Frankfurt a.M. 1996, 57 ff.

MORLOK MARTIN, Neue Erkenntnisse und Entwicklungen aus sprach- und rechtswissenschaftlicher Sicht, in: Ehrenzeller Bernhard u.a., Präjudiz und Sprache/Precedence and its Language, Zürich/St. Gallen 2008, 27 ff.

MÜLLER FRIEDRICH/CHRISTENSEN RALPH, Juristische Methodik, Band I: Grundlegung für die Arbeitsmethoden der Rechtspraxis, 11. Aufl., Berlin 2013

MÜLLER GEORG/UHLMANN FELIX, Element einer Rechtsetzungslehre, 3. Aufl., Zürich/Basel/Genf 2013

MÜLLER JÖRG PAUL, *Elemente* einer schweizerischen Grundrechtstheorie, Bern 1982

MÜLLER JÖRG PAUL, Juristische Methodenlehre in der rechtsstaatlichen Demokratie, in: Grundprobleme der Auslegung aus Sicht des öffentlichen Rechts. *Symposium* zum 60. Geburtstag von René *Rhinow*, Bern 2004, 53 ff.

MÜLLER JÖRG PAUL, Die Kunst des Richtens, in: Human Rights, Democracy and the Rule of Law. *Liber amicorum* Luzius Wildhaber, Zürich/St. Gallen 2007, 1449 ff.

MÜLLER JÖRG PAUL, *Verwirklichung* der Grundrechte nach Art. 35 BV, Bern 2018

NEUMANN ULFRIED, Rechtsanwendung, Methodik und Rechtstheorie, in: Marcel Senn/Barbara Fritschi (Hrsg.), Rechtswissenschaft und Hermeneutik, ARSP-Beiheft 117, Stuttgart 2009, 87 ff.

NEUNER JÖRG, Die Rechtsfindung contra legem, 2. Aufl., München 2005

OFTINGER KARL/STARK EMIL W., Schweizerisches Haftpflichtrecht, Erster Band: Allgemeiner Teil, 5. Aufl., Zürich 1995

OGOREK REGINA, Gefährliche Nähe? Richterliche Rechtsfortbildung und Nationalsozialismus, in: Festschrift für Winfried Hassemer, Heidelberg 2010, 159 ff.

OTT EDWARD E., Die Methode der Rechtsanwendung, Zürich 1979

PAVČNIK MARIJAN, Juristisches Verstehen und Entscheiden. Vom Lebenssachverhalt zur Rechtsentscheidung. Ein Beitrag zur Argumentation im Recht, Wien, New York 1993

PAWLOWSKI, HANS-MARTIN Einführung in die Juristische Methodenlehre, 2. Aufl., Heidelberg 2000

PAYANDEH MEHRAD, Judikative Rechtserzeugung, Tübingen 2017

PECZENIK Aleksander, On Law and Reason, 2. Aufl., Milton Keynes UK 2009

PERRIN JEAN-FRANÇOIS, Pour une théorie de l'interprétation judiciaire des lois, in: Perrin Jean-François (publié sous la direction de), Les règles d'interprétation: principes communément admis par les juridictions, Fribourg 1989, 243 ff.

PICHONNAZ PASCAL, L'effet rétroactif du changement de jurisprudence: quelques réflexions à l'aune du pluralisme méthodologique, in: Mélanges en l'honneur de Paul-Henri Steinauer, Bern 2013, 47 ff.

POTACS MICHAEL, Rechtstheorie, Wien 2015

PROBST THOMAS, Die Änderung der Rechtsprechung: eine rechtsvergleichende, methodologische Untersuchung zum Phänomen der höchstrichterlichen Rechtsprechungsänderung in der Schweiz (civil law) und den Vereinigten Staaten (common law), Basel/Frankfurt a.M. 1993

PROBST THOMAS, Die *Grenze* des möglichen Wortsinns: methodologische Fiktion oder hermeneutische Realität, in: Privatrecht und Methode. Festschrift für Ernst A. Kramer, Basel 2004, 249 ff.

RADBRUCH GUSTAV, Rechtsphilosophie, 8. Aufl., Stuttgart 1973

RAISCH PETER, Juristische Methoden: vom antiken Rom bis zur Gegenwart, Heidelberg 1995

REBHAHN ROBERT, Auslegung und Anwendung des Unionsrechts im Privatrecht (Nach §§ 6, 7), in: Fenyves Attila/Kerschner Ferdinand/Vonkilch Andreas (Hrsg.), ABGB, 3. Aufl. des Klang-Kommentars, Teilbd. zu §§ 1–43 ABGB, Wien 2014

REHBINDER MANFRED, Schweizerisches Arbeitsrecht, 15. Aufl., Bern 2001

REICHEL HANS, *Gesetz und Richterspruch*: zur Orientierung über Rechtsquellen- und Rechtsanwendungslehre der Gegenwart, Zürich 1915

REICHEL HANS, Zu den Einleitungsartikeln des Schweizerischen Zivilgesetzbuches, in: *Festgabe* für Rudolf *Stammler* zum siebzigsten Geburtstage, Berlin 1926, 281 ff.

REIMER FRANZ, Juristische Methodenlehre, Baden-Baden 2016

RHINOW RENÉ A., *Rechtsetzung* und Methodik: rechtstheoretische Untersuchungen zum gegenseitigen Verhältnis von Rechtsetzung und Rechtsanwendung, Basel/Stuttgart 1979

RHINOW RENÉ A., Grundrechtstheorie, Grundrechtspolitik und Freiheitspolitik, in: Recht als Prozess und Gefüge: *Festschrift* für Hans *Huber* zum 80. Geburtstag, Bern 1981, 427 ff.

RHINOW RENÉ A., Schlusswort, in: Grundprobleme der Auslegung aus Sicht des öffentlichen Rechts. *Symposium* zum 60. Geburtstag von René *Rhinow*, Bern 2004, 93 ff.

RIEMER HANS MICHAEL, Die Einleitungsartikel des Schweizerischen Zivilgesetzbuches (Art. 1–10 ZGB): eine Einführung, 2. Aufl., Bern 2003

RIESENHUBER KARL (Hrsg.), Europäische Methodenlehre. Handbuch für Ausbildung und Praxis, 3. Aufl., Berlin 2015

RÖHL KLAUS F./RÖHL CHRISTIAN, Allgemeine Rechtslehre, 3. Aufl., München 2008

ROSS ALF, On Law and Justice, Berkeley/Los Angeles 1959

RÜCKERT J./SEINECKE R. (Hrsg.), Methodik des Zivilrechts – von Savigny bis Teubner, 3. Aufl., Baden-Baden 2017

RÜTHERS BERND, Die *unbegrenzte Auslegung*: zum Wandel der Privatrechtsordnung im Nationalsozialismus, 8. Aufl., Heidelberg 2017

RÜTHERS BERND/FISCHER CHRISTIAN/BIRK AXEL, *Rechtstheorie* mit Juristischer Methodenlehre, 10. Aufl., München 2018

RYTER SAUVANT MARIANNE, Allgemeine Rechtsgrundsätze – Analogien zum Privatrecht, Bern 2005

SÄCKER FRANZ JÜRGEN, *Einleitung* vor § 1 BGB, in: Münchener Kommentar zum BGB, Bd. 1, 8. Aufl., München 2018

SAMBUC THOMAS, Folgenerwägungen im Richterrecht: die Berücksichtigung von Entscheidungsfolgen bei der Rechtsgewinnung, erörtert am Beispiel des § 1 UWG, Berlin 1977

SAVIGNY FRIEDRICH CARL VON, System des heutigen römischen Rechts, Bd. I, Berlin 1840

SCHLÜCHTER ELLEN, Mittlerfunktion der Präjudizien: eine rechtsvergleichende Studie, Berlin/New York 1986

SCHLUEP WALTER R., Über das innere System des neuen schweizerischen Wettbewerbsrechts, in: Freiheit und Zwang: rechtliche, wirtschaftliche und gesellschaftliche Aspekte: *Festschrift* zum 60. Geburtstag von Hans Giger, Bern 1989, 561 ff.

SCHLUEP WALTER R., *Einladung* zur Rechtstheorie, Bern/Baden-Baden 2006

SCHMIDT ANKE, Richterliche Rechtsfortbildung in Deutschland und der Schweiz, Berlin 2017

SCHNYDER BERNHARD, Dreisprachigkeit des ZGB: Last oder Hilfe, in: Mélanges en l'honneur de Henri-Ropert Schüpbach, Basel u.a. 2000, 37 ff.

SCHÜNEMANN BERND, Die Gesetzesinterpretation im Schnittfeld von Sprachphilosophie, Staatsverfassung und juristischer Methodenlehre, in: Festschrift für Ulrich Klug zum 70. Geburtstag, Bd. I, Köln 1983, 169 ff.

SEELMANN KURT/DEMKO DANIELA, Rechtsphilosophie, 6. Aufl., München 2014

SEILER HANSJÖRG, Gewaltenteilung. Allgemeine Grundlagen und schweizerische Ausgestaltung, Bern 1994

SEILER HANSJÖRG, *Praktische Rechtsanwendung*: Was leistet die juristische Methodenlehre?, Bern 2009

SIMON ERIC, Gesetzesauslegung im Strafrecht, Berlin 2005

SPIRO KARL, Über den Gerichtsgebrauch zum allgemeinen Teil des revidierten Obligationenrechts, Basel 1948

STEINAUER PAUL-HENRI, Le Titre préliminaire du Code civil, in: Traité de droit privé suisse, Vol. II, Basel 2009

STEINDORFF ERNST, Politik des Gesetzes als Auslegungsmassstab im Wirtschaftsrecht, in: Festschrift für Karl Larenz zum 70. Geburtstag, München 1973, 217 ff.

STRATENWERTH GÜNTER, Zum Streit der Auslegungstheorien, in: Rechtsfindung: Beiträge zur juristischen Methodenlehre: *Festschrift* für Oscar Adolf *Germann* zum 80. Geburtstag, Bern 1969, 257 ff.

STRATENWERTH GÜNTER, Schweizerisches Strafrecht. *Allgemeiner Teil I*, Die Straftat, 4. Aufl., Bern 2011

STROLZ MARC MARIA, Ronald Dworkins These der Rechte im Vergleich zur gesetzgeberischen Methode nach Art. 1 Abs. 2 und 3 ZGB, Zürich 1991

TEUBNER GUNTHER, Recht als autopoietisches System, Frankfurt a.M. 1989

TSCHANNEN PIERRE, Verfassungsauslegung, in: Thürer Daniel/Aubert Jean-François/Müller Jörg Paul (Hrsg.), Verfassungsrecht der Schweiz, Zürich 2001, § 9.

TSCHENTSCHER AXEL, Grundprinzipien des Rechts: Einführung in die Rechtswissenschaft mit Beispielen aus dem schweizerischen Recht, Bern 2003

TUOR PETER/SCHNYDER BERNHARD/SCHMID JÖRG/JUNGO ALEXANDRA, Das schweizerische Zivilgesetzbuch, 14. Aufl., Zürich 2015

VALLENDER KLAUS A., *«Objektive Auslegung»* und Erkenntnis, in: Beiträge zur Methode des Rechts: St. Galler Festgabe zum Schweizerischen Juristentag 1981, Bern/Stuttgart 1981, 71 ff.

VALLENDER KLAUS A., Die *Auslegung des Steuerrechts*: unter besonderer Berücksichtigung der Aktienübertragung auf Holdinggesellschaften, 2. Aufl., Bern/Stuttgart 1988

VAN HOECKE MARK, Norm, Kontext und Entscheidung. Die Interpretationsfreiheit des Richters, Leuven 1988

VESTING THOMAS, Rechtstheorie, 2. Aufl., München 2015

VIEHWEG THEODOR, Topik und Jurisprudenz: ein Beitrag zur rechtswissenschaftlichen Grundlagenforschung, 5. Aufl., München 1974

VOGEL JOACHIM, Juristische Methodik, Berlin 1998

VOGENAUER STEFAN, Die Auslegung von Gesetzen in England und auf dem Kontinent, Bd. I und II, Tübingen 2001

VON BÜLOW OSKAR, Gesetz und Richteramt, Neudruck Aalen 1972 der Erstausgabe 1885

WALTER ROBERT, Das Auslegungsproblem im Lichte der Reinen Rechtslehre, in: Festschrift für Ulrich Klug zum 70. Geburtstag, Bd. I, Köln 1983, 187 ff.

WANK ROLF, Die Auslegung von Gesetzen, 6. Aufl., München 2015

WANK ROLF, *Grenzen* richterlicher Rechtsfortbildung, Berlin 1978

WANK ROLF, Die juristische *Begriffsbildung*, München 1985

WELSER RUDOLF/KLETEČKA ANDREAS, Grundriss des bürgerlichen Rechts, Bd. I, 15. Aufl., Wien 2018

WERRO FRANZ, Kommentar zu Art. 1 ZGB, in: Pichonnaz Pascal/Foëx Bénédict (Ed.), Commentaire romand. Code civil: Art. 1–359, Basel 2010 (zit. CR CC/WERRO)

WIEACKER FRANZ, Privatrechtsgeschichte der Neuzeit unter besonderer Berück-
    sichtigung der deutschen Entwicklung, 2. Aufl., Göttingen 1967

YUNG WALTER, La volonté du législateur, in: Yung Walter, Etudes et articles,
    Genf 1971, 64 ff.

ZELLER ERNST, Auslegung von Gesetz und Vertrag: Methodenlehre für die juris-
    tische Praxis, Zürich 1989

ZIPPELIUS REINHOLD, Juristische Methodenlehre: eine Einführung, 11. Aufl.,
    München 2012

ZITELMANN ERNST, Lücken im Recht: Rede gehalten bei Antritt des Rektorats
    der Rheinischen Friedrich-Wilhelms-Universität zu Bonn am 18. Oktober
    1902, Leipzig 1903

I. «Was heisst und zu welchem Ende studiert man» Juristische Methodenlehre?[1]

1. Juristische Methodenlehre verstanden als Lehre von der «Methode der Rechtsanwendung»

Die Juristische Methodenlehre hat verschiedene Aspekte. In erster Linie versteht man darunter die Lehre von den Regeln, die der Interpret (vor allem der Richter) bei der Ermittlung des Sinnes von Rechtsnormen zu beachten hat.

Adressat der Regeln der «Methode der Rechtsanwendung» ist vor allem der Richter (dessen Tätigkeit in diesem Buch zumeist als *pars pro toto* angesprochen wird, – *pars pro toto* im Übrigen auch in dem Sinn, dass oft vom «Richter» und nicht auch von der «Richterin» die Rede ist, was ausschliesslich pragmatische Gründe hat); selbstverständlich richten sich die Regeln aber genauso an rechtsanwendende Mitglieder von Verwaltungsbehörden, aber auch etwa an Anwälte und Notare, die im Rahmen ihrer beruflichen Tätigkeit Gesetze auslegen. Die «Methode der Rechtsanwendung» liegt aber auch der «dogmatischen», also sich im Rahmen des geltenden Rechts bewegenden Interpretation der theoretischen Juristen zugrunde. Es gibt grundsätzlich keine Unterschiede zwischen der «praktischen Methode der Interpretation» und der Auslegungsmethode des theoretischen Dogmatikers. Richtig Höhn, AJP 1994, 419: «Es kann nicht je eine Auslegungsmethode für die Doktrin und für die Praxis geben ... Unterschiedlich sind nur die Ziele der Arbeit und damit z.T. auch die Aufgabe». Auf Grund dieser unterschiedlichen Aufgabenstellung unterscheidet Schüpbach, Traité de procédure civile, Bd. I (Zürich 1995) 117 f., aber doch zwischen der Methode der «interprétation jurisprudentielle» und der Methode der «interprétation doctrinale»; ebenso H.P. Walter, in: Senn/Fritschi (Hrsg.), Rechtswissenschaft und Hermeneutik (Stuttgart 2009) 127 ff. Zuzugeben ist, dass das Bestreben des praktischen Rechtsanwenders, eine «gerechte», «vernünftige» Lösung für einen ihm konkret vor den Augen stehenden Lebenssachverhalt zu finden, zwangsläufig eine stärkere Pragmatik und Ergebnisorientiertheit der Argumentation mit sich bringt.

---

[1]   Die Überschrift spielt auf Schillers Antrittsvorlesung 1789 an der Universität Jena an: «Was heißt und zu welchem Ende studiert man Universalgeschichte?»

«Rechtsnorm» wird im Folgenden grundsätzlich i.S. von generell-abstrakter Norm verstanden (Verfassung, Gesetz, Verordnung). Auch das Gewohnheitsrecht enthält generell-abstrakte Normen; das Problem der Deutung des Sinns von Gewohnheitsrecht wird hier aber nicht weiterverfolgt, da es (vom Völkerrecht abgesehen) praktisch weitgehend irrelevant ist. Einem weiten Normbegriff entsprechend sind auch individuelle Regelungen, wie vor allem Rechtsgeschäfte (Verträge), als «individuelle Normen» zu begreifen. Auch sie stehen im «Stufenbau der Rechtsordnung». Vgl. KELSEN, 261 ff.; in seiner Nachfolge BUCHER, Das subjektive Recht als Normsetzungsbefugnis (Tübingen 1965) 49; 87 ff. Vgl. schon die berühmte Vertragsdefinition des französischen Rechts (Art. 1103 Code civil [vor 2016 Art. 1134 Abs. 1 Code Civil]): «Les contrats légalement formés tiennent lieu de loi à ceux qui les ont faits». Demgemäss stellt auch der zu interpretierende Vertrag vor methodologische Probleme, die im schweizerischen Recht in erster Linie durch die Interpretationsregel des Art. 18 Abs. 1 OR bewältigt werden. Zum Vergleich zwischen der Methode der Gesetzesauslegung und der Methode der Vertragsauslegung s. unten S. 167 ff. Zur Auslegung von Staatsverträgen Nachweise in FN 1030. Auch Entscheidungen von Gerichten (Präjudizien) oder Behörden sind als individuelle Normen zu begreifen. Auch sie sind, was etwa nach Art. 334 ZPO (über unklare Urteile) relevant ist, aber hier nicht weiterverfolgt wird, zu interpretieren. Dazu ALBERS, in: VDDStRL 71 (2012) 257 ff.; zur Auslegung von EuGH-Entscheidungen FABER, JBl 2017, 697 ff. Zur Methode der Auslegung von kombiniert bildlich-sprachlichen Verkehrszeichen KRAMER, SJZ 1982, 281 ff.

Die im Eingangsabsatz definierte Lehre wird im Allgemeinen als «Methode der Rechtsanwendung» bezeichnet. Der Interpret möchte z.B. wissen, was im Tatbestand über die Werkeigentümerhaftung (Art. 58 OR) unter «Werk» zu verstehen ist. Ist eine Leiter unter «Werk» zu *subsumieren* oder eine Strasse, ein Baum an der Strasse, eine präparierte Skipiste? Oder: Was heisst «unmöglicher» Inhalt eines Vertrags i.S. von Art. 20 Abs. 1 OR? Sind darunter auch Fälle zu subsumieren, bei denen nur gerade der Schuldner subjektiv zur Leistung ausserstande ist? Was heisst gar: Die Berufung auf einen Irrtum beim Vertragsabschluss widerspricht «Treu und Glauben» (Art. 25 OR)?

Unter dem im vorangehenden Absatz verwendeten Ausdruck «Subsumieren» (Subsumtion) versteht man die Unterstellung eines konkreten Lebenssachverhalts (eines «Falles») unter eine generell-abstrakte gesetzliche Anordnung zwecks rechtlicher Beurteilung nach dieser Anordnung. Ist der Lebenssachverhalt (als «Untersatz») ein Fall (ein «Kandidat») des gesetzlichen «Obersatzes», so ist daraus – i.S. aristotelischer Logik – die Schlussfolgerung (*conclusio*) zu ziehen, dass der Fall nach der gesetzlichen Bestimmung zu beurteilen ist. Zu diesem juristischen «Syllogismus» (Syllogismus der Rechtsfolgebestimmung) statt aller LARENZ/CANARIS, 91 ff.; ENGISCH, Einführung, 89 ff.; *ders.,* Logische Studien, 8 ff. Aufgabe der Auslegung im hier verstandenen Sinn ist es, den Sinngehalt des «Obersatzes» zu ermitteln. Dabei ist freilich eine Wechselbeziehung (ein «Hin- und Herwandern des Blicks») zwischen Auslegung und Subsumtion von konkreten Lebenssachverhalten zu konstatieren. S. ENGISCH, Logische Studien, 15; vgl. auch MAYER-MALY, JBl 1969, 414: «Die Fragen der juristischen Hermeneutik werden nicht von den Texten, sondern von den Fällen her gestellt». S. auch BGE 129 III 335 (340): Massgebend sei «das an Sachverhalten verstandene und konkretisierte Gesetz». Ebenso etwa BGE 134 V 170 (174); 135 III 112 (116); 144 I 242 (251); 144 III 100 (103). Dies gilt im Übrigen auch für den theoretisch interpretierenden Dogmatiker, der sich – hypothetisch – ja auch immer konkrete Fälle vor Augen halten muss, die auf Grund seiner Interpretation zu subsumieren oder eben nicht zu subsumieren wären. In diesem Sinn gilt: «Verstehen ist hier immer schon Anwenden» (GADAMER, 314). Zur Wechselbeziehung zwischen Obersatz und Untersatz, vor allem zur «Fallbezogenheit» der Normauslegung, anschaulich LOCHER, 74. In der «applikativen» (auf die «vernünftige» Lösung von Fällen bezogenen) Struktur der juristischen Interpretation liegt im Übrigen ihre wichtigste Eigenart, ihre «exemplarische Bedeutung» im Rahmen der Geisteswissenschaften insgesamt. S. GADAMER, 330 ff. Kritisch zum juristischen Subsumtionsmodell (und zur Berufung auf ARISTOTELES) GRÖSCHNER, Subsumtion – Technik oder Theorie (Baden-Baden 2014); es gehe (so etwa S. 74) in Wirklichkeit nicht um Subsumtion, sondern um «Subordination» von Begriffen der Alltagssprache unter die dogmatisch bestimmten Begriffe der Rechtssprache. Dazu weiterführend PÖDER, Justice – Justiz – Giustizia 2015/1.

Die drei eben beliebig herausgegriffenen Beispiele aus dem OR sollen zeigen, dass der Normtext regelmässig (abgesehen namentlich von der Verwendung von Mass- und Zeitbegriffen) unvollkommen ist, d.h. *«semantische Spielräume»* offen lässt, vage oder mehrdeutig[2] ist und wegen dieser Zweifelhaftigkeit interpretationsbedürftig ist.

---

2   Zum Begriff der Vagheit von Normen KOCH/RÜSSMANN, 194 ff.; ENDICOTT, Vagueness in Law (Oxford 2000); JÓNSSON, Legal Theory 15 (2009) 193 ff.;

2. «Normtextarbeit» *versus* «Tatsachenarbeit»

Interpretation ist, wie die gerade verwendeten Beispiele zeigen, *«Normtextarbeit»*, die Methode der Rechtsanwendung versucht deren theoretische Anleitung. Dabei darf aber der für den praktischen Rechtsanwender in vielen Fällen[3] sehr viel wichtigere (und aufwändigere) Bereich der *«Tatsachenarbeit»*, der Bereich der *Sachverhaltsermittlung* und *-beurteilung,* nicht vergessen werden. Dazu mangelt es an unseren Universitäten weitgehend und auffälligerweise an theoretischer Schulung: «Für Sachverhaltsermittlung, Beweiserhebung und -würdigung, Glaubwürdigkeit von Zeugen, Verhandlungsführung, Kommunikation zwischen Gericht und Beteiligten usw. gibt es», was zweifellos ein Manko darstellt, «keine theoretische Ausbildung; sie werden erlernt im Verfahren <learning by doing> und/oder» durch Anlernen «in <Meister-Schüler-Beziehungen>».[4]

---

vgl. auch GRUSCHKE, Vagheit im Recht: Grenzfälle und fließende Übergänge im Horizont des Rechtsstaats (Berlin 2014); zur «bedeutungsmäßigen Porosität der Sprache» PAVČNIK, 58 f. Im Einzelnen unten S. 70 ff.; dort (FN 85) auch zum Begriff der Mehrdeutigkeit («ambiguity»).

[3] Sofern er nicht auf die «Rechtsfrage» beschränkt ist, wie grundsätzlich das Bundesgericht (vgl. Art. 95 BGG).

[4] STRAUCH, Rechtstheorie 2001, 198. Fachliteratur – etwa zur Psychologie der Zeugenaussage – ist sehr wohl vorhanden. S. etwa STEIN-WIGGER, AJP 2010, 1409 ff.; M. MÜLLER, Psychologie im öffentlichen Verfahren (Bern 2010); VOLBERT/STEUER (Hrsg.), Handbuch der Rechtspsychologie (Göttingen 2008); LUDEWIG/BAUMER/TAVOR (Hrsg.), Aussagepsychologie für die Rechtspraxis (Zürich 2017); EFFER-UHE/MOHNERT, Psychologie für Juristen (Baden-Baden 2019). Von einem umfassenden Konzept der «Interpretationsaufgabe» der Justiz, das Textarbeit und Probleme der Sachverhaltsermittlung und -beurteilung verbindet, geht J.P. MÜLLER, Liber amicorum, 1453, aus. Vgl. auch den Abschnitt B («Den Sachverhalt verstehen») bei REIMER, N 67 ff.

3. Um welche Fragen geht es bei der Methode der Rechtsanwendung?

Zurück zu der im vorliegenden Lehrbuch im Vordergrund stehenden «*Normtextarbeit*»: Wie hat der Interpret vorzugehen, wenn er auf die oben (unter 1.) beispielhaft angeführten *Unbestimmtheiten des Normtextes* stösst? Soll er versuchen, den Willen des «historischen Gesetzgebers» (des Gesetzgebers also, der *anno* dazumal das Gesetz erlassen hat) zu ermitteln, oder soll er umgekehrt eine möglichst zeitgemässe Interpretation anstreben?[5] Soll er den Wortlaut eng (restriktiv) oder umgekehrt weit (extensiv) interpretieren?[6] Kann er unter mehreren Sinnalternativen vielleicht gar nach seinem Gutdünken («dezisionistisch») die Deutung wählen, die er persönlich, subjektiv gerade für angemessen hält?[7] Ist der Interpret überhaupt an die Grenzen des Wortsinns des Gesetzes gebunden oder kann er (muss er vielleicht sogar) die Lösung der Rechtsfrage unter Umständen *praeter verba legis* (über den Wortsinn des Gesetzes hinausgehend) oder gar *contra verba legis* (gegen den Wortsinn verstossend) suchen?[8] Was ist, wenn gänzlich neue Fragestellungen an ihn herangetragen werden, die dem historischen Gesetzgeber noch gar nicht bewusst sein konnten? Wo liegen die Grenzen richterlicher Rechtsfortbildung?[9]

---

[5]   Dazu unten S. 135 ff.

[6]   Dazu unten S. 72, 94.

[7]   Dieser Dezisionismus ist schon wegen der richterlichen Begründungspflicht nicht haltbar. Der Anspruch auf ausreichende Begründung einer Entscheidung ergibt sich wiederum aus dem Anspruch der Parteien auf rechtliches Gehör (Art. 29 Abs. 2 BV): BGE 121 I 54 (57). Ohne richterliche Begründungspflicht wäre eine normativ verstandene Methodenlehre nutzlos. Insofern hat es einen guten Grund, wenn das Lehrbuch von KOCH/ RÜSSMANN (a.a.O.) den Titel «Juristische Begründungslehre» trägt.

[8]   Dazu unten S. 223 ff., 250 ff.

[9]   Dazu unten S. 333 ff.

Im vorstehenden Text sind selbstverständlich nicht alle Fragen aufgelistet, die im Anschluss an die Unvollkommenheit des Normtextes gestellt werden könnten; nicht einmal alle grundsätzlichen. Man könnte etwa fragen, ob der praktische Rechtsanwender dann, wenn er die Unklarheit der Norm nicht interpretatorisch beheben kann (sog. *non-liquet*-Situation), sich nicht einfach der Entscheidung enthalten kann. Diese Möglichkeit besteht aber nicht. Der praktische Rechtsanwender steht (im Unterschied zum theoretischen Interpreten) unter «Entscheidungszwang». Eine Verweigerung der Entscheidung wäre Rechtsverweigerung: «Le juge qui refusera de juger, sous prétexte du silence, de l'obscurité ou de l'insuffisance de la loi, pourra être poursuivi comme coupable de déni de justice» (Art. 4 Code Civil). Zur Theorie des Rechtsverweigerungsverbots FÖGEN, in: Privatrecht und Methode, Festschrift für Ernst A. Kramer (Basel 2004) 3 ff. Eine andere Möglichkeit bestünde darin, das Gericht bei Zweifeln über den Sinn des anzuwendenden Gesetzes an den Gesetzgeber (oder an eine «Gesetzeskommission») zu verweisen (um diesen Gelegenheit zu einer «authentischen Interpretation» zu geben). Dieses Regime (des «référé législatif») galt tatsächlich in der preussischen und französischen Rechtsgeschichte. S. RAISCH, 91 ff.; HÜBNER, Kodifikation und Entscheidungsfreiheit des Richters in der Geschichte des Privatrechts (Königstein 1980) 32 und 42 (mit FN 182); MIERSCH. Der sog. référé législatif. Eine Untersuchung zum Verhältnis Gesetzgeber, Gesetz und Richteramt seit dem 18. Jahrhundert (Baden-Baden 2000). In der EU werden Auslegungsprobleme nationaler Gerichte im Hinblick auf europarechtliche Vorschriften im «Vorabentscheidungsverfahren» (Art. 267 AEUV) dem EuGH vorgelegt.

4. Juristische Methodenlehre als «Metadisziplin»

Die Richtlinien, die dem Interpreten sagen, wie er sich in den gerade aufgelisteten oder ähnlichen, völlig alltäglichen Situationen verhalten soll, sind Inhalt der Methodenlehre, verstanden als Lehre von der Methode der Rechtsanwendung (bzw. – wenn über den Rahmen des Wortsinnes des Gesetzes hinausgegangen wird – der Methode des Richterrechts)[10]. Die Juristische Methodenleh-

---

[10] Die Unterscheidung zwischen der Methode der Rechtsanwendung und der Methode des Richterrechts wird in diesem Einleitungskapitel nur angedeutet; im Folgenden ist vorerst vereinfachend lediglich von der Methode der Rechtsanwendung die Rede. S. aber immerhin Unterabschnitt 7 dieses Einleitungskapitels.

re gibt somit keine direkte Auskunft darüber, «was Sache ist», also über den Norminhalt, sondern lediglich über die Methode, die zu befolgen ist, um den Norminhalt *lege artis* zu erhellen, um den «Normsinn» zu erkennen. Es geht ihr, wie bereits der griechische Ursprung des Wortes «Methode» andeutet, um den Weg (zum Ziel), nicht direkt um das Ziel. Die Methodenlehre ist, so gesehen, eine *juristische «Metadisziplin»*[11]*:* Während in den Fächern Privatrecht, Strafrecht oder Staatsrecht unmittelbar zielgerichtet gelehrt wird, welcher Inhalt gewissen Normen von Rechtsprechung und Lehre zugemessen wird, geht es in der Juristischen Methodenlehre um die Vorfrage, auf Grund welcher Methode dieser – durch den Gesetzestext, wie gerade gesagt, regelmässig nicht eindeutig oder jedenfalls nicht endgültig fixierte – Inhalt festgestellt werden kann.

Damit erweist sich gleichzeitig, dass es letztlich die Auslegungsmethode ist, die den Inhalt der Rechtsordnung bestimmt. «In extremer Formulierung kann man sogar behaupten, dass es eben so viele Rechtsordnungen als Auslegungsmethoden gibt».[12] Daraus ergibt sich unmittelbar: Juristische Methodenfragen sind kein theoretisches Glasperlenspiel, sondern politisch hoch brisant: «... methodological choices ... are among the political ones and the most relevant ones. They determine knowledge production by setting the rules of the game».[13]

5. Die Grundlagen methodologischer Regeln; «Recht der Methode»

Wo sind diese Regeln der Juristischen Methodenlehre verankert? Handelt es sich um Postulate, die ohne gesetzliche Anhaltspunkte

---

[11] Richtig VAN HOECKE, 52.
[12] MERKL, Zum Interpretationsproblem (zitiert nach dem Neuabdruck des 1916 publizierten Originalaufsatzes in: MERKL, Gesammelte Schriften, I. Bd., 1. Teilbd. [Berlin 1993] 76); neuerdings auch NEUMANN, 92 f.
[13] HESSELINK, European Law Journal 15 (2009) 34. Vgl. auch unten FN 20.

von Theoretikern aufgestellt worden sind oder sich aus dem Usus der Praxis ableiten lassen? Diese Auffassung ist nur zum Teil richtig: Theorie und Praxis und die diese prägenden Traditionen und Paradigmata[14], die oft bis ins Römische Recht und die antike Rhetorik zurückführen[15] und im Kern wenigstens teilweise Ausdruck allgemeiner hermeneutischer Sachgesetzlichkeiten[16] sind, spielten zwar immer und spielen in der Juristischen Methodenlehre noch heute eine grosse Rolle, trotzdem gibt es auch gesetzliche Anhaltspunkte für die normativ korrekte Methode der Rechtsanwendung und damit – wenigstens in Ansätzen – ein «Recht der Methode»[17]. So ergibt sich aus der zentralen Regel

---

[14] HABERMAS, 275, spricht von «in der Profession bewährten Standards»; ADOMEIT, in: Festschrift für F.J. Säcker (München 2011) 10, von «handwerklichen Erfahrungsregeln aus der Arbeit früherer Juristengenerationen».

[15] Zu den rhetorischen Wurzeln der juristischen Auslegung eingehend HONSELL, ZfPW 2016, 107 ff. Zur heutigen Bedeutung lateinischer (vor allem römischrechtlicher) Rechtsregeln und Rechtssprichwörter zur Methode der Rechtsanwendung KRAMER, Festschrift Höhn, 141 ff. Eingehende Darstellung der Geschichte der juristischen Methode bei SCHRÖDER, Recht als Wissenschaft. Geschichte der juristischen Methodenlehre in der Neuzeit (1500–1933), 2. Aufl. (München 2012).

[16] So auch WENDEHORST, RabelsZ 75 (2011) 734. Als Hermeneutik bezeichnet man die allgemeine geisteswissenschaftliche Lehre vom Verstehen von Texten oder ganz allgemein von «Geisteswerken». Zur Besonderheit der juristischen Hermeneutik gegenüber der allgemeinen Hermeneutik anschaulich MASTRONARDI, N 101 ff. Zum allgemeinen hermeneutischen Gebot systematischer Interpretation s. die Nachweise unten FN 193; zur hermeneutischen Kategorie des Vorverständnisses unten S. 366 ff.

[17] Vgl. etwa auch BROGGINI, in: SPR I (Basel/Stuttgart 1969) 418 ff. («Rechtsauslegungsnormen»); BYDLINSKI, Methodenlehre, 81; BARAK, 47 ff., der auf HARTS (79 ff.) Kategorie der «secondary rules» verweist; BAUDE/SACHS, Harvard Law Review 130 (2017) 1081 ff. («the Law of Interpretation»). Der «Meta-Charakter» der angesprochenen Normen wird durch den in der italienischen Theorie geläufigen Ausdruck «norme sulle norme» verdeutlicht, worunter Normen fallen, die sich sozusagen «selbstreflexiv» mit sich selbst beschäftigen (wie etwa auch das Internationale und Intertemporale Privatrecht). Im israelischen Recht ist die Regelung über die Methode der Rechtsanwendung und Lückenfüllung im «Foundations of Law Act» (1980), in Neuseeland im «Acts Interpretation Act» (1924) enthalten.

des Art. 1 ZGB, dass der blosse Wortlaut des Gesetzes nicht unbedingt massgebend ist (Abs. 1); des weiteren (Abs. 2 und 3), dass es Gesetzeslücken gibt und wie sie zu füllen sind.

Eine weitere methodologische Vorschrift der Einleitungsartikel zum ZGB ist Art. 4, der den Richter bei Ermessensentscheidungen auf «Recht und Billigkeit» verweist[18]. Für das Strafrecht ist Art. 1 StGB wegweisend: «Eine Strafe … darf nur wegen einer Tat verhängt werden, die das Gesetz *ausdrücklich* unter Strafe stellt». Daraus wird das strafrechtliche Analogieverbot abgeleitet[19], wonach der Richter zum Nachteil des Angeklagten (*in malam partem*) keinen neuen Straftatbestand schaffen oder keinen bestehenden derart erweitern darf, «dass die Auslegung durch den Sinn des Gesetzes nicht mehr gedeckt ist».

S. etwa BGE 95 IV 68 (73); BGE 116 IV 134 (136). Nach BGE 127 IV 198 (200) sowie 128 IV 272 (274) sei im Rahmen «sinngemässer Auslegung» der Analogieschluss zulässig; die Abgrenzung zur unzulässigen Bildung neuer Straftatbestände durch Analogieschlüsse sei «allerdings schwierig». Zum damit begrifflich sehr aufgeweichten, da nicht an die Wortsinngrenze anknüpfenden Sinngehalt des strafrechtlichen Analogieverbots (bzw. Bestimmtheitsgebots) nach wohl herrschender schweizerischer Strafrechtsdoktrin STRATENWERTH, Allgemeiner Teil I, § 4 N 32 ; zum demgegenüber streng an der Wortsinngrenze orientierten Bedeutungsgehalt des Analogieverbots im deutschen Recht BVerfG JZ 1995, 778 (779); aus der Lehre vor allem KREY, passim (die traditionelle Auffassung mit überzeugenden Gründen gegen Aufweichungstendenzen verteidigend); für die Schweiz ebenso NIGGLI, AJP 1993, 166 ff.; eingehend WOHLERS, in: Die Bedeutung der «ratio legis» (Kolloquium der Juristischen Fakultät der Universität Basel [Basel u.a. 2001] 79 ff.); viele weit. Nachw. bei TRECHSEL/JEAN-RICHARD, in: TRECHSEL/PIETH (Hrsg.), Schweizerisches Strafgesetzbuch. Praxiskommentar, 3. Aufl. (Zürich/St. Gallen 2018) Art. 1 N 22 f. Auch für das Steuerrecht, für welches das Legalitätsprinzip eine besondere Rolle spielt (vgl. Art. 164 Abs. 1 lit. d BV), wird die richterliche Entwicklung neuer Besteuerungstatbestände, die nicht ausdrücklich im Gesetz vorgesehen sind, teilweise abgelehnt («nullum tributum sine lege»: So TIPKE zit. nach LOCHER, 43). S. etwa BGE 95 I 322 (326); 103 Ia

---

[18]   Dazu unten S. 310 ff.
[19]   Im deutschen Recht ergibt sich das Analogieverbot aus § 1 StGB und zusätzlich aus Art. 103 Abs. 2 GG; es ist also auch verfassungsrechtlich abgestützt.

242 (247); vgl. auch BGE 131 II 562 (567), wo allerdings (a.a.O. 568) betont wird, dass echte Gesetzeslücken auch im Steuerrecht geschlossen werden können. Aus der Lehre vgl. VALLENDER, 56 ff.; HÖHN, StuW 1984, 255 ff. Gegen das Kriterium der Wortsinngrenze und ein so konzipiertes steuerrechtliches Analogieverbot LOCHER, 117 ff. (zusammenfassend 151). Generell zur Ablehnung von belastenden Analogieschlüssen im deutschen Verwaltungs- und Steuerrecht BEAUCAMP, AöR 134 (2009) 83 ff. Zur Möglichkeit des Analogieschlusses im Verwaltungsrecht BGE 98 Ia 35 (40 f.); ZELLER, 395.

Das generelle Analogieverbot des Strafrechts ist in anderen Rechtsbereichen, wie vor allem im Privatrecht, grundsätzlich nicht zu beachten, woraus ersichtlich wird, dass sich die Methode der Rechtsanwendung an der zu interpretierenden Rechtsmaterie und deren spezifischen Zwecksetzungen orientiert und es daher je nach Rechtsmaterie unter Umständen recht unterschiedliche Auslegungsmethoden gibt.

Art. 1 ZGB gilt zwar grundsätzlich nur für Auslegung und Lückenfüllung im Privatrecht, doch wird er als die grundlegende Methodennorm des schweizerischen Rechts regelmässig oft auch in anderen Rechtsgebieten herangezogen. S. zur grundsätzlichen Einheitlichkeit der Methode schon E. HUBER, 395 FN 1; BK-ZGB/MEIER-HAYOZ, Art. 1 N 48; BSK-ZGB/HONSELL, Art. 1 N 8; HUTTER, 45 ff.; BGE 116 Ia 359 (367). Dabei ist aber – wie am deutlichsten Art. 1 StGB belegt – jeweils auf die Eigenheiten dieser Rechtsgebiete zu achten. Vgl. auch HÄFELIN/HALLER/KELLER/THURNHERR, N 77: «Die Auslegungsbedürftigkeit der Rechtssätze hat im Bereich des Verfassungsrechts zum Teil ein besonderes Gepräge». Zu verfassungsspezifischen Auslegungselementen TSCHANNEN, N 19 ff.; allgemein zu Besonderheiten der Methode im öffentlichen Recht GÄCHTER, 243 ff.

In diesem Sinn wird auch von der *«Gegenstandsadäquanz»* der Methode gesprochen.

S. JESTAEDT, ZöR 55 (2000) 147 ff.; FLEISCHER, RabelsZ 75 (2011) 721. In den je nach Rechtsmaterie differierenden Schattierungen der Juristischen Methodenlehre äussert sich ein Phänomen, das der berühmte Kunsthistoriker Ernst H. GOMBRICH aperçuhaft in allgemeinster Form formuliert hat: Jede Fragestellung bedürfe einer anderen Methode – so wie man eine Schraube mit einem Schraubenzieher eindreht und einen Nagel mit einem Hammer einschlägt. Zitiert nach COCHEMER, NZZ Nr. 88 vom 16./17.4.1994, 65.

Von essentieller Bedeutung für die Juristische Methodenlehre sind schliesslich *verfassungsrechtliche* und letztlich *verfassungstheoretische Determinanten*[20]*:* So vor allem das Rechtsgleichheitsgebot des Art. 8 Abs. 1 BV und der durch Art. 9 BV garantierte Schutz vor Willkür. Aus dem positiven Gleichbehandlungsgebot, Gleiches gleich zu behandeln, ist letztlich die Notwendigkeit des Analogieschlusses zu begründen[21], aus der negativen Kehrseite des Rechtsgleichheitsgebots, Ungleiches ungleich zu behandeln, der Umkehrschluss[22]. Das Gleichheitsgebot des Art. 8 BV konkretisierend verankert Art. 29 Abs. 1 BV ausdrücklich den Anspruch jeder Person auf «gleiche Behandlung» in Verfahren vor Gerichts- und Verwaltungsinstanzen.[23] Für die Methodenlehre geradezu konstitutiv ist schliesslich der Verfas-

---

[20] S. RÜTHERS, Rechtstheorie 2009, 272: «Methodenfragen sind Verfassungsfragen»; ebenso etwa RÜCKERT/SEINECKE, in: RÜCKERT/SEINECKE, 40 ff.; Chr. BALDUS, in: BALDUS/THEISEN/VOGEL, 11. Betonung des «verfassungsrechtlichen Methodenrechts» auch bei MICHAEL, Jb. des Öffentlichen Rechts der Gegenwart, NF 48 (2000) 192 f.; *ders.*, 44 ff.; BIAGGINI, Symposium Rhinow, 27 ff., vor allem 38; zu den Herausforderungen einer demokratischen Verfassungstheorie für die juristische Methodenlehre J.P. MÜLLER, in: Festschrift für Thomas Fleiner (Fribourg 2003) 385 ff. Treffend H.-P. SCHNEIDER, DÖV 1975, 452, wonach die (gerade im Privatrecht traditioneller Weise stark allgemeinhermeneutisch orientierte) juristische Methodendiskussion «von ihrem hermeneutischen Kopf auf die verfassungsrechtlichen Füße gestellt werden» müsse. Das Gesagte gilt im besonderen Masse gerade für die Methode der Verfassungsinterpretation. S. BÖCKENFÖRDE, NJW 1976, 2097, wonach «eine Methodendiskussion zur Verfassungsinterpretation immer zugleich auch eine Diskussion über Verfassungsbegriff und Verfassungstheorie» ist. Vgl. zur Rolle der Verfassungstheorie im Prozess der Rechtsgewinnung auch JESTAEDT, in: DEPENHEUER/GRABENWARTER (Hrsg.), Verfassungstheorie (Tübingen 2010) 41 ff.
[21] S. dazu unten S. 226 ff.
[22] S. dazu unten S. 237 ff.
[23] Zu Art. 29 Abs. 2 BV und der daraus abgeleiteten Begründungspflicht oben FN 7.

sungsgrundsatz der Gesetzesbindung des Richters[24], ein Grundsatz, der wiederum vom Gewaltenteilungsprinzip (MONTESQUIEU) inspiriert ist[25].

Die (keineswegs vollständige) Aufzählung methodologischer Vorgaben des schweizerischen Rechts zeigt, dass die Juristische Methodenlehre jedenfalls teilweise durch die jeweilige *nationale Rechtsordnung* geprägt ist. So ist es offensichtlich, dass im anglo-amerikanischen Rechtskreis mit seinem Vorrang des Richterrechts und dem Prinzip der Präjudizienbindung («stare decisis») von vorneherein von prinzipiell anderen methodologischen Prämissen auszugehen ist als in den vom Kodifikationsprinzip geprägten Rechtsordnungen des kontinentaleuropäischen «Civil Law», wobei diese aber teilweise ihrerseits auch spezifische Interpretationsstile entwickelt haben.

Eine gross angelegte, weltweit rechtsvergleichende Darstellung der Juristischen Methodenlehre enthalten die fünf Bände des Werks von FIKENTSCHER; stark rechtsvergleichend orientiert jeweils GERMANN, Probleme, passim. Rechtsvergleichend bedeutsam auch MACCORMICK/SUMMERS (Eds.). Interpreting Statutes: A Comparative Study (Dartmouth 1991); VOGENAUER, passim; HAGER, passim; EMMENEGGER/TSCHENTSCHER, Art. 1 N 60 ff.; HENNINGER, Europäisches Privatrecht und Methode (Tübingen 2009). Vgl. nun auch die Beiträge im Schwerpunktheft «Juristische Methodenlehre» der RabelsZ 83 (2019) Heft 2 (S. 241 ff.). Zur Konvergenz zwischen der im kontinentalen «Civil Law» und im Common Law praktizierten Methode der Gesetzesauslegung KRAMER, in: MEIER-SCHATZ (Hrsg.), Die Zukunft des Rechts, Bibliothek zur ZSR, Beiheft 28 (Basel 1999) 71 ff.; vgl. dazu auch M. STÜRNER, in: Jb. Junger Zivilrechtswissenschaftler 2004 (Stuttgart u.a. 2005) 79 ff.; MCGRATH/KOZIOL, RabelsZ 78

---

[24] S. Art. 190 BV, wonach Bundesgesetze (und Völkerrecht) «für das Bundesgericht und die anderen rechtsanwendenden Behörden massgebend» sind. Im deutschen Verfassungsrecht ist die Rechtsprechung gemäss Art. 20 Abs. 3 GG an «Gesetz und Recht» gebunden; vgl. auich Art. 97 Abs. 1 GG, wonach der Richter «nur dem Gesetz unterworfen» ist. In Österreich gilt das Legalitätsprinzip des Art. 18 Abs. 1 B-VG.

[25] S. zu den letztlich aus dem Gewaltenteilungsgrundsatz zu begründenden Grenzen der richterlichen Rechtsfortbildung unten S. 335 ff.

(2014) 709 ff.; BRENNCKE, Judicial Law-Making in English and German Courts. Techniques and Limits of Statutory Interpretation (Cambridge u.a. 2018).

Die Juristische Methodenlehre ist somit im Ansatz eine auf die jeweilige Rechtsordnung bezogene, *«nationale» Rechtsdisziplin*[26]. Dabei darf freilich nicht verkannt werden, dass im Rechtskreis des «Civil Law» – auf Grund der gemeinsamen römisch-rechtlichen Tradition – eine grundsätzliche Parallelität des methodischen Vorgehens zu beobachten ist, und dass überdies auf Grund der *zunehmenden Internationalisierung* (in Europa vor allem *Europäisierung*) der Rechtsordnungen starke Konvergenztendenzen bestehen[27]. Eine vom jeweils geltenden positiven Recht völlig abgehobene Rechtstheorie i.S. einer übernationalen «science pure» stellt die Lehre von der Methode der Rechtsanwendung aber von vorneherein nicht dar[28].

Das gerade Ausgeführte veranlasst zu einer Klarstellung über den räumlichen Fokus der vorliegenden Einführung in die juristische Methodenlehre: Sie bezieht sich, wie schon im Vorwort betont, in erster Linie auf die schweizerische Rechtslage. Wegen deren namentlich im Privatrecht zu beobachtenden engen Verwandtschaft mit dem deutschen und österreichischen Recht können nach Auffassung des Verfassers sehr viele (wohl die meisten) methodologischen Ausführungen aber ohne Weiteres entsprechend auch auf die deutsche und österreichische Szene bezogen werden. Dies erklärt auch die vielen Verweise auf deutsche und österreichische (darüber hinaus aber auch auf weitere ausländische, namentlich europäische) Literatur und Judikatur. Zu «kleinen Differenzen» zwischen der zivilrechtlichen Methode in Deutschland, Österreich und der Schweiz, die sich namentlich aus teilweise unterschiedlicher Sicht der Stellung und Funktion des Richters ergeben, anregend OBERHAMMER, AcP 214 (2014) 155 ff.

---

[26] So schon ROSS, 110. Entsprechendes gilt selbstverständlich auch für die supranationale Rechtsordnung der EU.

[27] Zu den methodologischen Konsequenzen unten S. 341 ff.; zur Diskussion über die Entwicklung einer «gemeineuropäischen Methodik» vgl. die Nachw. bei EMMENEGGER/TSCHENTSCHER, Art. 1 N 50 ff.

[28] Freilich bestehen unmittelbare Berührungspunkte zwischen der Methode der Rechtsanwendung und eigentlicher theoretischer bzw. philosophischer Grundlagenforschung wie vor allem der Semantik, Linguistik und der allgemeinen geisteswissenschaftlichen Interpretationstheorie (Hermeneutik).

Trotz solcher Differenzen wäre es nach Ansicht des Verfassers dieser Einführung übertrieben, für den Bereich des Privatrechts von einer überwiegend eigenständigen, d.h. national geprägten «schweizerischen» oder «österreichischen» Methodenlehre zu sprechen. So im Ergebnis nun auch ZIMMERMANN, RabelsZ 83 (2019) 245 f. Eine gewisse Relativierung des gerade Ausgeführten ergibt sich – gerade im Privatrecht – aus dem Umstand, dass die Schweiz im Unterschied zu Deutschland und Österreich nicht der EU angehört. Dies erklärt, warum in diesem auf das schweizerische Recht fokussierten Buch die spezifischen Methodenfragen des EU-Rechts nicht zentral thematisiert werden; zur richtlinienkonformen Interpretation unten S. 347 ff.; zur spezifischen Stellung der Schweiz im Hinblick auf die Rechtsharmonisierung in der EU und deren methodologischen Konsequenzen unten S. 348 ff.

Bei aller Betonung der gesetzlichen und verfassungsrechtlichen Prämissen der Methode der Rechtsanwendung muss aber doch bedacht werden, dass eine völlige positivrechtliche Determinierung der Juristischen Methodenlehre gar nicht denkbar ist. Dies schon deswegen, weil die gesetzlichen Interpretationsrichtlinien ausserordentlich lückenhaft sind.

So sagt etwa Art. 1 ZGB nichts über den für die Lückenfüllung so wichtigen Analogieschluss. Viele Rechtsordnungen (wie etwa die deutsche) kommen überhaupt ohne zentrale methodologische Gesetzesnormierungen aus. Ähnliche Interpretationsregeln wie Art. 1 ZGB enthalten etwa die österreichische und die italienische Zivilrechtskodifikation. S. §§ 6 und 7 ABGB: (§ 6) «Einem Gesetz darf in der Anwendung kein anderer Verstand beigelegt werden, als welcher aus der eigentümlichen Bedeutung der Worte in ihrem Zusammenhange und aus der klaren Absicht des Gesetzgebers hervor leuchtet»; (§ 7) «Lässt sich ein Rechtsfall weder aus den Worten noch aus dem natürlichen Sinne eines Gesetzes entscheiden, so muss auf ähnliche, in den Gesetzen bestimmt entschiedene Fälle, und auf die Gründe anderer damit verwandten Gesetze Rücksicht genommen werden. Bleibt der Rechtsfall noch zweifelhaft; so muss solcher mit Hinsicht auf die sorgfältig gesammelten und reiflich erwogenen Umstände nach den natürlichen Rechtsgrundsätzen entschieden werden»; Art. 12 der «Disposizioni sulla legge in generale» (zum Codice Civile) lautet in deutscher Übersetzung: (Abs. 1) «Dem Gesetz darf bei seiner Anwendung kein anderer Sinn als der beigelegt werden, der sich aus der eigenen Bedeutung der Worte in ihrem Zusammenhang und aus der Absicht des Gesetzgebers ergibt»; (Abs. 2) «Kann ein Streitfall nicht auf Grund einer bestimmten Vorschrift entschieden werden, so ist auf jene Vorschriften Rücksicht zu nehmen, die ähnliche Fälle oder verwandte

Sachbereiche regeln; bleibt der Fall immer noch zweifelhaft, so ist nach den allgemeinen Grundsätzen der staatlichen Rechtsordnung zu entscheiden». Vgl. auch die bemerkenswerten, 1974 neu gefassten Art. 3 und 4 des spanischen Código Civil sowie Art. 9 und 10 des portugiesischen Código Civil. Vgl. zu all diesen gesetzlichen Interpretations- und Lückenfüllungsanweisungen GRABAU, Über die Normen zur Gesetzes- und Vertragsinterpretation (Berlin 1993); HÖLTL, Die Lückenfüllung der klassisch-europäischen Kodifikationen (Wien 2005); mit vielen weiteren Nachw. WENDEHORST, RabelsZ 75 (2011) 730 ff.; vgl. auch HERZOG, Anwendung und Auslegung von Recht in Portugal und Brasilien (Tübingen 2013).

Ganz grundsätzlich betrachtet scheitert eine völlige gesetzliche Bindung der Juristischen Methodenlehre aber geradezu rechtslogisch daran, dass die angesprochenen Interpretationsnormen ihrerseits auch interpretationsbedürftig sind.[29] Auf welche Methoden stützt sich aber die Interpretation der Interpretationsnormen?[30] Es gibt nun einmal keine «Metaregeln» zu den Interpretationsregeln.

6. Juristische Methodenlehre als «normative» Disziplin; grundsätzliche Zweifel an ihrer Realitätsnähe

Trotzdem ist die Lehre von der Methode der Rechtsanwendung in ihrem Kern und Selbstverständnis eine «normative», dogmatische Disziplin[31], eine Lehre also, die präskriptiv sagt, wie der In-

---

[29] Dies war übrigens der Grund, warum im deutschen BGB auf Interpretationsregeln verzichtet wurde. S. Mot. der 1. Kommission zum Allgemeinen Teil (zit. nach MUGDAN, Die gesamten Materialien zum Bürgerlichen Gesetzbuch für das Deutsche Reich [Berlin 1899] 365): «...statt die Auslegung zu fördern, können solche Sätze leicht zu Problemen für die Auslegung werden».

[30] Richtig etwa R. WALTER, 194; BYDLINSKI, Methodenlehre, 80; JESTAEDT, ZöR 55 (2000) 145. Daraus ergibt sich ganz grundsätzlich: Eine *rein* normative Erklärung juristischer Interpretation wäre nicht nur unrealistisch, sondern auch theoretisch unhaltbar: Ein rein «rule-based picture cannot explain how meaning is possible» (ARULANANTHAM, The Yale Law Journal 107 [1998] 1869).

[31] Genauer: eine rechtsdogmatische «Metadisziplin» (s. oben unter 4.); ebenso OBERHAMMER, AcP 214 (2014) 165: «Metadogmatik».

terpret (Richter) auf Grund gewisser rechtlicher Vorgaben interpretieren sollte. Neben einer so verstandenen Methodenlehre, die auf Basis einer bestimmten Rechtsordnung (und in diesem Sinn: einem «internal point of view»[32] folgend) fragt, wie interpretiert werden *sollte*, gibt es weltweit unüberschaubar viele Untersuchungen zur Frage, nach welchen Gesichtspunkten Richter *tatsächlich interpretieren*. Diese richtersoziologischen oder richterpsychologischen (oft auch rechtsgeschichtlich, rechtsvergleichend und rechtsideologiekritisch angelegten) Untersuchungen zum *tatsächlichen Interpretationsverhalten* der Gerichte[33], zur Frage, «what courts do in fact»[34], kommen nur zu oft zum Ergebnis, dass Interpreten in vielen Fällen nach sehr persönlichen Motiven, nach ihrem subjektiven, allenfalls auch politischen «Vorverständnis» interpretieren. Die Berufung auf eine etablierte Methode (etwa auf den Willen des historischen Gesetzgebers) dient dann lediglich der nachträglichen Rationalisierung des in Wirklichkeit subjektiv, nach dem «Rechtsgefühl» gewünschten Ergebnisses– «intended to make the decision seem plausible, legally decent, legally right, to make it seem indeed legally inevitable»[35] –, und hat daher, wenn man so will, «ornamentalen» oder «rituellen» Charakter[36]. Der Eindruck der *Subjektivität der Interpretation* entsteht vor allem aus dem Befund, dass die Berufung

---

[32]   Vgl. HART, 86 ff.
[33]   Man kann in Bezug auf solche Forschungen – im Gegensatz zur «normativen Methodenlehre» – von «deskriptiven Methodenlehren» sprechen. Zu dieser Gegenüberstellung HAVERKATE, 14 ff. Zur «Justizforschung» (Richtersoziologie und -psychologie) gibt es weltweit unübersehbar viel Literatur. Vgl. etwa KLEIN/MITCHELL (Ed.), The Psychology of Judicial Decision Making (New York 2010); viele Nachw. bei REHBINDER, Rechtssoziologie, 8. Aufl. (München 2014) N 165; SIMON, Die Unabhängigkeit des Richters (Darmstadt 1975) 146 ff. i.V. mit 159 ff.; einführend HELDRICH, LJZ 1991, 65 ff.
[34]   So der Titel des in der US-amerikanischen Literatur viel zitierten Aufsatzes von J. FRANK, Illinois Law Review 27 (1931/32) 645 ff.
[35]   K. LLEWELLYN, Harvard Law Review 44 (1931) 123 ff.
[36]   Statt aller der dänische Rechtstheoretiker Alf ROSS, Über Recht und Gerechtigkeit (Kopenhagen 1953) 181. Zum Stellenwert des Vorverständnisses eingehend unten S. 366 ff.

auf etablierte Methodenregeln – die *«Methodenwahl»* –, offenbar ergebnisorientiert, sehr unsystematisch erfolgt: Einmal beruft sich das Gericht auf den Willen des historischen Gesetzgebers, das andere Mal wird dieser gerade zugunsten objektiv gesetzessystematischer bzw. teleologischer Erwägungen beiseite geschoben[37]. Insgesamt entsteht bei der Lektüre richterlicher Praxis tatsächlich zuweilen der Eindruck eines *methodologischen «anything goes»*[38] oder – in salopper Formulierung – des «fortgesetzten methodischen Blindflugs»[39].

Ist es somit tatsächlich so, dass die Regeln der Juristischen Methodenlehre und die darauf bezogenen Bemühungen der Theorie letztlich illusorisch, da hoffungslos praxisfremd sind und in Wirklichkeit allein ergebnisorientierte, subjektive Erwägungen des Interpreten entscheiden?

Zuweilen wird das Urteil, die Regeln der Juristischen Methodenlehre und die darauf bezogene Theorie seien illusorisch, mit dem Argument unterstützt, dass die Interpretation letztlich eine «Kunst» sei (vgl. den Titel der immer noch lesenswerten Einführung von BARTHOLOMEYCZIK, Die Kunst der Gesetzesauslegung, 4. Aufl. [Frankfurt a.M. 1967]); dass der Richter aus eigenem gutem «Judiz» von Fall zu Fall das Richtige treffe. Dazu hat bereits SAVIGNY, 211, Stellung genommen: Es sei schon richtig, dass eine «treffliche» Auslegung eine Kunst sei. «Allein wir können durch die Betrachtung vorzüglicher Muster ergründen, worin die Trefflichkeit derselben liegt; dadurch aber werden wir unse-

[37]   Zum «Methodenpluralismus» des BGer unten S. 143 ff.

[38]   MEIER-HAYOZ (SJZ 1956, 173) hat gar von der «grundsätzlichen Grundsatzlosigkeit» unserer Gerichte in Methodenfragen gesprochen. Dasselbe Urteil fällt etwa GERN, Verwaltungs-Archiv 1989, 426, zur deutschen Rechtsprechung; vom selben Befund ist auch schon ESSER, Vorverständnis und Methodenwahl, 7, ausgegangen. Der von der Doktrin an die Praxis gerichtete Vorwurf fällt freilich, wie SCHUBARTH, recht 1995, 155, berechtigter Weise schreibt, auf die Lehre zurück: Es sei «wohl müssig, von der Richterschaft ein klareres Methodenbewusstsein zu fordern ..., solange nicht klarere methodische Alternativen vorgelegt werden (Bringschuld der Wissenschaft)». Es ist überdies zu Recht kritisiert worden (s. etwa den Untertitel des Beitrags von RHINOW, recht 1986, 71 ff.), dass Methodik in der universitären Ausbildung zu kurz kommt.

[39]   So RÜTHERS, NJW 1996, 1249 (der Vorwurf ist dort freilich nicht an die Rechtsprechung gerichtet).

ren Sinn schärfen für das, worauf es bei jeder Auslegung ankommt, und unser Streben auf die rechten Punkte richten lernen. Dieses, und die Vermeidung der mancherlei möglichen Abwege, ist es, was wir hier, wie in jeder Kunst, durch die Theorie zu gewinnen hoffen dürfen». Nicht stichhaltig, aber immerhin amüsant ist das Ernst RABEL zugeschriebene Diktum, ein guter Jurist habe eine Methode, rede aber nicht darüber (s. FIKENTSCHER Bd I, 10). Nicht zu bestreiten ist freilich, dass «learning by doing» für eine überzeugende Handhabung methodischer Regeln ausserordentlich wichtig ist.

Zu all diesen grundsätzlichen Zweifeln ist vorerst[40] nur soviel zu sagen: Es entspräche tatsächlich wirklichkeitsfremder «Subsumtionsideologie», ginge man davon aus, dass der Interpret i.S. des geflügelten Wortes vom Richter als seelenlosem «Subsumtionsautomaten» ohne eigene und das heisst subjektive Wertung auskommen könnte.

Der auf dem Subsumtionsmodell aufbauende «Justizsyllogismus» wurde von der gesetzespositivistischen Methodenlehre des späten 19. Jahrhunderts als rein automatische Rechenoperation angesehen. Hermann KANTOROWICZ, der Begründer der «Freirechtsbewegung» (dazu unten S. 333), hat dies unter dem Pseudonym GNAEUS FLAVIUS so ironisiert (7): «Die herrschende Idealvorstellung vom Juristen ist: Ein höherer Staatsbeamter mit akademischer Ausbildung, sitzt, bewaffnet bloß mit einer Denkmaschine, freilich einer von der feinsten Art, in seiner Zelle. Ihr einziges Mobiliar ein grüner Tisch, auf dem das staatliche Gesetzbuch vor ihm liegt. Man reicht ihm einen beliebigen Fall, einen wirklichen oder nur erdachten, und entsprechend seiner Pflicht ist er imstande, mit Hilfe rein logischer Operationen und einer nur ihm verständlichen Geheimtechnik die vom Gesetzgeber vorherbestimmte Entscheidung im Gesetzbuch mit absoluter Exaktheit nachzuweisen». Amüsant im Anschluss an das Bild vom Subsumtionsautomaten auch R. POUND, Der Geist des Gemeinen Rechts (Übersetzung aus dem Amerikanischen, Söcking 1947) 98: «Oben warf man die Tatsachen hinein und zog unten das Urteil heraus. Da sich hartnäckige Tatsachen oft im Getriebe verklemmen, muss man die Maschine gelegentlich puffen und rütteln, um etwas herauszukriegen. Obgleich diese Behandlung der vollkommenen Selbsttätigkeit widerspricht, schreibt man das Urteil dennoch einzig und allein der Maschine zu, nie aber unserem Rütteln und Schütteln». Gegen das Richterbild und die «Subsumtionsideologie» des Gesetzespositivismus grund-

---

[40]   Abschliessende Stellungnahme unten S. 371 ff.

legend bereits Oskar VON BÜLOW, Gesetz und Richteramt (Leipzig 1885); später ISAY, Rechtsnorm und Entscheidung (Berlin 1929). Zur Justiztheorie im 19. Jahrhundert OGOREK, Richterkönig oder Subsumtionsautomat?, 2. Aufl. (Frankfurt a.M. 2008). Zum Wandel des Richterbilds eingehend CARONI, 66 ff.

In Wirklichkeit gibt es unbestreitbar und unvermeidbar neben «kognitiven» Elementen der Auslegungstätigkeit immer auch mehr oder weniger grosse Wertungsspielräume[41], bei denen pragmatische Überlegungen zur «gerechten Lösung» des Einzelfalls und damit auch die Richterpersönlichkeit eine nicht wegzudiskutierende Rolle spielen[42]. Aufgabe der Juristischen Methodenlehre ist es, den Spielraum reiner Subjektivität, die ja letztlich Willkür bedeutet, möglichst einzuschränken und die Interpretation damit möglichst zu «verobjektivieren», zu «rationalisieren»[43].

---

[41] Der Richter ist somit nicht nur – i.S. von MONTESQUIEU (De l'esprit des lois, Liv. 11, chap. 6) –die «bouche qui prononce les paroles de la loi; des êtres inanimés ...». In dieser Tradition aber noch BURCKHARDT, Die Organisation der Rechtsgemeinschaft, 2. Aufl. (Zürich 1944) 253: «Was der Richter ... anordnet, ist nur, was in abstrakter Form schon im Gesetze enthalten war»; ebenso der (heute allerdings nicht mehr konsequent durchgehaltene) traditionelle «syllogistische» Entscheidungsstil der französischen Cour de Cassation. Dazu kritisch DEUMIER, Dalloz 2015, 2022 ff. Zum juristichen Syllogismus vgl. die Erläuterung im Texteinschub oben S. 40 f.

[42] Aus der schweizerischen Literatur schon 1921 FRITZSCHE in seiner Zürcher Antrittsvorlesung «Richteramt und Persönlichkeit» (Zürich 1921), wiederabgedruckt in MERZ/SCHINDLER/WALDER (Hrsg.), Juristengenerationen und ihr Zeitgeist (Zürich 1991) 381 ff.; vgl. etwa auch den ehemaligen Bundesrichter P. A. MÜLLER, in: Mélanges Robert Patry (Lausanne 1988) 381, wonach bei der Rechtsfindung ein «irrationaler Rest» bleibe; wichtig WEIMAR, Psychologische Strukturen richterlicher Entscheidung (Neudruck, Bern 1996). Zum persönlichen oder politischen Vorverständnis des Richters unten S. 368 ff.

[43] Ähnlich wie hier etwa F. BYDLINSKI, JBl 1994, 433; ders., Rechtstheorie 1985, 17; PICKER, JZ 1988, 72. Zum Ganzen abschliessend unten S. 378 f. Bedenkenswert auch GOTTWALD, ZZP 98 (1985) 129: «Nur die methodengerechte Entscheidung ist ... rational begründet». Selbstverständlich gibt es neben methodologischen Anweisungen auch noch andere, ebenso wichtige «institutionelle» bzw. «prozedurale» Mittel, um richterliche Subjektivismen in Schranken zu halten, namentlich die Gestaltung der Gerichtsorganisation (Öffentlichkeit, Mündlichkeit, mehrköpfige Gerichte, Instanzenzug) und das Verfahren der Richter-

Dass dies durch die normativ verstandenen Regeln der Juristischen Methodenlehre in einer annäherungsweise abschliessenden und perfekten Weise gelingen kann, wäre freilich eine sehr doktrinäre und vermessene Annahme. Hilfreiche – keineswegs rigide, sondern elastische – Richtungsweisungen können aber, so scheint dem Verfasser dieser Einführung, sehr wohl geboten werden und sind der Rechtssicherheit förderlich.

In diesem realistisch abschwächenden Sinn auch AARNIO, in: Rechtsnorm und Rechtswirklichkeit. Festschrift für Werner Krawietz (Berlin 1993) 644: «Surely, we have a multitude of various principles of interpretation … but all of them are only a kind of direction indicator. Even at their best, they only tell us: go in this direction»; zuzustimmen ist auch HASSEMER, Rechtstheorie 2008, 14: «Die Vernünftigkeit der Methodenlehre steht außer Frage; ihre Komplexität aber erreicht bei Weitem nicht die Komplexität des von ihr geregelten Feldes richterlicher Pragmatik»; vgl. *dens.*, in: Festschrift für Heike Jung (Baden-Baden 2007) 259 f. S. auch PAPAUX, Introduction à la philosophie du «droit en situation» (Genève u.a. 2006) 173: Der Ausdruck «Methode» sei «trop exigeant», es handle sich um blosse «Direktiven». Vgl. auch DRUEY, Der Kodex des Gesprächs. Was die Sprechaktlehre dem Juristen zu sagen hat (Baden-Baden 2015) 354 ff.

7. Retrospektive und strategische Aspekte der Juristischen Methodenlehre

Bis jetzt war immer nur von einem, dem traditionellen Aspekt der Juristischen Methodenlehre die Rede, dem für die (auf die Rechtsfrage bezogene) Tätigkeit des Richters zentralen Aspekt der Methode der Rechtsanwendung. Juristische Methodenlehre ist aber nicht nur «retrospektiv» mit der Methode der Interpretation bereits formulierter Normen beschäftigt; immer stärkere Beachtung finden heute die in der Theorie viel zu lange vernachlässigten «prospektiven», schöpferischen, ja *strategischen Aspekte*

---

auswahl. Richtig REIMER, § 4 N 185; vgl. auch HASSEMER, 149 ff., der von «settings» richterlichen Handelns spricht. Zum Einfluss des Einigungsprozesses in Richterkollegien umfassend ERNST, Rechtserkenntnis durch Richtermehrheiten: «group choice» in europäischen Justiztraditionen (Tübingen 2016).

der juristischen Tätigkeit.[44] Einmal durch die Lehre von der *«Methode der Rechtsgeschäftsplanung»,* die die Frage beantworten will, welche Aspekte die damit befassten Juristen (sog. «Kautelarjuristen» wie vor allem Anwälte, Notare, Unternehmensjuristen) zu beachten haben, wenn ein (komplexer) Vertrag entworfen werden soll (Formulierung des Vertragsziels, Beachtung faktischer und rechtlicher Restriktionen etc.)[45]. Zum anderen durch die *«Gesetzgebungslehre»*[46], der es darum geht, die methodischen Gedankenschritte zu formulieren, die eine rationale Gesetzgebung berücksichtigen sollte, sowie «nomographische» (also auf die Redaktion des Gesetzestextes bezogene) Techniken zu entwickeln, mit Hilfe derer der Normtext möglichst transparent formuliert, strukturiert und systematisiert werden kann.

Die Gegenüberstellung der retrospektiven Methode der richterlichen Rechtsfindung auf der einen und der strategisch-prospektiven Methoden der Rechtsgeschäftsplanung und Gesetzgebung auf der anderen Seite darf nicht i.S. eines scharfgezogenen Entweder-Oder verstanden werden. Man darf nicht übersehen, dass das Geschäft des Richters *immer* – auch im Fall einfacher «Normkonkretisierung» – Elemente der produktiven, schöpferischen *Rechtsgewinnung* («Rechtssetzung») enthält. Schon Oskar VON BÜLOW hatte erkannt, dass «der rechtsordnende Wille der Staatsgewalt» im Gesetz «noch nicht zum Abschluss» komme; «vollends» trete «er erst in den richterlichen Rechtssprüchen

---

[44] Plädoyer für eine stärker prospektiv orientierte Rechtswissenschaft bei KLOEPFER, in: Das Recht in Raum und Zeit. Festschrift für Martin Lendi (Zürich 1998) 266 f.

[45] Pionierhaft E. REHBINDER, AcP 174 (1974) 265 ff. Aus der schweizerischen Literatur s. HÖHN/WEBER, Planung und Gestaltung von Rechtsgeschäften (Zürich 1986); s. auch HÖHN, Praktische Methodik, 31 ff.

[46] Die Literatur dazu ist weltweit immens. Sehr lesenswert immer noch die klassisch gewordene Gesamtdarstellung von NOLL, Gesetzgebungslehre (Reinbek bei Hamburg 1973); aktuell MÜLLER/UHLMANN, passim.

heraus»[47]. Der Inhalt der Norm ist vor der Auslegung durch den Rechtsanwender somit nicht vollständig «präexistent»[48]; das Gesetz ist so gesehen lediglich der Kern der eigentlichen Regelung, ein (allerdings verbindlicher) «Bildentwurf», ein Projekt, das durch die Rechtsanwendung erst zu vollenden ist[49]. Wenn der Rechtsfindende, der dann in Wirklichkeit «Rechtssetzer», «Komplementärgesetzgeber» ist, gar im eigentlichen Sinn rechtsfortbildend neue Normen kreiert, wozu ihn die berühmte Formel des Art. 1 Abs. 2 ZGB für den Fall der Lückenhaftigkeit des Gesetzes ja auch ausdrücklich auffordert, wird dies vollends evident: Richterrecht gehört wie Gesetzgebung zum «law making process». Von diesen, in unserer rasant beschleunigten Gesellschaft immer wichtiger werdenden gestaltend-planerischen Aspekten der richterlichen Tätigkeit[50] wird noch ausführlich die Rede sein[51].

---

[47] VON BÜLOW, 46 f. KELSEN, 242 ff., spricht vom «konstitutiven» Charakter der richterlichen Entscheidung; vgl. auch BARAK, 218: «Interpretation is not just discovery. It is also creation»; WIEACKER, Ausgewählte Schriften, Bd. 2: Theorie des Rechts und der Rechtsgewinnung (Frankfurt/M. 1983) 201, wonach «jede Entscheidung schon ein punktuelles Element der Rechtsneubildung sei»; zuletzt JESTAEDT, 64: «Mit *jedem* Judikat setzt der Richter Recht: *Richterrecht*» (mit Berufung auf MERKL, Gesetzesrecht und Richterrecht [1922]; zitiert nach dem Neuabdruck in: MERKL, Gesammelte Schriften, I. Bd., 1. Teilbd. [Berlin 1993] 319). Dazu auch unten FN 539. Aus der schweizerischen Literatur MEIER-HAYOZ, JZ 1981, 419; NIGGLI, AJP 1993, 158. Zuletzt H.P. WALTER, ZSR 126 (2007) I, 263: Rechtsanwendung sei «ohnehin nichts anderes als sekundäre Rechtssetzung, wenn auch mit anderen Mitteln». Auch wenn den Zitierten ohne Weiteres zuzustimmen ist, muss doch betont werden, dass es Bereiche richterlicher Rechtsfindung gibt, in denen die «Reproduktion der Wertung des Gesetzes» absolut im Vordergrund steht und es nur in geringem Masse um «Produktion eigener Wertung» geht. So die treffende Gegenüberstellung bei ARZT, 87 FN 48.
[48] So etwa COLNERIC, ZEuP 2005, 225.
[49] In diesem Sinn LOMBARDI VALLAURI, Saggio sul diritto giurisprudenziale (Milano 1967) 509: Das Gesetz sei verbindlich, «ma solo come nucleo o quadro o progetto della norma ‹legale› in atto».
[50] Der Aspekt der richterlichen «Rechtsgewinnung» wurde in der neueren deutschen Methodologie grundlegend von KRIELE (passim) thematisiert. Vom selben Ansatz aus das Verhältnis von Rechtssetzung und Rechtsanwendung relativierend RHINOW, Rechtssetzung (passim); *ders.,* in: EICHENBERGER u.a. (Hrsg.),

Fasst man das Gesagte zusammen und bezieht man auch noch die Methode der Vertragsauslegung in die Betrachtung ein[52], so lässt sich die Juristische Methodenlehre, wie das folgende Schaubild zeigt, schematisch in eine Lehre von der *Methode der Rechtssetzung*[53] und eine Lehre von der *Methode der Rechtsanwendung* unterteilen, wobei, wie gerade angedeutet, sehr zu betonen ist, dass zwischen den beiden Bereichen, nämlich zwischen der Methode des Richterrechts und der Methode der Gesetzesauslegung (im Schaubild: zwischen A III und B I), strukturelle Gemeinsamkeiten und damit auch unscharfe Grenzen bestehen[54].

Juristische Methodenlehre

A. Methode der Rechtssetzung (= Methode der Rechtsgewinnung)			B. Methode der Rechtsanwendung (= Methode der Rechtsinterpretation)	
I. Gesetzgebungslehre	II. Methode der Rechtsgeschäftsplanung (vor allem Vertragsplanung)	III. Methode des Richterrechts (der richterlichen Rechtsfortbildung)	I. Methode der Gesetzesauslegung	II. Methode der Auslegung von Rechtsgeschäften (vor allem Vertragsauslegung)

Grundfragen der Rechtssetzung (Basel 1978) 91 ff.; *ders.,* ZSR 127 (2008) I, 194 ff.
51 Unten S. 267 ff.
52 Zur rechtstheoretischen Begründung (Stufenbaumodell) vgl. oben S. 40 (Einschub).
53 Dazu das Standardwerk von MÜLLER/UHLMANN, passim; s. auch schon HOTZ, Methodische Rechtssetzung (Zürich 1983); neuerdings KARPEN, JuS 2016, 577 ff.
54 Man kann die Bereiche Richterrecht und Gesetzesauslegung, weil sie fliessend ineinander übergehen, auch unter den vertrauten, auch in dieser Darstellung immer wieder verwendeten Oberbegriff der (richterlichen) «Rechtsfindung» zusammenfassen. Freilich muss man sich bei Verwendung dieser Terminologie bewusst sein, dass namentlich im Rahmen des Richterrechts (vor allem bei «gesetzesübersteigendem Richterrecht» [s. unten S. 267 ff.]) nicht etwas bereits (latent) Vorhandenes aufgefunden wird, sondern neue Lösungen entwickelt werden, also echte Rechtsschöpfung vorliegt.

Wie bereits im Vorwort zur Erstauflage[55] angeführt, wird dieses Buch zentral mit den Bereichen B I und A III des obigen Schemas befasst sein und in einem Exkurs[56] auch auf B II eingehen. A I wird nur am Rande weiterverfolgt (etwa im Abschnitt II 2 b) dd), A II gänzlich ausgeblendet[57].

---

[55] Oben S. 9.
[56] Unten S. 167 ff.
[57] Alle Aspekte der juristischen Methode (auch «modes particuliers de traitement juridique des faits» [S. 379 ff.]) umfassende Gesamtdarstellung bei: Jean-Louis BERGEL, Méthodologie juridique (Paris 2009).

II. Die klassischen Interpretationselemente und ihre Rangfolge im Rahmen der eigentlichen Gesetzesauslegung

1. Konzeptionelle Klarstellung

In der traditionellen, im deutschsprachigen Schrifttum weiterhin überwiegend vertretenen Methodenlehre wird zwischen der *eigentlichen Interpretation* (oft auch als Auslegung i.e.S. oder Rechtsanwendung bezeichnet) und dem *Bereich des Richterrechts* (der richterlichen Rechtsfortbildung) unterschieden. Jene bewegt sich im Rahmen des noch möglichen Wortsinns der Norm *(Interpretation «intra verba legis»),* ist eine innerhalb des Wortsinns der abstrakten Norm konkretisierende, «erklärende und entwickelnde Auslegung»[58], diese geht über die Wortsinngrenze hinaus *(Interpretation «praeter verba legis»)* oder weicht vom Wortsinn ab *(Interpretation «contra verba legis»).* Diese Unterscheidung[59] wird auch der folgenden Darstellung zugrunde gelegt, obwohl manches dagegen zu sprechen scheint.

Zum einen ist es offensichtlich, dass die Grenzziehung zwischen beiden Bereichen unscharf ist: Ist eine Interpretation noch als extensive Ausdeutung des Wortsinnes zu bezeichnen oder

---

[58] SPIRO, 3. LOOSCHELDERS/ROTH, 130 ff., sprechen von «textinterner Auslegung».

[59] Zu ihr etwa LARENZ/CANARIS, 143: «Eine Deutung, die nicht mehr im Bereich des *möglichen* Wortsinns liegt, ist nicht mehr Ausdeutung, sondern wäre Umdeutung». Vgl. *dies.* auch 187. Zur «Wortsinngrenze» als Grenze der Auslegung auch FIKENTSCHER, Bd. IV, 297 ff.; ZELLER, 153 ff. Gründliche Auseinandersetzung mit Gegenargumenten gegen das Kriterium der Wortsinngrenze bei KREY, 146 ff.; NEUNER, 90 ff. Übrigens wurde schon zum Römischen Recht (zur Funktion des Edikts des Prätors) zwischen «edicta iuris civilis *adiuvandi»,* «*supplendi»* und «*corrigendi* gratia» unterschieden (s. PAPINIAN, Dig. 1,1,7,1). Nur das *adiuvare* bezieht sich auf rechtskonkretisierende Interpretation i.e.S. Bei der gesetzessupplierenden und -korrigierenden Funktion geht es um den in den Abschnitten III und IV des Buchs abgehandelten Bereich des Richterrechts.

geht sie als Lückenfüllung über diesen hinaus?[60] Zum anderen: Die Unterscheidung zwischen den beiden Bereichen spielt jedenfalls im Bereich der privatrechtlichen Rechtsprechung[61] im Ergebnis grundsätzlich keine entscheidende Rolle, da es unbestritten legitim sein kann, dass diese unter gewissen Voraussetzungen auch über den noch möglichen Wortsinn einer gesetzlichen Regelung hinausgeht oder sogar gegen diesen verstösst[62].

Die auf dem *Kriterium der Wortsinngrenze* aufbauende Unterscheidung hat trotzdem gute Gründe für sich: Zum einen ist das Gegenargument des lediglich graduellen Unterschieds und des fliessenden Übergangs solange nicht durchschlagend, als – was wohl kaum zu bestreiten ist – in der Praxis die Rechtsfindungsprobleme überwiegen, die klarerweise dem einen oder anderen Bereich zuzuordnen sind[63]. Zum anderen rechtfertigt sich die Unterscheidung – positiv – aus folgender Erwägung: Solange eine plausible Lösung des Interpretationsproblems im Rahmen

---

[60]   S. etwa DU PASQUIER, 26: «Ce flou des limites qui sépare l'activité créatrice et l'application interprétative». Grundsätzlich gegen die Brauchbarkeit des Kriteriums der Wortsinngrenze in der neueren schweizerischen Literatur vor allem RHINOW, Rechtsetzung, 124 ff.; LOCHER, 117 ff.; s. auch ARZT, 83. Vgl. dazu – im Anschluss an das semantische «Drei-Bereiche-Modell» – noch einmal unten S. 73 f.

[61]   Anders die Situation im Strafrecht. Zur Deutung des strafrechtlichen Analogieverbots s. die Angaben oben S. 47 (Einschub).

[62]   Im Gegensatz zur ganz überwiegenden Auffassung vertreten in der deutschen Lehre MÜLLER/CHRISTENSEN, 303 ff., die Auffassung, dass der Wortlaut eine «Grenzwirkung» für den «Spielraum zulässiger Konkretisierung» entfalte, obwohl dem Normtext gleichzeitig für die Bildung der «Entscheidungsnorm» nur indikative Wirkung zugebilligt wird; vgl. auch F. MÜLLER, in: Richterliche Rechtsfortbildung (Festschrift der Juristischen Fakultät zur 600-Jahr-Feier der Ruprecht-Karls-Universität Heidelberg, Heidelberg 1986) 84 FN 64, wo Analogieschlüsse als legitim angesehen werden, nicht aber darüber hinausgehende «richterrechtliche Setzung». Eine rigide Wortlautbindung vertritt in der schweizerischen Lehre Edward E. OTT, SJZ 1987, 198; *ders.,* Kritik der juristischen Methode (Basel/Frankfurt a.M. 1992) passim; *ders.,* Juristische Methode in der Sackgasse? (Zürich 2006) passim.

[63]   So auch LARENZ/CANARIS, 143 f.; CANARIS, Feststellung von Lücken, 23; BYDLINSKI, Methodenlehre, 470.

der Ausdeutung des Wortsinnes gefunden werden kann, erübrigen sich methodologische Legitimationsstrategien, die sich spezifisch auf den Bereich der richterlichen Rechtsfindung *praeter* oder *contra verba legis* beziehen[64]. Dieses Argument wird vollends evident, wenn es um Probleme des «gesetzesübersteigenden Richterrechts» geht; für die Analyse dieses immer bedeutsameren Phänomens sind ganz eigenständige Erwägungen erforderlich, die bei der «Normalinterpretation» grundsätzlich nicht anzustellen sind[65].

Dabei ist aber zu betonen, dass die Übergänge fliessend sind. So bewegt sich etwa die Konkretisierung von Generalklauseln[66] jeweils im Rahmen des Wortsinns dieser Normbestandteile, also – formal betrachtet – im Bereich der Auslegung i.e.S., doch ist es angesichts der Vagheit der inhaltlichen Vorgaben offensichtlich, dass diese Konkretisierung im Ergebnis zu eigentlichem Richterrecht führt[67]. Eine ganz grundsätzliche Verzahnung zwischen beiden Bereichen der richterlichen Tätigkeit resultiert schliesslich aus dem Umstand, dass teleologische Erwägungen (also Erwägungen, die sich auf den gesetzespolitischen Zweck einer Regelung beziehen) sowohl bei der eigentlichen Interpreta-

---

[64] Treffend BYDLINSKI, Methodenlehre, 470: «Wo es gar nicht mehr darum geht, was der Normtext in der fallrelevanten Beziehung aussagt, wo vielmehr die notwendigen Denkschritte allein (ohne textlichen Rahmen) von der – jeweils zu erarbeitenden – ratio legis bestimmt werden, liegt methodologisch eine deutliche Gewichtsverlagerung im massgebenden Rechtsgewinnungsmaterial, weg vom leicht feststellbaren Text, vor». Befürwortung des Festhaltens am methodologischen Argument der Wortsinngrenze auch bei EMMENEGGER/TSCHENTSCHER, Art. 1 N 236 ff.

[65] Dazu unten S. 205 ff. Die Methodologie des Richterrechts stand lange im Schatten der traditionellen Lehre von der Methode der Rechtsanwendung; Richterrecht wurde gegenüber der «normalen» interpretatorischen Arbeit als Ausnahme empfunden und daher methodologisch nur unzureichend beachtet. Zutreffend BERKEMANN, KritV 1988, 33.

[66] Zum Begriff unten S. 79.

[67] S. HASENBÖHLER, 107; daher sind auch hier die Erwägungen massgebend, die zur Legitimation richterrechtlicher Entwicklungen angestellt werden. Dazu unten S. 277 ff.

tion als auch für das auf positivierte Wertungen zurückgreifende «gebundene Richterrecht» grundlegend sind[68].

2. Die einzelnen Auslegungselemente

a) Einleitung

Die klassischen Auslegungselemente (oft auch Auslegungskriterien oder *-canones* genannt) sind im Anschluss an SAVIGNY[69] das sprachlich-grammatikalische, das systematische, das historische und das (von SAVIGNY noch als bedenklich angesehene[70]) teleologische. Obwohl die auf diesen Elementen aufbauende Methodenlehre immer wieder und zum Teil sehr grundsätzlich in Frage gestellt wurde und wird[71], wird im Folgenden von den Grundbegriffen der traditionellen Interpretationslehre ausgegangen. Dies schon deswegen, weil ohne deren Kenntnis auch die an ihr geübte Kritik nicht verständlich wird, vor allem aber deswegen, weil sich erweisen wird, dass die Grundpositionen der traditionellen Methodenlehre – die ja auch nicht stehengeblieben ist, sondern sich unter dem Einfluss neuer Ansätze kontinuierlich und in verschiedenen Schattierungen weiterentwickelt hat – für den Bereich

---

[68] Zur teleologischen Interpretation bei der eigentlichen Gesetzesauslegung unten S. 171 ff.; zur teleologischen Fundierung des «gebundenen Richterrechts» unten S. 178 f., 205 ff.

[69] SAVIGNY, 213, wo er von grammatischer, logischer, systematischer und historischer Auslegung spricht. Zur Aktualität von SAVIGNYS Methodenlehre U. HUBER, JZ 2003, 1 ff. SAVIGNYS «logisches» Element (dazu U. HUBER, JZ 2003, 5 f.) ist heute dem systematischen zuzuordnen. Vgl. zu SAVIGNY vor allem auch MEDER, Missverstehen und Verstehen. Savignys Grundlegung der modernen Hermeneutik (Tübingen 2004); RÜCKERT, in: RÜCKERT/SEINECKE, 53 ff.; Chr. BALDUS, in: RIESENHUBER, § 3 N 30 ff.

[70] SAVIGNY, 220: «Ungleich bedenklicher, und nur mit großer Vorsicht zulässig, ist der Gebrauch des Gesetzesgrundes zur Auslegung des Gesetzes». Objektiv teleologische Interpretation impliziert tatsächlich einen relativ breiten Spielraum richterlicher Eigenwertung. Dazu unten S. 177.

[71] Dazu einleitend S. 54 ff.; abschliessend S. 359 ff.

der eigentlichen Gesetzesauslegung durchaus tragfähig geblieben sind[72].

b) Die sprachlich-grammatikalische Interpretation («Literal-interpretation»)

aa) Einleitung: Der Wortlaut des (geschriebenen) Rechts und der ihm zu entnehmende *«Wortsinn»* sind naturgemäss der «starting point» jeder Interpretation[73] – schliesslich bedient sich der Gesetzgeber für die Übermittlung seiner «Botschaft» ja des Mediums des Gesetzestextes –, gleichzeitig ist der Wortsinn in der Regel das wichtigste *«Indiz»* für den festzustellenden *«Normsinn».*

S. etwa HÖHN, Praktische Methodik, 208, wonach derjenige, der sich darauf beruft, dass der «Normsinn» nicht dem eindeutigen «Wortsinn» entspricht, die Begründungslast zu tragen habe. Zur Unterscheidung zwischen «Wortsinn» und «Normsinn» (= «Rechtssinn») sehr klar GYGI, recht 1983, 75 ff.; neuerdings MOOR, plädoyer 4/07, 53: «Texte de la norme et norme sont … deux moments distincts»; auch GÄCHTER, 73 ff. Zuweilen (s. etwa TUOR/SCHNY-DER/SCHMID/JUNGO, § 5 N 10) wird – im Anschluss an die missverständliche Textierung des Art. 1 Abs. 1 ZGB («Wortlaut oder Auslegung») – die Interpretation nach dem Wortlautelement gar nicht zur eigentlichen Auslegung gezählt, was das Missverständnis provoziert, bei klarem Wortlaut bedürfe es keiner weiteren Auslegung. Richtig HÄFELIN, Festschrift Hegnauer, 116 f. S. dazu unten S. 94 ff.; ausführlich ZK-ZGB/DÜRR, Art. 1 N 59 ff.

---

[72] Ebenso MÖLLERS, 111 (N 33). Sogar ESSER, der die traditionelle Methodenlehre in vielen Schriften sehr grundsätzlich in Frage gestellt hat, meinte, dass die Aufgabe der Rechtsanwendung «in 99 von 100 Fällen» durch die herkömmliche Interpretationsmethode bewältigt werden könne (s. ESSER, Grundsatz und Norm, 59); zur Unentbehrlichkeit der herkömmlichen methodologischen Argumentationsformen auch ESSER, JZ 1975, 555. Zur Aktualität der klassischen Auslegungscanones (zusammenfassend) auch ALEXY, 306 f.; MORLOK, in GABRIEL/GRÖSCHNER (Hrsg.), Subsumtion (Tübingen 2012) 179 ff.

[73] IRTI, Rivista di diritto civile 2018, 1042, verwendet neuerdings das schöne Bild vom Gesetzeswortlaut als der «porta del ingresso» des Interpreten.

Aus der in aller Regel zu beobachtenden Vagheit oder Mehrdeutigkeit des Wortsinns eines Gesetzes und der dadurch bedingten Vorläufigkeit der aus diesem abgeleiteten «Normsinnhypothese» ergibt sich aber unmittelbar die Notwendigkeit der Heranziehung weiterer *«Normsinnindizien»*.

Die Verwendung des Ausdrucks «Normsinnindizien» soll darauf hinweisen, dass die Interpretationsarbeit tatsächlich durch eine «logique ‹indiciaire›» gekennzeichnet ist, die an das Vorgehen von SHERLOCK HOLMES und SIGMUND FREUD gemahnt. So treffend MOOR, in: Aux confins du droit. Essais en l'honneur du Professeur Charles-Albert Morand (Basel u.a. 2001) 382, mit Verweis auf den italienischen Kunsthistoriker C. GINZBURG; vgl. *dens.*, Pour une théorie micropolitique du droit (Paris 2005) 170, wo er von einem «déchiffrement progressif, par étapes successives» des Normsinns spricht.

Analysiert man den Wortlaut einer Norm, die grundsätzlich aus zwei Teilen besteht, dem «Tatbestand» und der «Rechtsfolgeanordnung» («Sanktion»)[74], so kann man sehr verschieden geartete *«Normtextelemente»* unterscheiden. Vor allem wird im Hinblick auf den gesetzlichen Tatbestand herkömmlicherweise[75] zwischen «deskriptiven» und «normativen» Tatbestandselementen differenziert, wobei diese Unterscheidung natürlich in selber Weise auch auf die Rechtsfolgeanordnung bezogen werden kann.

bb) Deskriptive Tatbestandselemente und das semantische «Drei-Bereiche-Modell»: Deskriptive Tatbestandselemente verweisen auf einen «Wirklichkeitssachverhalt», so wie etwa «Tier» in Art. 56 OR, «Gebäude» in Art. 58 OR oder «Vieh» in Art. 198

---

[74] Auf rechtstheoretische Grundfragen der Normstruktur ist hier nicht weiter einzugehen. In diese einführend ENGISCH, Einführung, 41 ff.; ADOMEIT/ HÄHNCHEN, N 19.

[75] S. dazu RÜTHERS/FISCHER/BIRK, Rechtstheorie, § 5 N 176 ff.; MÖLLERS, 117 (N 56 ff.). Zur spezifisch strafrechtlichen Bedeutung des normativen Tatbestandselements KOCH/RÜSSMANN, 201 f. Zur Typologie der Tatbestandsmerkmale auch OTT, 111 ff. Eine eigenständige Gruppierung nimmt P. KOLLER, 207 ff., vor: Er unterscheidet zwischen vagen Begriffen, Wertbegriffen, Prognosebegriffen und komparativen Begriffen.

OR. Man könnte nun meinen, dass solche Tatbestandselemente, da sie sich auf physisch Fassbares beziehen, mehr oder weniger eindeutig seien[76]. Nur einige wenige Beispiele belegen sofort, dass dies sehr oft nicht der Fall ist. Was heisst in einer Forstgesetzgebung «Wald»[77] (ab wann wird eine Baumgruppe zum Wald?), was bedeutet in der Strassenverkehrsgesetzgebung «Dämmerung»[78], sind Mikroorganismen «Tiere»[79], sind unter «Eltern» auch «Grosseltern» zu verstehen[80], was heisst – dies ist bekanntlich besonders umstritten – «Mensch»[81], wann ist Eintritt

---

[76] Vgl. ARZT, 63: «Je deskriptiver … die Begriffe sind, desto selbstverständlicher ist im Allgemeinen ihr Sinn».

[77] Zum Begriff des Waldes Art. 2 WaG; zum «qualitativen» Waldbegriff BGE 124 II 165 ff.; zum Begriff von «Wald und Weide» nach Art. 699 Abs. 1 ZGB BGE 141 III 195 (199).

[78] Nach Art. 41 Abs. 1 SVG müssen gewisse Fahrzeuge nur vom Beginn der Abenddämmerung an bis zur Tageshelle beleuchtet sein. Instruktive Ausführungen zur Interpretation des Begriffs der Dämmerung in BGE 97 IV 161 (164 f.); SCHAFFHAUSER, Grundriss des schweizerischen Strassenverkehrsrechts, Bd. I, 2. Aufl. (Bern 2002) N 903; ein dort zit. Autor hat den amüsant klingenden, aber durchaus ernst gemeinten (aus dem in der Fliegerei gebräuchlichen Terminus «civil twilight» übersetzten) Begriff der «bürgerlichen Dämmerungszeit» verwendet!

[79] Methodologisch sorgfältig begründende Analyse bei DÖRDELMANN, VersR 2018, 1236 ff. (zur Haftung nach § 833 S. 1 BGB); zum schweizerischen Recht (eine Haftung nach Art. 56 OR ablehnend) BK-OR/BREHM, Art. 56 N 5. Zur Auslegung des «im häuslichen Bereich» gehaltenen Tiers (Art. 43 Abs. 1bis OR) BGE 143 III 646 ff. Ebenso auslegungsbedürftig wie «Tier» ist «Kreatur» in Art. 120 Abs. 2 BV.

[80] Die Frage kann sich etwa zu Art. 273 ZGB stellen, wonach die «Eltern» Anspruch auf angemessenen persönlichen Verkehr mit dem unmündigen Kind haben. S. dazu (nach alter Rechtslage) BGE 54 II 4.

[81] Etwa i.S. von Art. 2 EMRK. Zur Auslegung von Art. 2 Abs. 2 GG («Jeder hat das Recht auf Leben …») BVerfG NJW 1975, 573 ff. (Abtreibungsurteil). Zum Schutz des ungeborenen Lebens gemäss Art. 2 EMRK s. EGMR NJW 2005, 727 ff. Vgl. auch den vom EGMR (EuGRZ 2002, 234 ff.) entschiedenen Fall *Pretty* v. *United Kingdom*: Aus dem in Art. 2 EMRK garantierten Recht auf Leben könne («ohne Verzerrung des Wortlauts») kein Recht auf Sterben abgeleitet werden.

des «Todes» anzunehmen?[82] Zuweilen sieht der Gesetzgeber in solchen Fällen, um Klarheit zu schaffen, «Legaldefinitionen» vor, aber auch durch diese ist, selbst wenn ihnen eine gewisse Klärung gelingen sollte, Eindeutigkeit nicht zu gewinnen.

S. etwa Art. 7 SVG zum Begriff des Motorfahrzeugs, Art. 198 OR zum Begriff des Viehs (dazu Cour de Justice Genf SemJud 2003, 125 [126]: «... l'art. 198 CO est exhaustif et ... le chien n'y figure pas»), Art. 110 StGB zum spezifischen Sprachgebrauch dieses Gesetzes. Rührend ist das Bemühen des deutschen Reichsgerichts, den Begriff der «Eisenbahn» ein für allemal definitorisch zu klären: «Ein Unternehmen, gerichtet auf wiederholte Fortbewegung von Personen oder Sachen über nicht ganz unbedeutende Raumstrecken auf metallener Grundlage, welche durch ihre Konsistenz, Konstruktion und Glätte den Transport grosser Gewichtsmassen, beziehungsweise die Erzielung einer verhältnismässig bedeutenden Schnelligkeit der Transportbewegung zu ermöglichen bestimmt ist, und durch diese Eigenart in Verbindung mit den ausserdem zur Erzeugung der Transportbewegung benutzten Naturkräften (Dampf, Elektrizität, thierischer oder menschlicher Muskelthätigkeit, bei geneigter Ebene der Bahn auch schon der eigenen Schwere der Transportgefässe und deren Ladung, usw.) bei dem Betriebe des Unternehmens auf derselben eine verhältnismässig gewaltige (je nach den Umständen nur in bezweckter Weise nützliche, oder auch Menschenleben vernichtende und die menschliche Gesundheit verletzende) Wirkung zu erzeugen fähig ist» (RGZ 1, 252).

Die genannten Beispiele zeigen, dass die deskriptiven Textelemente in aller Regel «semantische Spielräume» offen lassen: Sie enthalten – i.S. einer berühmten Unterscheidung Philipp HECKs[83] – einen *«Begriffskern»* und einen diesen umgebenden vagen *«Begriffshof»*. Oder in der Terminologie der analytischen Sprachtheorie: «Die Anwendung vager Ausdrücke führt ... zu folgender Situation: Hinsichtlich einiger Gegenstände kann klar entschie-

---

[82]   Zum Todesbegriff (nach deutschem Recht) HEUN, JZ 1996, 213 ff.; STEFFEN, NJW 1997, 1619 f. Für die Schweiz Art. 9 TPG.
[83]   HECK, Gesetzesauslegung und Interessenjurisprudenz, 107. Darauf aufbauend LOOSCHELDERS/ ROTH, 23, die von «Normkern» bzw. «Normhof» sprechen. HART, 123, spricht von einem «fringe of vagueness», der einen «core of certainty» umgibt.

den werden, dass der fragliche Ausdruck auf sie anwendbar ist *(positive Kandidaten);* auf einige andere kann der Ausdruck ebenso unzweifelhaft nicht angewendet werden *(negative Kandidaten);* schliesslich verbleibt eine Klasse von Gegenständen, hinsichtlich derer über Anwendung bzw. Nichtanwendung nicht entschieden werden kann *(neutrale Kandidaten)*[84]. Hier lassen die «Verwendungsregeln» (semantische Regeln) des je in Frage stehenden gesetzlichen Ausdrucks aus irgendeinem Grund die Entscheidung über die Anwendbarkeit des Ausdrucks nicht zu[85].

Folgt man diesem heute weit verbreiteten «*Drei-Bereiche-Modell*»[86], so sind etwa leibliche Eltern klarerweise positive Kandidaten zu «Eltern» i.S. von Art. 273 Abs. 1 ZGB, Grosseltern immerhin neutrale Kandidaten, die zum Begriffshof von «Eltern» gehören, während Geschwister eindeutig negative Kandidaten sind. Ein Naturprodukt, wie etwa ein Quantum giftiger Pilze, ist unbestrittenermassen negativer Kandidat zu «Gebäude oder anderes Werk» gemäss Art. 58 OR, eine technische präparierte Skipiste hingegen (wohl noch) ein neutraler Kandidat.

Die Entscheidung der Frage, ob ein Kandidat negativ ist, also vom Wortsinn klarerweise nicht erfasst ist, ist vor allem im Strafrecht wegen des dort bestehenden Analogieverbots wich-

---

[84]   KOCH, ARSP 1975, 34 f. (Kursivdruck hinzugefügt); s. auch KOCH/RÜSSMANN, 194 ff. Früher schon PODLECH, AöR 95 (1970) 188.

[85]   S. KOCH, ARSP 1975, 35. Der gesetzliche Ausdruck ist in diesem Sinn «vage». «Mehrdeutig» («ambiguous») ist ein Ausdruck hingegen dann, wenn «es für ein- und dasselbe Wort verschiedene semantische Anwendungsregeln gibt», sodass «ein Wort in verschiedenen Kontexten verschiedene Bedeutungen erlangen kann» (SEELMANN/DEMKO, § 6 N 31). Beispiele (für die «Relativität» von Rechtsbegriffen) unten S. 75 f. Zur Unterscheidung zwischen «vagueness», «ambiguity» und «contestability» eingehend WALDRON, 82 Cal. Law Rev. (1994) 509 ff.; vgl. auch WANK, Begriffsbildung, 25 ff.

[86]   Aus der schweizerischen Lehre s. etwa ZELLER, 99 ff.; HÖHN, Praktische Methodik, 189 ff.; PROBST, Grenze, 261 ff.; BSK-HONSELL, Art. 1 N 31; HAUSHEER/JAUN, Art. 1 N 69; PIAGET, Le contrat d'édition portant sur une publication numérique (Bern 2004) 74 ff.

tig[87]. Im Privatrecht ist die Frage, ob ein Fall einer gesetzlichen Regelung unterstellt werden kann, hingegen im Allgemeinen noch nicht negativ präjudiziert, wenn ein negativer Kandidat vorliegt, da hier Analogieschlüsse (und teleologische Extensionen) *praeter verba legis* grundsätzlich möglich sind. So hat das Bundesgericht etwa in BGE 104 II 15 eine verschuldensunabhängige Pächterhaftung i.S. von Art. 679 ZGB bejaht, obwohl Pächter klarerweise keine «Grundeigentümer» und damit negative Kandidaten im Hinblick auf dieses gesetzliche Tatbestandselement[88] sind. Umgekehrt kann es sein, dass man sogar einen positiven Kandidaten, der unter den Begriffskern einer gesetzlichen Anordnung fällt, nicht unter diese gesetzliche Bestimmung subsumiert, namentlich weil dies aus teleologischen Erwägungen sinnwidrig erscheint[89].

Das damit in aller Kürze vorgestellte «Drei-Bereiche-Modell» hat ausschliesslich klassifikatorische Bedeutung. Sein Vorzug besteht vor allem darin, dass es zu relativ exakten Begriffsbestimmungen zentraler methodologischer Figuren verhilft. So liegt *restriktive Interpretation* vor, wenn Kandidaten der semantischen Randzone (neutrale Kandidaten) nicht subsumiert werden, die Regelung also auf den Bereich positiver Kandidaten, den Begriffskern, beschränkt wird, *extensive Interpretation,* wenn auch neutrale Kandidaten erfasst werden; im Falle des Analogieschlusses unterstellt man – wegen gleicher oder vergleichbarer Wertung – wenigstens sinngemäss auch negative Kandidaten einer gesetzlichen Vorschrift, bei teleologischer Reduktion werden positive Kandidaten nicht subsumiert[90].

---

[87] Dies speziell im Hinblick auf die zum deutschen Recht vertretene, streng an die Wortsinngrenze anknüpfende Sicht des Analogieverbots. S. dazu die Nachw. auf S. 47 (Einschub).

[88] Dieses Tatbestandselement ist in diesem Beispiel kein «deskriptives», sondern ein «normatives», doch gelten dazu die gleichen Erwägungen. S. unten S. 74 ff.

[89] Zur «teleologischen Reduktion» unten S. 250 ff.

[90] S. unten S. 251.

In einem Teil der schweizerischen Lehre (repräsentativ BK-ZGB/MEIER-HAYOZ, Art. 1 N 51 und N 228; weit. Nachw. unten in FN 616), aber auch in manchen Entscheidungen (s. etwa BGer ASA 30 [1961/62] 50 [53]; BGE 107 Ia 112 [117]), wird von einer Analogieschluss und extensive Interpretation (im hier verstandenen Sinn) verwischenden, weiten Bedeutung von «extensiver Interpretation» (bzw. «sinngemässer» Interpretation) ausgegangen (klar zwischen extensiver Interpretation und Analogie unterscheidend hingegen etwa BGE 98 Ia 35 [39 f.])). Da es hier nicht um eine rechtlich verbindlich vorgegebene Begrifflichkeit geht, kann gegen einen solchen Sprachgebrauch prinzipiell nichts eingewendet werden. Begriffspragmatisch spricht gegen ihn, dass damit die besondere Struktur der Lückenfüllung mittels Analogieschlusses gegenüber einer blossen Ausdeutung des Wortsinns (ohne Zuhilfenahme einer analog angewendeten Norm) verdunkelt wird. Dazu bereits oben S. 64 f. Im Übrigen wird die Unterscheidung zwischen Auslegung und Lückenfüllung gerade auch von BK-ZGB/MEIER-HAYOZ (Art. 1 N 137 ff.) betont; vgl. *ders.,* Richter als Gesetzgeber, 42: «Der Wortlaut hat danach eine doppelte Aufgabe: Er ist Ausgangspunkt für die richterliche Sinnermittlung und steckt zugleich die Grenzen seiner Auslegungstätigkeit ab». Für das Strafrecht verleitet der weite Begriff der extensiven Interpretation zu einer nicht unbedenklichen Aufweichung des Analogieverbots, dessen Bedeutung in der schweizerischen Lehre und Praxis durch die Ablehnung des Kriteriums der Wortsinngrenze tatsächlich ausserordentlich relativiert ist (Nachw. oben S. 47 [Einschub]).

Noch einmal aber sei darauf hingewiesen, dass die Übergänge zwischen den drei Bereichen des hier vorgestellten Modells fliessend sind, also zuweilen nicht klar gesagt werden kann, ob ein Kandidat noch als positiver oder als neutraler bzw. als noch neutraler oder schon als negativer zu bezeichnen ist. Ist eine präparierte Skipiste noch ein neutraler oder schon ein negativer Kandidat zu «Werk» (Art. 58 OR), eine als Angriffsmittel verwendete Salzsäure noch ein neutraler Kandidat zu «Waffe» i.S. von § 233a (deutsches) StGB?[91] Dass es «borderline cases» gibt, be-

---

[91] S. BGHSt 1, 1 ff.; und dazu ENGISCH, Einführung, 198; zum PKW als «gemeingefährliches Mittel» (Art. 211 StGB) s. BGH NStZ 2016, 167. Enger Waffenbegriff nach schweizerischem Recht in BGE 129 IV 348 (zu Art. 4 Abs. 1 lit. d Waffengesetz).

deutet aber nicht, dass das Schema insgesamt unbrauchbar ist,[92] da die Zuordnung in der zweifellos überwiegenden Zahl von Fällen wegen eines objektiv feststellbaren, (relativ) gesicherten allgemeinen Sprachgebrauchs[93] ziemlich eindeutig ist. «Schliesslich leugnet ja auch kein bei Verstand befindlicher Mensch den Unterschied zwischen Tag und Nacht unter Hinweis auf die Dämmerung»[94]; ebenso würde sich der Lächerlichkeit aussetzen, wer etwa «behaupten wollte, dass die Katze oder der Tanzbär nicht als negative Kandidaten aus dem Begriff ‹Hund› herausfallen».

So NEUNER, 102 (mit Berufung auf HENKEL). Treffend auch BYDLINSKI, Methodenlehre, 43: «Praktisch ist die sprachliche menschliche Kommunikation darauf aufgebaut, dass in gewissen Grenzen mit bestimmten Worten von den Mitgliedern der betreffenden Sprachgemeinschaft gleiche Vorstellungen verbunden werden»; ebenso MATTEOTTI, ZSR 129 (2010) I, 230. Grundlegende, sprachphilosophisch fundierte Rehabilitierung der semantischen Interpretation im Recht bei KLATT (passim). Gegen den Sprach- und Regelplatonismus, der nur scharfe Wortsinngrenzen anerkennt und bei Unschärfe dieser Grenzen diese und damit die Regelbindung gänzlich ablehnt (oder als illusorisch ansieht) treffend NEUMANN, Rechtstheorie 2001, 253: «Der Regelskeptiker ist im Grunde ein enttäuschter Regelplatonist». Dagegen wiederum LÜDERSSEN, Genesis und Geltung in der Jurisprudenz (Frankfurt a.M. 1996) 100 f., wo er offenbar von totaler «semantischer Desillusionierung» ausgeht. Man könnte diese Haltung im Anschluss an das berühmte Pfeifenbild von René MAGRITTE («Ceci n'est pas une pipe») auch als surrealistische Interpretationstheorie bezeichnen. Zum Regelskeptizismus abschliessend unten S. 359 ff.

cc) Die normativen Tatbestandselemente: Im Unterschied zu den deskriptiven verweisen die normativen Tatbestandselemente (allgemein: Normtextelemente) nicht auf die physische Wirklich-

---

[92] So aber wieder KUNTZ, AcP 215 (2015) 448 f.: Da es keine «trennscharfen» Grenzen zwischen Auslegung und Rechtsfortbildung gebe, sei das hier befürwortete semantische Modell nicht haltbar.

[93] Berühmt ist WITTGENSTEINS Sentenz: «Die Bedeutung eines Wortes ist sein Gebrauch in der Sprache» (WITTGENSTEIN, Philosophische Untersuchungen, in: Werkausgabe Bd. I, Frankfurt/a.M. 1984, 262 [Nr. 43]). Zu den Leugnern der Wortsinnrelevanz (mit Berufung auf WITTGENSTEIN) unten S. 359 ff.

[94] CANARIS, VersR 2005, 579; ähnlich HOCHHUTH, Rechtstheorie 2001, 229.

keitsebene, sondern beziehen sich auf Abstraktionen oder Wertungen.

(1) Normative Tatbestandselemente im engsten Sinn sind die in der Gesetzessprache verwendeten *juristischen Fachausdrücke (termini technici),* wie etwa «Eigentum», «Besitz», «Rücktritt», «Kündigung», «Wandelung», «Vertragsverletzung». Deren Bedeutung wird zuweilen durch *Legaldefinitionen* präzisiert, wie etwa in Art. 642 Abs. 2 ZGB («Bestandteil»), Art. 644 Abs. 2 ZGB («Zugehör»), Art. 919 Abs. 1 ZGB («Besitzer») Art. 187 Abs. 1 OR («Fahrniskauf»), Art. 32 Abs. 2 ZPO («Konsumentenvertrag»), Art. 25 UN-Kaufrecht («wesentliche Vertragsverletzung»); doch lassen auch solche Legaldefinitionen nicht selten Zweifelsfragen offen[95].

Die schweizerische Privatrechtsgesetzgebung zeichnet sich ganz generell nicht durch dasselbe Mass ausgefeilter juristischer Begrifflichkeit aus, für die das deutsche BGB weltweit gerühmt wird. Es lassen sich zuweilen offensichtliche Fehlerhaftigkeiten bzw. Inkonsequenzen feststellen[96]. So ist in Art. 190 Abs. 1 OR von Lieferungsverzicht die Rede, während die Randrubrik von «Rücktritt» spricht[97]; Art. 375 Abs. 2 und Art. 404 Abs. 2 OR sprechen ebenfalls von Rücktritt, obwohl in Wirklichkeit Kündigung für die Zukunft *(ex nunc)* gemeint ist[98]; Art. 206 Abs. 1 OR spricht von «vertretbarer Sache» statt von Gattungsware.

Zu beachten ist, dass – was zweifellos verwirrend sein kann, in einem gewissen Masse aber unvermeidlich ist – gleichlautenden Rechtsbegriffen nach dem je verschiedenen Sach- und damit

---

[95] Im EU-Recht werden den Richtlinien oder Verordnungen öfters lange Listen von Begriffsbestimmungen vorangestellt, die für den Rechtsakt wichtig sind. Angesichts der unterschiedlichen rechtlichen Traditionen der Mitgliedstaaten sind diese Klarstellungen ohne Weiteres verständlich.

[96] S. dazu mit weit. Beispielen auch CARONI, 105 f.

[97] S. zur Bewältigung dieses Widerspruchs BK-OR/GIGER, Art. 190 N 32 ff.

[98] S. dazu etwa GAUCH, N 977. Auch der «Rücktritt» nach Art. 42 Abs.1 und Art. 54 Abs. 3 VVG bedeutet in Wirklichkeit Auflösung *ex nunc.*

Wertungskontext, in dem sie verwendet werden, unterschiedlicher Gehalt zukommen kann *(«Relativität der Rechtsbegriffe»[99])*. So hat «Fahrlässigkeit» im Strafrecht nicht genau dieselbe Bedeutung wie im Haftpflichtrecht[100]. «Urkunde» bedeutet im Strafrecht nicht unbedingt dasselbe wie im Zivilprozessrecht.

Nicht selten kommt es vor, dass auch *prima vista* landläufigen Begriffen des täglichen Sprachgebrauchs im Gesetzeskontext eine fachjuristische Prägung zukommt, die bei der Interpretation zu beachten ist: «Sobald das harmloseste Wort zum gesetzlichen Terminus geworden ist, verliert es seine Unschuld»[101], es wird sozusagen juristisch «verfremdet». «Schaden» i.S. des Haftpflichtrechts etwa ist eine Kategorie, deren juristisch-begriffliche Klärung Gegenstand fachspezifischer Theorien («Differenztheorie»; Theorie vom «normativen Schadensbegriff») ist[102]; «Sache»

---

[99] S. dazu MÜLLER-ERZBACH, Jherings Jahrb. 61 (1912) 343 ff. Dazu ENGISCH, Einführung, 95; vgl. auch LARENZ/CANARIS, 142 f.; eingehend WANK, Begriffsbildung, 110 ff.; DEMKO, Zur «Relativität der Rechtsbegriffe» in strafrechtlichen Tatbeständen (Berlin 2002). Zur Relativität des Unternehmensbegriffs im schweizerischen Recht AMSTUTZ, in: Aktuelle Fragen zum Wirtschaftsrecht (Zürich 1995) 87 ff.; zur Relativierung der vom Eidgenössischen Versicherungsgericht betonten Harmonisierung des Begriffs «Familie» im Sozialversicherungsrecht und Familienrecht anschaulich Th. KOLLER, Anm. AJP 1995, 1081 f. Weitere Beispiele zum schweizerischen Recht bei EMMENEGGER/TSCHENTSCHER, Art. 1 N 215. In unterschiedlichem Kontext mit verschiedenem Gehalt verwendete Ausdrücke sind i.S. der Semantik (s. oben FN 85) «ambiguous» (mehrdeutig). Nur zur Klarstellung sei betont, dass in der Regel durchaus davon ausgegangen werden kann, dass an verschiedenen Gesetzesstellen verwendeten, gleichlautenden Rechtsbegriffen derselbe Bedeutungsgehalt zukommt. In diesem Sinn auch BGE 118 II 50 (53); ebenso ZIPPELIUS, 43.

[100] Im Haftpflichtrecht wird grundsätzlich von einem objektiven Fahrlässigkeitsmassstab (vom Massstab des *diligens pater familias*) ausgegangen. S. dazu im Einzelnen OFTINGER/STARK, 205 ff. Danach können subjektive Faktoren des Schädigers wie Kummer, Sorgen, Depressionen oder Übermüdung nicht entlastend berücksichtigt werden. Anders der strafrechtliche Fahrlässigkeitsmassstab. Dazu STRATENWERTH, Allgemeiner Teil I, § 16 N 7 ff., vor allem N 10. Zur grundsätzlich unterschiedlichen Optik von Haftpflichtrecht und Strafrecht in diesem Zusammenhang KRAMER, AcP 171 (1971) 422 ff.

[101] Treffend SCHWAB, ZNR 2000, 353.

[102] S. den Überblick bei HONSELL/ISENRING/KESSLER, § 1 N 26 ff.

im juristischen Sinn wird in verschiedenen Privatrechtsordnungen recht unterschiedlich definiert[103]; «Landung» eines Flugzeugs hat nach einer flugreiserechtlichen Regelung des EU-Rechts eine ganz spezifische, exakte Bedeutung, die nicht der umgangssprachlichen entspricht[104]. Oft rezipiert die Gesetzessprache auch Begriffe aus anderen Wissenschaften, wie etwa «Wettbewerb» (Art. 1 UWG) oder Gesundheitsgefährdung (vgl. Art. 19 Ziff. 2 lit. a BetmG); daraus ergibt sich auch für den Interpreten die schwierige Aufgabe, sich an den wissenschaftlichen Erkenntnissen dieser Disziplinen (in den genannten Beispielen der Nationalökonomie und der Medizin) zu orientieren[105].

(2) Normative Tatbestandselemente, die nicht spezifisch juristisch geprägt sind, sondern auf *gesellschaftliche Wertungen* verweisen, gibt es in unseren Gesetzen in grosser Zahl. Als Beispiele für die damit angesprochenen *«Wertbegriffe»*[106] seien etwa erwähnt: Art. 36 Abs. 3 BV («verhältnismässige» Einschränkung), Art. 28 Abs. 2 ZGB («überwiegendes öffentliches Interesse»), Art. 124b Abs. 1 ZGB («wichtige Gründe»), Art. 125 Abs. 1 ZGB («nicht zuzumuten»), Art. 301 Abs. 1 und Art. 307 Abs. 1 ZGB («Gefährdung» des «Wohls des Kindes»)[107],

---

[103] So sind nach dem weiten Sachbegriff des § 285 ABGB auch unkörperliche Güter (wie etwa Forderungen) «Sachen»; anders (was u.a. im Hinblick auf die Sachqualität elektronisch gespeicherter Daten Probleme macht) § 90 BGB; s. auch Art. 713 ZGB zum Gegenstand des Fahrniseigentums. Art. 139 Abs. 1 StGB (Diebstahl) spricht von der Wegnahme einer «fremden, beweglichen Sache». «Fremd» ist nach den Regeln des Sachenrechts zu interpretieren. RÜTHERS/FISCHER/BIRK, Rechtstheorie § 5 N 182, sprechen daher von einem «verweisenden normativen Begriff».

[104] So EuGH 4.9.2014 – Rs. C-452/13, RIW 2014, 758.

[105] S. dazu BYDLINSKI, Methodenlehre, 438 f.; BRUGGER, AöR 119 (1994) 23. Dazu auch unten S. 301 ff., 306 ff.

[106] S. KOCH/RÜSSMANN, 201 ff.; REICHEL, Festgabe Stammler, 311, spricht auch von «Wert- oder Würdigungsbegriffen».

[107] Zur Auslegung dieses Begriffs aus methodologischer Optik MANAI, in: Aux confins du droit. Essais en l'honneur du Professeur Charles-Albert Morand (Basel u.a. 2001) 97 ff.

Art. 684 Abs. 1 ZGB («übermässige Einwirkung»), Art. 21 und Art. 678 Abs. 2 OR («offenbares» bzw. «offensichtliches Missverhältnis»), Art. 23 OR («wesentlicher Irrtum»), Art. 24 Abs. 1 Ziff. 3 OR («erheblich grösserer Umfang»), Art. 163 Abs. 3 OR («übermässig hoch»), Art. 261 Abs. 2 lit. a OR («dringender Eigenbedarf»), Art. 340a Abs. 1 OR («unbillige Erschwerung des wirtschaftlichen Fortkommens»; «besondere Umstände»), Art. 373 Abs. 2 OR («ausserordentliche Umstände»; «übermässige Erschwerung»), Art. 375 Abs. 1 OR («unverhältnismässige Überschreitung»), Art. 19 Abs. 1 IPRG («schützenswerte und offensichtlich überwiegende Interessen»), Art. 13 LPG («ausserordentlicher Unglücksfall») oder Art. 197 StGB («pornographische Schriften»)[108]. Man spricht in Bezug auf solche Normtextelemente auch von «unbestimmten Rechtsbegriffen» oder «Ermessensbegriffen», da sie, wie der schwerfällige, aber geläufige Fachausdruck lautet, in hohem Masse *wertausfüllungsbedürftig»*[109] sind und dem Rechtsanwender insofern ein weites Feld des Konkretisierungsermessens zubilligen bzw. zumuten. Unbestimmte Rechtsbegriffe, die den zentralen Regelungsgehalt einer gesetzlichen Vorschrift ausmachen, wie «gute Sitten» oder «Treu und Glauben», werden als *«Generalklauseln»* bezeichnet. Auf diese ist sogleich gesondert (unter dd)) einzugehen.

(3) Es liegt auf der Hand, dass auch die Vagheit normativer Tatbestandselemente nach dem semantischen Drei-Bereiche-Modell erfasst werden kann, genauso wie dies gerade zu den deskriptiven Tatbestandselementen erläutert worden ist. Geht es um Generalklauseln, so liegt deren Kennzeichen darin, dass ihnen eine besonders grosse Zahl neutraler Kandidaten zugeordnet

---

[108] Viele weitere Beispiele für unbestimmte Rechtsbegriffe und Generalkklauseln im schweizerischen Recht bei MÜLLER/UHLMANN, 170 ff. (N 263 ff.); zum deutschen Privatrecht bei RÖTHEL, Normkonkretisierung im Privatrecht (Tübingen 2004) 39 ff.

[109] In der internationalen Diskussion wird erheblich kürzer von der «value openess» der Generalklauseln gesprochen. S. etwa PECZENIK, 18.

werden kann, während die Zahl positiver Kandidaten, die eindeutig subsumiert werden können (die also zum Begriffskern gehören), vergleichsweise gering ist, ja zuweilen, im Falle eigentlicher Leerformelhaftigkeit der Regelung, geradezu gegen null tendieren kann[110].

dd) Generalklauseln: Die gerade angesprochenen Generalklauseln sind – auf gesellschaftliche Wertungen bezogene – normative Tatbestandselemente, die sich durch besonders qualifizierte Vagheit auszeichnen und den zentralen Gehalt einer gesetzlichen Regelung ausmachen[111].

(1) *Beispiele* lassen sich in der schweizerischen Gesetzgebung in grosser Zahl ausmachen: Zum Teil geradezu «königliche» Generalklauseln des *Privatrechts*[112] sind etwa das Gebot des Art. 2 Abs. 1 ZGB, bei Ausübung von Rechten und Erfüllung von Pflichten «nach Treu und Glauben» zu handeln, oder das Verbot des «offenbaren Missbrauchs eines Rechtes» in Art. 2 Abs. 2 ZGB[113]. Art. 3 Abs. 2 ZGB klärt die Berechtigung, sich auf den «guten Glauben» zu berufen; nach Art. 19 Abs. 2 OR darf der Vertragsinhalt nicht gegen die «öffentliche Ordnung, gegen die guten Sitten oder gegen das Recht der Persönlichkeit» verstossen (s. auch Art. 20 Abs. 1 OR); Art. 41 Abs. 1 OR wird

---

[110] S. dazu GARSTKA, in: KOCH (Hrsg.), Juristische Methodenlehre und analytische Philosophie (Kronberg/Ts. 1976) 96 ff.

[111] Auf der Hand liegt, dass «der Übergang von einem relativ bestimmten Begriff zu einem relativ unbestimmten Begriff und schliesslich zur Generalklausel fliessend» ist (ARZT, 68). Treffend HESSELINK, in: HARTKAMP a.o. (Eds.), Towards a European Civil Code, 4. Aufl. (Nijmegen 2011) 639: «Every norm could be placed on a scale which ranges from totally open to totally closed».

[112] Von den «königlichen» Paragraphen des BGB (namentlich der Treu-und-Glauben-Generalklausel des § 242) sprach HEDEMANN, 6. Immer noch wichtig zu Grundsatzfragen der Konkretisierung des § 242 BGB WIEACKER, Zur rechtstheoretischen Präzisierung des § 242 BGB (Tübingen 1956).

[113] Zu Art. 2 ZGB auch aus methodologischer Sicht besonders wichtig BK-ZGB/MERZ, Art. 2 N 1 ff. Zum Treu- und Glauben-Gebot in der schweizerischen Verfassung s. Art. 5 Abs. 3 und Art. 9 BV.

insgesamt als «deliktsrechtliche Generalklausel» bezeichnet; Art. 41 Abs. 2 OR regelt die absichtliche sittenwidrige Schädigung; Art. 269 OR spricht von «missbräuchlichem» Mietzins; Art. 271 OR von der gegen «Treu und Glauben» verstossenden Kündigung, Art. 337 Abs. 1 OR von der fristlosen Auflösung des Arbeitsverhältnisses aus «wichtigen Gründen»; ebenfalls auf «wichtige Gründe» stellt Art. 736 Ziff. 4 OR bei der aktienrechtlichen Auflösungsklage ab. Für das *Öffentliche Recht* kann (neben unzähligen weiteren Beispielen) das «öffentliche Interesse» (ewa in Art. 36 Abs. 2 BV) als besonders zentrale und traditionsreiche Generalklausel genannt werden.

(2) Der *Versuch einer Bewertung* stösst zum einen auf eher *bedenkliche Aspekte der Verwendung von Generalklauseln*. Es liegt auf der Hand, dass die Verwendung von Generalklauseln die Rechtssicherheit beeinträchtigt, d.h. den Rechtssuchenden, die auf Grund der vagen gesetzlichen Formulierung kaum antizipieren können, wie der Richter *in concreto* entscheiden wird, nur sehr *wenig «Orientierungssicherheit»* bietet[114]. «Gummiartikel» mit ihrer «von unbestimmten Rechtsbegriffen und Generalklauseln geradezu triefenden Formulierung»[115], wie etwa Art. 418u Abs. 1 OR, sind tatsächlich bedenklich: «Hat der Agent durch seine Tätigkeit den Kundenkreis des Auftraggebers *wesentlich* erweitert, und erwachsen diesem oder seinem Rechtsnachfolger

---

[114] Im Laufe der Zeit entwickeln sich allerdings in der (oft durch die Lehre angeleiteten) Judikatur «Fallgruppen», mit Hilfe derer die Generalklausel konkretisiert wird und an denen sich die Rechtssuchenden und die Rechtsanwendung orientieren können. Fallgruppen dienen damit der judiziellen Gleichbehandlung. Richtig RAISCH, 167; KAMANABROU, AcP 202 (2002) 662 ff. und OHLY, AcP 201 (2001) 39 ff. (letztlich unüberzeugende Kritik an der «Fallgruppenmethode» bei R. WEBER, AcP 192 [1992] 516 ff.). Zur Entwicklung von «Präjudizienketten» bei Interpretion von Generalklauseln WIEDEMANN, NJW 2014, 2410.

[115] So treffend KÖNDGEN, in: EGGER u.a. (Ed.), Internationalisierung des Rechts und seine ökonomische Analyse – Internationalization of the Law and its Economic Analysis. Festschrift für Hans-Bernd Schäfer (Wiesbaden 2008) 276.

aus der Geschäftsverbindung mit der geworbenen Kundschaft auch nach Auflösung des Agenturverhältnisses *erhebliche* Vorteile, so haben der Agent oder seine Erben, soweit es nicht *unbillig* ist, einen unabdingbaren Anspruch auf eine *angemessene* Entschädigung». Ein Kommentator dieser Bestimmung moniert zu Recht[116], es könne «weder behauptet werden, das Gesetz bilde eine zuverlässige Informationsquelle für die Parteien, noch sei die Aufgabe des Gesetzes erfüllt, zu bestimmen, was Rechtens ist». Hänge «letzten Endes ein Anspruch vom Billigkeitsempfinden des Richters ab, so besteht für die Parteien ein Anreiz zum Prozessieren durch alle Instanzen».

Das Postulat der Orientierungssicherheit und damit der Gewährleistung möglichst weitgehender *«normativer Dichte»* der Regelung, spielt namentlich bei Strafvorschriften eine rechtsstaatlich eminente Rolle: Generalklauseln sind im Strafrecht möglichst zu vermeiden, da sie den Grundsatz «nulla poena sine lege» (Art. 1 StGB) und damit das «Bestimmtheitsgebot» unterlaufen.

S. zum Verbot unbestimmter Strafvorschriften STRATENWERTH, Allgemeiner Teil I, § 4 N 14 ff.; SCHWARZENEGGER, ZStrR 118 (2000) 368; zur deutschen Rechtslage MIDDELSCHULTE, Unbestimmte Rechtsbegriffe und das Bestimmtheitsgebot. Eine Untersuchung der verfassungsrechtlichen Grenzen der Verwendung sprachlich offener Gesetzesformulierungen (Hamburg 2007). Relativierung des strafrechtlichen Bestimmtheitsgrundsatzes in BGE 138 IV 13 (19) und dazu BOMMER, ZBJV 152 (2016) 264 f. Zum deutschen Recht BGH NJW 2014, 3459 (3460); speziell zur Bedenklichkeit von Art. 228 (deutsches) StGB MORGENSTERN, JZ 2017, 1946 ff. Zur Problematik der «allgemeinen Polizeiklausel» des schweizerischen Rechts (positiviert in Art. 36 Abs. 1 Satz 3 BV) vgl. die BGer-Formel in BGE 126 I 112 (118) und dazu ZÜND/ERRASS, ZBJV 147 (2011) 261 ff.; BIAGGINI, ZBl 113 (2012) 35 ff. Im Privatrecht bedenklich die pönale Sanktionsvorschrift des Art. 32 Abs. 1 KKG, die bei nicht näher konkretisierten «schwerwiegenden Verstössen» eingreift. Allgemein zum Postulat der Bestimmtheit der Gesetze angesichts des Legalitätsprinzips BGE 131 II 13 (31).

---

[116] BK-OR/GAUTSCHI, Art. 418u N 4a. Verteidigung des Art. 418u OR aber bei Th. KOLLER, in: SAENGER/SCHULZE (Hrsg.), Der Ausgleichsanspruch des Handelsvertreters (Baden-Baden 2000) 111 ff.

Auch zum staatsrechtlichen Gewaltenteilungsmodell stehen Generalklauseln in einem offensichtlichen Spannungsverhältnis. Verwendet der Gesetzgeber eine Generalklausel, so schiebt er die Aufgabe der eigentlichen Normsetzung an den Rechtsanwender ab; die Generalklausel «fordert und erlaubt … das Urteil des Richters in einer vom Gesetzgeber gestellten, aber nicht beantworteten Frage»[117]. Man spricht in diesem Sinn auch von der *«Delegationsfunktion»* der Generalklausel[118]. Wegen des parlamentarischen Zwangs zum Kompromiss und der durch die direktdemokratischen Elemente unserer Verfassung veranlassten Furcht vor klaren gesetzlichen Weichenstellungen begnügt sich der Gesetzgeber nur allzu oft mit generalklauselhaften, «dilatorischen Formelkompromissen». Diese Tendenzen zur lediglich «symbolischen Gesetzgebung»[119], zu einer «Flucht des Gesetzgebers aus der politischen Verantwortung»[120], sind staatspolitisch keineswegs unbedenklich.

---

[117]   MERZ, JZ 1962, 588; s. auch A. KAUFMANN, Über Gerechtigkeit: dreissig Kapitel praxisorientierter Rechtsphilosophie (Köln etc. 1993) 149: «... Rohmaterial, das erst noch der Bearbeitung bedarf, damit Recht daraus wird». HEDEMANN, 58, sprach treffend von den Generalklauseln als einem «Stück offengelassener Gesetzgebung»; In der schweizerischen Methodenlehre wird oft von «Lücken *intra legem*» gesprochen. S. dazu unten S. 218 f.

[118]   Gleichsinnig MERZ, JZ 1962, 588, der von der Generalklausel als «Ermächtigungsnorm (Kompetenznorm, Legitimationsnorm)» spricht. Zu den hier beschriebenen Funktionen der Generalklauseln grundlegend TEUBNER, Standards und Direktiven in Generalklauseln (Frankfurt a.M. 1971).

[119]   Dazu HEGENBARTH, ZRP 1981, 201 ff. Man hat auch von Zeichen der «Ermüdung des Rechts» gesprochen. Vgl. ESSER, Wege der Rechtsgewinnung (Tübingen 1990) 143.

[120]   So der Titel einer Schrift von DIEDERICHSEN, Die Flucht des Gesetzgebers aus der politischen Verantwortung im Zivilrecht (Karlsruhe 1974); der Titel beruht auf HEDEMANNS viel zitierter Schrift über «Die Flucht in die Generalklauseln». Zu deren historisch-politischem Hintergrund HAFERKAMP, AcP 214 (2014) 80 f. Zur Gefahr der «Abdankung» des Gesetzgebers (im Hinblick auf einen, klare Richtungsweisungen tunlichst vermeidenden österreichischen Gesetzesentwurf) SPIELBÜCHLER, JBl 2006, 341 ff.

Auf der anderen Seite sind die grossen und unabdingbaren *Vorzüge von Generalklauseln* – von porösen «open texture»-Elementen der Gesetzgebung[121]– hervorzuheben: Generalklauseln wie etwa «gute Sitten» und «Treu und Glauben» öffnen «Fenster» von der Gesetzgebung auf den dieser zu Grunde liegenden gesellschaftlichen Wertungshorizont, verbinden somit die Gesetzgebung mit den für jede Rechtskultur konstitutiven gesellschaftlichen Basiswertungen[122]; sie sind ein besonders deutlicher Beleg für einen Umstand, der, worauf zurückzukommen ist[123], für die Gesetzestexte letztlich ganz allgemein gilt: Dass sie ein «living instrument» sind, «etwas, das sich über die Jahre in der ‹Zirkulation› zwischen Recht und Lebenswelt entwickelt»[124].

Durch die *«Rezeption» gesellschaftlicher Wertungen*[125] – man spricht in diesem Sinn auch von der *«Rezeptionsfunktion»*

---

[121] Grundlegend HART, 124 ff.; vor allem 135. Dazu BUNIKOWSKI, Rechtstheorie 2016, 141 ff.

[122] In seinem Kommentar zum neuen Code civil von Québec (von 1991) verwendete der damalige Justizminister Gil REMILLARD (zit. nach CABRILLAC, JCP 2004 [Etude I 121] 550) das schöne Bild von den Generalklauseln «comme les pores par lesquels le code peut respirer, se vivifier et s'adapter». Aus systemtheoretischer Sicht TEUBNER, 140: «Ihre hochgradige Unbestimmtheit prädestiniert» die Generalklausel «gerade dazu, die Rolle von Kollisionsnormen bei Konflikten zwischen gesellschaftlichen Teilsystemen zu übernehmen»; neuerdings ENDICOTT, The Value of Vagueness, in: MARMOR/SOAMES (Eds.), Philosophical Foundations of Language in the Law (Oxford 2011) 14 ff. Vgl. auch AMSTUTZ, in: Marie Theres Fögen Sexagenaria (Zürich/St. Gallen 2007) 47 ff., der von einer «flüssigen Offenheit des Gesetzestextes» (S. 70) spricht, auf die die «zeitgemässe Rechtsmethodik» nicht eingestellt sei, und eine «evolutorische Rechtsmethode» anmahnt. Wichtig zu Funktion und Theorie der Generalklausel im deutschen Privatrecht M. AUER (passim).

[123] Zur objektiv geltungszeitlichen Orientierung der teleologischen Interpretation unten S. 154 ff.

[124] AMSTUTZ, ZSR 126 (2007) II, 265. Selbstverständlich ist nicht eigentlich der Text «lebendig», sondern die Interpretationspraxis des Rechtsanwenders (und der ihn umgebenden Gesellschaft).

[125] Dass die gesellschaftlichen Wertungen auch dem Ungeist der Zeit verpflichtet sein können, liegt auf der Hand und belegt die Gefahr der Instrumentalisierung von Generalklauseln in politischen Umbruchzeiten. Bezeichnend C. SCHMITT, JW 1934, 717: «Alle unbestimmten Rechtsbegriffe, alle sog. Generalklauseln

der Generalklauseln – wird die «gesellschaftliche Akzeptanz» des Rechts ganz wesentlich gefördert[126]. Gleichzeitig – und dies ist in unserer schnelllebigen Zeit ein entscheidender Vorzug – erlauben die Generalklauseln i.S. einer «built-in flexibility» die kontinuierliche interpretatorische Anpassung des Rechts an den gesellschaftlichen Wertewandel, ohne dass jeweils der Gesetzgeber eingreifen müsste: «Tempora mutantur, lex et mutatur in illis»![127] Insofern wird auch von der durch «Normwandel» (d.h. «Bedeutungswandel» und damit regelmässig auch «Funktionswandel») bewerkstelligten *Rechtsfortbildungsfunktion»* der Generalklauseln gesprochen[128]. So hätte es vor noch nicht allzu langer Zeit nicht überraschen dürfen, wenn die Vermietung eines Hotelzimmers an ein unverheiratetes Paar vom Richter als sittenwidrig und daher nichtig i.S. von Art. 20 Abs. 1 OR angesehen worden wäre[129]; angesichts der rasanten Liberalisierung der Sexualmoral würde eine solche Entscheidung aber heute – bei wörtlich identischer Gesetzeslage – als skurriler Ausrutscher qualifiziert werden[130]. Generalklauseln öffnen die Fenster für zukünftige Ent-

---

sind unbedingt und vorbehaltlos im nationalsozialistischen Sinne anzuwenden». Dazu auch unten FN 1104, 1113.

[126] Es geht im Übrigen nicht nur um Rezeption unmittelbar gesellschaftlicher Wertungen, sondern bei den Generalklauseln auf einfacher Gesetzesstufe auch um Rezeption verfassungsrechtlicher Wertungen, die auf diese Weise eine interpretatorische «Ausstrahlungswirkung» (BVerfGE 7, 198 [207]) auf das einfache Gesetz entfalten können. Dazu auch unten S. 116 ff., 119 ff.

[127] Übersetzt: Die Zeiten ändern sich und das Gesetz ändert sich in diesen (Abwandlung eines bekannten lateinischen Sinnspruchs!).

[128] Vom «Einfallstor von Geltungszeit» spricht ZELLER, 110 ff.; systemtheoretische Umschreibung bei TEUBNER, 128: «Der Rechtscode bleibt intakt, nur die Programmstrukturen werden so geändert, dass sie sich so weit wie möglich an die Selbstbeschreibungen der Umweltsysteme anpassen». Zum «Verfassungswandel» etwa RHINOW, Festschrift Huber, 429; zur «Phänomenologie des Verfassungswandels» eingehend BECKER/KERSTEN, AöR 141 (2016) 1 ff.; zum Verfassungswandel und seinen Grenzen zuletzt VOßKUHLE, JuS 2019, 417 ff.

[129] So (zum deutschen Recht) noch Amtsgericht Emden NJW 1975, 1363 f.

[130] Zu den Konsequenzen dieser Liberalisierung für das Sittenwidrigkeitskriterium des Art. 20 OR im Einzelnen BK-OR/KRAMER, Art. 19/20 N 182.

wicklungen, haben daher insgesamt einen dynamischen Charakter, nicht nur die sog. «dynamische Generalklauseln» in der Art von Art. 5 PrHG, wo auf den (jeweiligen) «Stand der Wissenschaft und Technik» abgestellt wird.

(3) *Gesetzgebungstechnisch* spricht vor diesem Hintergrund gerade in rechtlichen Zusammenhängen, die einem schnellen gesellschaftlichen Wertewandel oder rasanten technischen Entwicklungen ausgesetzt sind, sehr viel für eine vergleichsweise geringe «normative Dichte» der Gesetzgebung, und das bedeutet für die Verwendung von Generalklauseln und unbestimmten Rechtsbe griffen. Eine gesetzliche Regelung, die in solchen Gebieten versuchen würde, i.S. des *«Enumerationsprinzips»* Fall für Fall («kasuistisch») zu regeln, und dieser Kasuistik noch dazu abschliessenden («taxativen») Charakter zuzumessen, stünde auf verlorenem Posten.

Eine gute Illustration bietet die *Geschichte der Kodifikation des deutschen UWG*[131]. Hier wurde ursprünglich (Fassung des Gesetzes vom 27.5.1896) versucht, das lauterkeitsrechtlich anstössige Verhalten ausschliesslich kasuistisch zu regeln, bis es offensichtlich wurde, dass die findige unternehmerische Praxis immer neue Verhaltensweisen entwickelte, die man zwar auch als anstössig empfand, aber nicht unter den abschliessenden Katalog der gesetzlichen Einzeltatbestände subsumieren konnte. Der Gesetzgeber schritt ein und ergänzte (im revidierten UWG vom 7.6.1909) die nunmehr lediglich beispielhafte («demonstrative» = «exemplifikative») Kasuistik durch eine Generalklausel (heute in Gestalt von § 3 UWG 2015), der Auffangfunktion zukommen sollte;[132] eine Vorgangsweise, die im Ergebnis

---

[131] S. zur Geschichte des UWG KÖHLER/BORNKAMM/FEDDERSEN, UWG Einl N 2.1 ff.
[132] Zur Methodik der Konkretisierung der lauterkeitsrechtlichen Generalklausel eingehend OHLY, Richterrecht und Generalklausel im Recht des unlauteren Wettbewerbs (Köln etc. 1997) 197 ff. In einer Revision des deutschen UWG

auch für das schweizerische Lauterkeitsrecht vorbildlich wur-de[133].

Die *Verknüpfung zwischen demonstrativer Kasuistik und Generalklausel* ist gesetzgebungstechnisch in vielen Regelungs-bereichen besonders empfehlenswert, da sie «am ehesten sowohl den Bedürfnissen nach rechtsstaatlicher Sicherheit als auch nach zukunftsgerichteter Rechtsetzung gerecht zu werden» vermag[134]. Die gesetzlichen Einzeltatbestände, die im Zeitpunkt der Gesetz-gebung besonders markante Fälle regeln, geben dem Normadres-saten Orientierungssicherheit und bieten dem Rechtsanwender gleichzeitig willkommenes Anschauungsmaterial zur Frage, in welcher Richtung er – wenn die Einzeltatbestände nicht erfüllt sind – die Generalklausel entwickeln solle.[135] Es ist daher nicht verwunderlich, dass der Gesetzgeber die geschilderte Methode sehr oft praktiziert. Neben Art. 2, 3 UWG sei etwa auf Art. 23, 24 OR, Art. 271, 271a OR oder im Aktienrecht auf Art. 685 b Abs. 1 und 2, Art. 706 Abs. 1 und 2 sowie Art. 728 Abs. 1 und 2 OR verwiesen. Auch das Modell der Interessenabwägung gemäss Art. 272 OR hat eine ähnliche Struktur: Nach der Generalklausel des Abs. 1 muss eine Situation vorliegen, in der «die Beendigung der Miete» für den Mieter «oder seine Familie eine Härte zur

---

(2008) wurde dem UWG ein Anhang zu Art. 3 Abs. 3 UWG mit einer «schwar-zen Liste» konkret verbotener Verhaltensweisen hinzugefügt.

[133] Hier verlief die Entwicklung freilich gerade umgekehrt: Vor dem Erlass des UWG vom 30.9.1943 begnügte sich das schweizerische Recht mit der lauter-keitsrechtlichen Generalklausel des (dann aufgehobenen) Art. 48 OR. Erst 1943 kam der Katalog der (demonstrativen) Einzeltatbestände hinzu. Bei der Rege-lung der Inhaltskontrolle von Allgemeinen Geschäftsbedingungen ist die Ent-wicklung nicht so verlaufen. Hier begnügt sich die schweizerische Gesetzge-bung weiterhin (auch in der am 1.7.2012 in Kraft getretenen Revision des Art. 8 UWG) mit einer Generalklausel. Es fehlen leider Kataloge konkreter Klausel-verbote (in der Art von §§ 308 und 309 BGB, die dort zusätzlich zur General-klausel des § 307 BGB vorgesehen sind).

[134] HILL, JZ 1988, 379.

[135] S. BGE 133 III 431 (435): Eine gesetzeskonforme Auslegung der lauterkeits-rechtlichen Generalklausel habe sich «zwingend an den Sondertatbestanden zu orientieren».

Folge hätte, die durch die Interessen des Vermieters nicht zu rechtfertigen wäre». Abs. 2 zählt dann konkrete Umstände auf, die die Behörde bei der Interessenabwägung «insbesondere» berücksichtigen sollte[136].

Begnügt sich der Gesetzgeber hingegen, ohne zusätzlich eine Generalklausel vorzusehen, mit einem *Katalog demonstrativer Kasuistik,* so ist es dem Rechtsanwender zwar unbenommen, über den Katalog der Einzeltatbestände hinauszugehen, es fehlt ihm aber dann als Orientierungshilfe die Proklamation einer allgemein formulierten «idée directrice»[137], der die Einzeltatbestände – und deren richterliche Erweiterung – verpflichtet sind. In diesem Sinn erscheint etwa Art. 706b OR (Nichtigkeit von GV-Beschlüssen) als wenig geglückt.

In der schweizerischen Gesetzgebung lassen sich aber auch relativ viele Beispiele *abschliessender Enumeration von Einzeltatbeständen* («taxative Kasuistik») nachweisen.

Ob ein Katalog von Einzeltatbeständen demonstrativ oder taxativ gemeint ist, lässt sich manchmal aus dem blossen Gesetzestext nicht ableiten. Vor allem darf aus dem Fehlen des Wörtchens «insbesondere» (bzw. «namentlich») nicht automatisch geschlossen werden, die Aufzählung sei *(e contrario)* taxativ zu verstehen, auch wenn dies zweifellos regelmässig so ist. So enthält Art. 336 OR einen umfangreichen Katalog von Fällen missbräuchlicher Kündigung, der mit den Worten: «Die Kündigung eines Arbeitsverhältnisses ist missbräuchlich, wenn eine Partei sie ausspricht: a. ...» eingeleitet ist. «Diese Aufzählung ist» aber «nicht abschliessend, weil ZGB 2 II als allgemeiner Rechtsgrundsatz durch OR 336 nicht ausgeschlossen wird» (REHBINDER, 158); ebenso BGE 123 III 246 (251); 131 III 535 (538). Auch die in Art. 266o OR aufgeführten Gründe für die Nichtigkeit von Kündigungen im Mietrecht sind angesichts der allgemeinen Nichtigkeitsgründe des OR nicht taxativ gemeint (richtig BSK-OR/WEBER, Art. 266o N 4). Eine besondere Struktur hat der Katalog unübertragbarer Befugnisse der GV in Art. 698 Abs. 2 OR: «Die Liste enthält zwar die wichtigsten

---

[136] Zur Interessenabwägung unten S. 316 ff.
[137] BYDLINSKI, Symposion Wieacker, 199, spricht von den Generalklauseln als «Wegweisern zum benötigten Normenmaterial». Starke Betonung der prägenden Funktion der Art. 1 und 2 UWG (Zweckartikel, Generalklausel) bei J. MÜLLER, sic! 2003, 301 ff.

Aufgaben, sie ist aber nicht abschliessend, vielmehr ist Ziff. 6 als Generalklausel ausgestaltet, die auf weitere Gesetzesbestimmungen (oder auch solche der Statuten) verweist» (FORSTMOSER/MEIER-HAYOZ/NOBEL, § 22 N 8). Neuerdings BGE 132 III 32 (40): Die Listen der Art. 361, 362 OR sind nicht unbedingt abschliessend (im Hinblick auf Art. 333 OR). Zur (teleologisch-funktionell) zu beurteilenden Aufzählung von Berufen in Art. 128 Ziff. 3 OR vgl. BGE 132 III 61 ff.

Diese richterrechtlich grundsätzlich nicht erweiterbaren Kataloge von Einzeltatbeständen sind keineswegs von vorneherein abzulehnen. Sie sind überall dort am Platz, wo aus welchen Gründen auch immer der Rechtssicherheit ein besonders hoher Stellenwert zugemessen werden muss. So ist die Taxativität der Eheungültigkeitsgründe in Art. 105 ZGB[138] durchaus berechtigt, genauso wie etwa die der Kasuistik des Art. 272a Abs. 1 OR (Ausschluss der Erstreckung eines Mietverhältnisses), der aktienrechtlichen Regelungen der Art. 693 Abs. 3 und 704 Abs. 1 OR oder der Auflistung der «Kompetenzstücke» in Art. 92 SchKG.

Abschliessend können die gerade an Hand von Beispielen aus der schweizerischen Gesetzgebung illustrierten legistischen Optionen im Spannungsfeld zwischen kasuistischer und generalklauselhafter Gesetzgebung schematisch folgendermassen zusammengefasst werden: a) Taxative Kasuistik; b) demonstrative Kasuistik (ohne Generalklausel); c) demonstrative Kasuistik verbunden mit Generalklausel; d) blosse Generalklausel (ohne Kasuistik).

(4) Wie ausgeführt, bleibt dem Rechtsanwender bei der Konkretisierung von Generalklauseln ein ganz erheblicher Interpretationsspielraum. Er entscheidet zwar *intra legem* (genauer: innerhalb der Grenzen des Wortsinns), ist also – formal betrachtet – Rechtsanwender, im Ergebnis geht es aber um Lückenfüllung und eigentliche *«Komplementärgesetzgebung»* durch

---

[138] Zur ausnahmsweise zu bejahenden Durchbrechung dieser Taxativität (wegen Inkrafttreten des PartG) unten S. 133.

Richterrecht[139]. Auf die Problematik des Richterrechts, vor allem auf die Frage, an welchen Massstäben sich Richterrecht orientieren kann, wird in einem späteren Abschnitt zentral einzugehen sein[140]. In diesem Abschnitt werden auch die Probleme der richterlichen Ermessensentscheidung (Art. 4 ZGB) angesprochen, zu denen der Richter im schweizerischen Recht besonders oft aufgerufen ist.

ee) Dreisprachigkeit der Bundesgesetze: Eine Spezialität des schweizerischen Rechts (im Vergleich etwa zu den deutschen, österreichischen, französischen und italienischen Nachbarrechtsordnungen) ist die Dreisprachigkeit der Bundesgesetzgebung. Alle drei Amtssprachen des Bundes (Art. 70 Abs. 1 BV) sind rechtlich massgebend und gleichwertig zu beachten[141]. Des öftern gibt es auch in von der Schweiz ratifizierten internationalen Konventionen mehrere offizielle («authentische») Vertragssprachen[142]. Dies sind etwa für das UN-Kaufrecht arabisch, chinesisch, englisch, französisch, russisch und spanisch. Im EU-Recht sind sogar 24 Amtssprachen gleichwertig massgebend. Es gilt dort gemäss

---

[139] Zu den Generalklauseln als «Lücken *intra legem*» unten S. 218 f., 309.

[140] S. unten S. 277 ff.

[141] Art. 14 Abs. 1 S. 2 Publikationsgesetz vom 18.6.2004. Aus der Lehre REICHEL, Festgabe Stammler, 296: «... es entscheidet ... der unter gleichwertiger Zuhilfenahme aller 3 Wortlaute ermittelte gesamteidgenössische Sinn des Gesetzes»; eingehend KELLER, 22 f.; B. SCHNYDER, in: Mélanges Schüpbach (Basel 2000) 37 ff.; STEINAUER, in: Le législateur et le droit privé. Colloque Gilles Petitpierre (Zürich 2006) 69 f; SCHUBARTH, in: Rapports suisses présentés aux XVIIᵉ Congrès international de droit comparé, Zürich 2006, 11 ff.; BK-ZGB/MEIER-HAYOZ, Art. 1 N 98 ff. (wo auch auf die kantonale Rechtslage hingewiesen wird); HAUSHEER/JAUN, Art. 1 N 26. Das Rätoromanische ist nur im Verkehr mit Personen rätoromanischer Sprache Amtssprache des Bundes (Art. 70 Abs. 1 BV).

[142] Zur grundsätzlichen Gleichwertigkeit der authentischen Sprachen von internationalen Konventionen s. Art. 33 WVK.

Art. 55 EUV das (allerdings praktisch unerfüllbare) «Methoden-gebot der allseitigen Sprachvergleichung»[143].

Die Mehrsprachigkeit der schweizerischen Gesetzestexte[144] hat für den Interpreten unter Umständen den Vorteil, dass die Fassung eines gesetzgeberischen Gedankens in einer Amtssprache verdeutlichend für die Interpretation des unklaren oder sinnwidrigen anderssprachigen Textes sein kann. So wird die etwas dunkle Verweisung des Abs. 3 der methodologischen Grundnorm des Art. 1 ZGB auf die «Überlieferung» durch die französische und italienische Fassung («jurisprudence»; «giurisprudenza») verdeutlicht[145]. Umgekehrt ist die deutsche Textierung des Art. 673 ZGB («... dass das Eigentum an Bau und Boden ...») vernünftiger als der zu weit gehende französische Text[146]. «Angehörige» in Art. 47 OR ist offener als der nach heutiger gesellschaftlicher Wertung zu enge französische Ausdruck «famille»[147]. Auf der anderen Seite liegt es auf der Hand, dass die Mehrsprachigkeit auch zu einer Vermehrung textlich bedingter Fehlerquellen und interpretatorischer Verunsicherungen führen

---

[143] Monographisch ZEDLER, Mehrsprachigkeit und Methode. Der Umgang mit dem sprachlichen Egalitätsprinzip im Unionsrecht (Baden-Baden 2015). Zu den Konsequenzen der Mehrsprachigkeit der EU für die Auslegung auch SCHULTE-NÖLKE, in: SCHULZE (Hrsg.), Auslegung europäischen Privatrechts und angeglichenen Rechts (Baden-Baden 1999); SCHÜBEL-PFISTER, Sprache und Gemeinschaftsrecht, Berlin/New York 2004; CREECH, Law and Language in the European Union: The Paradox of a Babel «United in Diversity» (Groningen 2005); MARTENS, 337 ff.; NEUMAYR, Mehrsprachigkeit im Unionsrecht (Wien 2017).

[144] Grundsätzliche Überlegungen zu Problemen und Chancen der Mehrsprachigkeit für die schweizerische Rechtskultur bei HUGUENIN, RabelsZ 72 (2008) 755 ff. Vgl. auch SCHWEIZER/BORGHI (Hrsg.), Mehrsprachige Gesetzgebung in der Schweiz (Zürich/St. Gallen 2011).

[145] Vgl. B. SCHNYDER, 44 f. Dazu auch unten S. 284.

[146] «... peut demander que la propriété du tout soit attribuée ...». S. dazu BGE 78 II 16 (18 f.); BK-ZGB/MEIER-HAYOZ, Art. 673 N 8. Weit. Beispiele aus der Rechtsprechung: BGE 51 II 156 (160); 60 II 313 (315 ff.); 69 IV 178 (182); 117 IV 251 (254); BGE 124 II 581 (584); 129 II 114 (120).

[147] So auch BGE 138 III 157 (160).

kann[148], so dass sich die Vor- und Nachteile der Mehrsprachigkeit im Ergebnis wohl die Waage halten.

ff)   Grundsätzliche Schlussbetrachtung zum Wortlautargument

(1) Wie bereits eingangs gesagt, ist der Wortlaut des Gesetzes das primäre und wichtigste Indiz für den Normsinn. Daraus ist für jede Gesetzesinterpretation ganz unmittelbar der banale, aber doch nur zu oft übersehene Rat abzuleiten, den Normtext sorgfältig zu lesen: « (1) *Read the statute*; (2) *read the statute*; (3) *read the statute*»![149]. Nicht von ungefähr hängt «lex» (Gesetz) ethymologisch mit «legein» (lesen) zusammen. So ist etwa genauestens zu prüfen, ob Normtextelemente kumulativ («und») oder alternativ («oder») verbunden sind[150], oder darauf zu achten, auf welchen Normbestandteil sich eine Negation bezieht[151].

Die *Wortwahl des Gesetzes* ist für den geschulten Interpreten in vielerlei Hinsicht signifikant: So legt etwa die Wendung des Art. 58 Abs. 1 OR: «Gebäude oder ein anderes Werk» die Vermutung nahe, dass – wie das Gebäude – wohl auch ein «anderes Werk» mit dem Boden fest verbunden sein muss, um die Werkeigentümerhaftung auszulösen. Diese Wortinterpretation ist zwar keineswegs zwingend; überprüft man sie aber anhand wei-

---

[148]   Besonders anschaulich BGE 118 II 273 (278 ff.) zur Redaktionsgeschichte von Art. 501 und 502 ZGB.

[149]   So Justice FRANKFURTER, zit. nach BAUDE/SACHS, Harvard Law Review 130 (2017) 1082; s. auch ADOMEIT/HÄHNCHEN, N 82: *«Erster Ratschlag: langsam lesen. Ein diagonales Überfliegen bringt nichts»*. Man kann auch an das LUTHER-Wort erinnern: «Es ist schimpflich, wenn ein Jurist ohne Text redet ...» (wohl im Anschluss an BARTOLUS: «Erubescimus si sine lege loquimur»).

[150]   Besondere Aufmerksamkeit ist bei Kombination von kumulativ und alternativ verknüpften Tatbestands- bzw. Rechtsfolgeelementen am Platz (s. etwa Art. 21 und 373 Abs. 2 OR). In Bezug auf «oder» ist das «kontravalente» «entweder – oder» vom «disjunktiven» «und/oder» zu unterscheiden. S. HÖHN, Praktische Methodik, 192.

[151]   Auch der Gesetzgeber selbst stolpert zuweilen über die Tücken der Sprache. Zur missglückten Textierung des Art. 20 Abs. 1 des Bundesgesetzes über die direkte Bundessteuer eingehend JAAG/HIPPELE, AJP 1993, 261 ff.

terer Interpretationsschritte, wird sie schliesslich endgültig bestätigt[152]. Wenn in Art. 32 Abs. 1 ZPO (zum Gerichtsstand bei Konsumentenverträgen) vom «Wohnsitz» der Parteien die Rede ist, so ist daraus abzuleiten, dass nur natürliche Personen Konsumenten i.S. dieser Bestimmung sind, da juristische Personen keinen Wohnsitz (sondern einen «Sitz») haben. Liest ein aufmerksamer Jurist in Art. 82 OR «zweiseitiger Vertrag», so wird ihm im Unterschied zu einem Laien auffallen, dass damit nicht jeder Vertrag gemeint sein kann (weil dem Gesetzgeber ein solcher Pleonasmus nicht zugerechnet werden kann), sondern der ganz spezifische Typ des synallagmatischen (vollkommen zweiseitigen) Vertrags. Wenn Art. 272a Abs. 1 OR statuiert, die Erstreckung des Mietverhältnisses sei ausgeschlossen bei Kündigungen aus den vier (lit. a–b) angeführten Gründen, so ist im Zweifel davon auszugehen, dass diese Gründe abschliessend (taxativ) aufgelistet sind[153], weil der Gesetzgeber bei lediglich beispielhafter (demonstrativer) Aufzählung im selben Zusammenhang jeweils von «insbesondere» aufgezählten Fällen spricht (s. Art. 271a Abs. 1 OR; Art. 272 Abs. 2 OR)[154]. Heisst es in Art. 266a Abs. 1 OR, dass die Parteien eines unbefristeten Mietverhältnisses unter Einhaltung der gesetzlichen Kündigungsfristen kündigen können, «sofern sie keine längere Frist ... vereinbart haben», so ist daraus – umgekehrt – ableitbar, dass eine kürzere Frist von den Parteien nicht gültig vereinbart werden kann. Dieser wortinterpretativ begründete Umkehrschluss *(argumentum e contrario)*[155] ist zwar für sich allein keineswegs zwingend und schon gar nicht «logisch», doch wird er durch weitere Interpretationsüberlegungen bestätigt[156].

---

[152] So auch die unumstrittene Interpretation des Art. 58 OR in Lehre und Praxis. S. etwa BK-OR/BREHM, Art. 58 N 35 ff.; aus der Judikatur BGE 42 II 37.

[153] So auch die unbestrittene Interpretation von Art. 272a Abs. 1 OR. S. ZK-OR/HIGI, Art. 272a N 8.

[154] S. zu diesem Problem bereits oben S. 87 f. (Einschub).

[155] Dazu unten S. 237 ff.

[156] Vgl. aus der Lehre BSK-OR/WEBER, Art. 266 a N 3.

Von «logisch» begründeten Interpretationsergebnissen sollte, wenn es um die Plausibilität von Wortinterpretationen geht, möglichst nicht gesprochen werden Es geht schlicht um die Anwendung grammatikalisch-semantischer Regeln, eine Anwendung, die für sich allein nie zu überzeugend begründeten, zwingenden Auslegungsergebnissen führt. Von einem «logischen» Auslegungselement wird oft auch im Zusammenhang mit der systematischen Interpretation gesprochen. S. schon SAVIGNY, 227 f.; neuerdings etwa DESCHENAUX, 91; BYDLINSKI, Methodenlehre, 442 ff. Aber auch hier führt diese Terminologie leicht zu Missverständnissen, etwa zur Auffassung, Maximen wie «singularia non sunt extendenda» oder «lex specialis derogat legi generali» käme «logischer» Charakter zu. In Wirklichkeit können sie nur überzeugen, wenn sie teleologisch begründet sind. S. unten S. 241 ff.; 125 ff. Zur verfehlten Berufung auf Logik in der Begriffsjurisprudenz unten S. 182 ff. Die hier empfohlene Zurückhaltung bei Verwendung des Logikarguments soll aber natürlich nicht bedeuten, es würde die Auffassung vertreten, dass das Geschäft der Interpretation den Gesetzen der allgemeinen Logik entzogen sei. Insofern ist KLUG, 8 f., ohne Weiteres zuzustimmen.

(2) Die nicht zu leugnende starke Indizwirkung des Wortsinns darf nicht zu einer – in der US-amerikanischen Diskussion als «textualistisch» bezeichneten[157] – Überbewertung des semantischen Auslegungsarguments oder gar zu einem «Wortfetischismus» führen, wie er für die Ursprungszeiten des Rechts mit ihren magischen Wortritualen kennzeichnend war. Gerade Laieninterpretationen und Interpretationen schlechter Juristen sind auch heute noch durch *naive Wortgläubigkeit* gekennzeichnet. Es werden Interpretationen aus dem blossen Gesetzeswortlaut abgeleitet, die keineswegs zwingend sind. In Wirklichkeit ist es gar nicht so selten tatsächlich so, dass «semantically clear cases can be legally unclear and semantically unclear cases can by legally clear»[158]. Von vorneherein nicht überzeugend ist eine zuweilen

---

[157] Zur US-amerikanischen Diskussion eingehend HIESEL, ZöR 68 (2013) 183 ff. (in Auseinandersetzung mit dem textualistischen Werk von SCALIA/GARNER, Reading Law: The Interpretation of Legal Texts, West Publ. 2012). Vgl. auch unten FN 294.
[158] Treffend KLATT, ARSP 2004, 58.

geradezu rabulistische «Buchstabenakrobatik»[159], wenn der Wortlaut – nüchtern betrachtet – durchaus Interpretationsspielräume offen lässt, namentlich entweder eher restriktiv oder eher extensiv interpretiert werden kann. Ob restriktiv oder extensiv zu interpretieren ist, lässt sich aber nun einmal *ex definitione* aus dem Wortlaut gerade nicht ableiten[160]. Hier ist der Interpret auf weitere Auslegungsschritte angewiesen[161]. Dies gilt um so mehr natürlich auch dann, wenn es um die Frage geht, ob über den Wortsinn eines Gesetzes (*praeter verba legis*) hinausgegangen werden oder *contra verba legis* entschieden werden kann.

(3) Der Wortlaut stellt nun einmal, wie das Bundesgericht[162] treffend formuliert, «nicht schon ... die Rechtsnorm dar». Daraus folgt, dass auch dann, wenn der *Wortlaut,* isoliert interpretiert, tatsächlich *eindeutig* sein sollte – eine im Übrigen recht seltene (aber bei Verwendung von Zahlen und Massen immerhin denkbare) Konstellation[163] –, der allein daraus abgeleitete Normsinn jeweils kritisch hinterfragt werden muss.

---

[159] BYDLINSKI/BYDLINSKI, 48; in eine solche verfällt zuweilen selbst das BGer, aber natürlich auch der juristische Theoretiker. S. BGE 96 II 273 zur Frage, ob eine Stiftung durch Erbvertrag errichtet werden kann. Die Frage wird rein wortinterpretativ auf Grund von Art. 81 Abs. 1 i.V. mit Art. 481 Abs. 1 und 512 Abs. 1 ZGB verneint. Hier kann man tatsächlich von der schon von HECK, Gesetzesauslegung und Interessenjurisprudenz, 98, ironisierten «Sherlock-Holmes-Methode» der Jurisprudenz sprechen. Eingehende Kritik an der zit. Bundesgerichtsentscheidung bei ZEITER, Die Erbstiftung (Art. 493 ZGB), Freiburg/Schweiz 2001, 96 ff.

[160] Die Kennzeichnung einer Auslegung als restriktiv oder extensiv trägt daher nichts zur Begründung bei, sondern ist die Bezeichnung eines Auslegungsresultats, dessen Begründung nicht im Wortlaut liegen kann. Treffend BURCKHARDT, Methode, 287.

[161] Treffend BURCKHARDT, Methode, 272: «Die juristische Aufgabe fängt erst an, wo die philologische aufhört».

[162] Zuletzt in BGE 141 III 281 (283); 144 III 100 (103).

[163] Beispiele dafür, dass auch bei Verwendung von Zahlwörtern keineswegs immer Eindeutigkeit besteht, bei MÜLLER/CHRISTENSEN, 304 f. RÖHL/RÖHL, 614, meinen, es gebe «keine Begriffe, genauer, Prädikatoren, die für sich genommen semantisch eindeutig sind, über deren Extension also unter keinen Umständen

Die formalistische «*acte clair-*» oder «*sens clair-Doktrin*» («*Eindeutigkeitsregel*»)*, die i.S. der römischrechtlichen Parömie «cum in verbis nulla ambiguitas est non debet admitti voluntatis quaestio» (Dig. 32, 25, 1 [PAULUS]) bzw. i.S. der Maxime «in claris non fit interpretatio» (zur Dogmengeschichte SCHOTT, in: SCHRÖDER [Hrsg.], Theorie der Interpretation vom Humanismus bis zur Romantik – Rechtswissenschaft, Philosophie, Theologie [Stuttgart 2001] 155 ff.) einen eindeutigen Wortsinn nicht interpretativ in Frage stellen lassen will, sollte ein für allemal passé sein (auch wenn sie in manchen Zivilrechtskodifikationen wie etwa in Art. 27 Abs. 1 Código Civil de Columbia oder Art. 9 des Louisiana Civil Code noch immer ausdrücklich verankert ist). Eingehend VAN HOECKE, 71 ff.; dagegen auch schon REICHEL, Festgabe Stammler, 295; BETTI, Interpretazione della legge e degli atti giuridici, 2. Aufl. (Milano 1971) 283 ff.; MEIER-HAYOZ, Richter als Gesetzgeber, 42; *ders.,* BK-ZGB, Art. 1 N 178; BSK-ZGB/HONSELL, Art. 1 N 4; CR CC I/WERRO, Art. 1 N 59; ARZT, 80; PICHONNAZ, ZSR 130 (2011) II, 206 ff. S. auch HÖHN, Praktische Rechtsanwendung, 208, nach dem es «durchaus möglich» ist, «vom eindeutigen Wortsinn abzuweichen»; freilich müssten «deutlich überzeugendere Argumente» dargetan werden, «welche für eine dem eindeutigen Wortlaut widersprechende Auslegung sprechen, damit ein Abweichen vom Wortlaut zulässig ist»; ähnlich HÄFELIN, Festschrift Hegnauer, 120; PERRIN, 246 ff., der (247) von einer «présomption qui découle du sens du texte même clair» spricht, die widerlegbar ist.

Abzulehnen und unhaltbar daher etwa BGE 114 V 219 (220): «Ist indessen der Text nicht klar ..., so muss nach seiner wahren Tragweite gesucht werden unter Berücksichtigung aller Auslegungselemente ...»; ebenso im Ergebnis BGE 122 III 414 (415), wo von einem «klaren, nicht auslegungsbedürftigen Wortlaut des Gesetzes» gesprochen wird (gleichsinnig – wenn der Text nicht klar bzw. ganz oder absolut klar sei, müssten weitere Interpretationsschritte getätigt werden – etwa auch BGE 107 V 214 [216]; 113 II 406 [410]; 122 III 469 [474]; 125 II 192 [196]; 125 III 425 [428]; 131 II 697 [702]; 131 III 710 (715); 132 III 226 [237]); 135 III 640 [644]; 137 III 344 [348]; 137 III 470 [472]; 138 II 440 [453]; 139 III 135 [137]); 142 V 457 (460); 143 III 453 (455); 144 III 29 (34). Starke Betonung der (aber doch durchbrechbaren) Grenze der Eindeutigkeit auch in BGE 127 V 1 (5): «Vom klaren, d.h. eindeutig und unmissverständlichen Wortlaut darf nur ausnahmsweise abgewichen werden …»; ebenso BGE 140 III 501 (508); 143 I 272 (280). Weniger strikte etwa BGE 99 Ib 505

---

ein Zweifel möglich ist». Aber auch nach ihrer Auffassung «gelingt es ... dem Gesetzgeber nicht ganz selten, sich so klar auszudrücken, so dass alle Beteiligten den Wortlaut eines Gesetzes im gleichen Sinne verstehen». In diesem pragmatischen Sinn soll hier Eindeutigkeit verstanden werden.

(507): «Indes ist daraus, dass der Wortlaut ... an sich klar ist, nicht ohne Weiteres zu schliessen, dass für eine sinngemässe Auslegung kein Raum bleibe»; zu BGE 111 Ia 292 (297) s. das Zitat zu FN 167; s. auch BGE 130 III 76 (82); 131 II 13 (31). Zum Abweichen vom klaren Wortlaut (durch «teleologische Reduktion») und der diesbezüglichen schweizerischen Gerichtspraxis eingehend erst unten S. 254 ff. und FN 721, 723. Für die Vertragsinterpretation hat das BGer von der «Eindeutigkeitsregel» Abstand genommen. S. BGE 127 III 444 (445).

Genauso wie die «Eindeutigkeitsregel» ist auch die *Andeutungstheorie* abzulehnen, nach der das Auslegungsergebnis im Wortlaut wenigstens angedeutet sein muss. Würde man dem folgen, wäre eine Rechtsfindung *praeter verba legis*, namentlich der Analogieschluss, ausgeschlossen; zur Sonderkonstellation des strafrechtlichen Analogieverbots s. oben S. 47 (Einschub).

Klarer Wortsinn eines Gesetzes bedeutet somit noch keineswegs unbedingt, dass auch die «Rechtslage» klar ist[164]. Allenfalls ergibt sich aus weiteren interpretativen Überlegungen, dass der mit dem Wortsinn identifizierte Normsinn doch nicht überzeugen kann, dass ihm *contra verba legis* eine plausiblere Deutung vorzuziehen ist. So gesehen ist im Übrigen auch die zumindest missverständliche Alternative des Art. 1 Abs. 1 ZGB, wonach das Gesetz auf alle Rechtsfragen Anwendung findet, «für die es *nach Wortlaut oder Auslegung* eine Bestimmung enthält», klarzustellen[165]: «Wortlaut» und «Auslegung» sind daher nicht, wie Art. 1 Abs. 1 ZGB anzudeuten scheint, als Alternative zu sehen. Der Wortlaut ist vielmehr ein Auslegungselement unter anderen, zweifellos das sachlogisch primäre, aber nie das «alleinseligma-

---

[164]   Vgl. das Zitat KLATT oben bei FN 158. Zum Rechtsschutz im summarischen Verfahren bei «klarer Rechtslage» s. Art. 257 Abs. 1 ZPO und dazu SPICHTIN, Der Rechtsschutz in klaren Fällen nach Art. 257 ZPO, Diss. Basel 2012, vor allem 53 ff.

[165]   Zur Kritik an Art. 1 Abs. 1 ZGB treffend REICHEL, Festgabe Stammler, 294; klarstellend MEIER-HAYOZ, Richter als Gesetzgeber, 41. Es ist daher auch unhaltbar, wenn das BGer in BGE 110 Ib 1 (8) und 114 V 219 (220) schreibt, es habe in seiner Praxis «nur dann allein auf die grammatikalische Auslegung abgestellt, wenn sich daraus zweifellos eine sachlich richtige Lösung» ergab. Ob eine Lösung sachlich richtig ist, kann nur dann begründet werden, wenn zusätzlich zum Wortlautargument weitere interpretatorische Erwägungen, namentlich teleologische, angestellt werden, die den Wortsinn als Normsinn bestätigen.

chende» in dem Sinn, dass es weitere Auslegungsschritte entbehrlich machen würde. *«Scire leges»,* so hat der grosse römische Jurist CELSUS geschrieben, *«non hoc est verba earum tenere sed vim ac potestatem»*[166]. Etwas prosaischer formulierte es das Bundesgericht: «Entscheidend ist … nicht der vordergründig klare Wortlaut …, sondern der wahre Rechtssinn, welcher durch die anerkannten Regeln der Auslegung zu ermitteln ist»[167].

(4) Zwei Grundsatzfragen zur Wortinterpretation sind noch offengeblieben. Zum einen: Ist das Gesetz nach dem *landläufigen Sprachgebrauch* (nach der umgangssprachlichen «Alltagsbedeutung») zu interpretieren oder ist ihm ein *fachspezifischer Sinn* zuzumessen? Verwendet der Gesetzgeber juristische *termini technici* oder sonstige Ausdrücke des professionellen Sprachgebrauchs, so ist grundsätzlich auf den fachspezifischen Sinn dieser Terminologie abzustellen[168]. Landläufig gebräuchliche Worte sind hingegen grundsätzlich nach dem allgemeinen Sprachgebrauch zu

---

[166] «Gesetze verstehen bedeutet nicht, sich an ihre Worte zu klammern, sondern sich ihrer Kraft und Macht bewusst zu werden» (Dig. 1, 3, 17). Ganz ähnlich übrigens auch: «Der Buchstabe tötet, der Geist aber machet lebendig» (2. Korinther 3, 8). Vgl. auch die Übersetzungsübung von GOETHES Faust im Studierzimmer: «Geschrieben steht: ‹Im Anfang war das *Wort*!› Hier stock ich schon! … Ich kann das *Wort* so hoch unmöglich schätzen ...».

[167] BGE 111 Ia 292 (297); vgl. aus der deutschen Judikatur auch BGHZ 2, 176 (184): «Höher als der Wortlaut des Gesetzes, steht sein Zweck und Sinn».

[168] Ausdrücklich Art. 11 Abs. 2 Louisiana Civil Code: «Words of art and technical terms must be given their technical meaning when the law involves a technical matter». Aus der Lehre eingehend BRUGGER, AöR 119 (1994) 23 f.; vgl. auch LARENZ/CANARIS, 142 f.; ZELLER, 322 f.; NEUNER, 119 ff.; KOCH/ RÜSSMANN, 189; EMMENEGGER/TSCHENTSCHER, Art. 1 N 213. Aber auch in diesen Fällen muss der Richter u.U. Interpretationen schützen, die dem vom Gesetzgeber intendierten Sinn nicht entsprechen, wenn die Fachterminologie für den Rechtssuchenden unklar (inkonsequent) ist. So in Bezug auf gerichtliche «Geltendmachung» eines Rechtes im Recht des Kantons Schwyz BGE 114 Ia 25 (28): Der Grundsatz von Treu und Glauben und das Willkürverbot «gebieten ..., dass solche Bestimmungen derart auszulegen sind, wie sie vernünftigerweise von den Rechtssuchenden verstanden werden dürfen».

interpretieren[169]; doch kann es, wie bereits ausgeführt[170], auch hier so sein, dass einem scheinbar landläufigen Ausdruck im Gesetzeskontext eine ganz spezifische Fachbedeutung zuzumessen ist[171].

Zum anderen: Ist der Wortsinn zugrunde zu legen, der im Zeitpunkt des Erlasses des Gesetzes massgebend war, oder ist auf den *heutigen Sprachgebrauch* abzustellen? Auch hier ist zu differenzieren. Handelt es sich um fachspezifische Elemente des Normtextes, so ist (jedenfalls im Privatrecht) im Zweifel auf deren historische Bedeutung abzustellen[172], es sei denn, dass die davon abweichende aktuelle Bedeutung einer juristischen Terminologie zu einem *hic et nunc* sinnvolleren Interpretationsergebnis führt[173]. Nicht fachspezifische Normtextelemente sind ganz grundsätzlich nach dem heutigen Sprachgebrauch zu interpretie-

---

[169] Überzeugend SCHMITT GLAESER, Vorverständnis als Methode (Berlin 2004) 153: «Weil der Konsens in der Sprache den Volkswillen reflektiert und Politik über Sprache gemacht wird, muss das Recht als Ergebnis von Politik so ausgelegt werden, dass seine Sprache als Umgangssprache gilt». Ausdrücklich Art. 20 des chilenischen Código Civil («uso general de las ... palabras»). Nach BECKER/MARTENSEN, JZ 2016, 786, soll im Strafrecht Begriffen der Umgangssprache nicht eine nicht vorhersehbare, unkonventionelle Bedeutung zugemessen werden. Zum Problem der Feststellung von Sprachkonventionen eingehend KOCH/RÜSSMANN, 188 ff.; die Schwierigkeiten einer Bedeutungsermittlung angesichts einer «Vielfalt von Sprachvariationen» überbetonend HEGENBARTH, Juristische Hermeneutik und linguistische Pragmatik (Königstein/Ts. 1982) 148 ff.; zur WITTGENSTEIN'schen Gebrauchstheorie der Sprache bereits das Zitat oben FN 93. Zu ihren methodologischen Konsequenzen unten S. 359 ff.

[170] S. oben S. 76 f.

[171] Ausdrücklich Art. 1.9 Abs. 2 litauisches ZGB (2001): Es sei die «general meaning» der Worte zu Grunde zu legen, «except in those cases where it is clear from the context that a word or word combination is used in a special – legal, technical or any other – meaning».

[172] S. LARENZ/CANARIS, 144: «Würde man ohne Weiteres von der heutigen Bedeutung ausgehen, so würde man die Intention des Gesetzgebers wahrscheinlich verfehlen».

[173] Dies wird vor allem dann der Fall sein, wenn es um «wertungsmässig offene Fachterminologie» (im Gegensatz zu einer rein technischen) geht, wie etwa im Falle von «Persönlichkeitsrecht», «Widerrechtlichkeit», «Pressefreiheit».

ren: «Denn immerhin fasst der heutige Leser den Sinn der Norm nach seinem gegenwärtigen Sprachverständnis auf, so dass ihm nicht etwas Unvermutetes widerfährt, wenn dieses nunmehr der Auslegung zugrunde gelegt wird»[174].

c) Systematische Interpretation

aa) Grundsätzliches

(1) Unmittelbare Relevanz für den Normsinn[175] hat die systematische Stellung einer einzelnen gesetzlichen Regelung im Gefüge des Gesetzesganzen, eines Teilgebietes der Rechtsordnung, ja der Rechtsordnung insgesamt. *«Kein (rechtlicher) Text ohne Kontext»*[176].

Daraus ergibt sich für die Interpretation ganz grundsätzlich: Die einzelnen Normen stehen nicht in einem amorphen Chaos unverbunden nebeneinander, vielmehr ist die *Rechtsordnung idealiter als Einheit,* als ein System möglichst kohärenter Wertentscheidungen zu denken, als «Sinngefüge», dessen einzelne Be-

---

174 LARENZ/CANARIS, 145; vgl. auch KREY, 162 f.; anders POTACS, 159, der auf den üblichen Sprachgebrauch zum Entstehungszeitpunkt abstellt. In der strafrechtlichen Entscheidung BGH NJW 2007, 524 (526) bedient sich das Gericht zur Auslegung des Pflanzenbegriffs des § 2 Abs. 1 des deutschen Betäubungsmittelgesetzes des Rückgriffs auf Lehr- und Wörterbücher sowie einer Internetrecherche. Durch diese erhalte man Auskunft über das gesamt Spektrum des aktuellen (umgangssprachlichen) Sprachgebrauchs. Rückgriff auf Brockhaus, Duden etc. auch in BAG NJW 2015, 1262 (1264).

175 Selbstverständlich nicht nur für den Normsinn insgesamt, sondern auch schon für den Sinn der einzelnen Normbestandteile, also der einzelnen dort verwendeten Sprachelemente.

176 HÄBERLE, EuGRZ 2005, 685 (Kursivsetzung hinzugefügt); MOOR, 274, spricht von der «intertextualité» des Textes. Nach ECO, Lector in fabula, 3. Aufl. (Milano 1985) 51, ergibt sich die Komplexität eines «Textes» daraus, dass er in «nicht Gesagtes» eingewoben sei («... è intessuto di *non-detto*»). Dieses könnte i.S. von MOOR, 276, als vorausgesetzter «Metatext» bezeichnet werden.

standteile nicht isoliert, ohne Beachtung ihres normativen Kontextes[177], interpretiert werden dürfen.

Grundlegend zum Konzept der Einheit der Rechtsordnung ENGISCH, Die Einheit der Rechtsordnung (Heidelberg 1935); dazu MASCHKE, Gerechtigkeit durch Methode. Zu Karl Engischs Theorie des juristischen Denkens (Heidelberg 1993) 73 ff. Zum Ganzen auch die von K. SCHMIDT hrsg. Hamburger Ringvorlesung: Vielfalt des Rechts – Einheit der Rechtsordnung? (Berlin 1994); FELIX, Einheit der Rechtsordnung (Tübingen 1998). Auf die Einheit der Rechtsordnung beruft sich auch das BGer. S. etwa BGE 126 III 129 (138); 143 II 8 (23). Dogmengeschichtliche Darstellung des Rechtseinheitsgedankens bei M. BALDUS, passim. RHINOW, Rechtsetzung, 126 ff., fasst die Anweisung, bei der Interpretation die gesamte Rechtsordnung mitzuberücksichtigen, unter der geglückten Terminologie des «Erfordernisses der integralen Interpretation» zusammen. Dem Interpreten ist die Beachtung dieses Erfordernisses «aufgegeben»; dies i.S. des Diktums von BIAGGINI (Verfassung, 255), wonach die Einheit der Rechtsordnung nicht «gegeben», sondern «aufgegeben» sei. Doch darf dies nicht dazu verführen, *de lege lata* unhaltbare Harmonisierungen konfligierender Regelungen vorzunehmen: Richtig OPEL, BJM 2016, 8.

Eine spezifische Ausformung des Gedankens der Einheit der Rechtsordnung ist das interpretatorische Leitprinzip der «Einheit der Verfassung». Dazu vor allem H. HUBER, ZBJV 170 (1971) 183; daraus ist abzuleiten, dass konfligierende Grundrechtsverheissungen nicht isoliert interpretiert werden dürfen, vielmehr möglichst «praktische Konkordanz» zwischen ihnen herzustellen ist. S. etwa RHINOW, Festschrift Huber, 434. Aus der Judikatur BGE 139 I 16 (24). Von einer Hierarchisierung der Verfassungsnormen (und damit einer Vorrangstellung grundlegender Bestimmungen) gehen neuerdings J.P. MÜLLER/BIAGGINI, ZBl 2015, 247, aus.

Nur auf diese Weise lassen sich – wenigstens im Ansatz[178] – wertungswidersprüchliche, teleologisch inkonsistente Interpretatio-

---

[177] Abgestellt wird im Folgenden in erster Linie auf den normativen Kontext, nicht auf den «Realkontext» einer Regelung. Darunter können die «Realien» verstanden werden, auf die sich die Gesetzgebung bezieht, worunter i.w.S. auch gesellschaftliche Wertungshorizonte, in die die Gesetzgebung und deren Interpretation eingebettet sind, fallen. Zur Bedeutung dieses «Realkontextes» unten S. 197 f.

[178] Zu interpretatorisch nicht auszuräumenden Wertungswidersprüchlichkeiten unten S. 179 ff.

nen vermeiden, welche die Überzeugungskraft und Akzeptanz der Rechtsordnung insgesamt beeinträchtigen würden[179]. In letzter Konsequenz ist es tatsächlich so, wie Rudolf STAMMLER[180] formuliert hat, dass, wer einen einzelnen Paragraphen eines Gesetzes anwendet, damit letztlich die ganze Rechtsordnung anwendet: «The same blood runs in the whole organism».[181]

Angesichts der zunehmenden Bedeutung internationalen Einheitsrechts (Beispiel: UN-Kaufrecht) sowie des (von den Mitgliedsstaaten in das nationale Recht umzusetzenden) Richtlinienrechts der EU[182] ist das schöne Bild vom «selben Blut» freilich stark zu relativieren. Die moderne europäische Gesetzgebung wird immer vielschichtiger und setzt sich aus nationalen, internationalen und supranationalen Ebenen zusammen; «selbst fiktiv lässt sich das Nebeneinander von nationalen Rechtsordnungen, internationalem Einheitsrecht und Gemeinschaftsrecht nicht mehr auf den Willen eines einzigen Gesetzgebers zurückführen»[183]. Diese Heterogenität und die dadurch bedingten Systembrüche bedeuten eine grosse, hier nur angedeutete Herausforderung für

---

[179] S. COING, 29: «Eine widerspruchsvolle Rechtsordnung verletzt das Postulat der Gesellschaft nach Anwendung eines *einheitlichen* Massstabes auf alle» und damit das Rechtsgleichheitsgebot. Zum Zusammenhang zwischen systematischer und teleologischer Interpretation auch unten S. 175 f.

[180] Theorie der Rechtswissenschaft (Halle a. d. S. 1911) 24 f. Zu STAMMLERS Rechtseinheitskonzeption eingehend M. BALDUS, 94 ff.

[181] LEPAULLE, 35 Harvard Law Review (1921/22) 853.

[182] Zum Gebot, internationales Einheitsrecht und (in der Schweiz) «autonom nachvollzogenes» Unionsprivatrecht nicht aus dem System des genuin heimischen Rechts heraus zu interpretieren, unten S. 343 ff.; FN 1040.

[183] KATSAS, in: AJANI/EBERS (Ed.), Uniform Terminology for European Contract Law (Baden-Baden 2005) 100. Vgl. dazu auch AMSTUTZ, in: JOERGES/ TEUBNER (Hrsg.), Rechtsverfassungsrecht (Baden-Baden 2003) 213 ff.; LADEUR, in: VAN HOECKE (Ed.), Epistemology and Methodology of Comparative Law (Oxford/Portland 2004) 91 ff.; HERRESTHAL, in: Jb. Junger Zivilrechtswissenschaftler 2008, 139 ff. Zu spezifischen Problemen bei der Auslegung von Einheitsprivatrecht und von durch die Schweiz «autonom nachvollzogenem» Unionsprivatrecht unten S. 341 ff., S. 347 ff.

das Gebot systematischer Interpretation[184], die zunehmend auch auf das schweizerische Recht durchschlägt.

Zu betonen ist, dass die innere «Vernetzung» unserer Rechtsordnung nicht nur innerhalb eines Teilrechtsgebiets zu beachten ist, sondern *disziplinenübergreifende Berücksichtigung* erheischt. Nach BGE 143 II 8 (23) hat der Grundsatz der Einheit der Rechtsordnung gerade «im Schnittstellenbereich verschiedenartiger Rechtsgebiete Bedeutung». Vor allem ist zu beachten, dass Privatrecht und Öffentliches Recht keine voneinander abgeschotteten, «autonomen» Mikrokosmen[185] sind, sondern in vielfältiger rechtlicher Interdependenz stehen, was selbstverständlich nicht ausschliesst, dass teilweise unterschiedliche Teleologien verfolgt werden[186].

Diese Vernetzung der Teilgebiete im Gesamtsystem der Rechtsordnung zwingt zu einer teleologischen, Wertungswidersprüche möglichst vermeidenden Analyse. So würde es dem Präventionszweck einer Steuerbusse klar widersprechen, wenn der Fehlbare sich die Busse als Schaden von seiner Bank, deren Angestellter die Kundendaten an die Steuerbehörde weitergeleitet hatte, refundieren lassen könnte[187]. Teilweise sind die Interdependenzen gesetzlich implizit vorausgesetzt; so lässt sich der strafrechtliche Diebstahlsartikel (Art. 139 StGB) nicht ohne Bedachtnahme auf die sachenrechtliche Vermögenszuordnung in-

---

[184] Dazu nun im Einzelnen KRAMER, JBl 2019, 201 ff.

[185] Daraus ergibt sich, dass zwischen diesen beiden Bereichen durchaus auch Analogieschlüsse möglich sind. Zur analogen Anwendung der Art. 23 ff. OR auf verwaltungsrechtliche Verträge BGE 132 II 161 (164).

[186] BYDLINSKI, System, 17 ff. spricht von der «normativen Spezifität» einzelner Teile des Systems. Diese Teile und ihre Wertungen müssen aber aufeinander abgestimmt sein, indem ihnen etwa komplementäre Funktionen zukommen. Von «relativer Autonomie» spricht im Hinblick auf das Steuerrecht WALZ, Steuergerechtigkeit und Rechtsanwendung (Heidelberg 1980) 234 ff. Für die im schweizerischen Recht zu beachtende Verzahnung zwischen Steuerung und Privatrecht vgl. vor allem die Grundlagenstudie von Th. KOLLER, passim.

[187] Vgl. zur Nichtabwälzbarkeit von Steuerbussen BGE 134 III 59 (64 f.). Dazu Anm. Th. KOLLER, AJP 2008, 1295 ff.

terpretieren. Man spricht hier von der «Zivilrechtsakzessorietät des Strafrechts». Teilweise wird die Abstimmung zwischen zwei Teilbereichen der Rechtsordnung aber auch ausdrücklich normiert, so etwa in Art. 60 Abs. 2 OR mit seiner Harmonisierung der strafrechtlichen und zivilrechtlichen Verjährungsfrist,[188] in Art. 342 Abs. 2 OR, wonach öffentlichrechtliche Verpflichtungen zu privatrechtlichen Erfüllungsansprüchen des Arbeitgebers oder des Arbeitnehmers führen können, oder – sehr grundsätzlich – in Art. 19 Abs. 2 OR, wonach Verträge nicht gegen die «öffentliche Ordnung» verstossen dürfen[189]. Beim Ganzen ist speziell auch auf die hierarchische Stellung der Normen im *Stufenbau der Rechtsordnung»* zu achten und daraus die Relevanz verfassungsrechtlicher (namentlich grundrechtlicher) Wertungen auch im Rahmen des Privatrechts abzuleiten, ein Gedanke, der selbstverständlich auch vom Privatrechtsgesetzgeber zu beachten ist[190].

(2) Das Gebot, systematisch zu interpretieren, ist altbekannt und grundsätzlich unbestritten. Es war schon den römischen Juristen[191] vertraut und wird in einzelnen Kodifikationen sogar aus-

---

188 Dazu wichtig BGE 127 III 538 ff.

189 Zur Auslegung des Kriteriums der öffentlichen Ordnung vgl. BK-OR/ KRAMER, Art. 19/20 N 151 ff. Auch das Kriterium der Widerrechtlichkeit des Vertragsinhalts (Art. 19 Abs. 2 und Art. 20 Abs. 1 OR) verweist i.S. einer «Blankettnorm» nicht zuletzt auf den Verstoss gegen öffentlichrechtliche Verbotsnormen. Entsprechend wird das Haftpflichtrecht durch das Kriterium der Widerrechtlichkeit der Schädigung (Art. 41 Abs. 1 OR) mit dem öffentlichen Recht vernetzt. Eindrucksvolle Begründung für die Notwendigkeit der Berücksichtigung steuerrechtlicher Wertungen im Privatrecht bei Th. KOLLER, 102 ff.

190 Insofern kann von einer unmittelbaren Wirkung der Grundrechte auf das Privatrecht gesprochen werden. Richtig CANARIS, AcP 184 (1984) 212; vgl. auch G. MÜLLER, ZBl 79 (1978) 242; J.P. MÜLLER, Elemente, 86; ZÄCH, SJZ 1989, 1; BGE 111 II 245 (254). Siehe auch unten S. 120 (Einschub). Zur Beachtlichkeit der Verfassung bei der Interpretation niederrangigeren Rechts («verfassungskonforme Interpretation») und zur «Drittwirkung» von Grundrechten unten S. 116 ff.

191 S. CELSUS, Dig. 1, 3, 24: «Incivile est nisi tota lege perspecta una aliqua particula eius proposita iudicare» («Es geht nicht an, unter Herauslösung eines Teilchens des Gesetzes zu urteilen, ohne das Ganze zu überschauen»). Nachw. bei LIEBS, 101 (J 40).

drücklich positiviert[192]. Es handelt sich im Übrigen nicht um ein spezifisches Gebot der juristischen Auslegungslehre, sondern um eine Maxime der geisteswissenschaftlichen Interpretationslehre (Hermeneutik) ganz allgemein[193].

bb) «Äusseres» und «inneres» System des Rechts

Nach einer auf Philipp HECK[194] zurückgehenden und in der neueren Methodenlehre vor allem von LARENZ[195] und CANARIS[196] aufgenommenen und verfeinerten Begriffsbildung ist zwischen dem «äusseren» und dem «inneren» System des Rechts zu unterscheiden. «Äusseres System» bezieht sich auf den formellen Aufbau eines Gesetzes, auf die (auf den Bausteinen juristischer Begrifflichkeit beruhende) Gliederung des Rechtsstoffes[197]; «inneres System» meint den inneren Bau des Rechts, verstanden als ein konsistentes System von Wertentscheidungen. Die beiden Systembegriffe hängen insofern grundsätzlich zusammen, als das äussere System einer Rechtsordnung, um tatsächlich transparent

---

[192] S. etwa § 6 ABGB; Art. 12 Abs. 1 der «Disposizioni sulla legge in generale» (Texte abgedruckt oben S. 52 f. [Einschub]); Art. 3 Abs. 1 (spanischer) Código Civil. Für die EU vgl. das «Kohärenzprinzip» des Art. 7 AEUV.

[193] Zum «Kanon der Ganzheit» in der allgemeinen Hermeneutik etwa BETTI, Allgemeine Auslegungslehre als Methodik der Geisteswissenschaften (Tübingen 1967) 219 ff. Vgl. auch STAIGER, Die Kunst der Interpretation (Zürich 1955) 11: «Längst hat die Hermeneutik gelehrt, dass wir das Ganze aus dem einzelnen, das einzelne aus dem Ganzen verstehen».

[194] HECK, Begriffsbildung und Interessenjurisprudenz, 139 f.; zum inneren System als einem «System der Konfliktsentscheidungen» HECK a.a.O, 149 ff.; dazu M. AUER, ZEuP 2008, 532 f.

[195] S. LARENZ/CANARIS, 263 ff.; 302 ff.

[196] CANARIS, Systemdenken, 19 ff.; vgl. etwa auch PAWLOWSKI, Methodenlehre für Juristen, 3. Aufl. (Heidelberg 1999) 120 ff.

[197] Zu einzelnen Varianten in der Formulierung des Begriffs des äusseren Systems SCHLUEP, Festschrift, 570 f.

zu sein, dessen innere Struktur möglichst adäquat reflektieren sollte[198].

cc) Das äussere System des schweizerischen Privatrechts

(1) Die Systematik der *schweizerischen Privatrechtskodifikation* folgt im Ansatz dem in der deutschen Theorie des vorletzten Jahrhunderts entwickelten «Pandektensystem».

Das klassische Pandektensystem ist fünfteilig (Allgemeiner Teil, Personen- und Familienrecht, Sachenrecht, Erbrecht sowie Schuldrecht [= Obligationenrecht]) und wurde von Georg Arnold HEISE 1807 entwickelt. Der bis dahin herrschende Systemansatz, das dreiteilige «Institutionensystem» *(personae, res, actiones),* beruhte auf den «Institutionen» des GAIUS (2. Jh. n.Chr.). Dazu etwa HONSELL/MAYER-MALY, 284 f. Dogmengeschichtlich untermauerter Appell, eine Neugliederung des Rechtsstoffs des deutschen Bürgerlichen Rechts vorzunehmen, bei BOENTE, Nebeneinander und Einheit im Bürgerlichen Recht (Tübingen 2013).

Freilich verzichtet das schweizerische Recht im Unterschied zum BGB auf einen «Allgemeinen Teil» des Privatrechts; die Verknüpfung zwischen ZGB und den allgemeinen Prinzipien des OR wird durch die Gesamtverweisung des Art. 7 ZGB bewerkstelligt[199]. Wiederum im Unterschied zum deutschen, aber etwa auch dem österreichischen und französischen Recht wird das Handelsrecht in die zivilrechtliche Stammkodifikation des OR integriert, also kein eigenständiges Handelsgesetzbuch vorgesehen (System

---

[198] S. E. MEYER, Grundzüge einer systemorientierten Wertungsjurisprudenz (Tübingen 1983) 96 ff.: «Das äußere System der Rechtsordnung als Wegweiser zu den einschlägigen Wertungsgesichtspunkten». Vgl. auch F. BYDLINSKI, in: Festschrift für Claus-Wilhelm Canaris (München 2007) 1040: «Das innere und das äußere System sind wechselseitig aufeinander angewiesen».

[199] Zu Art. 7 ZGB als Ersatz für den im ZGB fehlenden Allgemeinen Teil eingehend BK-ZGB/FRIEDRICH, Art. 7 N 6 ff. (1. Aufl. des Kommentars).

des «Code unique»)[200]. Wie in allen vergleichbaren Rechtsordnungen unserer Zeit gibt es auch im schweizerischen Recht neben der privatrechtlichen Stammkodifikation eine Fülle von «Nebengesetzen». Diese zentrifugale Tendenz zur *decodificazione»*[201] hat sich in letzter Zeit massiv verstärkt[202] und bedeutet eine nicht zu unterschätzende Gefährdung der privatrechtlichen Wertungseinheit: Es schleichen sich durch diese Fragmentarisierung fast unvermeidlich Wertungswidersprüche ein, teilweise bereits durch die Gesetzgebung selbst[203], teils durch den Interpreten, der die Bezüge zwischen den Nebengesetzen (und dem dort geregelten «Sonderprivatrecht»[204]) und der Stammkodifikation nur allzu leicht aus dem Auge verliert.

(2) Die *äussere Gliederung der Gesetzgebung* und die dadurch zum Ausdruck gebrachte «Textvernetzung»[205] ist für die Rechtsanwendung in vielerlei Hinsicht von Bedeutung[206]. Dies beginnt bereits bei der Abfolge der Absätze[207] einzelner Artikel,

---

[200] Dazu etwa MERZ, in: Schweizerisches Privatrecht, Bd. VI/1 (Basel/Frankfurt a.M. 1984) 17 ff.

[201] Der im Titel der Monographie von Natalino IRTI, L'età della decodificazione (Erstveröffentlichung Milano 1979) verwendete Ausdruck ist inzwischen zum international geflügelten Wort geworden.

[202] Man denke nur an die auf Grund europarechtlicher Richtlinien im SWISSLEX-Programm eingeführten neuen Gesetze (PrHG, KKG, PRG); vgl. dazu etwa KRAMER, ZEuP 1995, 503 f. Im deutschen Privatrecht hat die «Schuldrechtsmodernisierung» (in Kraft seit 1.1.2002) eine Gegenbewegung («Rekodifikation») eingeleitet.

[203] Bedauerlich ist namentlich die durch die zahlreichen «Haftpflichtgesetze» geprägte, buntscheckige Uneinheitlichkeit des schweizerischen Haftpflichtrechts. Anschaulich OFTINGER/STARK, 31 ff.; s. auch schon P. WIDMER, ZBJV 110 (1974) 305, der vom «systemlosen System der Kausalhaftungen» spricht.

[204] Zur Problematik der «Sonderprivatrechte» für die privatrechtliche Systembildung etwa KRAMER, ZSR 102 (1983) I, 263 ff.

[205] BUSSE, in: HASS-ZUMKEHR (Hrsg.), Sprache und Recht (Berlin/New York 2002) 252.

[206] Zusammenfassend HÖPFNER, 83 ff.

[207] S. statt vieler anderer Beispiele instruktiv BGE 84 II 542: Aus Art. 418g *Abs. 2* OR darf nicht – isoliert interpretiert – abgeleitet werden, dass der Gebiets- oder

gilt aber natürlich auch für deren Einordnung in Teile, Abteilungen[208], Titel und Abschnitte. Die Gliederung wird durch *Überschriften* und *Randrubriken* («Marginalrubriken», «Marginalien») verdeutlicht. Diese haben entgegen der alten, aus dem Kanonischen Recht stammenden Regel «rubrica legis non est lex» (die gesetzliche Randrubrik ist nicht das Gesetz selbst) als integrale Bestandteile des Gesetzes uneingeschränkte Rechtskraft[209] und sind oft sehr wertvolle Hilfsmittel für die Interpretation. So ergibt sich etwa aus der Zuordnung von Art. 542 OR zum bei Art. 531 OR beginnenden Teilabschnitt «B. Verhältnis der Gesellschafter unter sich», dass sich das in Art. 542 OR normierte Erfordernis der Einwilligung der übrigen Gesellschafter zur Aufnahme eines neuen Gesellschafters nur auf das «Innenverhältnis», auf die Geschäftsführungsbefugnis der Gesellschafter bezieht, während die Frage nach der Vertretungsmacht zum Abschluss eines Aufnahmevertrags anderweitig zu beantworten ist, bei der Kollektivgesellschaft etwa anhand von Art. 564 Abs. 1 OR. Aus der Stellung von Art. 273 OR im mit Art. 271 OR be-

---

Kundenkreisagent nur für die dort geregelten Geschäfte Provision beanspruchen kann, die – ohne dass es auf die Kausalität der Vermittlung ankommt – mit Kunden seines Gebiets oder Kundenkreises während des Agenturverhältnisses abgeschlossen werden. Selbstverständlich hat er als Vermittlungsagent gemäss Art. 418g *Abs. 1* OR auch Ansprüche auf Provision für während des Agenturverhältnisses konkret vermittelte Geschäfte, und zwar nach allgemeiner Regel (Art. 413 Abs. 1 OR) auch dann, wenn das Geschäft erst nach Beendigung des Agenturverhältnisses abgeschlossen wird. Ansonsten wäre der Gebiets- oder Kundenkreisagent insofern gegenüber einem «normalen» Agenten diskriminiert, obwohl ihm doch gerade eine privilegierte Stellung zukommen soll.

[208] Hier ist vor allem die «Dialektik» zwischen einem «Allgemeinen Teil» des Gesetzes und einem «Besonderen Teil» zu beachten, etwa zwischen der 1. und der 2. Abteilung des OR. So stehen Ansprüche nach OR 197 ff. OR nicht zur Debatte, wenn der Vertrag i.S. von Art. 20 OR nichtig ist. Zum Verhältnis zwischen dem Allgemeinen und dem Besonderen Teil des OR PROBST, in: RUMO-JUNGO/KAFKA/RIEMER (Hrsg.), Festschrift für Erwin Murer (Bern 2010) 625 ff.

[209] S. etwa SPIRO, 102 ff.; BK-ZGB/MEIER-HAYOZ, Art. 1 N 97; GERMANN, Probleme, 55; zur widersprüchlichen strafrechtlichen Praxis STRATENWERTH, Allgemeiner Teil I, § 4 N 35.

ginnenden 3. Abschnitt des Mietrechts ist im Zweifel abzuleiten, dass die in Art. 273 OR normierte Frist von 30 Tagen für die Kündigungsanfechtung sich nur auf Anfechtungen bezieht, die in diesem Abschnitt geregelt sind, nicht aber auf anderweitig begründete Nichtigkeiten oder Anfechtbarkeiten von Kündigungen[210].

Der Verknüpfung des äusseren Systems eines Gesetzes und der Vermeidung der Wiederholung von identischen Normierungen dienen gesetzliche *Verweisungen*[211]. Die «*Gesamtverweisung*» von Art. 7 ZGB auf die allgemeinen Bestimmungen des Obligationenrechts wurde bereits erwähnt[212].

Die Gesamtverweisung des Art. 7 ZGB führt (wie viele Einzelverweisungen) in den meisten Fällen zu einer entsprechenden, sinngemässen (also nicht unbedingt wörtlichen) Anwendung der Regelungen des OR. S. RIEMER, § 7 N 5 ff.; CARONI, 245. Ausdrücklich von «entsprechender Anwendung» der Bestimmungen über den Fahrniskauf auf den Grundstückkauf spricht etwa Art. 221 OR, von entsprechender Anwendung der Bestimmungen über das Mass der Haftung bei unerlaubter Handlung auf die Vertragshaftung Art. 99 Abs. 3 OR; von «sinngemässer» Anwendung des Scheidungsrechts sprechen Art. 33 und 34 Abs. 4 PartG; von «sinngemässer» Anwendung der Vorschriften über das ordentliche Verfahren in «sämtlichen anderen Verfahren, soweit das Gesetz nichts anderes bestimmt», spricht Art. 219 ZPO; Art. 740a Abs. 1 ZGB verweist für mehrere Dienstbarkeitsberechtigte auf die sinngemässe Anwendung der für Miteigentümer geltenden Regelung. Vgl. für das Gesellschaftsrecht auch Art. 714 und Art. 777 Abs. 2 OR. Im österreichischen Gesellschaftsrecht verweist § 1175 Abs. 4 ABGB pauschal auf das Modell der Vorschriften zur Gesellschaft bürgerlichen Rechts, soweit für die anderen Gesellschaften «keine besonderen Vorschriften bestehen und die Anwendung dieser Bestimmungen auch unter Berücksichtigung der für die jeweilige Gesellschaft geltenden Grundsätze angemessen ist». Dazu KOPPENSTEINER, wbl 2015, 301 f. Man kann in all diesen Verweisungen auch ausdrücklich gesetzliche Anordnungen eines Analogieschlusses (zumeist einer Einzelanalogie [dazu unten S. 232] sehen. In der fran-

---

210   S. BGE 121 III 156 (161).
211   Ausführlich zur Verweisung als Rechtssetzungstechnik MÜLLER/UHLMANN, 227 ff. (N 360 ff.).
212   Oben bei FN 199.

zösischen und italienischen Textfassung der zitierten Regelungen des ZGB und des OR ist denn auch regelmässig statt von «entsprechender Anwendung» von einer Anwendung «par analogie»/«per analogia» die Rede. S. etwa Art. 99 Abs. 3 OR.

Einzelverweisungen enthalten etwa Art. 91 Abs. 2 ZGB (auf die Regeln über ungerechtfertigte Bereicherung), Art. 714 Abs. 2 ZGB (auf die Regeln über den Besitzesschutz), Art. 119 Abs. 2 OR (auf die Regeln über ungerechtfertigte Bereicherung), Art. 364 Abs. 1 OR (auf das Arbeitsvertragsrecht), Art. 412 Abs. 2 OR (auf die Regeln über den einfachen Auftrag), Art. 557 Abs. 2 OR (auf die Regeln über die einfache Gesellschaft) und die Art. 799, 800, 801 OR (auf die Regeln des Aktienrechts).

Bei der gerade erwähnten Verweisung des Art. 91 Abs. 2 ZGB handelt es sich um eine «Rechtsfolgeverweisung», die nur auf die Modalitäten der bereicherungsrechtlichen Rückabwicklung verweist, nicht aber (wie bei einer «Rechtsgrundverweisung») auf die tatbestandlichen Voraussetzungen eines Kondiktionsanspruchs. Zu dieser zum BGB entwickelten Unterscheidung LORENZ, in: J. von Staudingers Kommentar zum Bürgerlichen Gesetzbuch (Berlin 2007) Vorbem. zu §§ 812 ff. N 33 f. Zur Frage, ob Art. 28 III ZGB in Bezug auf den Anspruch auf Gewinnherausgabe (Art. 423 OR) eine Rechtsgrund- oder eine Rechtsfolgeverweisung darstellt, WERRO, in: Mélanges Pierre Tercier (Zürich 2008) 500 f.
    Zur Unterscheidung zwischen dynamischen (auf die jeweilig geltende Fassung einer Vorschrift bezogenen) und statischen Verweisungen CLEMENS, AöR 1986, 80 f.; zu stillschweigenden dynamischen Verweisungen HOTZ, in: Der Verfassungsstaat vor neuen Herausforderungen, Festschrift für Yvo Hangartner (St. Gallen/Lachen SZ 1998) 199 ff. Generell zur «Verweisungstheorie» im deutschen Recht die Monographien von KARPEN, Die Verweisung als Mittel der Gesetzgebungstechnik (Berlin 1970); DEBUS, Verweisungen in deutschen Rechtsnormen (Berlin 2008).

Zuweilen entstehen ganze *Verweisungsketten*, deren Nachvollzug für den Rechtsanwender lästig sein kann. So verweist etwa Art. 418b OR auf Art. 412 ff. bzw. Art. 425 ff., und diese Bestimmungen verweisen wiederum subsidiär auf Art. 394 ff. OR. Josef KOHLER[213] hat solche Aneinanderreihungen von gesetzlichen Verweisungen amüsant mit einem «Versteckspielen» verglichen, «wie beim Suchen der Ostereier, wo man im tiefen Hintergrund die Eier sucht und schließlich im Versteck einen Zettel findet, der nun erst sagt, wo die Eier verborgen liegen». In solchen Fällen wäre es gesetzgebungstechnisch regelmässig vorzuziehen, wenn einzelne gesetzliche Regelungen einfach wiederholt würden.

dd) Das innere System des schweizerischen Privatrechts

(1) Die Rechtsordnung sollte in Rechtskreisen, die vom Gesetz als primärer Rechtsquelle geprägt sind, nicht nur ein äusserlich transparentes Gefüge von gesetzlichen Anordnungen sein, sondern sich – letztlich auf Basis des Rechtsgleichheitsgebots – auch als möglichst kohärentes inneres System von Wertentscheidungen, als *«teleologisches»* bzw. *«axiologisches» System von Rechtsprinzipien* darstellen. «Diese [d.h. die allgemeinen Rechtsprinzipien] heraus zu fühlen, und von ihnen ausgehend den innern Zusammenhang und die Art der Verwandtschaft aller juristischen Begriffe und Sätze zu erkennen, gehört» nach dem immer noch aktuellen Urteil SAVIGNYs «zu den schwersten Aufgaben unserer Wissenschaft, ja es ist eigentlich dasjenige, was unserer Arbeit den wissenschaftlichen Charakter gibt»[214]. Dass diese Rechtsprinzipien[215] und die von ihnen konstituierte Wertordnung *möglichst induktiv* aus den gesetzlichen Regeln abzuleiten sind und dem geltenden Recht auf Grund eines theoretischen Vorverständnisses des Interpreten nicht deduktiv «überstülpt» werden dürfen, versteht sich von selbst.

---

213 «Berliner Tagblatt» vom 22.10.1910 (zit. nach GAYE, ZSR 80 [1961] I, 66).
214 SAVIGNY, Vom Beruf unserer Zeit für Gesetzgebung und Rechtswissenschaft, 3. Aufl. (Heidelberg 1840) 66.
215 Zur spezifischen Struktur der Rechtsprinzipien (im Gegensatz zu den «Regeln») grundlegend DWORKIN, Bürgerrechte ernstgenommen (Frankfurt a.M. 1984) 56 ff. Dazu mit weit. Nachw. unten S. 291 ff.

Die Betonung des induktiven Ansatzes bedeutet auch, dass interpretativ nicht zu bewältigende Unvollkommenheiten und Wertungswidersprüchlichkeiten[216] *de lege lata* hingenommen werden müssen und nicht unter Berufung auf allgemeine Rechtsprinzipien einfach wegdiskutiert werden dürfen.

Es ist darüber hinaus offensichtlich, dass das innere System nicht als ein für allemal «geschlossenes», sondern als «offenes» oder «dynamisches» System zu verstehen ist (s. vor allem CANARIS, Systemdenken, 61 ff.); von einem «offenen Geflecht pluralistischer Grundsätze» eines demokratischen Rechts spricht WINDISCH, Rechtstheorie 2013, 67. Seine Offenheit ergibt sich aus der Evolution der Gesetzgebung, aber auch aus gesellschaftlichen (nicht zuletzt auch technologischen) Evolutionen und deren Einfluss auf die Interpretation und auf richterrechtliche Entwicklungen. Insofern kann von «responsiver Rechtsdogmatik» (GRÜNBERGER, AcP 218 [2018] 243 ff.) gesprochen werden. Zu Begriff und Funktion der Rechtsdogmatik unten S. 192 mit Nachw. Das innere System der Wertungsgesichtspunkte ist nicht nur offen, d.h. neuen Wertungen zugänglich, sondern auch in dem Sinn «beweglich», dass die einzelnen Wertungselemente *in concreto* in unterschiedlichem Stärkegrad verwirklicht sein können. Die «schwache» Ausprägung eines Elements kann – sofern die Gesetzgebung dies nicht durch starre Tatbestandsbildungen verunmöglicht – durch «starke» Verwirklichung eines anderen kompensiert werden. So kann im Haftpflichtrecht etwa die schwache Ausprägung des Verursachungselements (in Form der Inadäquanz) durch starke Ausprägung des Verschuldenselements (Vorsatz!) kompensiert werden. Auch sind komparative Relationen möglich. Je klarer etwa das Prinzip der Privatautonomie im Einzelfall verwirklicht ist, um so weniger ist die angemessene Äquivalenz der Leistungen zu kontrollieren. Zu diesem «beweglichen System» grundlegend WILBURG, Die Elemente des Schadensrechts (Marburg a. d. L. 1941); *ders.*, Entwicklung eines beweglichen Systems im Bürgerlichen Recht (Graz 1951). Zu WILBURGS Ansatz gibt es reichhaltige Folgeliteratur. S. etwa P. KOLLER, in: Wertung und Interessenausgleich im Recht: Walter Wilburg zum 30. Dezember 1975 gewidmet von Assistenten der Grazer rechts- und staatswissenschaftlichen Fakultät (Graz 1975) 1 ff.; OTTE, in: Jb. für Rechtssoziologie und Rechtstheorie, Bd. II (1972) 301 ff.; BYDLINSKI, Methodenlehre, 529 ff.; F. BYDLINSKI u.a. (Gesamtredaktion), Das Bewegliche System im geltenden und künftigen Recht (Wien/New York 1986); WESTERHOFF, Die Elemente des Beweglichen Systems (Berlin 1991); MICHAEL, 50 ff.; KOZIOL, Austrian Law Journal 3/2017, 164 ff. Weitge-

---

[216]   Dazu unten S. 179 ff., vor allem S. 181 f.

hende Ablehnung des beweglichen Systemdenkens zuletzt bei REISCHAUER, in: Interdisziplinäre Rechtswissenschaft – Schutzansprüche und -aufgaben im Recht, Festschrift für F. Kerschner (Wien 2013) 73 ff.

(2) Betrachtet man von diesem Ansatz aus das *Privatrecht*[217], so ist es offensichtlich, dass dessen inneres System, sein «Bauplan», in erster Linie auf den Pfeilern der zentralen privatrechtlichen Freiheiten: Eigentumsfreiheit (Art. 641 Abs. 1 ZGB), Vereinsfreiheit (Art. 60 Abs. 1 ZGB), Testierfreiheit (Art. 467, 470 ZGB), Vertragsfreiheit (Art. 11 Abs. 1 und 19 Abs. 1 OR) beruht. Innerhalb des Privatrechts gibt es wiederum innere «Subsysteme»: Das *Vertragsrecht* ist geprägt durch ein subtiles Zusammenspiel[218] von Willensprinzip, Vertrauensprinzip, Prinzip der Vertragsgerechtigkeit (Äquivalenz von Leistung und Gegenleistung) und dem Prinzip der Vertragstreue («pacta sunt servanda»). Für das *Haftpflichtrecht* kennzeichnend sind die grundlegenden Zurechnungsprinzipien der Verschuldenshaftung, der Gefährdungshaftung, – in spezifischen Zusammenhängen – der Organisationshaftung sowie der Billigkeitshaftung[219]. Das innere System des *Handelsrechts*[220] (dem, wie oben [cc)] ausgeführt, in der Schweiz kein äusseres System eines eigenständigen Handelsgesetzbuchs korrespondiert) ist gekennzeichnet durch den Gedanken eines qualifizierten Vertrauens- und Verkehrsschutzes («Prinzip der Rechtsscheinhaftung»), durch besondere Betonung

---

[217] Besonders bedeutsam für diesen Ansatz BYDLINSKI, Rechtsfindung, passim; *ders.,* JBl 1996, 683 ff.; sowie umfassend *ders.,* System, passim.

[218] Entwickelt vor allem von BYDLINSKI, Privatautonomie; vgl. auch CANARIS, Die Vertrauenshaftung im deutschen Privatrecht (München 1971). Zu Prinzipienfragen der deutschen Rechtsgeschäftslehre auch SINGER, Selbstbestimmung und Verkehrsschutz im Recht der Willenserklärungen (München 1995).

[219] Zu den Wertungsprinzipien des schweizerischen Bereicherungsrechts (methodisch im Anschluss an F. BYDLINSKI) eingehend VOSER, Bereicherungsansprüche in Dreiecksverhältnissen, erläutert am Beispiel der Anweisung (Basel u.a. 2006) 60 ff.

[220] Zur «normativen Spezifizität» des Handelsrechts BYDLINSKI, System, 444 ff. Zum inneren System des schweizerischen Wettbewerbsrechts eingehend SCHLUEP, Festschrift, 581 ff.

der Gedanken der fixen Abwicklung von Geschäften und deren Entgeltlichkeit.

(3) Der *«Nutzen» dieser auf das innere System bezogenen Prinzipiensuche* für die alltägliche Interpretation des geltenden Rechts sollte nicht unterschätzt werden[221]. Geht es etwa um das Problem der *Inhaltskontrolle von Allgemeinen Geschäftsbedingungen* (AGB), so sollte sich der Interpret bewusst sein, dass er sich in einem Gebiet «verdünnter Vertragsfreiheit»[222] bewegt, in der die Gestaltungsfreiheit des Partners des AGB-Verwenders (und damit das «Willensprinzip») praktisch nicht spielt und dem Vertrag daher auch keine «Richtigkeitsgewähr»[223] zukommt, woraus wiederum abzuleiten ist, dass das Prinzip der Vertragsgerechtigkeit (Äquivalenzprinzip), dessen Beachtung bei voll ausgehandelten Individualverträgen grundsätzlich der Autonomie der Kontrahenten anheimgestellt werden darf, in verstärktem Mass kompensierend zum Zuge kommen muss, und zwar in Richtung auf eine (am Massstab des dispositiven Gesetzesrechts orientierte) verschärfte richterliche Inhaltskontrolle[224]. In BGE 123 III 292 (297 f.) hat das Bundesgericht ganz in diesem Sinn die Systemkonformität der von ihm befürworteten *Teilunwirksamkeit eines übervorteilenden Vertrags* mit Hilfe einer «prinzipiell-systematischen» Analyse der teleologischen Leitge-

---

[221] Eingehende rechtshistorische Analyse der vor (und unmittelbar nach) Erlass des aOR und des ZGB ergangenen, prinzipienbildenden Praxis des BGer bei DUSS, Gericht, Gesetz und Grundsatz (Zürich 2009). In der aktuellen Judikatur beruft sich BGE 142 V 299 (307) auf das innere System des «betroffenen Rechtsgebiets» sowie der «Gesamtrechtsordnung».

[222] Treffend BYDLINSKI, Privatautonomie, 106.

[223] I.S. der Vertragstheorie von SCHMIDT-RIMPLER, AcP 147 (1947) 130 ff.

[224] Zur verschärften Inhaltskontrolle von AGB im schweizerischen Recht etwa BK-OR/KRAMER, Art. 19/20 N 270 ff. Zum neuen Art. 8 UWG neben vielen anderen SCHMID, ZBJV 148 (2012) 1 ff.; PROBST, in: KRAMER/PROBST/PERRIG, Allgemeine Geschäftsbedingungen (Bern 2016) 216 ff. mit vielen Nachw. Zur Konzeption der Vertragsinhaltskontrolle im Allgemeinen KRAMER, ZSR 137 (2018) I, 295 ff.

danken des Vertragsrechts begründet. Geht es um die im schweizerischen Recht nicht ausdrücklich geregelte Frage, ob Verträge, die (von einem Kontrahenten) ohne *«Erklärungsbewusstsein»* abgeschlossen wurden, nichtig oder lediglich anfechtbar sind, so wird aus dem Zusammenspiel von Willens- und Vertrauensprinzip, wie es in Art. 1 Abs. 1 sowie Art. 23 ff. OR zum Ausdruck kommt, abzuleiten sein, dass Anfechtbarkeit (analog zur Anfechtbarkeit wegen Erklärungsirrtums gemäss Art. 24 Abs. 1 Ziff. 1–3 OR) die *de lege lata* überzeugendste Lösung ist, und nicht die Nichtigkeit des Vertrags, die aus einer isolierten, verabsolutierenden Berücksichtigung des Willensprinzips abzuleiten wäre[225].

Zum *Haftpflichtrecht* hat sich das Bundesgericht (BGE 104 II 15) in eingehender Auseinandersetzung mit Gegenargumenten der Lehre dazu durchgerungen, die Kausalhaftung des Grundeigentümers nach Art. 679 ZGB analog (genauer: im Wege einer «teleologischen Extension»[226]) auch auf Grundstückpächter auszudehnen. Diese Entscheidung ist durchaus problematisch, da das Haftungsprinzip des Art. 679 ZGB, wie Pierre WIDMER überzeugend dargelegt hat[227], «innerlich» grundsätzlich fragwürdig erscheint. Es geht klarerweise nicht um Verschuldenshaftung, andererseits kann auch nicht ernstlich behauptet werden, dass Grundeigentum für Dritte generell qualifiziert gefährlich ist, so dass man auch nicht von einem Tatbestand der «scharfen Kausalhaftung» (Gefährdungshaftung) sprechen kann. So gesehen erscheint das Prinzip der «milden Kausalhaftung» (namentlich auch die Werkeigentümerhaftung des Art. 58 OR) wertungsmässig ganz generell als nicht überzeugend. Es passt nicht in das innere System der haftpflichtrechtlichen Zurechnungsprinzipien. Geht man davon aus, dass Art. 679 ZGB in diesem Sinn eine

---

[225]   Zur Begründung im Einzelnen BK-OR/KRAMER, Art. 1 N 50.
[226]   Zum formalen Unterschied zwischen Analogie und teleologischer Extension unten S 236.
[227]   P. WIDMER, ZBJV 110 (1974) 289 ff.

«systemfremde» Norm ist, so kann das *de lege lata* selbstverständlich nicht bedeuten, dass die Grundeigentümerhaftung, da «willkürlich» und damit verfassungswidrig, überhaupt nicht mehr angewendet werden müsste bzw. dürfte. Dem steht ganz klar das Gebot von Art. 190 BV entgegen.[228] Folgt man den Argumenten WIDMERs, so wäre aber immerhin Anlass zu einer möglichst restriktiven Interpretation der wertungsmässig fragwürdigen Norm gegeben, womit sich auch die bundesgerichtliche Lösung als Irrweg erweisen würde[229]. Ein ganz ähnliches Problem stellt sich im Kaufvertragsrecht angesichts der wertungsmässig verfehlten *Gefahrtragungsregel des Art. 185 Abs. 1 OR*. Auch diese Bestimmung ist angesichts grundlegender Wertentscheidungen des Privatrechts (namentlich angesichts von Art. 119 Abs. 1 OR und des traditionsreichen Prinzips «casum sentit dominus»[230]) als «systemfremd» zu bezeichnen[231]. Auch in diesem Fall sollte, was in der Praxis auch tatsächlich geschieht[232], restriktiv bzw. – im Hinblick auf die in Art. 185 Abs. 1 OR angesprochenen Ausnahmen – extensiv interpretiert werden.

---

[228] Anders die deutsche Rechtslage. Zur Verfassungswidrigkeit (Verstoss gegen Art. 13 Abs. 1 GG) des § 640 Abs. 2 BGB überzeugend KOHLER, JZ 2003, 1081 ff.

[229] Im Ergebnis ist BGE 104 II 15 wohl trotzdem unterstützenswert. Eingehende methodologische Analyse dieser Entscheidung bei KRAMER, Analogie und Willkürverbot, passim.

[230] «Den Zufall (die zufällige Beschädigung) hat der Eigentümer zu verantworten».

[231] S. etwa CAVIN, in: Schweizerisches Privatrecht, Bd. VII/1 (Basel/Stuttgart 1977) 29: «Die Vorschrift des Art. 185 OR ist unlogisch, weil sie dem fundamentalen Grundsatz der Gegenseitigkeit der Verpflichtungen widerspricht. Sie ist unbillig, weil sie den Käufer Gefahren tragen lässt, die er nicht abzuwenden vermag, solange der Verkäufer die Sache besitzt». Nach BGE 84 II 158 (161) steht Art. 185 Abs. 1 OR «contraire aux conceptions généralement admises dans le public». Eingehend jetzt ATAMER/EGGEN, ZBJV 153 (2017) 744 ff. (Fazit und Vorschlag *de lege ferenda*).

[232] S. etwa BGE 84 II 158 (161); grundsätzliche Anerkennung der Kompromisshaftigkeit des Art. 185 OR in BGE 128 III 370 (374 f.).

(4) *Zusammenfassend* kann gesagt werden: Einzelne Regelungen sind im Licht des inneren Systems des angesprochenen Rechtsgebiets und letztlich dem der Gesamtrechtsordnung möglichst *«systemkonform»* zu interpretieren. Normierungen, die tatsächlich nicht in das innere System der Rechtsordnung passen, die unbegründet singulär und damit systemfremd erscheinen, sind restriktiv zu interpretieren und sollten schon gar nicht analog angewendet (bzw. einer teleologischen Extension unterzogen) werden[233]. *So* verstanden hat die alte Rechtsparömie *«singularia non sunt extendenda»* weiterhin ihren guten Sinn[234].

ee) Einzelfragen zur systematischen Interpretation

(1) Verfassungskonforme Interpretation und «mittelbare Drittwirkung» («Horizontalwirkung») von Grundrechten: Aus der hierarchischen Gliederung des staatlichen Normensystems[235] und auf Grund der Hypothese, dass dem Gesetzgeber im Allgemeinen keine mit der Verfassung nicht kompatible Regelung «zusinnbar» ist[236], ist abzuleiten, dass einfachgesetzliche Regelungen des

---

[233] S. etwa CANARIS, Systemdenken, 132; BK-ZGB/MEIER-HAYOZ, Art. 1 N 349; auch schon REICHEL, Gesetz und Richterspruch, 105. Im Römischen Recht galt die Parömie des PAULUS, Dig. 1, 3, 14: «Quod vero contra rationem iuris receptum est, non est producendum ad consequentias». Fast identisch Dig. 50, 17, 141 pr.; vgl. auch Dig. 1, 3, 15 (JULIANUS). Dazu auch unten bei FN 743.

[234] Wird die *«singularia*-Regel»* hingegen, wie üblich, als formales Verbot der Analogie aus Ausnahmevorschriften verstanden, ist sie abzulehnen. Dazu unten S. 241 ff.

[235] H.P. WALTER, ZBJV 147 (2011) 227, spricht anschaulich vom «vertikalen System».

[236] Die Kategorie der «Zusinnbarkeit» ist ein tragendes Element der Auslegungslehre von POTACS (zusammenfassend S. 92). Dazu jetzt JABLONER, ZöR 73 (2018) 459 ff. Auf das Argument, dass der Gesetzgeber wohl nichts Verfassungswidriges statuieren wollte, stellt auch BGE 130 II 65 (71) ab. Vgl. auch MATTEOTTI, ZSR 129 (2010) I, 225, der sich dabei auf Art. 5 Abs. 1 und 3 BV beruft.

Bundesrechts möglichst im Licht der Wertentscheidungen der Verfassung, also verfassungskonform zu interpretieren sind.

Allgemein zum Hierarchieargument etwa BYDLINSKI, Methodenlehre, 456: «Alle Normen formell untergeordneter Rechtsstufen sind tunlichst so zu interpretieren, dass sie mit den Normen höherer Stufe nicht im Widerspruch stehen». Speziell zur verfassungskonformen Interpretation neben vielen anderen GÖLDNER, Verfassungsprinzip und Privatrechtsnorm in der verfassungskonformen Auslegung und Rechtsfortbildung (Berlin 1969); BETTERMANN, Die verfassungskonforme Auslegung: Grenzen und Gefahren (Heidelberg 1986); VOßKUHLE, AöR 125 (2000) 177 ff.; HERRESTHAL, JuS 2014, 295 ff.; BYDLINSKI, Methodenlehre, 455 ff. Zur schweizerischen Doktrin und Praxis IMBODEN, in: Verfassungsrecht und Verfassungswirklichkeit. Festschrift für Hans Huber (Bern 1961) 138 ff.; N. MÜLLER, Die Rechtsprechung des Bundesgerichts zum Grundsatz der verfassungskonformen Auslegung (Bern 1980); HÄFELIN, Festschrift Huber, passim; HÄFELIN/HALLER/KELLER/THURNHERR, N 148 ff.; MATTEOTTI, ZSR 129 (2010) I, 225; zuletzt J.P. MÜLLER, Verwirklichung, 105 ff.

Dabei ist allerdings vorauszusetzen, dass die Verfassung tatsächlich inhaltlich wegweisende, der richterlichen Konkretisierung zugängliche Massstäbe zur Beurteilung des Bedeutungsgehalts des einfachen Gesetzes zur Verfügung stellt[237]. Unter dieser Voraussetzung sind «alle Rechtssätze bei ihrer Auslegung auf die übergeordnete Wertordnung der Verfassung auszurichten»[238], in diesem Sinn also zu «*konstitutionalisieren*»[239].

Daraus ergibt sich, dass das Gebot der verfassungskonformen Interpretation als «interpretatorische Vorrangregel» den

---

[237] Vgl. SCHUBARTH, ZBJV 136 (2000) 109; für Österreich RATZ, ÖJZ 2018, 358: «Pauschale Grundrechtsbeschwörung … stiftet nur Verwirrung. Statt dessen ist der Konkretisierungsprimat des – demokratisch legitimierten – Gesetzgebers in Erinnerung zu rufen».

[238] BGE 116 Ia 359 (369). Zur verfassungskonformen Interpretation von Verordnungen BGE 142 V 299 (307).

[239] Zur im deutschen Recht (seit dem *Lüth*-Urteil des BVerfG vom 15.1.1958 – BVerfGE 7,198 [205] –) zu beobachtenden «Konstitutionalisierung» des Privatrechts und seiner Methoden HAFERKAMP, AcP 214 (2014) 78 ff.

Ausschlag gibt, wenn zu entscheiden ist, welche Interpretation (bei mehreren möglichen Normsinnhypothesen) vorzuziehen ist.

So CANARIS, in: Privatrecht und Methode. Festschrift Kramer (Basel u.a. 2004) 143 ff.; vgl. auch M. AUER, in: NEUNER (Hrsg.), Grundrechte und Privatrecht aus rechtsvergleichender Sicht (Tübingen 2007) 32 ff. Im Unterschied zu einer Vorgangsweise, bei der die fragliche Norm vorerst ohne Zuhilfenahme der Verfassung interpretiert und danach gefragt wird, welche der denkbaren Interpretationsvarianten «den verfassungsrechtlichen Vorgaben am besten entspricht» (BGE 135 II 416 [418]), will HÖHN (Praktische Methodik, 236 f.; *ders.,* in: Festschrift für Ulrich Häfelin zum 65. Geburtstag [Zürich 1989] 257 ff.) im schweizerischen Recht «verfassungsbezogen» interpretieren: Die Verfassung sei als *ein* Auslegungselement unter anderen sofort in die Auslegung einzubeziehen und zwar als ein Element, das den anderen nicht *a priori* übergeordnet ist. Dies führt dazu, dass sich nicht immer die Auslegung durchsetzt, welche am ehesten der Verfassung entspricht. Kritik bei EMMENEGGER/TSCHENTSCHER, Art. 1 N 272 f. Zum österreichischen Recht wollen KERSCHNER/KEHRER, §§ 6, 7 N 79, die verfassungskonforme Interpretation lediglich als ein in das Gesamtkonzept der Auslegung eingegliedertes «methodisches Hilfsverfahren» gelten lassen. Zur völkerrechtskonformen Interpretation von Landesrecht HANGARTNER, AJP 1995, 134 ff. Zur Relevanz von EMRK-Wertungen im Privatrecht HAUSHEER/JAUN, Art. 1 N 178.

Die verfassungskonforme Interpretation hat freilich im Rahmen noch vertretbarer Normsinnhypothesen zu geschehen und darf nicht zu einer klar korrigierenden Interpretation *contra legem* (genauer: *contra rationem legis*) führen[240]; der Grundsatz der ver-

---

[240] S. HÄFELIN, Festschrift Hegnauer, 121: «Wenn sich aus der teleologischen, systematischen und historischen Auslegung keine Anhaltspunkte dafür ergeben, dass der Wortlaut nicht den wahren Sinn der Rechtsnorm wiedergibt, kann der Richter sich nicht durch einen Rückgriff auf die Verfassung vom Wortlaut lösen»; eingehend *ders.,* Festschrift Huber, 252 ff.; vgl. auch KÄLIN, Das Ver-fahren der staatsrechtlichen Beschwerde, 2. Aufl. (Bern 1994) 16 f.; aus der Judikatur zur verfassungskonformen Interpretation und deren Grenzen s. BGE 95 I 330 (332); 99 Ia 630 (636); 102 IV 153 (155); 107 V 214 (216); 115 II 193 (201); 124 III 321 (331); 131 II 697 (705); 140 I 2 (14). Nicht verfassungskonform interpretierbare Bundesgesetze sind gemäss Art. 190 BV von den Gerichten trotz ihrer Verfassungswidrigkeit (die ja – angesichts Art. 190 BV – streng genommen ohnehin nur eine scheinbare ist) zu befolgen. Plädoyer für

fassungskonformen Auslegung darf nach schweizerischer Rechtslage «nicht zu einer verkappten Verfassungsgerichtsbarkeit mutieren»[241]. Entsprechendes gilt auch bei der Prüfung von kantonalen Gesetzes- und Verfassungsbestimmungen nach den Massstäben der BV[242]. Die angefochtene kantonale (oder auch kommunale) Vorschrift wird nur dann bundesgerichtlich aufgehoben, «wenn sie sich jeder verfassungskonformen Auslegung entzieht, nicht jedoch, wenn sie einer solchen in vertretbarer Weise zugänglich ist»[243].

Um ein privatrechtliches Sonderproblem der verfassungskonformen Interpretation geht es auch bei der sog. *mittelbaren Drittwirkung («Horizontalwirkung») von Grundrechten*.

In diesem Sinn etwa BGE 111 II 245 (255): «... zumindest die indirekte Drittwirkung im Sinn des Gebots grundrechtskonformer Auslegung privatrechtlicher Normen ist beinahe durchwegs anerkannt ...». Zur Drittwirkung als verfassungskonformer Auslegung (an Hand der neuen Judikatur des deutschen BVerfG) auch KULICK, NJW 2016, 2236 ff. Aus der älteren deutschen Lehre zur Drittwirkung der Grundrechte besonders wichtig DÜRIG, in: Vom Bonner Grundgesetz zur gesamtdeutschen Verfassung: Festschrift zum 75. Geburtstag von Hans Nawiasky (München 1956) 157 ff.; aus der neueren Literatur vor allem CANARIS, Grundrechte und Privatrecht (Berlin 1999); aus der österreichischen Lehre WELSER/KLETEČKA, 36 ff. (N 120 ff.); KOPPENSTEINER, wbl 2016, 718, mit vielen weit. Nachw.; aus der schweizerischen Literatur etwa G. MÜLLER, ZBl 79 (1978) 233 ff.; J.P. MÜLLER, Elemente, 79 ff.; J.P. MÜLLER, Verwirklichung, 126 ff.; SCHEFER, Die Kerngehalte von Grundrechten (Bern 2001) 298 ff.; EGLI, Drittwirkung von Grundrechten, Diss. Zürich 2002; ARNET, Freiheit und Zwang beim Vertragsabschluss (Bern 2008) 113 ff.; ZK-ZGB/MARTI, Vorb. vor

---

grundrechtskonforme Auslegung, «wenn das Gesetz angesichts der Forderungen eines Grundrechts eine Lücke aufweist», jetzt bei J.P. MÜLLER, Verwirklichung, 120 ff.

[241] H.P. WALTER, ZBJV 147 (2011) 228.

[242] S. BGE 106 Ia 136 (137); 116 Ia 359 (381) in Bezug auf die Kantonsverfassung Appenzell I.Rh. Vgl. auch Botschaft des Bundesrats vom 20.4.1977 über die Gewährleistung der jurassischen Verfassung, BBl 1977 II 264 (273): «Die Gewährleistung wäre nur zu verweigern, wenn sich eine kantonale Verfassungsnorm jeder bundesrechtskonformen Auslegung entzöge».

[243] BGE 106 Ia 136 (137). Neuerdings etwa BGE 133 I 77 (79).

Art. 5/6 N 187 ff. Aus der Rechtsprechung vor allem BGE 111 II 245 (255). Im Anschluss an diese Entscheidung ist in der schweizerischen Lehre eine heftige Diskussion über den Einfluss des Verfassungsrechts auf das Privatrecht geführt worden. BUCHER (SJZ 1987, 37 ff.) hat – ohne den Gedanken einer mittelbaren Drittwirkung grundsätzlich in Frage zu stellen – mit kräftigen Worten zu grösster Vorsicht gegenüber einer zu starken Einflussnahme von verfassungsrechtlichen Gedanken auf das Privatrecht gemahnt; ähnlich defensive Tendenz – zum deutschen Recht – bei DIEDERICHSEN, Jura 1997, 57 ff. («Selbstbehauptung des Privatrechts gegenüber dem Grundgesetz»); die Drittwirkungslehre gänzlich ablehnend SANDOZ, SJZ 1987, 214 ff. Pauschale Ablehnung des Drittwirkungsgedankens bei HONSELL, in: Jb. Junger Zivilrechtswissenschaftler 2008, 15: «Die Grundrechte eignen sich nicht zur Lösung von Konfliktfällen im Privatrecht». Vgl. demgegenüber vor allem SALADIN, SJZ 1988, 373 ff.; aus privatrechtlicher Sicht die differenzierende Darstellung von ZÄCH, SJZ 1989, 1 ff.; 25 ff.

Um Missverständnisse zu vermeiden, ist noch einmal (s. schon oben bei FN 190) klarzustellen: Privatrechtliche Gesetzesbestimmungen unterliegen selbstverständlich genauso wie gesetzliche Regelungen des öffentlichen Rechts unmittelbar den Grundrechtsgeboten. Treffend JESTAEDT, in: Festschrift für Rolf Stürner, I. Teilbd. (München 2013) 932: «Das staatliche BGB unterliegt keiner schwächeren Verpflichtung auf die Grundrechte als das staatliche Polizeigesetz».

Nach dieser in der Schweiz auf Art. 35 Abs. 3 BV basierenden Konzeption wirken sich die Grundrechte nicht nur in der «vertikalen» Beziehung Staat – Bürger aus, wie es dem historischen Grundkonzept der Grundrechte entspricht; vielmehr ist ihren Schutzgeboten, «soweit sie sich dazu eignen» (Art. 35 Abs. 3 BV), auch in Privatrechtsbeziehungen (also horizontal) zum Durchbruch zu verhelfen. Dies ist allerdings von vorneherein nicht in dem Sinn zu verstehen, «dass eine private Person aus eigener Ermächtigung ihre Grundrechtsposition gegen einen anderen Privaten rechtsverbindlich und zwangsweise durchsetzen» soll können,[244] da dies – man denke nur an die integrale Durchsetzung des verfassungsrechtlichen Gleichbehandlungsprinzips in Privatrechtsbeziehungen – zu einer unhaltbaren Einschränkung

---

[244] (Diesen Gedanken ablehnend) J.P. MÜLLER, Verwirklichung, 127.

der Vertragsfreiheit, die ja letztlich auch verfassungsrechtlich gewährleistet ist, führen würde[245]. Die grundrechtlichen Schutzaufträge[246] sind aber – i.S. einer «*Ausstrahlungswirkung*» – immerhin mittelbar zu berücksichtigen, namentlich wenn Ermessensbegriffe und Generalklauseln des Privatrechts, wie vor allem das Persönlichkeitsrecht (Art. 27, 28 ff. ZGB; Art. 49 und Art. 328 Abs. 1 OR)[247] oder die Kontrollmassstäbe der Sittenwidrigkeit und der öffentlichen Ordnung (Art. 19 Abs. 2 OR)[248], zu konkretisieren sind. Auf die ausdrückliche, die Generalklausel

---

[245] Zur ausnahmsweise anzunehmenden unmittelbaren Drittwirkung auf Grund des Lohngleichheitsgebots von Art. 4 Abs. 2 Satz 3 alte BV (heute Art. 8 Abs. 3 Satz 3 BV) s. BGE 113 Ia 107 (110); 114 Ia 329 (331); 125 III 368 (370 f.). In BGE 113 Ia 107 (111) meint das Bundesgericht, dass das verfassungsrechtliche Gebot der Lohngleichheit «contient non seulement un droit constitutionnel, mais également une règle de droit privé». Nach J.P. MÜLLER, Verwirklichung, 130, ist hier «einfach Privatrecht anzuwenden, auch wenn es sich» hier «in der Verfassung findet». Gegen eine an die Unterscheidung «unmittelbare»/«mittelbare» Drittwirkung anknüpfende «Sonderstellung» des Privatrechts HELLGARDT, JZ 2018, 908 ff. (zur Entscheidung «Stadionverbot» des BVerfG vom 11.4.2018 – 1 BvR 3080/oP, JZ 2018, 930 ff.).

[246] Vgl. zur «Drittwirkung als Modalität der Schutzpflicht des Staates im Grundrechtsbereich» zuletzt J.P. MÜLLER, Verwirklichung, 129.

[247] In der bekannten Entscheidung BGE 80 II 26 *(«Fall Seelig»),* in der es um den Einlass eines missliebigen Filmkritikers in ein Kino ging, hatte es das Bundesgericht allerdings abgelehnt, eine Kontrahierungspflicht auf den durch Art. 55 alte BV (Pressefreiheit [vgl. zur Medienfreiheit heute Art. 17 Abs. 1 BV]) konkretisierten Art. 28 ZGB zu stützen (s. BGE 80 II 26 [41 ff.]). Zur privatrechtlichen Begründung einer Kontrahierungspflicht BGE 129 III 35 (42 ff.); ausdrückliches Bekenntnis zur indirekten (durch den privatrechtlichen Persönlichkeitsschutz vermittelten) Drittwirkung der Pressefreiheit in BGE 107 Ia 277 (280 f.). S. im selben Zusammenhang auch den Rechtfertigungsgrund des «überwiegenden öffentlichen Interesses» in Art. 28 Abs. 2 ZGB. Zur grundrechtskonformen Interpretation von Art. 28 ZGB illustrativ HEIERLI/WOLF, sic! 2010, 376; bei Diskriminierung aus rassischen Gründen GÖKSU, SJZ 2002, 89 ff.; *ders.*, Rassendiskriminierung beim Vertragsabschluss als Persönlichkeitsverletzung, Diss. Freiburg/Schweiz 2003. Zur verfassungskonformen Interpretation von Statuten und Reglementen privater Vorsorgeeinrichtungen (im Lichte des Diskriminierungsverbots) BGE 134 V 369 (375 ff.).

[248] S. dazu etwa BK-OR/KRAMER, Art. 19/20 N 163 ff.

der Missbräuchlichkeit einer Kündigung konkretisierende Regel des Art. 336 Abs. 1 lit. b OR sei namentlich verwiesen[249].

Auf die Bedeutung der Prinzipien des Verfassungsrechts für die richterrechtliche Rechtsfortbildung wird gesondert hinzuweisen sein[250].

(2) *Rekurs auf Normen, die ein gleiches (analoges) Problem deutlicher bzw. grundsätzlicher regeln als die zu interpretierende Vorschrift:* Die für die systematische Interpretation konstitutive Berücksichtigung des normativen Kontextes hat zuweilen analogischen Charakter[251]. Dies ist dann der Fall, wenn Unklarheiten einer Regelung durch Bezugnahme auf Regelungen, die in gleichen (ähnlichen) Zusammenhängen getroffen worden sind, behoben werden können. So könnte aus dem insofern undeutlichen Art. 368 Abs. 1 OR herausgelesen werden, dass der Schadenersatz fordernde Besteller das Verschulden des Unternehmers beweisen, sich also nicht dieser exkulpieren muss[252]. Ein Blick auf Art. 97 Abs. 1 OR verdeutlicht, dass eine solche Beweislastverteilung wohl nicht gemeint war, stünde Art. 368 Abs. 1 OR doch dann in unerklärlichem Wertungswiderspruch zur allgemeinen (und durchaus vernünftigen) Beweislastregel des Art. 97 Abs. 1 OR[253].

---

[249] S. dazu GREMPER, Arbeitsrechtliche Aspekte der Ausübung verfassungsmässiger Rechte (Basel/Frankfurt a.M. 1993), vor allem 32 ff.; CAMASTRAL, Grundrechte im Arbeitsverhältnis (Chur/Zürich 1996) 155 ff. Aus der Judikatur BezGer Arbon SJZ 1991, 176. Zur indirekten Drittwirkung von Art. 28 BV (Koalitionsfreiheit) auf Arbeitsverträge BGE 132 III 122 (132 f.).

[250] S. unten S. 293 f.

[251] Zur grundsätzlich analogischen Struktur der Interpretation vor allem A. KAUFMANN, Analogie und «Natur der Sache», 2. Aufl. (Heidelberg 1982).

[252] So tatsächlich E. BUCHER, Obligationenrecht. Besonderer Teil, 3. Aufl. (Zürich 1988) 210.

[253] Daher richtig GAUCH, N 1891. Weitere Beispiele zum Werkvertragsrecht: Art. 367 Abs. 1 OR ist i.S. des kaufrechtlichen Art. 201 OR zu interpretieren; vgl. auch BGE 98 II 299 (303 f.) zur Interpretation des Art. 375 Abs. 1 OR im Licht des Irrtumsrechts (Art. 24 Abs. 1 Ziff. 4 OR).

(3) *Im Zweifel so interpretieren, dass andere Normen nicht obsolet werden:* Wenn eine bestimmte Interpretationshypothese dazu führen würde, dass eine andere Regelung unanwendbar oder zweck- und funktionslos wird, so ist eine solche Auslegung möglichst zu vermeiden. «Denn es ist höchst unwahrscheinlich, dass irgend jemand unanwendbare oder sonst zwecklose Bestimmungen erlassen will»[254].

Vor allem auf Basis dieses an sich durchaus einleuchtenden methodologischen Arguments hat die frühere Lehre und Rechtsprechung[255] das Problem der Ersatzfähigkeit der «Reflexschäden» lösen wollen. Art. 45 Abs. 3 OR, wonach die Angehörigen eines Getöteten den «Versorgerschaden» (einen klaren Fall des Reflexschadens) geltend machen können, wurde als Ausnahme von der dem Art. 41 Abs. 1 OR unterstellten Regel angesehen, wonach Reflexschäden grundsätzlich (d.h. mangels einer gesetzlichen Ausnahmeregelung) nicht ersatzfähig seien. Würde man nämlich von der grundsätzlichen Ersatzfähigkeit von Reflexschäden ausgehen – so die «Logik» dieser Argumentation –, erwiese sich Art. 45 Abs. 3 OR als überflüssig[256]. Diese Sicht ist aber alles andere als zwingend: Man kann Art. 45 Abs. 3 OR mit selbem Recht auch als Normierung einer spezifischen, besonders gewichtigen Fallgruppe der Reflexschädigung ansehen, durch die klargestellt werden soll, welche konkreten Reflexschäden in diesem Fall ersetzt werden können und welche nicht[257]. Folgt man diesem Ansatz, so ist in Art. 45 Abs. 3 OR ersichtlichermassen keine implizite Stellungnahme zur Frage nach der grundsätzlichen Ersatzfähigkeit von Reflexschäden (in anderen Fallkonstel-

---

254 Bydlinski, Methodenlehre, 444. Aus der Judikatur instruktiv BGE 112 II 167 (170).
255 S. vor allem Oftinger, Schweizerisches Haftpflichtrecht, Bd. I, 4. Aufl. (Zürich 1975) 479; BGE 82 II 36 (39); 99 II 221 (223).
256 Für das österreichische Recht beruft sich Bydlinski, Methodenlehre, 444 – bei analoger Rechtslage – weiterhin auf dieses Argument.
257 So etwa nicht der Schaden des Arbeitgebers, der durch einen Unfall eine momentan unersetzliche Fachkraft verliert.

lationen, namentlich bei Verletzung absoluter Rechte des Dritten) zu sehen[258].

Überzeugend ist hingegen das Argument, dass die blosse grobe Inäquivalenz der vereinbarten vertraglichen Leistungen und Gegenleistung grundsätzlich keine Sittenwidrigkeit des Vertragsinhalts (gemäss Art. 19 Abs. 2 und 20 Abs. 1 OR) begründen kann, weil ansonsten der an spezielle Voraussetzungen geknüpfte Übervorteilungstatbestand des Art. 21 Abs. 1 OR obsolet wäre[259].

Kombiniert der Gesetzgeber, wie beschrieben[260], eine demonstrative Kasuistik mit einer als Auffangtatbestand fungierenden Generalklausel, so «zwingt» dies «zu enger interpretativer Verbindung der Generalklausel mit den Einzelnormen»[261]. Vor allem darf der Einzeltatbestand nicht einfach durch Rekurs auf die Generalklausel überspielt werden[262]. So kann etwa eine vergleichende Werbung, die i.S. von Art. 3 lit. e UWG nicht «in unrichtiger, irreführender, unnötig herabsetzender und anlehnender Weise» vorgeht, grundsätzlich nicht trotzdem auf Grund der Generalklausel (Art. 2 UWG) als unlauter qualifiziert werden[263]. Es müsste schon ein zusätzliches anstössiges Moment hinzukommen, das der Spezialtatbestand nicht erwähnt und das die Wettbewerbshandlung insgesamt als unlauter i.S. der Generalklausel

---

[258] Das BGer stellt heute darauf ab, ob – wenn der Reflexschaden ein «reiner Vermögensschaden» ist – ein Schutzgesetz verletzt worden ist, das diesen Schaden verhindern sollte (s. BGE 101 Ib 252 [256]; 102 II 85 [88]); wenn er ein absolutes Recht betrifft (wie bei Schockschäden), so liege ohnehin eine direkte Schädigung vor (s. den *Hunter*-Fall BGE 112 II 118 [124 ff.]); bestätigt in BGE 138 III 276).

[259] S. BK-OR/KRAMER, Art. 19/20 N 205.

[260] S. oben S. 86 f.

[261] BYDLINSKI, Methodenlehre, 446.

[262] Ansonsten bestünde ja die Gefahr, dass der Einzeltatbestand als «lex specialis» völlig leerlaufen würde. Dazu sogleich unter (4).

[263] Richtig – auf Basis des alten UWG – etwa BGE 87 II 113 (116 f.).

erscheinen liesse[264]. Unter Umständen kann der Rekurs auf die Generalklausel auch zu einer klarstellenden Interpretation des – isoliert betrachtet – undifferenzierten Einzeltatbestands führen[265]. Dies kann an einem hypothetischen Beispiel erläutert werden: Enthielte Art. 24 Abs. 1 Ziff. 3 OR nicht die Einschränkung «erheblich» (in Bezug auf den grösseren bzw. geringeren Umfang von Leistung oder Gegenleistung), so müsste dies mit selbem Ergebnis aus der Generalklausel der «Wesentlichkeit» des Irrtums (Art. 23 OR) abgeleitet werden.

(4) *«Lex specialis derogat legi generali» und weitere Probleme der Anspruchskonkurrenz:* Ein in der Praxis besonders häufiges, dem Bereich der systematischen Interpretation zuzuordnendes Problem stellt sich dann, wenn auf ein und denselben Sachverhalt – isoliert betrachtet – mehrere gesetzliche Tatbestände anwendbar erscheinen, die regelmässig mit unterschiedlichen Rechtsfolgen verknüpft sind. In solchen Fällen der «Gesetzeskonkurrenz» («Normenkonkurrenz» oder «Normenkollision»), die im Privatrecht regelmässig «Anspruchskonkurrenz» zur Folge hat, kann es so sein, dass eine der Normen einen weiteren (generelleren) Anwendungsbereich hat als die konkurrierende speziellere Norm. Für diese Konstellation wird seit altersher die Maxime «lex specialis derogat legi generali»[266] (die speziellere

---

264 In diesem Sinn sollte wohl auch BGE 102 II 292 (294) verstanden werden; starke Gewichtung der «normativen Priorität» der Generalklausel bei J. MÜLLER, sic! 2003, 301 ff. Immerhin müssten auch nach seiner Ansicht bei deren Interpretation die Wertungen der Spezialtatbestände «mitberücksichtigt» werden. Vgl. zum Ganzen auch BAUDENBACHER, in: BAUDENBACHER (Hrsg.), Das UWG auf neuer Grundlage (Bern/Stuttgart 1989) 35 (vor allem zur lauterkeitsrechtlichen Beurteilung des Verkaufs unter Einstandspreisen); zuletzt FERRARI HOFER, in: HEIZMANN/LOACKER (Hrsg.), UWG. Kommentar (Zürich/St. Gallen 2018) Art. 2 N 19.

265 S. auch BYDLINSKI, Methodenlehre, 446, mit Beispielen aus dem österreichischen Recht.

266 Dies entspricht der ebenfalls noch oft verwendeten Maxime: «Specialia generalibus derogant».

Vorschrift hat [exklusiven] Vorrang vor der generelleren) vertreten[267]. Der Spezialitätsgrundsatz ist so gebräuchlich, dass er oft als geradezu evident, als Ausdruck «juristischer Logik» (die in Wirklichkeit regelmässig Pseudologik ist) hingenommen und nicht weiter hinterfragt wird[268]. Nüchtern betrachtet versteht er sich keineswegs von selbst.

Schwierigkeiten macht schon einmal die Frage, wann überhaupt ein *Spezialitätsverhältnis* anzunehmen ist. Bezeichnet man die konkurrierenden Tatbestände mit «T1» (*lex specialis*) und «T2» (*lex generalis*), so liegt Spezialität dann vor, wenn – isoliert interpretiert – alle Fälle (Sachverhalte), die unter T1 subsumiert werden können, gleichzeitig auch T2 zuordenbar sind, *nicht aber umgekehrt.* D.h. der Anwendungsbereich von T2 deckt den von T1 völlig ab, geht aber noch über diesen hinaus[269]. Ausgehend von dieser Klarstellung[270] kann bei manchen Konstellationen, bei denen herkömmlicherweise von einem reinen Spezialitätsverhältnis gesprochen wird, nur mit Vorbehalt von Spezialität gesprochen werden, weil bei ihnen die generellere Norm die speziellere keineswegs völlig abdeckt, in Wirklichkeit also partiell ein *Überschneidungsverhältnis* vorliegt.

So liegt es etwa beim vieldiskutierten Verhältnis zwischen Art. 24 Abs. 1 Ziff. 4 OR und den Regeln über die Wandelung im Recht der kaufrechtlichen Sachgewährleistung. Hier ist zu beachten, dass Gewährleistungsansprüche (unter Ein-

---

[267] Im Strafrecht wird der Spezialitätsgrundsatz unter dem (irreführenden) Titel der «unechten Konkurrenz» abgehandelt. Statt aller STRATENWERTH, Allgemeiner Teil I, § 18 N 1 ff.

[268] Dagegen schon ROSS, 134; zuletzt auch REIMER, N 209. Auf die «Logik» beruft sich tatsächlich BGE 125 III 425 (429); vgl. etwa auch OFTINGER/ STARK, 670: Das Prinzip der Exklusivität der *lex specialis* sei «eigentlich eine Selbstverständlichkeit». Ausdrückliche gesetzliche Verankerung des Spezialitätsprinzips in Art. 15 des italienischen Codice Penale.

[269] S. etwa auch LARENZ/CANARIS, 88.

[270] Wenig klar ZIPPELIUS, 31 f. (und neuerdings BARCZAK, JuS 2015, 973): Die generelle Norm enthält – entgegen dem dort Ausgeführten – sehr wohl «begrifflich» alle tatbestandlichen Merkmale der speziellen, auch wenn sie nur in allgemeiner Form angesprochen sind.

haltung der formalen Hürden der Art. 201, 210 OR) auch dann möglich sind, wenn der Mangel (einer Spezies) erst nach Vertragsschluss (aber vor Übergabe) entstanden ist, ohne dass der Käufer dafür (gemäss Art. 185 OR) die Gefahr zu tragen hat (nämlich bei schuldhafter Beschädigung des Kaufgegenstands durch den Verkäufer oder seinen Gehilfen oder dann, wenn der Gefahrübergang einvernehmlich auf den Zeitpunkt der Übergabe an den Käufer verlegt wird und der Kaufgegenstand vorher durch Zufall beschädigt wird), ein konkurrierender, schon bei Vertragsabschluss vorliegender Irrtum des Käufers über die Eigenschaften (die Mangelhaftigkeit) somit ausgeschlossen ist. Insoweit besteht von vorneherein kein Konkurrenzverhältnis. Anderer Auffassung ist HONSELL, SJZ 2007, 138 f.; *ders.*, Obligationenrecht, 138, dem freilich im Ergebnis für den Regelbereich, in dem Art. 24 Abs. 1 Ziff. 4 OR tatsächlich den Wandelungstatbestand voll abdeckt, in seiner Befürwortung der (auch im deutschen Recht ganz überwiegend vertretenen) Exklusivität der Gewährleistungsregeln zuzustimmen ist.

Auch zwischen Art. 679 Abs. 1 ZGB und Art. 41 Abs. 1 OR besteht kein reines Spezialitätsverhältnis. Art. 679 Abs. 1 ZGB erfasst nämlich auch die Fälle der nicht verschuldeten Schädigung durch den Grundeigentümer, die Art. 41 Abs. 1 OR von vorneherein nicht zugeordnet werden können. Im Falle verschuldeter Schädigung durch den Grundeigentümer ist Art. 679 Abs. 1 ZGB allerdings *lex specialis* gegenüber Art. 41 Abs. 1 OR. Art. 97 Abs. 1 OR ist im Hinblick auf den Teiltatbestand der nicht gehörigen Erfüllung *lex generalis* zu Art. 208 Abs. 3 OR («Haftung des Verkäufers für weitere Schäden»).

Der Spezialitätsgrundsatz darf aber auch in den Fällen, in denen unstreitig ein reines *lex generalis-/lex specialis*-Verhältnis vorliegt, keineswegs unkritisch-mechanisch verwendet werden[271]. Was spricht denn eigentlich, teleologisch betrachtet[272], für den Vorrang (die «Exklusivität») der *lex specialis*?

Zuweilen wird die Auffassung vertreten, dass eine gewisse Vermutung dafür spreche, dass die speziellere Regelung jene ist, die dem Fall eher gerecht wird, der eine «grössere Sachnähe» zukommt, oder man beruft sich darauf, dass der Wille des Gesetzgebers in der *lex specialis* deutlicher, konkreter zum Ausdruck

---

[271] Dass es wertender Überlegungen bedarf, betonen etwa auch ENGISCH, Einführung, 275 f.; LARENZ/CANARIS, 88; VOGEL, 63.

[272] Plädoyer für eine Lösung obligationenrechtlicher Konkurrenzprobleme auf Basis teleologischer Erwägungen auch bei MAUCHLE, AJP 2012, 933 ff.

komme[273]. Noch gewichtiger ist aber zweifellos das Argument, dass – sofern der *lex specialis* nicht Vorrang zuerkannt wird – das Risiko besteht, dass die *lex specialis* überhaupt nicht zur Anwendung kommt[274], während umgekehrt bei Vorrang der *lex specialis* die Anwendung der *lex generalis* – in dem Bereich, den die *lex specialis* nicht mitabdeckt – nicht gefährdet ist. Auf Grund dieser Überlegung ginge es, was freilich wohl auch noch nie ernstlich vertreten worden ist, von vorneherein nicht an, einer *lex generalis* gegenüber einer *lex specialis* exklusiven Vorrang einzuräumen. Aber auch bei freier Wahlmöglichkeit («Alternativität») zwischen den beiden Anspruchsgrundlagen ist wegen der angesprochenen Verdrängungsgefahr Vorsicht geboten.

Wie Hans MERZ in seiner grundlegenden Abhandlung zum Verhältnis zwischen Gewährleistung und Irrtumsanfechtung[275] begründet hat, ist ein Vorrang der *lex specialis* und damit deren Exklusivität (bei Anspruchskonkurrenzen) immer dann zu bejahen, wenn die *lex specialis* die Geltendmachung von Ansprüchen an insgesamt einschränkendere (ungünstigere) Bedingungen knüpft als die *lex generalis*. Würde man nämlich bei dieser Konstellation ein alternatives Ausweichen auf die *lex generalis* zulassen, so würde dies die *lex specialis* (und die mit dieser intendierten gesetzgeberischen Zwecksetzungen) praktisch illusorisch machen[276]. Fällt der *«Günstigkeitsvergleich»* hingegen *per saldo* nicht zugunsten der *lex generalis* aus, so spricht grundsätzlich nichts dagegen, dem Berechtigten die Alternative zwischen *lex specialis* und *lex generalis* zu eröffnen, weil hier verständlicher Weise keine Verdrängungsgefahr zu Lasten der spezielleren An-

---

[273] S. MAYER-MALY, Rangordnung, 139.
[274] Zu diesem Argument schon oben S. 123 ff.
[275] MERZ, in: Vom Kauf nach schweizerischem Recht: Festschrift zum 70. Geburtstag von Theo Guhl (Zürich 1950) 94 ff. Analoge methodologische Analyse der deutschen Rechtslage bei VOGEL, 64 ff.
[276] Dem zustimmend (zum deutschen Recht) MÖLLERS, 137 (N 134).

ordnung besteht.[277] Daher ist es auch von vorneherein nicht einsichtig, den dem Prinzip der Gefährdungshaftung (scharfen Kausalhaftung) folgenden «Haftpflichtgesetzen» Exklusivität gegenüber der grundsätzlich milderen allgemeinen Verschuldenshaftung (Art. 41 OR) zuzumessen, wie dies in Rechtsprechung und Lehre teilweise immer noch vertreten wird[278]. Vor diesem Hintergrund erscheint es verständlich, wenn Art. 11 Abs. 2 PrHG – um verfehlte Berufungen auf den Spezialitätsgrundsatz hintanzuhalten – ausdrücklich statuiert: «Schadenersatzansprüche auf Grund des Obligationenrechts ... bleiben dem Geschädigten gewahrt».

Anspruchskonkurrenz kann selbstverständlich auch so geartet sein, dass von einem Spezialitätsverhältnis von vorneherein nicht die Rede sein kann, sondern *gleichgewichtige Normen (Normenkomplexe)* vorliegen, *die teilweise konkurrieren.* So liegt

---

[277] Im Hinblick auf die Konkurrenz zwischen Anfechtung wegen Grundlagenirrtums und kaufrechtlicher Sachgewährleistung (s. oben S. 126 f. [Einschub]) sprechen die formellen Hürden von Art. 201 und 210 OR (und die dahinter stehende *ratio*, Verkehrsschutz zu gewährleisten) für eine Exklusivität des Gewährleistungsrechts. Anders bekanntlich die ständige Praxis des BGer (bestätigt im *«Picasso*-Entscheid» BGE 114 II 131). Der Rücktritt der Versicherung wegen der Verletzung der Pflicht zur korrekten Angabe von «Gefahrstatsachen» durch den Versicherten gemäss Art. 6 VVG ist *lex specialis* zur Möglichkeit der Irrtums- und Täuschungsanfechtung. Art. 6 VVG darf wegen der (gegenüber der Jahresfrist des Art. 31 OR) kurzen Frist von vier Wochen nicht durch Rekurs auf die Art. 23 ff. OR «ausgehebelt» werden: Vgl. BGE 61 II 281 (284). Neuerdings BGE 133 III 175 (179 f.) zum Verhältnis zwischen Art. 271 OR *(lex specialis)* und dem Rechtsmissbrauchsverbot des Art. 2 Abs. 2 ZGB: Die (zu Art. 271 OR vorgesehene) Verwirkungsfrist des Art. 273 Abs. 1 OR muss auch bei offensichtlich rechtsmissbräuchlicher Kündigung eingehalten werden.

[278] S. *meine* krit. Besprechung von BGE 106 II 75, recht 1984, 128 ff. Schwer nachvollziehbar OFTINGER/STARK, 670 ff. Einerseits wird es dort als nicht «sinnvoll» bezeichnet, die dem Prinzip der Kausalhaftung folgenden «Haftpflichtgesetze» als *leges speciales* zu Art. 41 OR zu betrachten (N 7); anderseits (N 11) wird die Meinung vertreten, dass «eigentlich» Alternativität zwischen Art. 41 Abs. 1 OR und den Kausalhaftungstatbeständen vertreten werden müsste; schliesslich (N 11) aber doch für Exklusivität der Tatbestände der Kausalhaftung plädiert.

es etwa grundsätzlich bei der vieldiskutierten Konkurrenz zwischen Deliktshaftung und Vertragshaftung. Hier kann ernstlich von einer Qualifikation der Vertragshaftung als *lex specialis* und deren so begründeter Exklusivität gegenüber der konkurrierenden Deliktshaftung nicht die Rede sein[279]. Würde man auf dieser Basis etwa dem Geschädigten bei Versäumung der kurzen kaufrechtlichen Rüge- und Gewährleistungsfristen den Rekurs auf die Deliktshaftung verwehren, so hätte dies für denjenigen, der durch den Schädiger gleichzeitig ausservertraglich *und* vertraglich geschädigt worden ist[280], die völlig unhaltbare Konsequenz, schlechter gestellt zu werden als derjenige, der ausschliesslich ausservertraglich geschädigt worden ist. Prinzipiell ist bei Konkurrenz von Vertrags- und Deliktshaftung vom Prinzip der Eigenständigkeit (Unabhängigkeit) der jeweiligen Anspruchsgrundlagen auszugehen, was im Ergebnis auf Alternativität der Ansprüche hinausläuft[281].

Eine *«kumulative» Anwendung konkurrierender Normen* (eine Kumulation von Ansprüchen) scheidet von vornherein aus, wenn sich deren Rechtsfolgeanordnungen wertungsmässig ausschliessen. Dies ist vor allem dann der Fall, wenn die dort gewährten Ansprüche rechtlich oder zumindest wirtschaftlich betrachtet identisch sind, so dass man bei Kumulation zu einer Doppelliquidation gelangen würde[282]. Dagegen spricht nichts ge-

---

[279] So auch H.P. WALTER, ZBJV 132 (1996) 295.
[280] So wie etwa im *«Friteusen*-Entscheid» BGE 90 II 86.
[281] S. schon BGE 64 II 254 (259); OFTINGER/STARK, 682 ff.; zum deutschen Recht KRAMER, in: Münchener Kommentar zum BGB, Bd. 2, 5. Aufl. (München 2007) § 241 N 26 ff. In BGE 114 II 131 (136) wird die allgemeine Regel postuliert, dass bei Gesetzeskonkurrenzen «vermutungsweise» Alternativität der Rechtsbehelfe anzunehmen sei, wenn sich nicht im Wege der Auslegung ergebe, dass der eine als «Sonderbestimmung» dem anderen vorgehe. Eine solche Vermutung erscheint schwer begründbar; entscheidend ist allemal eine auf das Einzelproblem bezogene teleologische Betrachtung.
[282] Zum Ganzen etwa OFTINGER/STARK, 684, wonach natürlich nicht zweimal der gleiche Schaden ersetzt werde, einmal gestützt auf Vertragshaftung, gleichzeitig gestützt auf die konkurrierende Deliktshaftung; zur Möglichkeit der Kumulation

gen Kumulation von Ansprüchen, wenn sich diese wertungsmässig vernünftig ergänzen. So kann etwa ein Schadenersatzanspruch gemäss Art. 59a USG ohne Weiteres mit dem Beseitigungs- und Unterlassungsanspruch des Art. 679 ZGB kumuliert werden.

(5) *«Lex posterior derogat legi priori»; «lex superior derogat legi inferiori»*[283]*:* Während es unter (4) um Probleme der «sachlichen Gesetzeskonkurrenz» gegangen ist, geht es im Folgenden um *«zeitliche Gesetzeskonkurrenz»*[284]: Regelt eine spätere Norm eine Rechtsfrage abweichend von einer gleich- oder niederrangigen früheren Vorschrift, ohne diese – wie üblich – formell aufzuheben («formelle Derogation»)[285], so ist (obwohl dies keineswegs rechtslogisch zwingend ist) grundsätzlich von einer *«materiellen Derogation»*, d.h. einer impliziten Verdrängung der alten Norm durch die jüngere auszugehen. Es kann ja nicht angehen, die gleichzeitige Geltung zweier klar inkompatibler Normen anzunehmen; in aller Regel wird der «jüngere Gesetzgeber» die Notwendigkeit der formellen Aufhebung des widersprechenden älteren Rechts einfach übersehen haben.

S. zur materiellen Derogation nach der *lex posterior*-Regel die ausdrückliche Normierung in Art. 20 und 21 Codex Iuris Canonici; Art. 7 Abs. 2 des portuguiesischen Código Civil; aus der Judikatur BGH NJW 2019, 368 (375); aus der Lehre grundlegend MERKL, AöR 37 (1918) 56 ff.; eingehend BYDLINSKI, Methodenlehre, 572 ff., mit Hinweis auf das Auslegungsproblem, das sich dann stellt, wenn das jüngere Gesetz *lex generalis* gegenüber der älteren *lex specialis*

---

von Schadenersatz und Gewinnherausgabe BGE 129 III 422 (425); 133 III 153 (157 ff.). Dazu HAUSHEER/AEBI-MÜLLER, ZBJV 143 (2007) 341 ff.

[283] Übersetzt: «Jüngeres Recht bricht älteres Recht»; «höherrangiges Recht bricht niederrangiges Recht».

[284] Oft wird in diesem Zusammenhang auch von «Normenkollision» gesprochen. Allgemein zur Rechtstheorie der Normenkonflikte WIEDERIN, Rechtstheorie 1990, 310 ff. Zu den «Derogationssätzen» (*lex posterior*- und *lex superior*-Regel) auch HECKMANN, Geltungskraft und Geltungsverlust von Rechtsnormen (Tübingen 1997) 157 ff.; VRANES, ZaöRV 65 (2005) 391 ff.

[285] Ein Beispiel neben unzähligen anderen: Art. 42 AVG.

ist. Will die *lex generalis* tatsächlich der *lex specialis* derogieren? Im Allgemeinen ist vom Grundsatz auszugehen: «Lex posterior generalis *non* derogat legi priori speciali». Dazu BOBBIO, 230 f.; BGH NJW 2019, 368 (375). Ausdrücklich in diesem Sinn Art. 7 Abs. 3 des portugiesischen Código Civil (es sei denn, es ergebe sich etwas anderes aus dem unmissverständlichen Willen des Gesetzgebers). Die *lex posterior*-Regel gilt im Übrigen auch bei Rechtsgeschäften. Für letztwillige Verfügungen ausdrücklich Art. 511 Abs. 1 ZGB.

In diesem Sinn hatte die (keineswegs lediglich programmatische) Verfassungsbestimmung des Art. 31^{sexies} Abs. 2 (alte) BV (neu Art. 97 Abs. 2), die den Konsumentenschutzorganisationen im Bereich des UWG die gleichen Ansprüche zuerkannte wie den Berufs- und Wirtschaftsverbänden, als *lex posterior* der damaligen (heute in Gestalt von Art. 10 revidierten) Fassung des UWG materiell derogiert, nach welcher Konsumentenschutzverbände auf Unterlassung und Beseitigung nur klagen konnten, wenn ein Mitglied ihres Verbands geschädigt war, während für Wirtschaftsverbände keine entsprechende Einschränkung galt[286]. Ein weiteres, sehr spezifisch gelagertes *lex posterior*-Problem ergab sich aus der Einführung des UN-Kaufrechts (CISG) im Verhältnis zur kaufrechtlichen Gewährleistungsfrist des Art. 210 OR. Art. 39 Abs. 2 UN-Kaufrecht sieht für die Rüge des Käufers eine 2-Jahreshöchstfrist vor, lässt aber die Regelung der Verjährung der Käuferansprüche offen, so dass bei Massgeblichkeit schweizerischen Rechts die ehemalige (2012 revidierte) Jahresfrist des Art. 210 Abs. 1 OR anzuwenden gewesen wäre, mit der gänzlich unhaltbaren Konsequenz, dass die Verjährungsfrist ablaufen hätte können, obwohl die Rügefrist des Art. 39 UN-Kaufrecht noch offen war. Eine mögliche Lösung dieses Dilemmas hätte darin bestanden, im Hinblick auf die Verjährung von Käuferansprüchen bei internationalen Warenkäufen von einer materiellen Teilderogation des Art. 210 OR durch die *lex posterior* des UN-

---

[286] Diese materielle Derogation wurde aber weitgehend übersehen. Vgl. etwa SCHLUEP, in: Wirtschaftsfreiheit und Konsumentenschutz (Zürich 1983) 196. Inzwischen ist das Problem längst durch Art. 10 Abs. 2 UWG behoben.

Kaufrechts auszugehen. Die sich dadurch eröffnende Gesetzeslücke hätte – i.S. der Methode rechtvergleichender Lückenfüllung[287] – schon *de lege lata* durch Übernahme der Verjährungsregelung des EU-Verbraucherkaufrechts (2 Jahre) gefüllt werden können[288]. Inzwischen hat sich der Gesetzgeber des Problems angenommen und die Jahresfrist des Art. 210 Abs. 1 OR durch die «europäische» Zweijahresfrist ersetzt. Aktuell ist das Beispiel des Art. 105 ZGB, der die Eheungültigkeitsgründe taxativ aufzählt. Anlässlich des am 1.1.2007 in Kraft getretenen PartG wurde es unterlassen (vergessen), den Ungültigkeitsgrund des Art. 105 Ziff. 1 ZGB (Bigamie) im Hinblick auf eine im Zeitpunkt der Eheschliessung schon bestehende eingetragene Partnerschaft zu ergänzen, sodass man meinen könnte, dass diese wegen der Taxativität des Art. 105 ZGB *de lege lata* nicht zur Ungültigkeit der Ehe führen könne. Richtiger Weise ist aber aus der *lex posterior* des Art. 26 PartG, wonach eine Person, die in eingetragener Partnerschaft lebt, keine Ehe eingehen kann, zu schliessen, dass eine trotzdem geschlossene Ehe ungültig ist[289]. Der an sich taxative Katalog des Art. 105 ZGB erweist sich kraft materieller Derogation als lückenhaft; Art. 105 Ziff. 1 ZGB ist bei eingetragener Partnerschaft analog anzuwenden.

Im oben referierten Beispiel zur Klagebefugnis der Berufs- und Wirtschaftsverbände nach dem UWG war die *lex posterior* (der Konsumentenschutzartikel der BV) zusätzlich auch noch höherrangige *lex superior*, so dass man auch von einer Anwendung der Maxime «*lex superior derogat legi inferiori*» (die höherrangige Norm verdrängt die [widersprechende] niederrangige) sprechen könnte. Bei dieser Maxime ist freilich im schweizerischen

---

287 Dazu unten S. 297 ff.
288 Zum Problem WILL, in: Festschrift für Werner Lorenz zum 80. Geburtstag (München 2001) 623 ff.; Th. KOLLER, recht 2003, 41 ff.; *ders.,* recht 2009, 179 ff., mit Nachweisen zur Bundesgerichtspraxis.
289 So im Ergebnis auch FamKomm Eingetragene Partnerschaft/MICHEL, Art. 26 N 6.

Recht[290] Vorsicht geboten: Wird ein einfaches Bundesgesetz (als *lex posterior*) erlassen, das gegen eine Verfassungsbestimmung verstösst, so ist das Bundesgesetz auf Grund von Art. 190 BV trotz seiner Verfassungswidrigkeit vorerst zu beachten.

Automatische Derogation gilt hingegen im Verhältnis Bundesrecht – kantonales Recht: «Bundesrecht bricht kantonales Recht!» S. Art. 49 Abs. 1 BV. Dies gilt auch dann, wenn das kantonale Recht *lex posterior* war: «Il criterio gerarchico prevale su quello cronologico» (BOBBIO, 230). Zur Frage, wie Art. 49 Abs. 1 BV sanktioniert wird, HANGARTNER, ZSR 128 (2009) I, 434 ff. In Bezug auf die Behandlung eines völkerrechtswidrigen Bundesgesetzes ist grundsätzlich vom Vorrang des Völkerrechts auch gegenüber einer *lex posterior* auszugehen (s. etwa BGE 119 V 171 [177]; 122 II 234 [239]; 122 II 485 [487]; 125 II 417 [425]; 131 II 352 [355]); eine Einschränkung ergibt sich aus der «Schubert-Praxis» des BGer (BGE 99 Ib 37 [44]; präzisierend BGE 138 II 524 [533 ff.]). Danach gilt Vorrang des Völkerrechts, sofern nicht das Bundesgesetz bewusst den Verstoss gegen den völkerrechtlichen Vertrag (allgemein: gegen das Völkerrecht) in Kauf genommen hat. Eingehend zur Kollision zwischen (unmittelbar anwendbarem) Völkerrecht und Bundesgesetzen HANGARTNER/LOOSER, in: EHRENZELLER u.a. (Hrsg.), Die schweizerische Bundesverfassung, 3. Aufl. (Zürich u.a. 2014) Art. 190 N 33 ff.; zur «Schubert-Praxis» auch BAUMANN, AJP 2010, 1009 ff.; AUER, ZSR 132 (2013) I, 432 ff.; SCHÜRER, ZBl 116 (2015) 130 f. Zum absoluten Vorrang der EMRK (auch im Hinblick auf spätere, der EMRK widersprechende Verfassungsbestimmungen) s. unten FN 292. Zum Vorrang des zwingenden Völkerrechts bei Total- und Teilrevision der Verfassung s. Art. 193 Abs. 4 und Art. 194 Abs. 2 BV.

Der Rechtsanwender kann angesichts von Art. 190 BV nur versuchen, den Widerspruch durch möglichst verfassungskonforme Interpretation in Grenzen zu halten[291]. Im Hinblick auf die EMRK bejaht das Bundesgericht hingegen deren absoluten Vorrang vor ihr widersprechenden (auch späteren) Bundesgesetzen,

---

[290] Zusammenfassende Darstellung der *lex superior*-Regel nach schweizerischer Rechtslage bei IMARK, Aufhebung von Rechtssätzen in der Schweiz (Basel/Frankfurt a.M. 1992) 25 ff.

[291] S. oben S. 116 ff.

mit der Konsquenz, dass diese im Einzelfall nicht angewendet werden dürfen[292].

d) Das historische Auslegungselement

aa) Die grundsätzliche Fragestellung

(1) Eine Grundsatzfrage der Methodenlehre wurde bis jetzt lediglich angedeutet, nämlich die nach dem *Ziel der Interpretation.* ENGISCH[293] hat sie folgendermassen formuliert: «Wird der Sachgehalt des Gesetzes und damit das letzte ‹Auslegungsziel› durch den vormaligen und einmaligen ‹Willen› des historischen Gesetzgebers derart bestimmt und festgelegt, dass der Rechtsdogmatiker in die Spuren des Rechtshistorikers treten muss ..., oder aber ruht der sachliche Gehalt des Gesetzes in ihm selbst und in seinen ‹Worten›, als ‹Wille des Gesetzes›, als objektiver Sinn, der unabhängig ist von dem ‹subjektiven› Meinen und Willen des historischen Gesetzgebers, dafür aber auch notfalls frei beweglich, entwicklungsfähig ...?» Ist das Gesetz also «*entstehungszeitlich*» *(ex tunc) oder «geltungszeitlich» (ex nunc)* zu interpretieren? Der Streit zwischen diesen beiden «Auslegungstheorien», zwischen «Subjektivisten», die primär auf die Absicht des histo-

---

[292] BGE 125 II 417 (425) – *PKK Urteil.* Dazu statt vieler CHIARIELLO, 64 ff., 79 ff., 116 ff.; BENOIT, ZSR 128 (2009) I, 464 ff. Handelt es sich bei der der EMRK widersprechenden Regelung um eine später erlassene Verfassungsnorm (*in concreto* Art. 121a Abs. 3-6 BV [Ausschaffungsinitiative]), so ist das BGer auch hier grundsätzlich an den Vorrang des Völkerrechts (EMRK) gebunden. So BGE 139 I 16 (31). Dazu HANGARTNER, AJP 2013, 698 ff.; BIAGGINI, ZBl 2013, 316 ff.; THÜRER, ZSR 133 (2014) I, 8. Dasselbe gilt nach BGE 142 II 35 (39 f.) auch im Hinblick auf das Freizügigkeitsabkommen der Schweiz mit der EU. Dazu kritisch BIAGGINI, ZBl 2016, 169 f. Offen lassend, ob die EMRK auch gegenüber zivilrechtlichen Normen (etwa des ZGB) Vorrang hat, BGE 122 III 414 (416); 125 III 209 (218).
[293] ENGISCH, Einführung, 160.

rischen Gesetzgebers abstellen wollen[294], und den «Objektivisten», die primär auf den aus Wortlaut und Systematik hervorleuchtenden, dem Gesetz *heute* vernünftigerweise zuzumessenden Sinn verweisen, durchzieht die ganze methodologische Dogmengeschichte.

Anschaulich ENGISCH, Einführung, 160 ff.; LARENZ, 32 ff.; MEIER-HAYOZ, SJZ 1952, 213 ff. Eingehende Darstellung des Theorienstands bei HASSOLD, ZZP 94 (1981) 192 ff. Die nun einmal etablierten Ausdrücke «objektive» bzw. «subjektive» Auslegung sind im Übrigen fragwürdig. Wissenschaftstheoretisch könnte man nämlich eher die empirisch-analytisch an die Entstehungsgeschichte anknüpfende Auslegung als «objektive» Auslegungsmethode bezeichnen, während eine Auslegung, die auf den heute «vernünftigen» Sinn des Gesetzes abstellt und dem Rechtsanwender damit erhebliche Bewertungs- und Anpassungsspielräume zubilligt, eine in diesem Sinn stark «subjektive» Komponente enthält. So schon Ross, 122; vgl. auch VALLENDER, Objektive Auslegung, 71 ff.; BUSSE, 39; MEDER, in: SENN/FRITSCHI (Hrsg.), Rechtswissenschaft und Hermeneutik (Stuttgart 2009) 35 FN 61; KERSCHNER/KEHRER, § 6, 7 N 12.

Die salomonische Formel des § 6 ABGB, wonach dem Gesetz der Sinn beizulegen ist, «welcher aus der eigentümlichen Bedeutung der Worte in ihrem Zusammenhange und aus der klaren Absicht des Gesetzgebers hervorleuchtet», spricht das Dilemma zwar an, führt aber nicht aus diesem heraus[295].

---

[294] In der englischsprachigen Diskussion wird nicht von «Subjektivisten» oder «Subjektivismus», sondern von «Intentionalisten» («intentionalism») oder «Originalisten» («originalism») gesprochen. Zum «Originalismus» (mit seinem Abstellen auf den Wortlaut in seiner ursprünglichen Bedeutung) in der aktuellen Judikatur des amerikanischen Supreme Court J. REICH, Jb. des öffentlichen Rechts NF 65 (2017) 713 ff.

[295] Anders (trotz des Fehlens einer Priorisierung in § 6 ABGB) KERSCHNER/KEHRER, §§ 6, 7 N 14: Entscheidend sei nach § 6 ABGB die Erforschung der «klaren Absicht des Gesetzgebers». A.M. zu Recht L. SCHMID, Rechtstheorie 2016, 211, wonach aus § 6 ABGB keine Lösung des Problems abzuleiten sei; ebenso KODEK, § 6 N 6. Nicht weiterführend ist es, wenn der Gegensatz zwischen den beiden Konzeptionen einfach verbal übertüncht und vom «im Gesetz objektivierten Willen des Gesetzgebers» gesprochen wird (so die Formel des BVerfG etwa in BVerfGE 11, 129 f.).

(2) Es liegt auf der Hand, dass es hier nicht nur um einen praktisch folgenlosen Theorienstreit geht; vielmehr steht eine für die Auslegungstätigkeit der Praxis unmittelbar relevante Weichenstellung auf dem Spiel[296].

Dies kann anhand einiger weniger *Beispiele* illustriert werden: In BGE 76 II 51 ging es um die Frage, ob die Regelung über die Anfechtung von Generalversammlungsbeschlüssen (Art. 706 OR) analog auch auf die Anfechtung von Verwaltungsratsbeschlüssen angewendet werden könne. Das Bundesgericht blockte den – auf Grund objektiv-geltungszeitlicher Betrachtung der Problematik durchaus diskutablen[297] – Analogieschluss ganz einfach mit dem Argument ab, dass aus den Gesetzesmaterialien[298] klar ersichtlich sei, dass die Anfechtung von Verwaltungsratsbeschlüssen vom historischen Gesetzgeber nicht gewollt war[299]. In BGE 112 II 1 ging es um die brisante Frage, ob Art. 57 Abs. 3 ZGB, wonach das Vermögen einer wegen der Verfolgung eines widerrechtlichen Zwecks aufgehobenen juristischen Person an das «Gemeinwesen» falle, auch auf eine Aktiengesellschaft anwendbar sei. Obwohl sich aus der Botschaft des Bundesrats klar ableiten lässt, dass Aktiengesellschaften nicht erfasst werden sollten, stellte das Bundesgericht in objektiv-geltungszeitlicher Interpretation auf «Wortlaut, Sinn und Zweck» der Regelung ab und subsumierte auch die Aktiengesellschaft[300]. In der vielzitierten Entscheidung zum Frauenstimmrecht im Kanton Waadt lehnte

---

[296]   Ebenso WÜRDINGER, JuS 2016, 4. Mit Beispielen aus der deutschen Judikatur FRIELING, 4 ff.

[297]   S. die ausführliche Begründung bei STAUBER, Das Recht des Aktionärs auf gesetz- und statutenmässige Verwaltung und seine Durchsetzung nach schweizerischem Recht (Zürich 1985) 165 ff.

[298]   BGE 76 II 51 (61): Das BGer bezog sich namentlich auf die Ausführungen des ständerätlichen Referenten. Ähnliche Argumentation (aus der klaren Entstehungsgeschichte des Art. 545 OR) in BGE 94 II 119 f.

[299]   Zur «negativen Entstehungsgeschichte» auch unten FN 658.

[300]   Überblick über den Meinungsstand bei FORSTMOSER/MEIER-HAYOZ/NOBEL, § 55 N 133 ff.; Bestätigung von BGE 112 II 1 in BGE 115 II 401.

das Bundesgericht[301] eine auch Frauen subsumierende Interpretation der Kantonsverfassung (Art. 23 KV: «... tous les Suisses âgés de vingt ans révolus ...») mit dem Argument ab, dass der historische Gesetzgeber unter «tous les Suisses» eindeutig nur männliche Schweizer verstanden habe.[302] Gerade gegenteilig entschied das Bundesgericht bekanntlich, als es über dreissig Jahre später um die Interpretation der Kantonsverfassung von Appenzell I. Rh. ging: «Landleute» und «Schweizer» (Art. 16 Abs. 1 KV) seien – trotz klar entgegenstehendem Willen des historischen Gesetzgebers – objektiv zeitgemäss und verfassungskonform auch i.S. weiblicher Bürger zu verstehen[303]. Ein weiteres Beispiel zum – diesesmal – deutschen Verfassungsrecht: Die Frage, ob die Öffnung des Ehebegriffs des BGB für gleichgeschlechtliche Personen (§ 1353 Abs. 1 S. 1 neu BGB) dem Art. 6 Abs. 1 GG («Ehe und Familie stehen unter dem besonderen Schutze der staatlichen Ordnung») widerspricht, ist, – wenn man das GG historisch interpretiert[304] – zweifellos zu bejahen; objektiv zeitgemäss interpretiert kann hingegen von einem Verfassungswandel und damit von einem offenen, nun auch die Verbindung Gleichgeschlechtlicher erfassenden Ehebegriff des GG ausgegangen werden[305].

---

[301] BGE 83 I 173 (179). Zu diesem Urteil in Sachen *Quinche* vor allem die methodologische Kritik von H. HUBER, ZBJV 94 (1958) 465 ff.; GERMANN, ZSR 81 I (1962) 207 ff.

[302] Rein historisch interpretierend auch BGE 13, 1 (4) in Sachen *Kempin*: Die Auffassung, aus Art. 4 BV (alt) sei die völlige rechtliche Gleichstellung der Geschlechter abzuleiten, sei «ebenso neu als kühn» und widerspreche alten Regeln historischer Interpretation.

[303] BGE 116 Ia 359. Die Entscheidung stützt sich stark auf die Argumentation von A. AUER, ZSR 108 (1998) I, 141 ff.; Kritik an der bundesgerichtlichen Methode hingegen bei BIAGGINI, recht 1992, 65 ff.

[304] Diese Orientierung widerspricht der unten (S. 154 ff.) vertretenen methodologischen Position.

[305] S. BROSIUS-GERSDORF, NJW 2015, 3557 ff.; dagegen Chr. SCHMIDT, NJW 2017, 2225 ff.; eingehend (kritisch) auch BÄCKER, AöR 143 (2018) 339 ff.; im Ergebnis zustimmend aber SCHAEFER, AöR 143 (2018) 393 ff. In Österreich ist die Wortfolge «verschiedenen Geschlechts» in der Ehedefinition des § 44

bb) Dogmengeschichtlicher Rückblick und terminologische Klarstellungen

(1) Die «subjektive» und die «objektive» Position wurden und werden noch heute in verschiedenen Varianten vertreten, die noch dazu, was einigermassen verwirrend ist, terminologisch unter verschiedensten Bezeichnungen firmieren.

(2) Historisch überholt ist heute die absolutistischer Staatstradition *(«suprema lex regis voluntas»!*[306]*)* entstammende *«subjektiv-historische Methode»*, wonach auf den tatsächlichen Willen des historischen Gesetzgebers abzustellen sei. Im Anschluss an Stellungnahmen SAVIGNYs[307] hatte noch der grosse Pandektist WINDSCHEID[308] die Auffassung vertreten, der Interpret habe «sich unter Beachtung aller erreichbaren Momente möglichst vollständig in die Seele des Gesetzgebers hineinzudenken». Die «Interessenjurisprudenz» der Tübinger Schule, die vor allem durch Philipp HECK geprägt[309] wurde, wollte hingegen nicht psychologisierend auf den tatsächlichen Willen des historischen Gesetzgebers abstellen – eine Vorgangsweise, die in einer parlamentarischen (in der Schweiz noch dazu durch starke direktdemokratische Elemente geprägten) Gesetzgebung von vorneherein schei-

---

ABGB im Erkenntnis 4.12.2017 (G 258/2017) durch den Verfassungsgerichtshof aufgehoben worden; krit. zur Begründung RUPPE, JBl 2018, 428 ff.; scharf ablehnend CORNIDES, ZöR 73 (2018) 239 ff.; im Ergebnis zustimmend aber CZECH, ZöR 73 (2018) 219 ff.

[306] «Oberstes Gesetz ist der Wille des Königs».

[307] Vgl. vor allem SAVIGNY, 213 («... sich in Gedanken auf den Standpunkt des Gesetzgebers versetzen und dessen Thätigkeit in sich künstlich wiederholen ...»).

[308] WINDSCHEID, Lehrbuch des Pandektenrechts, Bd. I, 7. Aufl. (Frankfurt a.M. 1891) 52.

[309] Die methodologischen Hauptwerke HECKS sind: Das Problem der Rechtsgewinnung (Tübingen 1912); Gesetzesauslegung und Interessenjurisprudenz (Tübingen 1914); Begriffsbildung und Interessenjurisprudenz (Tübingen 1932).

tern muss[310] –, sondern primär auf den Sinn des Gesetzes, welcher «sich ... aus der Beachtung der ganzen historischen Verwurzelung»[311] und der daraus erklärlichen «Konfliktsentscheidungen» des Gesetzgebers historisch ableiten lasse[312]. Es solle mit anderen Worten aus allen greifbaren Anhaltspunkten, namentlich aus den die Entstehung eines Gesetzes dokumentierenden «Materialien» der Gesetzgebung, darüber hinaus aber ganz allgemein aus dem damaligen historischen (politischen, ideologischen, sozialen, ökonomischen) Kontext, aus der so verstandenen *occasio legis*[313] und den hinter der Gesetzgebung stehenden «gesetzgeberischen Zweckbestrebungen»[314] eruiert werden. «Ziel der Auslegung ist die Ermittlung und Verwirklichung des historischen Normzwecks»[315]. Diese Position, die in der modernen schweizerischen Methodenlehre vor allem von MEIER-HAYOZ[316] vertreten wurde, wird im Allgemeinen als *«objektiv-historische Methode»* bezeichnet; man spricht aber auch von (objektiv-) «entstehungszeitlicher» oder «historisch (= subjektiv) – teleologischer» Interpretation[317].

---

[310] Aus amerikanischer Sicht eingehend DWORKIN, Law's Empire (Cambridge Mass./London 1986) 317 ff. Vgl. auch ALLAN, The Cambridge Law Journal 63 (2004) 693: Das Abstellen auf die Absicht des Gesetzgebers «is essentially metaphorical», da diese «does not belong to any particular author». Demgegenüber plädiert SÄCKER (Einleitung N 127) weiterhin für eine am «realen Willen des historischen Gesetzgebers orientierte Auslegung». WISCHMEYER, JZ 2015, 960 ff., bezeichnet den Willen des Gesetzgebers als «kollektiv intentionale Aktivität», der (angeblich!) durchaus Realität zukomme.

[311] BK-ZGB/MEIER-HAYOZ, Art. 1 N 151.

[312] HECK begriff das Gesetz als eine Abwägungsentscheidung im Hinblick auf konfligierende Interessen. Dazu M. AUER, ZEuP 2008, 517 ff.

[313] Frei übersetzt: Die eine Gesetzgebung auslösenden gesellschaftlich/politischen Rahmenbedingungen.

[314] MEIER-HAYOZ, SJZ 1952, 214.

[315] HÖPFNER/RÜTHERS, AcP 209 (2009) 7.

[316] BK-ZGB/MEIER-HAYOZ, Art. 1 N 151 ff.; ebenso etwa A. KELLER, 225 ff.; RIEMER, § 4 N 50 ff.; HÜRLIMANN-KAUP/SCHMID, N 106; TUOR/SCHNYDER/SCHMID/JUNGO, § 5 N 13; STEINAUER, 111 ff.

[317] So BYDLINSKI, Methodenlehre, 451 f.

(3) Dem steht die Auffassung gegenüber, dass das Gesetz in erster Linie nicht «subjektiv» nach dem Willen der an der Gesetzgebung beteiligten Personen und auch nicht als Resultat damaliger rechtspolitischer Bestrebungen, sondern nach dem objektiven Sinn der im Gesetz verwendeten Worte, der Systematik des Gesetzes und – «objektiv-teleologisch» – anhand zeitgemässer, gegenüber der Entstehungszeit des Gesetzes oft veränderter Zwecküberlegungen zu interpretieren sei. Diese *«objektiv-zeitgemässe» Methode,* die auch als (objektiv-)«geltungszeitliche» oder «objektiv-teleologische» Interpretationsmethode bezeichnet wird[318], wurde gegen Ende des 19. Jahrhunderts in der deutschen Lehre namentlich durch das Dreigestirn BINDING, WACH und KOHLER[319] begründet und wird in der neueren deutschen Methodenlehre – wenigstens tendenziell – etwa von LARENZ[320], CANARIS[321] und ZIPPELIUS[322], in der öster-

---

[318] Um das Mass terminologischer Verwirrung voll zu machen, kann man als «subjektiv-zeitgemässe» Methode diejenige bezeichnen, die danach fragt, «was der zeitgemässe Gesetzgeber heute wollen würde» (HÖHN, Praktische Methodik, 122). Eine solche Orientierung der Auslegung am hypothetischen Willen des aktuellen Gesetzgebers befürwortet T. WALTER, Zeitschrift für Internationale Strafrechtsdogmatik 2016, 747 f. Dies erscheint unter demokratietheoretischen Gesichtspunkten nicht unplausibel, scheitert aber praktisch daran, dass die Eruierung des hypothetischen Willens des aktuellen Gesetzgebers (im Hinblick auf eine von ihm gar nicht erlassene Gesetzgebung) in aller Regel zu lediglich fiktiven Ergebnissen führen wird. Sollte es tatsächliche klare Indizien für den hypothetischen Willen des aktuellen Gesetzgebers geben, ginge es – wenn man dies der Auslegung zugrunde legt – nach der hier vertretenen Auffassung um objektiv-zeitgemässe (geltungszeitliche) Methode.

[319] Vgl. BINDING, Handbuch des Strafrechts, Bd. I (Leipzig 1885) 450 ff.; WACH, Handbuch des deutschen Civilprozessrechts, Bd. I (Leipzig 1885) 254 ff.; KOHLER, GrünhutsZ 13 (1886) 1 ff. Zum historisch-politischen Hintergrund der «spektakulären Wende von 1885/1886» anschaulich CARONI, 92 ff.

[320] S. LARENZ/CANARIS, 139: «Ziel der Gesetzesauslegung kann demnach letztlich ... nur die Ermittlung des heute rechtlich massgeblichen, also eines normativen Sinnes des Gesetzes, sein». Dieser sei allerdings unter Berücksichtigung auch der Regelungsabsichten des historischen Gesetzgebers festzustellen.

reichischen prononciert von Armin EHRENZWEIG[323] und in der schweizerischen – mit teilweise unterschiedlicher Akzentsetzung – von EGGER[324], GERMANN[325], MERZ[326] sowie neuerdings von EMMENEGGER/TSCHENTSCHER[327] vertreten[328].

cc) Die Haltung des Bundesgerichts

(1) Bundesgerichtliche Stellungnahmen zum angesprochenen Theorienstreit gibt es in grosser Zahl[329]. Sie fallen aber, wie zu zeigen sein wird, alles andere als einheitlich aus, auch wenn teil-

---

[321] S. vor allem CANARIS, Feststellung von Lücken, wo durchgängig von «immanenten» Wertungen des Gesetzes bzw. von der *ratio legis* oder von (objektiven) «planwidrigen Unvollständigkeiten» des Gesetzes die Rede ist und nicht von der Zwecksetzung des historischen Gesetzgebers oder absichtswidrigen Lücken des Gesetzes. Klares Bekenntnis zur objektiven Auslegungstheorie auch in der Leitentscheidung des deutschen BVerfG BVerfGE 1, 299 (312).

[322] ZIPPELIUS, 17 ff.; 19 ff. Kurz und bündig Chr. BALDUS, in: BALDUS/THEISEN/VOGEL, 26: «Es gilt die Norm, nicht der Normgeber». Scharfe Ablehnung der objektiv-teleologischen Auslegungsmethode aber bei RÜTHERS/FISCHER/BIRK, Rechtstheorie, § 22 N 806 ff.

[323] EHRENZWEIG, 78 f.; s. nun auch WELSER/KLETEČKA, 27 ff., wo (N 99) davon ausgegangen wird, dass die objektiv-teleologische Interpretation die «zentralste Rolle bei der Auslegung von Gesetzen» spiele. Anders (Primat der historischen Auslegung) KERSCHNER, in: FENYVES/KERSCHNER/VONKILCH (Hrsg.), 200 Jahre ABGB. Evolution einer Kodifikation (Wien 2012) 128 f.; 133; KERSCHNER/KEHRER, §§ 6, 7 N 39, N 100. Dazu kritisch und a.M. (Vorrang des objektiven Auslegungselements) KODEK, § 6 N 138 ff.

[324] EGGER, Art. 1 N 15 f.; früher namentlich GMÜR, passim.

[325] GERMANN, Probleme, 74 ff.

[326] MERZ, AcP 163 (1963) 317 ff.

[327] Art. 1 N 173 ff.

[328] Selbe Grundtendenz auch bei OFTINGER, SJZ 1967, 353 ff., 358 f.; YUNG, 64 ff.; PERRIN, SemJud 1983, 609 ff.; *ders.*, 243 ff.; STRATENWERTH, Festschrift Germann, passim.

[329] Analyse der älteren Praxis bei PERRIN, SemJud 1983, 609 ff. Eingehende Darstellung der neuesten Judikatur des BGer zu methodologischen Fragen durch HÜRLIMANN-KAUP, ZBJV 155 (2019) 79 ff.

weise immer wieder repetierte «Stehsätze» verwendet werden[330].
Diesem Schwanken des Bundesgerichts wurde von MEIER-
HAYOZ[331] nicht ganz zu Unrecht «grundsätzliche Grundsatzlo-
sigkeit» vorgeworfen.

(2) Sozusagen aus der Not eine Tugend machen die Entscheidungen, die sich bewusst nicht festlegen, sondern entweder
alle nur irgendwie denkbaren Auslegungskriterien ungewichtet
nebeneinander stellen[332] oder i.S. eines unverblümten «Metho-
dendezisionismus» die methodischen Argumente wählen, «qui
lui [dem Bundesgericht] paraissent, dans le cas particulier, les
plus propres à dégager le veritable sens de la norme». Ist es das
historische Argument, das angeblich dem «wahren Sinn der
Norm» am ehesten förderlich ist, so rückt, wie etwa die gerade
zitierte Entscheidung BGE 83 I 173 (178 f.) belegt, dieses in den
Vordergrund, ist es umgekehrt das «wörtlich-grammatikalische»,
so ist – wie z.B. in BGE 110 Ib 1(8) – eben dieses massgebend.
Diese eklektische Haltung wird in der neueren Rechtsprechung
als *pragmatischer Methodenpluralismus»* apostrophiert[333]. Dies
klingt zwar – zumal für postmoderne Methodologen[334] – gut, ist
aber unter rechtsstaatlichem Gesichtspunkt eine eher unerfreuli-

---

[330] Sehr kritische Auflistung der verschiedenen methodologischen Testbausteine
des BGer bei HOTZ, 33 ff.

[331] MEIER-HAYOZ, SJZ 1956, 173. Neuerdings STEINAUER, 110: «… défaut com-
plet de directives méthodologiques de la part de notre haute cour …». Zur deutschen Judikatur (im Hinblick auf die Relevanz von Materialien) FRIELING, 3:
«Es herrscht Willkür!»

[332] So etwa BGE 130 II 65 (71).

[333] S. etwa BGE 110 Ib 1 (8); 114 V 219 (220); 121 III 219 (225); 125 II 326 (333);
BGer ZBGR 2003, 91 (96); BGE 127 III 415 (416); 128 I 34 (41); 130 III 76
(82); 133 III 175 (178); 133 III 645 (651); 134 V 170 (174); 135 III 112 (116);
136 III 283 (284); 138 II 440 (453); 138 III 694 (698); 139 £III 411 (415); 140
III 206 (214); 141 II 262 (272); 143 III 646 (649); 143 IV 49 (54).

[334] Kennzeichnend FEYERABEND, Wider den Methodenzwang, 10. Aufl. (Frankfurt
a.M. 2007).

che Position[335], so sehr der *Methodenopportunismus* des Bundesgerichts (um den es in Wirklichkeit geht) aus der Sicht des Gerichts, das sich im Bestreben, eine «vernünftige» Entscheidung zu fällen, die Hände nicht binden lassen möchte[336], auch verständlich sein mag. Die Regeln der Methodenlehre dienen in dieser Optik streng genommen nur mehr dazu, ein primär gefühlsmässig als «billig» erkanntes Auslegungsergebnis *ex post* zu legitimieren, und entbehren damit jeglicher die Auslegungstätigkeit der Gerichte verobjektivierender Steuerungsfunktion[337].

---

[335] Treffend H. HUBER, ZBJV 94 (1958) 466 f.: Wenn das BGer (in BGE 83 I 173 [178 f.]) ausführt, «jede Methode sei ihm genehm, die ihm im Einzelfall den Sinn der Norm am besten blosszulegen scheine, so muss man beinahe erschrecken, denn die Bestimmung der Interpretationsmethode kann doch nicht dem Gutdünken überlassen, sondern muss etwas Vorgegebenes sein, d.h. es existieren zulässige und unzulässige Methoden ...»; ebenso SCHÜNEMANN, 171 f.: Wenn die Methodenwahl vom Einzelproblem abhänge, sei der Prozess der Auslegung offensichtlich «zirkulär, weil die Wahl der das Einzelproblem entscheidenden Auslegungsmethode ihrerseits von dem Einzelproblem gesteuert wird, die ganze Argumentation sich infolgedessen in einer petitio principii erschöpft». Kritisch gegen den bundesgerichtlichen «Methodenpluralismus» auch PICHONNAZ/VOGENAUER, AJP 1999, 417 ff. («une méthode sans méthode»). Nach AMSTUTZ, ZSR 126 (2007) II, 272, führt der Methodenpluralismus zu einer «kaum noch begrenzten Rechtsfindungsfreiheit». BIAGGINI, Ratio legis, 67, hält die Berufung auf den «Methodenpluralismus» ebenfalls für bedenklich, meint jedoch, das BGer betreibe in Wirklichkeit einen (von ihm unterstützten) «regelgeleiteten Auslegungspragmatismus»; *ders.*, Symposium Rhinow, 44. Eloquenter Versuch einer Rechtfertigung des bundesgerichtlichen «Methodenpluralismus» bei H.P. WALTER, recht 1999, 157 ff.; *ders.*, ZBJV 147 (2011) 225, wo von «Elementenpluralismus» gesprochen wird; zustimmend auch CR CC I/WERRO, Art. 1 N 61 ff.; EMMENEGGER/TSCHENTSCHER, Art. 1 N 201 ff. Nach SEILER, Praktische Rechtsanwendung, 129, ist die vom BGer praktizierte «herkömmliche Methode ... besser als ihr Ruf».

[336] Diesen Gesichtspunkt betont im Hinblick auf das Postulat der Einzelfallgerechtigkeit H.P. WALTER, in: EHRENZELLER u.a. (Hrsg.), Präjudiz und Sprache – Precedence and its Language (St. Gallen/Baden-Baden 2008) 143. So darf es nicht überraschen, dass HOPF in seiner Analyse der Rechtsprechung des OGH zum Ergebnis kommt, dass das österreichische Höchstgericht in Methodenfragen ebenfalls einem «Methodenpragmatismus» huldige. S. HOPF, 1074.

[337] Die Ergebnisorientiertheit der bundesgerichtlichen «Methode» kommt besonders offen im folgenden Stehsatz zum Ausdruck: «Gefordert ist die sachlich

(3) Eine ganze Reihe von Entscheidungen des Bundesgerichts, die sich zum Verhältnis zwischen entstehungszeitlicher und geltungszeitlicher Interpretation äussern, versuchen demgegenüber zu grundsätzlicheren Standortbestimmungen zu gelangen.

Auf der einen Seite stehen Urteile, die mehr oder minder kompromisslos dem *Objektivismus* huldigen. Kennzeichnend für diese Position ist BGE 81 I 274 (282): Es sei «nicht massgebend, was in den Gesetzesmaterialien steht oder was bei der Gesetzesberatung in der gesetzgebenden Behörde gesagt wurde»; massgebend sei vielmehr allein, «was dem Gesetz im Lichte allgemeiner Rechtsanschauungen zu entnehmen ist, wobei die gegenwärtigen Verhältnisse zu berücksichtigen sind»[338]. Von einer grundsätzlich objektivistischen Sicht geht das Bundesgericht auch aus, wenn es betont, dass das Gesetz «aus sich selbst heraus» auszulegen ist.[339]

Weniger kompromisslos objektivistisch ist die Stellungnahme, die etwa durch BGE 112 II 1 (4) repräsentiert ist: Vorarbeiten zur Gesetzgebung seien «weder verbindlich noch für die Auslegung unmittelbar entscheidend»; insbesondere seien «Äus-

---

richtige Entscheidung im normativen Gefüge, ausgerichtet auf ein befriedigendes Ergebnis der ratio legis. Dabei befolgt das Bundesgericht einen pragmatischen Methodenpluralismus ...» (so BGE 121 III 219 [225]; neuerdings etwa BGE 135 III 112 [116]; 144 III 100 [103]). Treffend zu dieser «*ex-post*-Methode» STRATENWERTH, Allgemeiner Teil I, § 4 N 34: «Der ‹wahre Sinn› der Norm, der durch Auslegung erst zu ermitteln wäre, soll also seinerseits darüber entscheiden, welche Methode der Auslegung im konkreten Fall am ehesten geeignet wäre, ihn festzustellen». Vgl. auch schon die Zitate in FN 335.

[338] Ähnlich im Ansatz klar objektivistisch etwa BGE 63 II 143 (155 f.); 68 II 116 (124); 116 Ia 359 (368) sowie die in FN 350 zitierten Entscheidungen. Vgl. auch BGE 110 II 293 (300): Trotz klarer Absicht des Gesetzgebers sei objektiv-teleologisch zu interpretieren; BGE 103 Ia 394 (403) und 107 Ia 234 (237): «Der Wandel der tatsächlichen Verhältnisse» soll durch objektivzeitgemässe Interpretation berücksichtigt werden, sofern dies mit dem Gesetzeswortlaut vereinbar ist. Zur Anpassungsfunktion der Auslegung auch etwa schon BGE 82 I 150 (153). S. auch BGE 123 III 292 (298): Abstellen auf «zeitgemässe Rechtsüberzeugung» und «geltungszeitliches Grundsatzdenken».

[339] So etwa BGE 142 III 102 (106); 143 III 646 (649).

serungen von Stellen oder Personen, die bei der Vorbereitung mitwirkten, nicht massgebend, wenn sie im Gesetzestext nicht selber zum Ausdruck kommen». Verbindlich seien nur «die Normen selber ..., die von der gesetzgebenden Behörde in der hiefür vorgesehenen Form erlassen worden sind». Das bedeute freilich nicht, «die Gesetzesmaterialien seien unbeachtlich. Bei unklaren oder unvollständigen Bestimmungen können sie vielmehr als wertvolles Hilfsmittel herangezogen werden, um den Sinn einer Norm zu erkennen und damit falsche Auslegungen zu vermeiden»[340]. Dem fügt BGE 115 V 347 (349) bei, dass insbesondere bei «verhältnismässig jungen Gesetzen»[341] «der Wille des historischen Gesetzgebers nicht übergangen werden» dürfe, da, wie es etwa in BGE 135 III 59 (63) und 139 III 98 (100) heisst, davon auszugehen sei, dass «sich die gesellschaftlichen Verhältnisse seither nicht wesentlich verändert haben». Freilich müssten die Materialien eine klare Antwort geben[342] und im Gesetzestext ihren Niederschlag gefunden haben[343].

---

[340] Teilweise wörtlich identisch etwa BGE 100 II 52 (57); 112 II 167 (170); ähnlich auch BGE 116 Ia 359 (368); 125 II 192 (196); 134 V 170 (174). Nach BGE 100 II 52 (57) «kann es sogar geboten sein, die Entstehungsgeschichte heranzuziehen», wenn «der Wortlaut einer Bestimmung verschiedene sich widersprechende Auslegungen» zulässt und die Materialien «eine klare Antwort» geben. Ähnlich im Völkerrecht Art. 32 WVK.

[341] Dieses Argument erwähnt neben BGE 115 V 347 (349) etwa BGE 118 II 50 (53); in BGE 127 III 342 (344) wird auf den «(jungen) gesetzgeberischen Willen» abgestellt; vgl. auch BGE 131 II 697 (703); 133 V 9 (11); 133 III 273 (278); 134 V 170 (175); 137 III 470 (472); 138 II 440 (453); 142 V 457 (460); 144 I 242 (252); 144 III 29 (40); 145 III 56 (59). Ebenso – negativ – auch BGE 103 Ia 288 (290) sowie BGE 116 II 525 (527): Die Materialien seien um so weniger zu beachten, je weiter sie zeitlich zurückliegen (ebenso BGE 114 Ia 191 [196]; 116 II 411 [415]).

[342] Das Argument der Klarheit betonen etwa auch BGE 100 II 52 (57 f.); 103 II 294 (304); 114 Ia 191 (196); 116 II 525 (527); 122 III 469 (474); 133 III 273 (278); 134 V 170 (175); 139 III 368 (373); 141 III 101 (103); 141 V 25 (28).

[343] So neben BGE 115 V 347 (349) etwa auch BGE 114 Ia 191 (196); 116 II 525 (527); 122 III 469 (474); 134 V 170 (175); 139 III 368 (373).

(4) Andere Entscheidungen gehen noch prononcierter *«sub-jektivistisch»* vor: So stellten BGE 68 II 106 (111) und 83 IV 128 (130) entscheidend auf die klare Absicht des historischen Gesetzgebers ab[344]. Diese sei grundsätzlich verbindlich, es sei denn, sie sei mit dem Text unvereinbar oder «absolument inacceptable en pratique»[345]. In BGE 116 II 525 (527)[346] wird zwar anfänglich «objektivistisch» betont, dass «das Gesetz ... in erster Linie aus sich selbst heraus (d.h. nach Wortlaut, Sinn und Zweck) und den ihm zugrunde liegenden Wertungen ausgelegt werden» müsse; eine historisch orientierte Auslegung sei «daher für sich allein nicht entscheidend». Daran anschliessend wird zum Stellenwert der Materialien ausgeführt, diese fielen nur «ins Gewicht», «wenn sie angesichts einer unklaren gesetzlichen Bestimmung eine klare Antwort geben und im Gesetzeswortlaut einen Niederschlag gefunden haben»[347]. Dann aber knüpft das Bundesgericht an die von MEIER-HAYOZ betonte Priorität der objektiventstehungszeitlichen Methode an: Der Richter müsse «zuerst den entstehungszeitlichen Sinn einer Norm ... ermitteln». Die «Regelungsabsicht und die vom Gesetzgeber in Verfolgung seiner Absicht erkennbar getroffenen Wertentscheidungen» blieben «für den Richter verbindliche Richtschnur, auch wenn er das Gesetz mittels teleologischer Auslegung oder Rechtsfortbildung neuen, vom Gesetzgeber nicht voraussehbaren Umständen anpasst oder ergänzt».

So BGE 116 II 525 (527); wörtlich selber Zitatteil in BGE 134 III 273 (277); 135 V 319 (321); ähnlich («verbindliche Richtschnur») auch BGE 140 III 206

---

[344] Sehr subjektivistisch BGE 119 II 183 (186): «... la volonté du législateur ... demeure, avec les jugements de valeur qui la sous-tendent, un élément décisif dont le juge ne saurait faire abstraction même dans le cadre d'une interprétation téléologique». Neuerdings BGE 127 III 342 (344): «An diesen (jungen) gesetzgeberischen Willen ist das Bundesgericht gebunden». Dazu die krit. Anm. RIEMER, recht 2002, 150.

[345] BGE 83 IV 128 (130) und gleichsinnig BGE 68 II 106 (111).

[346] Weitgehend identisch bereits BGE 114 Ia 191 (196).

[347] Insofern identisch BGE 122 III 324 (325).

(213 f.). Zur hin und her schwankenden Position von BGE 116 II 525 (527) HÖHN, Praktische Methodik, 214: Der zitierte Entscheid bringe leider «keine Klarheit, sondern stiftet Verwirrung, da er widersprüchlich ist». Wenig erhellend auch BGE 118 II 273 (280): «Ergeben sich aus der Entstehungsgeschichte keine eindeutigen Anhaltspunkte dafür, ob der Gesetzgeber tatsächlich das Ergebnis gewollt hat, zu dem eine wörtliche Auslegung des Gesetzestextes führt, so rechtfertigt es sich ganz besonders, nach dem Zweck der Norm zu fragen». Sehr unklar auch BGE 121 III 219 (225) und 127 III 415 (416): «Die Auslegung des Gesetzes ist zwar nicht entscheidend historisch zu orientieren, im Grundsatz aber dennoch auf die Regelungsabsicht des Gesetzgebers und die damit erkennbar getroffenen Wertentscheidungen auszurichten, da sich die Zweckbezogenheit des rechtsstaatlichen Normverständnisses nicht aus sich selbst begründen lässt, sondern aus den Absichten des Gesetzgebers abzuleiten ist, die es mit Hilfe der herkömmlichen Auslegungselemente zu ermitteln gilt». «Zwar nicht entscheidend», «im Grundsatz aber dennoch»: Wie soll man dies deuten? Unschlüssig auch BGE 129 I 12 (15 f.): Das Gesetz sei in erster Linie «aus sich selbst heraus» auszulegen. «Eine historisch orientierte Auslegung» sei «für sich allein nicht entscheidend. Andererseits vermag aber nur sie die Regelungsabsicht des Gesetzgebers», wie sie sich insbesondere aus den Materialien ergebe, «aufzuzeigen, welche wiederum zusammen mit den zu ihrer Verfolgung getroffenen Wertentscheidungen verbindliche Richtschnur des Richters bleibt»; ähnlich BGE 143 III 646 (649). Kritisch zu den verschiedenen, immer wieder repetierten Methodenformeln des BGer auch BIAGGINI, Ratio legis, 66: «Das Bundesgericht ist aufgerufen, dem Wildwuchs der unterschiedlichen – zum Teil widersprüchlichen – Methodenformeln und Textbausteine ein Ende zu setzen».

dd) Die Argumente für eine eher «objektive» bzw. «subjektive» Auslegungsmethode

(1) Eine Klärung der recht verworren erscheinenden Situation ist nur erreichbar, wenn man sich auf die Argumente besinnt, die eher für bzw. gegen eine «subjektive» bzw. «objektive» Orientierung der Auslegungsmethode sprechen. Die zögernde Formulierung deutet bereits an, dass kompromisslose Extremlösungen – wie etwa ein bedingungsloser «Materialienkult» – von vorneherein nicht akzeptabel erscheinen, dass im Ergebnis also wahr-

scheinlich eine vermittelnde Stellungnahme am Platz sein wird. Philipp HECK[348] kommt das Verdienst zu, die Argumente, die für die objektive Position geltend gemacht worden sind, systematisch aufgelistet und einer kritischen Überprüfung unterzogen zu haben. Von seiner Argumentensammlung wird im Folgenden ausgegangen.

(2) Zugunsten der objektiven Position wird oft das *«hermeneutische»* (also das der allgemeinen geisteswissenschaftlichen Interpretationstheorie entnommene) *Argument* angeführt, wonach der Text eines Gesetzes, genauso wie der anderer «Geisteswerke» wie vor allem Werke der Dichtkunst, sich mit der Publikation von seinem Urheber löse und ein von diesem nicht mehr beherrschtes Eigenleben entfalte[349]. Dem Gesetz komme, wie das Bundesgericht[350] formuliert hat, ein «eigenständiges, vom Willen des Gesetzgebers unabhängiges Dasein» zu, sobald es in Kraft getreten ist. Für die Interpretation bedeutet dies nach der oft zitierten Formulierung RADBRUCHs[351]: «Der Ausleger kann das Gesetz besser verstehen als es seine Schöpfer verstanden haben, das Gesetz kann klüger sein als seine Verfasser – es *muss* sogar klüger sein als seine Verfasser».

Das Argument einer hermeneutischen Sachlogik zugunsten einer vom Urheber eines Textes emanzipierten («autonomen»)

---

[348] HECK, Gesetzesauslegung und Interessenjurisprudenz, 67 ff.; ihm folgend HASSOLD, ZZP 94 (1981) 207 ff.

[349] Man spricht auch von der «überschiessenden Bedeutung eines Geisteswerkes». Vgl. COING, 27; MERZ, AcP 163 (1963) 318 f. Zur «Wirkungsgeschichte» eines Geisteswerkes GADAMER, 305 ff.

[350] BGE 115 V 347 (349); ebenso etwa BGE 112 II 167 (170); 134 V 170 (174 f.); 139 III 368 (373). S. auch MEZGER, ZStrW 59 (1940) 573: «Das Gesetz geht, sobald es in die Erscheinung getreten ist, in ein soziales Kräftefeld ein, dem es von nun ab seine Weitergeltung, aber auch seine inhaltliche Weiterbildung entnimmt».

[351] RADBRUCH, 207; ebenso früher (1885) schon VON BÜLOW (zit. nach MEDER, in: SENN/FRITSCHI [Hrsg.], Rechtswissenschaft und Hermeneutik, Stuttgart 2009, 32).

Interpretation ist allerdings keineswegs zwingend[352]. Es erscheint durchaus nicht von vorneherein illusorisch, den Interpreten zu einer möglichst an den Intentionen des Urhebers orientierten Auslegung anzuhalten. Für die Methode der Gesetzesauslegung entscheidend ist somit die Frage, ob es *rechtliche* Argumente gibt, die für (bzw. gegen) eine solche urheberorientierte Interpretation sprechen[353]. RADBRUCHs gerade zitiertes Aperçu, dass das Gesetz klüger sein könne, ja müsse, als seine Verfasser, erscheint zusätzlich bedenklich, da es zu einer dem Gesichtspunkt der «Methodenehrlichkeit» zuwiderlaufenden Verschleierung der Eigenwertung des Richters geradezu auffordert. Er kann diese hinter dem metaphorisch «klügeren» Gesetz verstecken und die *ratio iudicis* bequem und ohne Offenlegung der Begründung als *ratio legis* ausgeben[354].

(3) Sucht man nach spezifisch juristischen Argumenten, so spricht das *«Formargument»,* wonach rechtsverbindlich nur der Text des Gesetzes sei, der «von der gesetzgebenden Behörde in der hierfür vorgesehenen Form erlassen worden ist»[355], und nicht blosse Vorarbeiten (*travaux préparatoires*), *prima vista* für die völlige Irrelevanz der Gesetzesmaterialien. Aber auch dieser Schluss ist keineswegs zwingend. Das Formargument spricht nicht dagegen, einen Gesetzestext, der mehrere Deutungen zu-

---

[352] S. vor allem E. D. HIRSCH Jr., Prinzipien der Interpretation (München 1972) 15 ff.; vgl. auch ENGISCH, Einführung, 118. Eingehend nun auch FRIELING, 187 ff.

[353] Letztlich entscheidend sind – wie für alle grundsätzlichen methodologischen Weichenstellungen (s. oben S. 49 f.) – staatstheoretische Erwägungen über Rolle und Funktion des Richters. Richtig KOCH/RÜSSMANN, 179: «Damit bilden *staatstheoretische Erwägungen die Begründung für die Wahl der Auslegungsziele,* nicht dagegen sprachphilosophische Überlegungen oder gar hermeneutische Spekulationen darüber, was der ‹wahre Sinn› von Texten und was ein ‹richtiges Verstehen› ist».

[354] S. etwa MEIER-HAYOZ, SJZ 1952, 216; SÄCKER, Einleitung N 80.

[355] BGE 112 II 1 (4); Eidg. Versicherungsgericht 13.11.1995 (nur teilweise abgedruckt in BGE 121 V 181). S. auch R. WALTER, 195 f., zur Bedeutung des Kundmachungserfordernisses.

lässt, an Hand der Materialien möglichst i.S. des historischen Gesetzgebers zu interpretieren. Bedenklich erschiene die Berücksichtigung der Materialien lediglich dann, wenn die darin angestellten Erwägungen im Gesetzestext – wie auch immer interpretiert – überhaupt nicht zum Ausdruck kommen, in diesem Sinn nicht einmal «angedeutet» sind[356]. Beachtet man diese Einschränkung, so könnte als verfassungsrechtliches Argument für eine möglichst an den Intentionen des Gesetzgebers ausgerichtete Auslegung angeführt werden, dass nur eine solche Orientierung dem Gewaltenteilungsprinzip, sprich: der Gesetzesbindung der Rechtsprechung, gerecht werde[357]. Dagegen liesse sich freilich wiederum anführen, dass – auch verfassungstheoretisch – längst unbestritten ist, dass nicht von einer strikten Gewaltenteilung auszugehen, es vielmehr legitim ist, dass der Justiz in einem gewissen, eingeschränkten Mass die Funktion einer aktualisierenden Anpassung, eines «aggiornamento» der Gesetzgebung an die Erfordernisse der jeweiligen Zeit zukommt[358].

(4) Das *«Vertrauensargument»* für eine eher objektive Interpretation bezieht sich auf den «Empfängerhorizont» der Bürger, die sich am Gesetzestext – verstanden nach heutigem Sprachgebrauch – orientieren können sollten[359], von denen somit nicht ver-

---

[356] Zur «Andeutungstheorie» etwa HASSOLD, ZZP 94 (1981) 208. Explizit Art. 9 Abs. 2 portugiesischer Código Civil: Keine Beachtung des Willens des Gesetzgebers, wenn er im Wortlaut nicht einmal angedeutet ist.

[357] Vgl. BK-ZGB/MEIER-HAYOZ, Art. 1 N 152. Das verfassungsrechtliche Argument wird von BIAGGINI, recht 1992, 67, betont: «Müsste – unter dem Blickwinkel des Demokratieprinzips – nicht ... der gesetzgeberischen Regelungsabsicht ein beträchtliches, wenn nicht entscheidendes Gewicht bei der Normanwendung zukommen ...?».

[358] Vgl. etwa SEILER, 297 ff. Ausführlicher unten S. 337 ff.

[359] S. etwa DESCHENAUX, 84: «Der Richter hat aus dem Gesetz den Sinn herauszuschälen, den die Gesetzesadressaten ihm vernünftigerweise beilegen können»; STAUFFER, ZBJV 87 (1951) 7 f.; vgl. auch BGE 114 Ia 25 (28). Interessantes Argument aus der Funktionsweise der direkten Demokratie (das Volk stimmt über den *Wortlaut* der Referendumsvorlage ab) bei SPEISER, ZSR NF 4 (1885) 559 f.

langt werden dürfe, auch noch die Materialien in ihre interpretativen Überlegungen miteinzubeziehen. Dieses Argument erscheint im Hinblick auf Materialien, die im Gesetzestext nicht einmal andeutungsweise aufscheinen, als durchaus einleuchtend, spricht aber offenbar nicht dagegen, bei mehreren textlich möglichen Interpretationen diejenige auszuwählen, die dem Willen des historischen Gesetzgebers am ehesten entspricht. In Bezug auf die Frage, welche Sprachkonvention der Interpretation eher zugrunde zu legen ist, die aktuelle oder die, die dem historischen Gesetzgeber vertraut war, spricht das Vertrauensargument doch wohl grundsätzlich für die Anknüpfung an den heutigen Sprach- bzw. Verständnishorizont[360].

(5) Als gewichtigstes Argument für die objektiv(-teleologische) Interpretation erscheint das «*Rechtsfortbildungsargument*» *(«Ergänzungsargument»):* «Le législateur légifère un jour, mais la loi est faite pour durer»[361]. Nur die objektiv-teleologische Interpretation und Rechtsfortbildung erlaubt, so scheint es, die kontinuierliche Anpassung der Gesetze an aktuelle Erfordernisse, an neue «Normsituationen». Ansonsten würde das Gesetz mit einem Sinngehalt «versteinert», der zwar historisch verständlich, heute aber einfach anachronistisch erschiene[362]. Wie gezeigt[363], sind es gerade «wertungsoffene» Tatbestands- und Rechtsfolgeelemente, namentlich Generalklauseln, die durch den Interpreten elastisch an neue Wertungshorizonte angepasst werden

---

[360] S. schon oben S. 98 f.

[361] YUNG, 68.

[362] S. etwa BGE 82 I 150 (153): «Ein starres Festhalten an den Vorstellungen zur Zeit des Erlasses eines Gesetzes würde dessen Anpassung an veränderte Tatsachen, Gegebenheiten und Anschauungen verhindern und zu einer raschen Überalterung der Gesetzgebung führen»; dazu (zustimmend) OFTINGER, SJZ 1967, 358 f.; ebenso das BGer im bekannten Entscheid zum Frauenstimmrecht in Appenzell I. Rh. BGE 116 Ia 359 (386); weit. Nachw. zur Judikatur oben FN 338. Instruktiv zur Einbeziehung der Zeitgeschichte in die Verfassungsinterpretation (anhand des Appenzeller Stimmrechtsentscheids) HAFNER, AJP 1996, 296 ff.

[363] Oben S. 83 ff.

können. Wie könnten unsere alten Zivilrechtskodifikationen – man denke an den Code Civil von 1804 oder das österreichische ABGB von 1811 – in einer radikal veränderten gesellschaftlichen Umwelt vernünftig weiterexistieren, würden sie heute noch in dem Sinn interpretiert, der ihnen vom historischen Gesetzgeber zugedacht worden ist?

S. das Votum von GRIMM, in: Verhandlungen des Fünften Österreichischen Juristentages Wien 1973, Bd. II/1 (Wien 1974) 116: «... zentrale Institute unseres Privatrechts wie Eigentum, Haftung, Vertrag stammen aus vorindustrieller Zeit... Wenn in dieser Situation das Recht seine Steuerungsfunktion nicht einbüssen will, bleibt nur der Ausweg, dass der Rechtsanwender einen Ausgleich vornimmt und gewissermassen als Komplementärgesetzgeber wirkt». Zum französischen Code Civil plastisch KÖTZ, Über den Stil höchstrichterlicher Entscheidungen (Konstanz 1973) 11 f.: «Man braucht sich nur daran zu erinnern, dass der französische Code Civil nun seit bald 170 Jahren in Geltung steht und dass sein Wortlaut über weite Strecken noch immer der gleiche ist wie im Jahre 1804, und man wird verstehen, dass das Gesetzbuch, um in einer total veränderten Umwelt funktionsfähig zu bleiben, inzwischen mit einer so starken Schicht von Richterrecht überkrustet worden ist, dass man heute getrost das Gesetz darunter fortziehen könnte, ohne dass es zum Einsturz des Gebäudes käme». Ein gutes Beispiel für die Anpassungsleistung der Bundesgerichtsjudikatur ist BGE 110 II 466 («*Schachtrahmen*-Entscheid» zur auf Art. 55 OR gestützten Produktehaftung).

Dieses Rechtsfortbildungsbedürfnis wird heute freilich auch von den meisten Anhängern einer primär an der Entstehungsgeschichte orientierten Auslegungsmethode keineswegs geleugnet: «Wenn die historische Deutung einer Norm sich für die veränderten Lebensverhältnisse als unbefriedigend oder gar untragbar erweist», dann ist es, wie MEIER-HAYOZ[364] betont hat, dem Richter letztlich «geboten, das durch entstehungszeitliche Interpretation gewonnene Resultat zu verlassen und durch eine sich an den

---

[364] BK-ZGB/MEIER-HAYOZ, Art. 1 N 154; ebenso schon LIVER, Wille des Gesetzes, 28 f.; anders – Versteinerungen ausdrücklich in Kauf nehmend – GELZER, recht 2005, 47 (zusammenfassend); dagegen zu Recht VAN SPYK, recht 2005, 213 ff.

Rahmen des Gesetzeswortlauts haltende Rechtsfortbildung einen neuen Sinn zu ermitteln». Die Entstehungsgeschichte dürfe «nicht zum Vorwand werden, um sachlich gerechtfertigte oder machtvoll sich aufdrängende Anpassungen an die Gegenwart zu verhindern». Diese richterlichen Anpassungen müssten vom Rechtsanwender aber selbständig deklariert und begründet werden; in diesem «Begründungszwang» sieht MEIER-HAYOZ einen besonderen Vorzug der grundsätzlich entstehungszeitlich orientierten Auslegung gegenüber dem objektiv-teleologischen (geltungszeitlichen) Ansatz mit dessen latenter Versuchung, dass sich die Gerichte hinter einem imaginären «klügeren Gesetz» oder einer ebenso imaginären, nicht näher begründeten, angeblich gegenwartsbezogenen Zwecküberlegung verstecken.

S. BK-ZGB/MEIER-HAYOZ, Art. 1 N 155; von der «objektiven Auslegung» als «Zauberformel» spricht kritisch VALLENDER, Objektive Auslegung, 84; vgl. auch BUSSE, 33 ff.; JESTAEDT, 61 (zusammenfassend). Nach VESTING, 121 (N 199), eröffnen Objektivismus und Teleologie «Möglichkeiten und Spielräume für einen nahezu ungefilterten Wirklichkeitszugriff». Eingehende kritische Stellungnahme gegen die «objektive Theorie» bei RÜTHERS/FISCHER/BIRK, Rechtstheorie, § 22 N 806 ff.; vgl. auch RÜTHERS, JZ 2006, 60, wo er stark dramatisierend (krit. auch OGOREK, 160 f.) meint, die objektiv-teleologische Methode sei geradezu verfassungswidrig. Deutschland verwandle «sich durch diese Methodenpraxis von einer parlamentarischen Demokratie in einen oligarchischen Richterstaat»; *ders.*, Rechtstheorie 2009, 262 f.; *ders.*, Die heimliche Revolution vom Rechtsstaat zum Richterstaat (Tübingen 2014); der Position RÜTHERS entspricht es, wenn HILLGRUBER, Journal für Rechtspolitik 9 (2001) 284, die Auffassung vertritt, einzig die subjektiv-teleologische Methode sei verfassungsmässig. Zu den verfassungsrechtlichen Grenzen richterrechtlicher Rechtsfortbildung unten S. 334 ff.

ee) Eigene Stellungnahme

(1) Die Grundsätzlichkeit des juristischen Methodenstreits wird weitgehend entschärft, wenn man in entscheidenden Fragen der jeweiligen Gegenposition entgegenkommt, d.h. als «Objektivist» anerkennt, dass die – weitgehend durch die Materialien vermittel-

te – Entstehungsgeschichte des Gesetzes für die Interpretation keineswegs irrelevant ist, und, wie gerade gezeigt, als «Subjektivist» zugesteht, dass das Gesetz vom Rechtsanwender sehr wohl an die aktuellen Bedürfnisse angepasst werden kann[365]. Im praktischen Ergebnis spielt es daher in vielen Fällen keine Rolle, ob man sich grundsätzlich zur objektiven bzw. subjektiven Position bekennt, wenn man, wie das auch hier geschieht, eine solche *vermittelnde Position* favorisiert[366].

(2) Für ein *grundsätzliches Bekenntnis zur geltungszeitlichen, objektiv teleologischen Auslegungsoptik* spricht einmal, dass die Rechtsanwendung kein Akt der «Vergangenheitsbewältigung» oder gar «interpretatorischer Archäologie»[367] ist, sondern – da aktuelle Fälle zu entscheiden sind – ein gegenwartsbzw. zukunftsbezogenes Geschäft; dem entspricht es, das Gesetz im Streitfall grundsätzlich so zu interpretieren, dass es dieser Funktion – Bewältigung gegenwärtiger Konfliktlagen – am adäquatesten gerecht wird. Oder in den Worten des grossen französischen Rechtslehrers Raymond SALEILLES: Gesetzesinterpretation ist «une recherche d'adaption sociale …; il s'agit d'une mise au point de la loi, par rapport aux conditions sociales qui lui servent de milieu d'application».

SALEILLES, De la déclaration de volonté (Paris 1901) 215. Vgl. auch LARENZ/ CANARIS, 139: «Wer das Gesetz jetzt auslegt, sucht in ihm eine Antwort auf die Fragen seiner Zeit»; treffend auch WELZEL, An den Grenzen des Rechts: die

---

[365] Zur Gebotsberichtigung und Gebotsablehnung ausdrücklich HECK, AcP 112, (1914) 201 ff.

[366] So gesehen scheint es verständlich, wenn HÖHN, Praktische Methodik, 122, meint, die Ergiebigkeit der Kontroverse: zeitgemässe *versus* historische Interpretation sei trotz «heroischen Wortschlachten» gering. Um einen methodologischen «Nebenschauplatz» (so HÖHN a.a.O.) geht es aber trotzdem nicht, da der Positionsbezug – auch wenn er letztendlich kompromisshaft ausfallen mag – entscheidend für die Optik der Interpretation ist.

[367] Zur «insufficiency of Statutory Archaeology» ESKRIDGE, Dynamic Statutory Interpretation (Cambridge Mass./London 1994) 13 ff.

Frage nach der Rechtsgeltung (Köln 1966) 30 f.: «Recht ist ein Komplex von Sinnentwürfen für die Ordnung des Soziallebens, die auf der Grundlage überkommener institutioneller Formungen unter den konkreten Bedingungen ihrer Gegenwart teils weitergeführt, teils neu formuliert und festgelegt werden»; daran sei die Gesetzgebung ebenso beteiligt wie Rechtsprechung und Lehre; neuerdings HIRSCH, ZRP 2012, 208; SÄCKER, NJW 2018, 2376 f. Aus der schweizerischen Literatur etwa YUNG, 68: «Le législateur légifère un jour, mais la loi est faite pour durer»; auch J.P. MÜLLER, Liber amicorum, 1455: «*Die* juristische Methodenfrage im Verfassungsstaat lautet nicht: Was hat irgendein Subjekt mit diesem Text gewollt? Sondern der Richter fragt als Mitglied der gegenwärtigen Rechtsgesellschaft, auf welche ihrer Interessen, Probleme und Konflikte der Text sinnvollerweise antworte und was ein vernünftiger Rechtsteilnehmer aus ihm zur Lösung der vorliegenden praktischen Aufgabe entnehmen könne»; vgl. auch schon REICHEL, Gesetz und Richterspruch, 70 ff. (dort plastisch zum strukturellen Unterschied zwischen anwendungsorientierter juristischer Interpretation und philologischer Interpretation; dazu wiederum DWORKIN, ARSP 1994, 474). Zukunftsweisend die Formulierung von Art. 3 Abs. 1 spanischer Código Civil: Der Interpret von Normen habe zu beachten die «realidad social del tiempo en que han de ser aplicadas» (die «gesellschaftliche Realität der Zeit, in der sie anzuwenden sind»). In der spanischen Doktrin wird diesbezüglich vom «argumento sociológico» der Auslegung gesprochen. Ähnlich wie der spanische Código Civil Art. 9 Abs. 1 des portugiesischen Código Civil.

Das Gesetz ist ohnehin, wie Eugen EHRLICH im Anschluss an Herbert SPENCER formuliert hat[368], in vielen Fällen eine «Herrschaft von Toten über Lebende»; diese Herrschaft sollte durch eine aktualisierende und damit Vergangenheit und Gegenwart verschränkende Rechtsanwendung relativiert werden. «Obsolet social perspectives should not hold contemporary society hostage»[369]. Dies impliziert – was bei Konkretisierung von Generalklauseln besonders deutlich wird[370] –, wenn immer möglich, eine Interpre-

---

[368] EHRLICH, 160; neuerdings HOERSTER, Was ist Recht? (München 2006) 126: «Warum soll es bei einer Rechtsnorm, die vielleicht vor Jahrzehnten erlassen wurde, sogar auf einen Gesetzgeber ankommen, der längst nicht mehr im Amt bzw. schon verstorben ist?».
[369] BARAK, 192.
[370] S. oben S. 83 ff.

tation nach dem aktuellen Wertungshorizont[371], einem Wertungshorizont, der juristisch dann besonders «greifbar» und dessen Berücksichtigung dann besonders legitimiert ist, wenn er sich in aktueller, auf Basis systematischer Interpretation relevanter konnexer Gesetzgebung niederschlägt[372]. Dazu kommt die Überlegung, dass das Gesetz den in der Gegenwart lebenden Bürgern Auskunft geben soll, was Rechtens und nicht Rechtens ist.

Treffend EGGER, Art. 1 N 15: Das Gesetz spreche «zu jeder Generation in *ihrer* Sprache und ist deshalb nach *ihren* Zielstrebungen und Zwecksetzungen auszulegen», als «konstante, lebendige Kraft»; vgl. auch OFTINGER, SJZ 1967, 356: «Die Interpretation holt den im Wandel der Zeit je erforderlich erscheinenden Sinn aus dem Gesetz heraus ...». Man könnte auch noch weitergehen und den Bürgern (mit ihrem jeweilig aktuellen Wertungshorizont) eine Art direktdemokratische Interpretationskompetenz zurechnen. Vgl. zu diesem Ansatz (im Hinblick auf die Verfassungsinterpretation) HÄBERLE, JZ 1975, 297 ff. («Die offene Gesellschaft der Verfassungsinterpreten»); zur Auslegung als «öffentlicher Prozess» auch J.P. MÜLLER, in: Zentrum und Peripherie: Festschrift für Richard Bäumlin zum 65. Geburtstag (Chur/Zürich 1992) 103 f. In diese Richtung geht auch schon das Diktum von GMÜR, 45: Das Gesetz ist «eine permanente Willenserklärung des ganzen Volkes; von diesem Standpunkte aus ist daher sein Sinn zu ermitteln, nicht von demjenigen seiner Entstehungszeit aus».

---

[371] In diesem Sinn auch BGE 94 II 65 (71): Der Richter «doit ... s'efforcer d'appliquer la loi d'une manière aussi conforme que possible à la situation et à la mentalité actuelles»; ebenso BGE 105 Ib 49 (60); s. auch BGE 116 Ia 359 (378), wo das BGer betont, dass der seit Erlass des Gesetzes «eingetretene Wandel des geistigen, sozialen und politischen Entwicklungsstandes mitzuberücksichtigen» sei. BGE 123 III 292 (298), wo auf die «zeitgemässe Rechtsüberzeugung» abgestellt wird.

[372] Vgl. auch BK-ZGB/MEIER-HAYOZ, Art. 1 N 218; zur «Fernwirkung» jüngerer Gesetzgebung auch BYDLINSKI, Methodenlehre, 581 f.; BIAGGINI, Ratio legis, 59; CRAMER, AJP 2006, 523. Aus der Rechtsprechung etwa BGE 125 II 192 (202): Die Normen bezögen ihre Bedeutung «auch aus dem Zusammenhang, in dem sie stehen, weshalb sich ihr Rechtssinn mit diesem ändern kann». Vgl. auch BGE 131 II 13 (31 f.), wo auf die Relevanz von aktuellen Gesetzesentwürfen für eine geltungszeitliche Ausrichtung der Auslegung hingewiesen wird. Zur Derogation der Wertungen des historischen Gesetzgebers durch neue Wertungen nachfolgender Gesetzgebung vor allem auch MITTENZWEI, Teleologisches Rechtsverständnis (Berlin 1988) 263 f.; VAN HOECKE, 171.

Auch dieses Argument spricht dafür, den historischen Normtext sozusagen *«in die Gegenwart zu verlängern»*, d.h. ihn grundsätzlich in einem Sinn zu interpretieren und allenfalls auch zu korrigieren[373], der ihm auf Grund des heutigen, rechtlichen und gesellschaftlichen Kontextes, namentlich auch auf Basis heutiger Sprachkonvention und des aktuellen Rechtskontextes, am überzeugendsten zukommt[374]. Dieses Argument ist, wie oben[375] gezeigt, für die Konkretisierung von Generalklauseln besonders evident[376], schlägt letztlich aber für die Aufgabe der Gesetzesinterpretation insgesamt durch.

(3) Aus dem Gesagten ist aber keineswegs abzuleiten, dass die konkrete *Entstehungsgeschichte des Gesetzes* und – darüber hinausgehend – seine *rechtsgeschichtliche Genese* bei der Interpretation vernachlässigbar sind.

---

[373] Zur teleologischen Reduktion unten S. 250 ff.

[374] In diesem Sinn wird die Verfassung eines Staates immer wieder als «lebendiges Dokument» («living instrument») bezeichnet. Dieses Bild gilt aber ganz allgemein für Gesetzestexte. Zum «Verfassungswandel» die Nachw. oben FN 128. Vgl. auch EGMR 25.4.1978, 5856/72 (*Tyrer/GB*), EGMR-E 1, 268 (N 13): Die EMRK sei ein «living instrument», das nach «present-day conditions» auszulegen sei; ebenso EGMR 13.6.1979, 6833/74 (*Marckx/Belgien*) N 41. Zur Zulässigkeit und zu den Grenzen richterlicher Rechtsfortbildung durch den EGMR ausgewogen BREUER, ZöR 68 (2013) 729 ff.

[375] S. 84 f., 152 f.

[376] Entsprechendes gilt, was hier nicht weiter vertieft wird, namentlich auch für die Interpretation der Grundrechtsartikel. Auch diese – sinnvoller Weise – zumeist sehr offen formulierten Texte («geringe Normdichte»: BGE 139 I 16 [24]) sind nach dem aktuellen Wertungshorizont zu interpretieren. Eine «versteinernde» Interpretation auf der Basis des Zeitpunktes des Erlasses dieser Vorschriften (man denke etwa an das österreichische Staatsgrundgesetz von 1867!) würde ihre Funktion verfehlen (vgl. zu den Generalklauseln schon oben S. 84 f.). Das Gericht ist bei Interpretation dieser Vorschriften unvermeidlicher Weise «jugislateur» (ein Ausdruck, den SEILER [ZBJV 150, 2014, 304] im Hinblick auf die Judikatur des EGMR geprägt hat und in hier abgelehnter Sicht polemisch verwendet).

In unserem in vielen Fragen (namentlich im Obligationenrecht) auf römisch-rechtlicher Grundlage basierenden Privatrecht ist nicht nur die konkrete Entste-hungsgeschichte des Gesetzes aufschlussreich, sondern ganz grundsätzlich die Erhellung der rechtsgeschichtlichen, oft eben gemeinrechtlichen Tradition, die hinter den Regelungen steht. Fundamental zu diesem Ansatz im Obligationen-recht ZIMMERMANN, The Law of Obligations: Roman Foundations of the Civili-an Tradition (Oxford 1996) und dazu BUCHER, AJP 1997, 930 ff. Eingehende Analyse der römischrechtlichen Wurzeln des Art. 185 Abs. 1 OR in BGE 128 III 370 (372 f.); dazu PICHONNAZ, in: ERNST/JAKOB (Hrsg.), Kaufen nach Römi-schem Recht. Antikes Erbe in den europäischen Kaufrechtsordnungen (Ber-lin/Heidelberg 2008) 183 ff.; zum Problem der Dritterfüllung gegen den Willen des Schuldners FARGNOLI, ZBJV 146 (2010) 177 ff.; zu den historischen Grund-lagen des Art. 208 Abs. 2 OR HUWILER, in: Liber amicorum Nedim Peter Vogt (Basel 2012) 141 ff.

MÜLLER/CHRISTENSEN, 336 ff., wollen terminologisch zwischen «geneti-scher» Auslegung (an Hand von Materialien) und «historischer» Auslegung (an Hand nicht mehr in Geltung stehender Normtraditionen) differenzieren; ebenso etwa LOOSCHELDERS/ROTH, 155 ff.; 157 ff.; VOGEL, 128; GRIGOLEIT, ZNR 2008, 262 ff.; REIMER, N 347 ff. RÖHL/RÖHL, 619 f., unterscheiden unter dem Oberbegriff der «genetischen Auslegung» zwischen der «historisch-soziologischen Auslegung» nach dem historischen und sozialen Kontext der Normentstehung, der «dogmengeschichtlichen Auslegung» und der «konkret historischen Auslegung» auf Basis der Materialien.

Diese Hintergründe geben sehr oft entscheidende Aufschlüsse darüber, wie ein unklares Gesetz verstanden werden sollte[377]. Die aus der Entstehungsgeschichte eines Gesetzes abzuleitenden Ar-gumente sind ja in vielen Fällen – gerade bei einer relativ jungen Gesetzgebung[378]– auch heute noch durchaus «zeitgemäss»[379].

---

[377] Treffend BURCKHARDT, Einführung, 218: «Das Gesetz ist die Antwort auf ein gesetzgebungspolitisches Problem, und um die Antwort richtig zu verstehen, muss man wissen, wie die Frage lautete; was allerdings historisch zu ermitteln ist»; gleichsinnig etwa COING, 32.

[378] Vgl. ZWEIGERT, in: Festschrift für Eduard Bötticher zum 70. Geburtstag (Berlin 1969) 447, wonach die «Geltungsintensität» eines Gesetzes (genauer: von des-sen historischem Verständnis) «mit Zeitablauf» schwindet; HILLGRUBER, JZ 1996, 121, spricht (kritisch) von einer «Theorie der ‹Halbwertzeit› der Gesetze». Zur geringeren Relevanz der Materialien zu älteren Gesetzen etwa TUOR/SCHNYDER/SCHMID/JUNGO, § 5 N 20; HAUSHEER/JAUN, Art. 1 N 150; Nachw.

Wird ihnen gefolgt, so entspricht die Interpretation nicht nur den Intentionen des historischen Gesetzgebers – ein Vorzug, welcher der Interpretation auch aus verfassungsrechtlicher Sicht besondere Legitimität verleiht –, sondern wird gleichzeitig der Funktion der Rechtsanwendung gerecht, den Rechtsstreit einer *hic et nunc* sachgerechten Lösung zuzuführen. Aus diesem Grund ist es nicht nur ratsam, sondern vielmehr *unverzichtbar*[380], bei der Interpretation jeweils die (ohne «archivarischen Fleiss» zugänglichen[381]) Gesetzesmaterialien zu konsultieren[382].

Die Materialien («travaux préparatoires») sind nun freilich keineswegs immer ergiebig und es ist überhaupt oft «ein Irrtum zu glauben, die Urheber eines Gesetzbuches hätten gesicherte Kenntnis von seinem Inhalt»[383]: Zuweilen äussern sich die Materialien zum strittigen Interpretationsproblem überhaupt nicht, teilweise sind die Stellungnahmen kontrovers, unklar[384] oder wi-

---

aus der Judikatur zur erhöhten Relevanz von Gesetzesmaterialien bei jungen Gesetzen oben FN 341.

[379] Beispiele, die dies belegen, gibt es zuhauf. Instruktiv die methodologisch sorgfältig begründete Entscheidung OGer/BGer ZR 72 (1973) Nr. 31, wo das BGer (S. 63) in Bezug auf die *ratio legis* von Art. 128 Ziff. 3 OR entscheidend und auch aus heutiger Sicht überzeugend auf die Botschaft des Bundesrats von 1880 abstellte. Vgl. etwa auch BGE 120 II 124 (127) zu Art. 336c Abs. 1 lit. b OR.

[380] Ebenso etwa LIVER, Wille des Gesetzes, 28. Nach einer oft verwendeten Formulierung des BGer (etwa BGE 100 II 52 [57]) ist es «geboten», die Entstehungsgeschichte zu konsultieren, wenn der Wortlaut einer Regelung «verschiedene, sich widersprechende Auslegungen» zulässt. Diese Auffassung ist zu eng. Eine Konsultierungspflicht sollte auch bei klarem Wortlaut anerkannt werden. Zutreffend RÜTHERS, Rechtshistorisches Journal 19 (2000) 646: «Eine Auslegung, die glaubt, den ursprünglichen Willen der Gesetzgebung nicht einmal suchen zu müssen, hat sich von den Grundsätzen der Demokratie und der Gewaltentrennung im Rechtsstaat potentiell losgesagt».

[381] Zu dieser Einschränkung treffend POTACS, 185.

[382] Beispiel für eine besonders eingehende Auseinandersetzung mit den Materialien: BGE 131 II 361.

[383] So treffend schon L. PFAFF/F. HOFMANN, Commentar zum österreichischen allgemeinen bürgerlichen Gesetzbuche, Bd. I (Wien 1877) X.

[384] Kennzeichnend BGE 141 III 472 (475): «Die Unschärfe der Botschaft pflanzt sich in den parlamentarischen Beratungen fort».

dersprüchlich, teilweise ist die Meinungsäusserung – etwa die eines einzelnen Kommissionsmitglieds oder Abgeordneten, ja selbst eines einzelnen Bundesrats – isoliert und nicht signifikant.

S. BGer ZBGR 1991, 244 (249): «Abgesehen davon, dass ein vereinzeltes Votum im Parlament, auch wenn es von einem Bundesrat stammt, nicht eine bestimmte Auslegung verbindlich vorschreiben kann ...»; vgl. auch BGE 140 III 404 (409). Für Deutschland BVerfG NJW 1981, 39 (42); differenzierend FRIELING, 208. Umso weniger beachtlich sind selbstverständlich parlamentarische Voten, die in den Beratungen (ausdrücklich oder implizit) abgelehnt worden sind. S. HAUSHEER, ZBJV 136 (2000) 372 f. Zur Relevanz der parlamentarischen Voten auch die Nachw. unten FN 400. Dezidierte Ablehnung einer richterlichen Zeugeneinvernehmung von Personen, die massgeblich an einem Gesetzesentwurf mitgewirkt haben, in (österreichischer) OGH JBl 1950, 507 (508). Dies hätte eine «völlige Bagatellisierung der Rechtsprechung und eine Verletzung der verfassungsmässigen Unabhängigkeit der Gerichte» zur Folge. Dazu FLEISCHER, NJW 2012, 2087 ff. Im englischen Recht wurden im Parlament geäusserte (im «Hansard» zugängliche) Erläuterungen von Ministern zu gesetzlichen Vorlagen früher ganz grundsätzlich nicht als Auslegungsmittel zugelassen («exclusionary rule»). Davon ist das House of Lords (bei «ambiguity» oder «absurdity» des Gesetzestextes) in der «landmark decision» *Pepper* v. *Hart* [1993] AC 593 abgegangen. Vgl. dazu KLEIN, in: L'éclectique juridique, Receuil d'articles en l'honneur de Jacques Python (Bern/Zürich 2011) 326 ff. Zur in der Folge zu beobachtenden Relativierung von *Pepper* v. *Hart* vgl. KAVANAGH, The Law Quarterly Review 121 (2005) 98 ff.; FLEISCHER, American Journal of Comparative Law 2012, 418 ff. In den USA lehnt eine starke «textualistische» Strömung (vor allem SCALIA, A Matter of Interpretation: Federal Courts and the Law, Princeton 1997) den Rückgriff auf die Materialien gänzlich ab. Rechtsvergleichend zur Bedeutung der Gesetzesmaterialien FLEISCHER, AcP 211 (2011) 318 ff. Vgl. auch die Beiträge in FLEISCHER (Hrsg.), Mysterium «Gesetzesmaterialien» (Tübingen 2013); zuletzt auch FRIELING, 90 ff. Gewichtung nach dem Stellenwert der Dokumente (zum österreichischen Recht) bei HOPF, 1069 ff.

Beachtlich können von vorneherein nur Materialien sein, die öffentlich zugänglich[385] und aus denen sich klar ergibt, welchen Sinn der historische Gesetzgeber einer Vorschrift unbestrittener-

---

[385] Dies betont zu Recht J. SCHMID, RabelsZ 78 (2014) 314.

massen zumessen wollte[386]. In dieser Sicht massgeblich sind namentlich Erläuterungen in der Botschaft des Bundesrats, die anlässlich der Verhandlungen in den Räten ausdrücklich bestätigt worden sind oder denen dort wenigstens nicht (ausdrücklich oder konkludent) widersprochen worden ist[387].

Aber auch an solche, die Absicht des historischen Gesetzgebers klar zum Ausdruck bringende Materialien ist der Interpret keineswegs unbedingt gebunden. Es besteht zwar, wie gerade gesagt, eine *Konsultierungspflicht*, aber keine unbedingte Befolgungspflicht[388]. Die *Materialien haben lediglich «persuasive authority»*. Wird die Stellungnahme des historischen Gesetzgebers und die daraus ableitbare Interpretation heutigen rechtlichen Gegebenheiten nicht mehr gerecht, widersprechen sie vor allem Wertungen, die sich aus Änderungen des normativen Kontextes ableiten lassen, so muss sich der Interpret keineswegs unbedingt zähneknirschend in das historisch Gewollte fügen, sondern ist, sofern ihm (wie sogleich näher auszuführen ist) ein Auslegungsspielraum bleibt, zu einer gegenwartsbezogenen Interpretation befugt, ja sogar verpflichtet[389]. Freilich besteht auch hier – wie

---

[386] In diesem Sinn spricht § 6 ABGB im Hinblick auf die Relevanz des historischen Auslegungsarguments von der «klaren Absicht» des Gesetzesgebers. Zur Bundesgerichtsjudikatur die Nachw. oben FN 342.

[387] Ziemlich klare Materialenlage in BGE 126 I 81 (zum verfassungsrechtlichen Willkürverbot), wo sich das Gericht trotzdem (in fragwürdiger Weise) darüber hinwegsetzt (vgl. E. 5).In BGE 141 III 433 (436 f.) ist die Entstehungsgeschichte im Hinblick auf das Tatbestandselement «Gutachten» in Art. 168 Abs. 1 lit. d ZPO absolut klar.

[388] Zustimmend MÖLLERS, 215 (N 79); ähnlich BRAUN, JZ 2013, 271: «Der subjektive Wille des Gesetzgebers ist ... keine Richtschnur, sondern eine blosse Information, die allerdings dazu beitragen kann, den massgeblichen und von den Intentionen des Gesetzgebers unabhängigen Sinn des Gesetzes zu ermitteln».

[389] Kritik an der hier vertretenen Position (aus österreichischer Sicht) bei TOMANDL, ÖJZ 2011, 542 ff.; vgl. nun auch (den Vorrang historischer Interpretation betonend) KERSCHNER, JBl 2015, 269 ff.; im Ergebnis aber wie hier BK-ZGB/MEIER-HAYOZ, Art. 1 N 155; BSK-ZGB/MAYER-MALY, Art. 1 N 17. J. SCHMID, ZBJV 146 (2010) 586 ff., belegt überzeugend, dass der Entscheid des BGer zum Verjährungsverzicht (BGE 132 III 226) historischer Interpretation

generell für jede richterliche Entscheidung – eine Begründungspflicht. Die Begründung darf nicht methodenunehrlich hinter dem angeblich «klügeren» Gesetz versteckt,[390] die Interpretation also in dieses «hineingelesen» werden («sensus non est inferendus»!); die teleologischen Erwägungen, die den Interpreten zu einer Abweichung von der historischen Wertung veranlasst haben, müssen vielmehr offen auf den Tisch gelegt werden.

Zu betonen ist, dass damit keiner uneingeschränkten richterlichen «Rechtsmodernisierungskompetenz» das Wort geredet wird. Lässt sich eine Norm unter Zuhilfenahme aller übrigen Auslegungselemente[391] vernünftigerweise gar nicht anders verstehen als in einem Sinn, den der historische Gesetzgeber der Norm zugedacht hat, so hat es *de lege lata* damit sein Bewenden, auch wenn sich dieser Sinn in der Sicht des Interpreten als «antiquiert» oder unzweckmässig erweisen mag. Es bleibt nur der Appell an den Gesetzgeber[392].

Spezielle Überlegungen sind im Hinblick auf Materialien anzustellen, die dem Gesetzestext klar widersprechen (Materia-

---

widerspricht, dass aber überwiegende systematische und objektiv teleologische Argumente für ihn sprechen.

[390] So wie es schon GOETHE in den «Zahmen Xenien» beschrieben hat: «Im Auslegen seid frisch und munter! Legt ihr's nicht aus, so legt was unter». Zum Fiktionscharakter mancher Berufungen auf einen «objektiven» Normzweck etwa E. SCHMIDT, in: Dogmatik und Methode: Josef Esser zum 65. Geburtstag (Kronberg/Ts. 1975) 139. Zur offen zu begründenden Eigenwertung des Interpreten im Rahmen der teleologischen Interpretation auch unten S. 177.

[391] Zu kurz greift daher der liechtensteinische OGH LES 2/10, 243 (244), wenn er bei «eindeutigem Gesetzeswortlaut», der dem Willen des historischen Gesetzgebers entspricht, keinen Raum mehr für «andere Auslegungsmethoden» sieht. Ebenso (österreichischer) OGH JBl 2017, 176 (180). Systematische und teleologische Erwägungen, die sich aus aktueller Gesetzgebung ableiten lassen, werden damit ausgeblendet. Freilich wird es nur in seltensten Fällen möglich sein, eine Interpretation überzeugend zu begründen, die sich über den klaren Wortsinn und die ebenso manifeste, den Wortsinn bestätigende Absicht des historischen Gesetzgebers hinwegsetzt. Wie hier (zum österreichischen Recht) WELSER/KLETEČKA, 27 (N 98).

[392] Zum illegitimen Judizieren *contra rationem legis* unten S. 262 ff.; speziell zur Maxime «cessante legis ratione cessat lex ipsa» unten S. 259 ff.

lien *contra verba legis*) oder von diesem nicht einmal angedeutet werden (Materialien *praeter verba legis*)[393], wobei sich das Problem von vorneherein auf solche Äusserungen des historischen Gesetzgebers reduziert, die nach dem bisher Gesagten grundsätzlich relevant sind, d.h. auf klare und zeitgemässe Materialien. Solchen Erwägungen kommt – insofern ist das «Formargument» zum objektiven Interpretationsansatz[394] zu bestätigen – keine eigentliche normative Relevanz zu.[395] Handelt es sich um Erwägungen *praeter verba legis*, so können sie aber immerhin allenfalls willkommene Orientierungsgesichtspunkte für die richterliche Rechtsfortbildung *modo legislatoris* i.S. von Art. 1 Abs. 2 ZGB geben[396]. Stehen sie im Widerspruch zum Wortsinn des Gesetzes, so können sie Anlass zur Überlegung sein, ob dieser nicht vielleicht einer einschränkenden Korrektur (einer «teleologischen Reduktion»)[397] bedarf.

ff) Einzelfragen

(1) *Welche Gesetzesmaterialien sind relevant?* Der moderne Gesetzgebungsprozess durchläuft verschiedene Stadien, in denen jeweils Materialien, also «Dokumente aller Art, die über die Entstehungsgeschichte des Gesetzes Aufschluss geben»[398], anfallen.

---

[393] Nach Art. 9 Abs. 2 des portugiesischen Código Civil ist der Wille des historischen Gesetzgebers nur soweit relevant, als er im Gesetzeswortlaut einen, wenn auch unvollkommenen Ausdruck gefunden hat.

[394] Dazu oben S. 150 f.

[395] Grundsätzlicher Vorrang des Textes auch nach POTACS, 186.

[396] S. dazu unten S. 267 ff. Wenn die Aussagen der Materialien durch Analogieschlüsse gedeckt werden, ist der Hinweis auf die Materialien strenggenommen gar nicht erforderlich.

[397] S. unten S. 250 ff.

[398] FORSTMOSER/VOGT, § 2 N 85. Detaillierter Überblick über die «travaux préparatoires» bei TERCIER/ROTEN, La recherche et la rédaction juridiques, 7. Aufl. (Zürich etc. 2016) N 222 ff., 260 ff.; eingehend J. SCHMID, RabelsZ 78 (2014) 344 ff. Zu Frankreich (zu den Materialien aus der Regierungs- und Parlamentsarbeit) MEUNIER, RabelsZ 78 (2014) 352 ff. Zum deutschen Recht FRIELING,

Wenn – wie bei grossen Gesetzesprojekten – Expertenkommissionen eingeschaltet werden, geben deren Berichte (sofern zugänglich) oft wertvollen Aufschluss über die Motivation der Gesetzgebung[399]. Der Bundesrat stellt seine Gesetzesentwürfe den eidgenössischen Räten jeweils mit einer im «Bundesblatt» veröffentlichten «Botschaft» vor, die oft sehr detailliert über die gesetzespolitische Motivation und den Sinngehalt der einzelnen Entwurfsartikel Auskunft gibt. Die Verhandlungen in den eidgenössischen Räten, denen besonderes Gewicht zuzumessen ist[400], werden im «Amtlichen Bulletin der Bundesversammlung» (Abteilung Nationalrat bzw. Ständerat)[401] protokollarisch festgehalten. Hier sind die Stellungnahmen der jeweiligen Kommissionsberichterstatter meist besonders ausführlich und aufschlussreich.

(2) *Redaktionsversehen:* Besonders zugespitzt stellt sich das Problem der Diskrepanz zwischen dem objektiven Wortlaut des Gesetzes und der eigentlichen Absicht des Gesetzgebers, wenn sich versehentlich Fehler in den Text der von den Räten beschlossenen Erlasse eingeschlichen haben («Redaktionsverse-

25 ff.; ZIMMERMANN, RabelsZ 78 (2014) 316 ff.; ZIMMERMANN (a.a.O., 326) spricht von «Materialien i.w.S.» im Hinblick auf Quellen, auf die sich die Gesetzgebungsinstanzen ihrerseits gestützt haben: «Zu den Materialien des BGB im weiteren Sinne gehören deshalb der Dresdener Entwurf ... ebenso wie das Pandektenlehrbuch von Bernhard Windscheid oder die kritischen Stellungnahmen zum Ersten Entwurf». Zum Begriff der Gesetzesmaterialien im österreichischen Recht HOPF, 1052 ff. Zum Materialienbegriff im EU-Recht MARTENS, 394 ff.

[399] S. etwa BGE 113 II 406 (412).
[400] Richtig BGE 143 III 646 (652): «Den Ausführungen in den Räten selber ist höheres Gewicht beizumessen als solchen in vorbereitenden Berichten». Detaillierte Analyse der einzelnen Voten in der parlamentarischen Debatte in BGE 145 I 26 (37 ff.).
[401] Abgekürzt zitiert: Amtl. Bull. NR bzw. StR; bis 1966: Sten. Bull. NR bzw. StR (= Stenographisches Bulletin von Nationalrat und Ständerat).

hen»)[402]. Diese Fehler können bereits im Text der verabschiedeten Erlasse enthalten gewesen sein («Redaktionsversehen i.e.S.»), können sich aber auch erst in der amtlich publizierten Fassung («AS») einschleichen («Publikationsfehler»)[403].

Das schweizerische Recht enthält für die Behebung solcher oft sehr sinnstörenden Fehler eine ausdrückliche Regelung (Art. 58 ParlG [früher Art. 33 GVG[404]]): «Werden in einem Erlass nach der Schlussabstimmung formale Fehler oder Formulierungen, die nicht das Ergebnis der parlamentarischen Beratungen wiedergeben, festgestellt, so ordnet die Redaktionskommission bis zur Veröffentlichung in der Amtlichen Sammlung des Bundesrechts die gebotenen Berichtigungen an. Diese sind kenntlich zu machen» (Art. 58 Abs. 1 ParlG). Für den Fall, dass die fehlerhafte Fassung publiziert worden ist oder es sich um einen eigentlichen «Publikationsfehler» handelt, sieht Art. 58 Abs. 2 ParlG folgendes Verfahren vor: «Nach der Veröffentlichung eines Erlasses in der Amtlichen Sammlung des Bundesrechts kann die Redaktionskommission die Berichtigung offensichtlicher Fehler und Änderungen gesetzestechnischer Art anordnen. Diese sind kenntlich zu machen.» Über wesentliche Berichtigungen erfolgt nach Art. 58 Abs. 3 ParlG eine Mitteilung an die Mitglieder der Bundesversammlung. Sind die Voraussetzungen des Art. 58 ParlG nicht gegeben, bleibt nur die Korrektur im ordentlichen Gesetzgebungsverfahren («authentische Korrektur»)[405] oder durch die Rechtsprechung. Diese korrigierende Interpretation[406] (*contra verba legis*) ist gerechtfertigt, wenn sich der wahre Wille

---

[402] Beispiele bei RIEMER, § 4 N 18a–e; zu einem besonders instruktiven steuerrechtlichen Beispiel JAAG/HIPPELE, AJP 1993, 261 ff. Zur deutschen Rechtslage RIEDL, AöR 119 (1994) 642 ff.; HAMANN, AöR 139 (2014) 446 ff.

[403] Zu dieser Unterscheidung BK-ZGB/MEIER-HAYOZ, Art. 1 N 117; OTT, 187 f.

[404] S. dazu etwa JAAG/HIPPELE, AJP 1993, 263 f.; HAUSHEER/JAUN, Art. 1 N 30; zu Korrekturen des (damals) neuen Aktienrechts auf Grund von Art. 33 Abs. 1 GVG FORSTMOSER, SZW 1992, 148.

[405] S. BK-ZGB/MEIER-HAYOZ, Art. 1 N 120; OTT, 186 f.

[406] Dazu etwa BK-ZGB/MEIER-HAYOZ, Art. 1 N 130 f.

des Gesetzgebers klar erweisen lässt und dieser – i.S. eines Vorrangs der objektiv-teleologischen Interpretation – auch im Augenblick der Rechtsanwendung noch überzeugend erscheint.

gg) Exkurs: Grundsätzlicher Vergleich zwischen der Methode der Gesetzesinterpretation und der Methode der Interpretation von Verträgen und einseitigen Rechtsgeschäften

(1) Ein Argument für den grundsätzlichen Vorrang einer zeitgemässen *ex nunc-Interpretation von Gesetzen*, namentlich für das Abstellen auf den heutigen Sprachgebrauch, ist, wie gezeigt[407], der Gesichtspunkt, dass die Bürger in ihrem Vertrauen auf die objektiv-aktuelle Bedeutung des Gesetzestexts zu schützen sind. Das «Vertrauensargument» spricht auch dafür, Materialien, die vom Gesetzeswortlaut nicht einmal angedeutet werden oder im Widerspruch zu diesem stehen, grundsätzlich nicht zu berücksichtigen[408]. Der Vertrauensgesichtspunkt beruht letztlich auf dem Umstand, dass die Gesetzgebung – trotz der direktdemokratischen Elemente in der schweizerischen Verfassung – eine grundsätzlich heteronome Form der Rechtssetzung ist. Den Bürgern wird das Gesetz hoheitlich «vorgesetzt», sie sind an seiner Aushandlung im Allgemeinen nicht direkt beteiligt.

Im Vergleich dazu stellt sich die *Situation bei Vertragsschlüssen* grundsätzlich anders dar: Hier handeln die Kontrahenten den Vertragsinhalt konsensual, privatautonom selber aus, er wird ihnen nicht heteronom «vorgesetzt», sie kommunizieren direkt. *Normgeber und Normadressaten sind dieselben Personen*[409]. Dementsprechend ist auch die Ausgangssituation für die Methode der Vertragsinterpretation eine strukturell andere. Bei

---

[407]   Oben S. 98 f., 151 f.
[408]   Oben S. 163 f.
[409]   Treffend NICHOLLS, The Law Quarterly Review 121 (2005) 590: «There is no parliamentary equivalent of the actual intentions of the parties to a contract». Zu rechtsgeschäftlichen Figuren mit gesetzesähnlichem Charakter unten (3).

der Vertragsinterpretation spricht nichts dagegen, sich völlig vom Wortlaut der Vertragsurkunde zu lösen und in einer konsequenten *ex tunc-Perspektive* («was hatten die Kontrahenten damals – im Zeitpunkt des Vertragsschlusses – tatsächlich gemeint»?) Umstände miteinzubeziehen und ihnen auch interpretativ zum Durchbruch zu verhelfen, die im Vertragswortlaut gar nicht angedeutet sind oder im klaren Widerspruch zu ihm stehen: Kann auf Grund dieser in Art. 18 Abs. 1 OR vorgesehenen *subjektiven («empirischen») Interpretation* festgestellt werden, dass sich die Kontrahenten im Augenblick des Vertragsschlusses tatsächlich einig waren («natürlicher Konsens»), so ist dieser Vertragssinn massgebend und nicht die unschädliche *falsa demonstratio* des Vertragswortlauts[410]. Das Problem des Vertrauensschutzes, das sich bei der Gesetzesinterpretation sofort stellt, wenn man auf vom Gesetzeswortlaut überhaupt nicht gedeckte Materialien rekurrieren möchte, stellt sich hier grundsätzlich (von Art. 18 Abs. 2 OR einmal abgesehen) von vorneherein nicht.

Erst und nur wenn konstatiert werden muss, dass sich die Parteien anlässlich des Vertragsschlusses nicht tatsächlich einig geworden sind oder sich eine solche tatsächliche Einigung nicht feststellen lässt, stellt sich in einer zweiten Phase des Interpretationsprozesses die Frage, ob ein Kontrahent von seinem *«Empfängerhorizont»* aus den Vertragssinn objektiv (nach Treu und Glauben) korrekt gedeutet hat[411]. Ist dies der Fall, ist er in seinem Vertrauen grundsätzlich zu schützen; es liegt i.S. des *Vertrauensprinzips* ein «normativer Konsens» vor. Diese (potentielle) «Zweiphasigkeit» der Interpretationsmethode[412] ist auch bei einseitigen, empfangsbedürftigen Willenserklärungen zu beachten.

---

[410] Statt aller BK-OR/KRAMER, Art. 18 N 83 ff.

[411] Dazu zusammenfassend BK-OR/KRAMER, Art. 18 N 67; ebenso ZK-JÄGGI/ GAUCH/HARTMANN, Art. 18 N 456, 458.

[412] Statt aller BK-OR/KRAMER, Art. 1 N 120 (Auslegung nach dem Vertrauensprinzip); sowie Art. 18 N 50 (Auslegung nach dem wirklichen Willen). Anders aber nun Chr. MÜLLER in der Neukommentierung des Berner Kommentars zu Art. 1–18 OR (Bern 2018) Art. 18 N 70 ff.

Hingegen ist bei nicht empfangsbedürftigen einseitigen Willenserklärungen, bei denen kein Vertrauen eines Erklärungsempfängers zu schützen ist (Paradebeispiel: Testament), ausschliesslich auf die subjektive Optik des Erklärenden (beim Testament somit allein auf den Erblasserhorizont) abzustellen, d.h. *ausschliesslich subjektiv* zu interpretieren[413].

(2) Trotz der von vorneherein abweichenden Einspurung und der dadurch bedingten unterschiedlichen Gewichtung der subjektiven bzw. objektiven Interpretationsoptik darf nicht verkannt werden, dass es *grundsätzliche Parallelen* zwischen der Methode der Vertragsinterpretation und der Methode der Gesetzesinterpretation gibt[414]. Auch bei der Vertragsinterpretation ergeben sich aus den klassischen Elementen der Auslegung, dem Wortlaut und der Systematik des Vertrags[415], seiner Entstehungsgeschichte (Vorverhandlungen) und der Teleologie des Vertrags die entscheidenden Sinnindizien. Die Optik, aus der heraus diese Elemente beurteilt werden, ist freilich, wie gerade ausgeführt, eine unterschiedliche.

(3) Bei *speziellen rechtsgeschäftlichen Figuren,* bei denen sich ähnlich wie bei der Gesetzgebung das Problem des Schutzes des Vertrauens von an der Entstehung des Rechtsaktes nicht Beteiligten in ihre objektiv-vernünftige Deutung des Textes stellt, wie namentlich bei Satzungen oder auch Fusionsverträgen (im

---

[413] Zum «Willensprinzip» bei der Testamentsauslegung DRUEY, Grundriss des Erbrechts, 5. Aufl. (Bern 2002) § 12 N 5; BGE 120 II 182 (184); zur Problematik der bundesgerichtlichen Judikatur zur Testamentsauslegung im Einzelnen BK-OR/KRAMER, Art. 18 N 52 f.; eingehend RASELLI, AJP 1999, 1262 ff.

[414] Davon ausgehend hat das ABGB in seiner ursprünglichen Fassung bei der Vertragsinterpretation einfach auf die Regeln über die Gesetzesinterpretation (§§ 6,7 ABGB) verwiesen. Erst seit 1916 wird die Vertragsinterpretation in § 914 ABGB eigenständig normiert.

[415] Ausdrücklich etwa Art. 1189 Abs. 1 Code Civil: «Toutes les clauses des conventions s'interprètent les unes par les autres, en donnant à chacune le sens qui résulte de l'acte entier».

Verhältnis zu Personen, die an der Erstellung dieser Rechtsakte nicht mitgewirkt haben), beim normativen Teil des GAV, bei Sozialplänen sowie bei AGB ist eher nach der Methode der Gesetzesinterpretation, d.h. regelmässig objektiv zu interpretieren[416].

(4) Die *Lückenhaftigkeit des Vertrags* stellt sich ganz ähnlich dar, wie die (erst später[417]) darzustellende Lückenhaftigkeit des Gesetzes. Auch hier geht es um eine «planwidrige Unvollständigkeit» der Regelung, d.h. der Vertrag lässt «eine Bestimmung vermissen ..., die erforderlich ist, um den ihm zugrunde liegenden Regelungsplan der Parteien zu verwirklichen», mit der Folge, dass «ohne Vervollständigung des Vertrags eine angemessene, interessengerechte Lösung nicht zu erzielen wäre»[418]. Die richterliche Vertragsergänzung unterscheidet sich aber insofern grundsätzlich von der Füllung von Gesetzeslücken, als Vertragslücken in vielen Fällen durch dispositives (oder das ungültig abbedunge-

---

[416] Vgl. (zu den AGB) im Einzelnen differenzierend BK-OR/KRAMER, Art. 18 N 60 ff. Bei AGB ist «es sicher nicht häufig, aber doch ohne Weiteres denkbar, dass die Kontrahenten übereinstimmend von einer, dem objektiven Sinn der Klausel widersprechenden individuellen Deutung ihrer Regelungen ausgegangen sind» (BK-OR/KRAMER, a.a.O. N 60). Dazu eingehend PERRIG, in: KRAMER/PROBST/PERRIG, Schweizerisches Recht der Allgemeinen Geschäftsbedingungen (Bern 2016) N 236 ff. Zur Auslegung von GAV BGE 136 III 283 (284) sowie C. WIDMER, BJM 2009, 65 ff.; für Österreich (gesetzesähnliche Interpretation des normativen Teils eines Kollektivvertrags) s. OGH JBl 2016, 58 (59); gleiche Situation bei Sozialplänen: BGE 133 III 213 (218); zur objektiven, an die Methode der Gesetzesinterpretation anschliessenden Interpretation von Statuten bei Gesellschaften, die sich zur Aktienzeichnung an ein breites Publikum wenden, BGE 107 II 179 (186); für Deutschland («einheitlich objektive» Auslegung von Beschlüssen von Publikumspersonen-Gesellschaften) s. BGH WM 2018, 851 (852). Ebenso für Statuten und Reglementen von privaten Vorsorgeeinrichtungen BGE 134 V 369 (375 ff.). Zur objektiven Interpretation von Dienstbarkeitsverträgen gegenüber Dritten, die an der Errichtung nicht beteiligt waren, BGE 130 III 554 (557). Dazu HOHL, ZBGR 2009, 73 ff.

[417] Unten S. 205 ff.

[418] So vorbildlich klar OLG Nürnberg ZIP 2014, 171 (174).

ne zwingende) Gesetzesrecht geschlossen werden können[419]. Allenfalls sind – dem hypothetischen Parteiwillen folgend –wie bei Gesetzeslücken aber auch Analogieschlüsse aus für ähnliche Fragestellungen getroffenen vertraglichen Regelungen möglich[420].

Namentlich bei *Lücken in Innominatverträgen* kann es aber auch zum Phänomen der *«Doppellücke»* kommen: Einerseits ist der Vertrag lückenhaft, andererseits aber auch das Gesetzesrecht, das den Vertrag nicht spezifisch normiert. Falls die Lücke nicht nach dem hypothetischen Parteiwillen, aus der Teleologie des Vertrags (namentlich aus analog anzuwendenden Vertragsklauseln) heraus geschlossen werden kann[421] und auch eine Lückenfüllung durch Analogie aus gesetzlichen Vorschriften des Besonderen Vertragsrechts[422] ausscheidet, hat letztlich – i.S. der «Kreationstheorie» – der Richter selbst *modo legislatoris* (Art. 1 Abs. 2 ZGB) eine vernünftige Lösung zu suchen[423]

e) Teleologische Interpretation

aa) Grundsätzliches

(1) *Vorläufige Begriffsbestimmung:* «Telos» bedeutet Zweck, Ziel; die teleologische Interpretationsmethode ist somit – positiv gewendet – die Auslegungsmethode, die nach dem legislativpolitischen (rechtspolitischen) Zweck, nach der der Vorschrift zu-

---

[419] Auf die begriffliche Frage, ob dann überhaupt von einer Vertragslücke gesprochen werden kann, ist hier nicht einzugehen.
[420] Dazu etwa BK-OR/KRAMER, Art. 18 N 222; N 240.
[421] Beispiel: BGE 107 II 216 ff.
[422] Wichtiges aktuelles Beispiel: BGE 134 III 497 ff.
[423] Dazu BSK-OR/AMSTUTZ/MORIN, Einl. vor Art. 184 ff. N 21, wo richtig betont wird, dass diese Methode, die auf eine generell-abstrakte Lösung zielt, voraussetzt, dass sich der fragliche Vertrag zu einem Verkehrstypus verdichtet hat, das offene Problem also nicht singulären Charakter hat, das nur mit Blick auf den individuellen Vertrag zu bewältigen ist. Zur Lückenfüllung *modo legislatoris* unten S. 267 ff.

grunde liegenden «Idee»[424], nach der «Finalität», nach der *ratio legis*, nach dem «ésprit»[425], nach der «policy» einer Norm fragt.

Art. 3 Abs. 1 des spanischen Código Civil spricht von der Beachtlichkeit von «espíritu y finalidad» der Normen; nach dem liechtensteinische OGH (LES 4/16, 267 [269]) ist die Auslegung «ausgerichtet auf ein befriedigendes Ergebnis aus der *ratio legis*»; Art. 5 des Gesetzesdekrets zur Einführung in die Normen des brasilianischen Rechts (vom 4.9.1942) verweist für die Anwendung des Gesetzes auf die «fins sociais» des Gesetzes und die «exigências do bem comum». Im US-amerikanischen Recht statuiert § 1–102 Abs. 1 Uniform Commercial Code: «This Act shall be liberally construed and applied to promote its underlying purposes and policies». Auch im englischen Common Law, in dem traditioneller Weise das Wortlautargument betont wird («literal rule»), befinden sich «purposive methods of construction» im Vormarsch. Die «literal method» sei – so Lord Denning (The Discipline of Law [London 1979] 16) – «now completely out of date». Weit. Nachw. bei Kischel, Rechtsvergleichung (München 2015) § 5 N 167.

Negativ abgrenzend bedeutet teleologische Interpretation, dass sich der Interpret nicht sklavisch, gedankenlos, formalistisch, «wertungsblind» am nicht weiter hinterfragten Wortlaut der Norm und an leeren Begrifflichkeiten orientieren, sondern die gesetzliche Anordnung nach ihrem Zweck – oft sind es mehrere[426] – «hinterfragen» soll. «Der Zweck ist der Schöpfer des gesamten Rechts»; es gibt «keinen Rechtssatz ..., der nicht einem Zweck, das ist einem praktischen Motive, seinen Ursprung verdankt», hat

---

[424] In Bezug auf interpretationsbedürftige Wertungsbegriffe gesetzlicher Regelungen geht die Judikatur teilweise konkretisierend von «Leitbildern» aus, die der Regelung zu Grunde gelegt werden. So spricht der BGH seit BGH GRUR 2000, 619 (621) in Bezug auf den Begriff des schutzwürdigen Verbrauchers vom Leitbild des «situationsadäquat aufmerksamen Verbrauchers». Zum Verbraucherleitbild im europäischen Privatrecht Kähler, Rechtswissenschaft 2018, 9 ff.
[425] So der französische Text von Art. 1 Abs. 1 ZGB.
[426] Vgl. Wank, Begriffsbildung, 93 ff.; s. auch BGE 123 III 391 (393) zu Art. 336a OR.

JHERING programmatisch verkündet[427]. Nur wenn der Interpret zu diesem Zweck vorstösst, kann er die Norm, ihre «vis ac potestas»[428], voll verstehen[429].

(2) *Zwei Varianten der teleologischen Interpretation:* Die zweckorientierte Interpretation kann prinzipiell in zwei Varianten vertreten werden: Entweder fragt man, welchen rechtspolitischen Zweck der historische Gesetzgeber seinem Gesetz zugrunde gelegt hat *(«subjektiv-teleologische Methode»)*[430], oder man untersucht *«objektiv-teleologisch»,* welcher Zweck der Norm *hic et nunc,* nach heutigem Wertungshorizont – vor allem im Kontext der aktuellen Gesetzeslage – zugemessen werden sollte. Zu dieser Alternative wurde im letzten Kapitel eingehend Stellung genommen und ein Vorrang der objektiv-teleologischen Betrachtungsweise vertreten[431]. Das bedeutet aber – noch einmal – keineswegs, dass die Zweckvorstellungen des historischen Gesetzgebers für den Interpreten irrelevant sind. Gerade die Materialien (namentlich die Botschaften des Bundesrats) geben nicht selten sehr klar und detailliert Auskunft über die hinter der Gesetzgebung stehende legislativpolitische Absicht des Gesetzgebers[432]. Diese Stellungnahmen sind, wie ausgeführt[433], auch heute noch zu beachten, wenn sich nicht nachweisen lässt, dass sie auf Grund neuer Gegebenheiten obsolet sind.

---

[427] JHERING, Der Zweck im Recht, Bd. I, 3. Aufl. (Leipzig 1893) VIII. S. auch schon BARTOLUS (zit. nach LIVER, Wille des Gesetzes, 22): «Ratio legis est lex ipsa».

[428] S. das CELSUS-Zitat oben S. 97.

[429] So übrigens schon HOBBES, Leviathan (1651) 2. Teil, Kap. XXVI: «... no written law, delivered in few, or many words, can be well understood, without a perfect understanding of the final causes, for which the law was made ...».

[430] Zur Terminologiefrage oben S. 139 f.

[431] S. oben S. 154 ff.

[432] S. etwa auch BK-ZGB/MEIER-HAYOZ, Art. 1 N 208; zum teleologischen Moment in der historischen Auslegung auch ZELLER, 286; 368; BGE 116 II 525 (527).

[433] Oben S. 162

(3) *Das Verhältnis des teleologischen Auslegungselements zu den bisher besprochenen Auslegungskriterien:* Das Verhältnis zum sprachlich-grammatikalischen Auslegungselement ist durch den Umstand geprägt, dass sich der Zweck einer gesetzlichen Anordnung im Allgemeinen – von ausdrücklichen Zweck- bzw. Programmartikeln (wie etwa Art. 1 UWG, Art. 1 KG, Art. 1 USG, Art. 1 DSG und Art. 1 PBV) abgesehen[434] – nicht unmittelbar aus dem Gesetzeswortlaut ableiten lässt. Dies kann an zwei ganz einfachen Beispielen erläutert werden: Art. 459 Abs. 1 OR ordnet an, dass der Prokurist gegenüber gutgläubigen Dritten als ermächtigt gilt, «den Geschäftsherrn durch Wechsel-Zeichnungen zu verpflichten und in dessen Namen alle Arten von Rechtshandlungen vorzunehmen, die der Zweck des Gewerbes oder Geschäftes des Geschäftsherrn mit sich bringen kann»; er sagt aber nicht, *warum* dies so angeordnet ist, wird also nicht etwa mit der motivierenden Erklärung eingeleitet: «*Um im Verkehr mit Kaufleuten einen grösstmöglichen Verkehrsschutz zu gewährleisten,* gilt der Prokurist ...». Ebensowenig ist Art. 201 Abs. 1 OR mit der motivierenden Einleitung versehen: «*Um die Dispositionssicherheit des Verkäufers zu fördern»,* soll der Käufer, «sobald es nach dem üblichen Geschäftsgange tunlich ist, die Beschaffenheit der empfangenen Sache prüfen ...». «Lex moneat, non doceat»![435]

---

[434] Zur Funktion der Zweckartikel MÜLLER/UHLMANN, 220 ff. (N 351 ff.); rechtsgeschichtlich-rechtsvergleichend SCHMIDT-GABAIN, Die Seelen der Gesetze – Eine Untersuchung über Zweckbestimmungen in den Gesetzen der Schweiz, Deutschlands und Frankreichs vom 18. Jahrhundert bis heute, Diss. Zürich 2013. Wie die im Text zitierten Beispiele zeigen, sind «final strukturierte» Zweckartikel und damit gesetzliche «Zweckprogrammierung» gerade für das Wirtschaftsrecht charakteristisch. Vgl. auch unten FN 945. Im Europarecht bedient sich vor allem die ganz spezifische Rechtsform der Richtlinie (Art. 288 AEUV) jeweils zumeist recht umfangreicher und detaillierter Erwägungsgründe, in denen der rechtspolitische Zweck des Rechtsaktes erläutert wird. Diese dem Rechtsakt vorangestellten Begründungserwägungen sind keine Materialien, sondern integraler, verbindlicher Bestandteil des Rechtsakts.

[435] «Ein Gesetz soll anweisen, nicht belehren». S. LIEBS, 122 (L 24 und 26).

Wo hat der Interpret bei seiner Suche nach dem Gesetzeszweck anzusetzen? Auch wenn dieser, wie gezeigt, im Allgemeinen im Gesetzestext nicht direkt zum Ausdruck gebracht wird[436], bedeutet dies keineswegs, dass der Wortsinn für die Feststellung des Gesetzeszwecks irrelevant ist. Der Rückschluss des Interpreten vom gesetzgeberischen Mittel, d.h. der gesetzlichen Anordnung, ermöglicht – bei aller Interpretationsbedürftigkeit und allenfalls auch Korrekturbedürftigkeit des Wortsinns im Einzelnen – in vielen Fällen relativ plausible, erste Hypothesen des Interpreten über den «dahinter liegenden», vom Gesetzgeber verfolgten Zweck der Anordnung[437]; ein Rückschluss, der dann wiederum – im hermeneutischen Zirkel – präzisierende Argumente für die Fixierung des Normsinns zu Tage fördert. Zu beachten ist aber auch der Kontext der Regelung: Der *ratio legis* darf nicht isoliert nachgegangen werden; zu eruieren ist die *ratio* einer einzelnen Bestimmung im Gesamtzusammenhang des Gesetzes und letzlich der ganzen Rechtsordnung. Nur bei einer solchen Besinnung auf das teleologische Gesamtsystem[438] lässt sich (wenigstens im Ansatz) Widerspruchsfreiheit der Rechtsordnung gewährleisten.

Der «Gesamtzweck» eines Gesetzes wird, wie die in diesem Abschnitt eingangs angeführten Beispiele belegen, durch «Zweckartikel» umschrieben. Der «Gesamtzweck» eines Gesetzes (oder gar eines Teilgebiets einer Rechtsordnung) kann freilich durchaus im Widerspruch zum «Partialzweck» einer einzelnen gesetzlichen Anordnung stehen. In unserer parlamentarischen Gesetzgebung sind

---

[436] Man spricht daher oft davon, dass der Normzweck «hinter der Norm» zu suchen sei. Vgl. LOOSCHELDERS/ROTH, 40. LIETH, 100, betont, dass sich die teleologische Auslegung eines «textexternen» Moments bediene. Vgl. auch HAVERKATE, Normtext – Begriff – Telos: zu den drei Grundtypen des juristischen Argumentierens (Karlsruhe 1996) 39: «… der Zweck ist der Norm äusserlich».

[437] Treffend zur Struktur der teleologischen Interpretation BK-ZGB/MEIER-HAYOZ, Art. 1 N 207: Es handle sich um einen Schluss vom «Mittel» (der gesetzlichen Anordnung) auf den «Zweck» (legislativpolitische Absicht). Aus dem «Gewonnenen schliessen wir wieder zurück auf den Gesetzesinhalt (Schluss vom Zweck auf die Mittel)». Vgl. auch schon A. KELLER, 131 f. Aus der Rechtsprechung BGE 124 III 321 (324).

[438] Zusammenfassend zu diesem S. 116.

Gesetze nun einmal selten bis ins Letzte teleologisch kohärent (ebenso LEPSIUS, JZ 2009, 262), vielmehr vielfach kompromisshaft «verbeult». Bei dieser Sachlage würde es dem parlamentarischen Spiel widersprechen, wollte man den – *de lege ferenda* vielleicht durchaus bedauerlichen – Partialzweck einer einzelnen Vorschrift unter Berufung auf den Gesamtzweck des Gesetzes interpretatorisch «ausbügeln». Vgl. dazu KRAMER, in: KRAMER/MAYRHOFER u.a., Konsumentenschutz im Privat- und Wirtschaftsrecht (Wien 1977) 10; auch HÖHN, Festschrift Tipke, 221 f.; zur Unbeachtlichkeit einer bundesrätlichen Botschaft (zum Gesamtzweck eines Gesetzes), wenn diese in Widerspruch zu einzelnen konkreten Revisionsvorschlägen steht, ZÄCH, in: ZÄCH/WEBER/HEINEMANN (Hrsg.), Revision des Kartellgesetzes (Zürich/St. Gallen 2012) 45 ff. Gegenteilige Tendenz (es sollte der «Politik des Gesetzes» möglichst weitgehend zum Durchbruch verholfen werden) bei STEINDORFF, 217 ff. Ähnlich – auf möglichst effektive Durchsetzung der Ziele des Gemeinschaftsrechts abstellend – das «effet utile»-Argument des EuGH. Dazu etwa BENGOETXEA, 254 f.; SEYR, Der *effet utile* in der Rechtsprechung des EuGH (Berlin 2008); MARTENS, 472 ff.; REBHAHN, N 97 ff.

In nicht wenigen Fällen geben die Gesetzesmaterialien entscheidende Aufschlüsse über die hinter einer Anordnung stehende (und weiterhin überzeugende) Zwecküberlegung.[439] Es versteht sich darüber hinaus von selbst, dass sich der Interpret bei seinen Bemühungen, die *ratio legis* «dingfest» zu machen, i.S. von Art. 1 Abs. 3 ZGB an «bewährter Lehre» und Präjudizien orientieren wird[440].

Im gerade skizzierten Sinn sind somit alle bisher besprochenen Auslegungselemente auf die Feststellung des Gesetzes-

---

[439] S. etwa BGE 130 III 76 (84): «Das teleologische Auslegungselement» sei «in erster Linie ... aus den Absichten des Gesetzgebers ... zu erschliessen»; 133 V 9 (13): Sinn und Zweck der zu interpretierenden Norm ergebe sich «namentlich aus der Entstehungsgeschichte».

[440] Dass die Verweisung des Art. 1 Abs. 3 ZGB nicht nur für die richterrechtliche Lückenfüllung gemäss Art. 1 Abs. 2 ZGB zu beachten ist, sondern umfassende Bedeutung hat, ist heute unbestritten. S. etwa BK-ZGB/MEIER-HAYOZ, Art. 1 N 423 ff.

zwecks fokussiert, insofern also *teleologisch orientiert*.[441] In nicht allzu seltenen «*hard cases*»[442] wird aber trotz aller Hilfestellungen eine zusätzliche, offen darzulegende, pragmatische *Eigenwertung*, welcher Zweck der gesetzlichen Bestimmung *hic et nunc* am plausibelsten zugemessen werden soll, unvermeidlich sein[443]. Dass eine solche Eigenwertung unvermeidlicher Weise «vorverständnisgeprägt» ist, liegt auf der Hand[444].

Ist danach das «Zweckprogramm» der zu interpretierenden Vorschrift erstellt[445], «rekonstruiert», so hat dies wiederum entscheidende Rückwirkung auf die Frage, welcher Sinn («Normsinn») der Regelung im Rahmen des noch möglichen Wortsinns endgültig zugemessen ist, namentlich ob sie eher restriktiv oder extensiv zu interpretieren ist.

---

[441] Das BGer (BGE 142 III 102 [106]) formuliert, dass die *ratio legis*, auf die die Auslegung auszurichten sei, «aufgrund der herkömmlichen Auslegungsmittel» zu ermitteln sei.

[442] S. etwa BGE 134 III 16 (24): «Die ratio von Art. 19 Abs. 1 lit. c GestG ist nicht leicht zu erkennen».

[443] Die Eigenwertung tendenziell verschleiernd wirkt das Abstellen auf die «mutmassliche gesetzgeberische Wertentscheidung» (noch dazu des historischen Gesetzgebers), wie es von LOOSCHELDERS/ROTH, 170 ff., propagiert wird. Ablehnung eines «eigenständigen» teleologischen Auslegungselements aus rechtsstaatlichen Gründen bei ZELLER, 367 ff. Grundsätzliche (vor allem verfassungsrechtliche) Bedenken gegen die Legitimität teleologisch orientierter richterlicher Eigenwertung aus österreichischer Sicht bei TOMANDL, ÖJZ 2011, 542 ff. (in Auseinandersetzung mit der Position dieses Buches).

[444] Zur Bedeutung des Vorverständnisses eingehend unten S. 365 ff. Für die damit zusammenhängende Ergebnisorientiertheit der Berufung auf die *ratio legis* bezeichnend die Wendung: «... befriedigendes Ergebnis aus der ratio legis ...» in BGE 121 III 219 (225) und 129 III 335 (340); ähnlich BGE 116 Ib 151 (154), wo von einer «einfachen und vernünftigen Lösung» die Rede ist, dem dem «Sinn und Zweck» der gesetzlichen Regelung entspreche. Dass objektiv-teleologisch begründete Aussagen wie die gerade zitierten in bedenklicher Weise «falsifizierungsresistent» sind (so HASSEMER, Rechtstheorie 2008, 10 f.), ist ohne Weiteres zuzugeben.

[445] Besonders schöne Beispiele aus der Praxis des BGer: BGE 100 II 52 (60 ff.); 128 III 137 (142). Weit. Beispiele bei DUBS, in: Die Bedeutung der «Ratio legis» (Kolloquium der Juristischen Fakultät der Universität Basel [Basel etc. 2001]) 22 ff.

Aus dem Ausgeführten ergibt sich klar, dass «Sinn» und «Zweck» einer Norm nicht, wie dies oft geschieht (namentlich in der Wendung «Sinn und Zweck»), gleichzusetzen sind. Die Besinnung auf den *Normzweck* ist ein Element neben anderen, um den massgeblichen *Normsinn* zu eruieren. So überzeugend HÖHN, ASA 56 (1987/88) 468 ff.; ebenso auch EICHENBERGER, in: Die Bedeutung der «Ratio legis» (Kolloquium der Juristischen Fakultät der Universität Basel [Basel etc. 2001]) 13 f. (der die *ratio legis* freilich entgegen der hier verwendeten Terminologie mit dem Normsinn identifiziert); JAUN, ZBJV 137 (2001) 36.

Um auf das Beispiel des Art. 459 Abs. 1 OR zurückzukommen: Ist «Zweck des Gewerbes oder Geschäftes des Geschäftsherrn» eher restriktiv, bezogen auf den Zweck, wie er sich aus den Statuten der Unternehmung und der entsprechenden Handelsregistereintragung ergibt, zu interpretieren, oder extensiv, bezogen auf die Optik des Geschäftspartners, d.h. auf die Frage, wie sich diesem der tatsächliche Aktionsradius des Unternehmens dargestellt hat? Besinnt man sich auf den Zweck des Art. 459 Abs. 1 OR und der Institution der Prokura (sowie analoger handelsrechtlicher «Formalvollmachten» [etwa Art. 564 Abs. 1 und 718a Abs. 1 OR]) ganz allgemein, möglichsten Verkehrsschutz zu garantieren, so wird man zu einer extensiven Interpretation des fraglichen Tatbestandselements gelangen[446].

(4) *Ausblick auf das «gebundene Richterrecht»:* Die Frage nach der Teleologie der Norm ist, wie im Abschnitt über das «gebundene Richterrecht» zu zeigen sein wird, nicht nur im Rahmen der eigentlichen Auslegung von entscheidender Bedeutung, sondern ebenso zentral für die Frage, ob eine Vorschrift analog auf einen nicht geregelten Fall angewendet werden kann, oder ob gegenteilig ein «Umkehrschluss» zu ziehen ist[447]. Wie schon die Bezeichnung «teleologische Reduktion» indiziert, ist sie auch dann ausschlaggebend, wenn es darum geht, einen über

---

[446] S. BGE 111 II 284 (288 f.) zum analogen Problem der aktienrechtlichen Vertretungsmacht (geregelt in Art. 718a Abs. 1 OR).

[447] Dazu unten S. 237 ff.

die *ratio legis* hinausschiessenden, von der *ratio* also nicht mehr gedeckten Wortsinn *contra verba legis* einzuschränken[448].

(5) *Teleologische Widersprüchlichkeiten (Wertungswidersprüche):* Aus dem Gebot der systematischen Interpretation (und letztlich als Konsequenz des Prinzips der Rechtsgleichheit) ergibt sich, wie gezeigt[449], dass der Interpret möglichst versuchen sollte, die einzelne Gesetzesvorschrift als Bestandteil eines kohärenten Wertungssystems («inneren Systems») zu verstehen. Diese hermeneutische Leitidee der Konsistenz der Wertung stösst allerdings in nicht wenigen Fällen – «nobody is perfect», auch nicht, oder vielleicht besser: schon gar nicht der Gesetzgeber! – an ihre Grenzen, wenn Wertungswidersprüche zu konstatieren sind, die auch bei bestem Bemühen interpretatorisch nicht oder doch nicht gänzlich ausgeräumt werden können, sondern nüchtern betrachtet *de lege lata* einfach als gegeben hingenommen werden müssen.

Ein besonders zugespitzter, aber eher seltener Fall liegt dann vor, wenn eine eigentliche Antinomie vorliegt, sich also gesetzliche Regelungen ein und desselben Sachproblems *kontradiktorisch widersprechen*[450]. Viel häufiger sind die *teleologischen Widersprüchlichkeiten*, Wertungsdivergenzen, bei denen die konfligierenden Vorschriften vergleichbare (aber nicht identische) Sachprobleme unterschiedlich regeln, ohne dass ein überzeugender sachlicher Grund für die Differenzierung gefunden werden

---

[448] Dazu unten S. 250 ff.

[449] Oben S. 110 ff.

[450] Dazu unten S. 221 f. Eine besondere Form der offenen (geradezu physisch begründeten) Widersprüchlichkeit ist im österreichischen Recht durch die Öffnung des Ehebegriffs des § 44 ABGB auf gleichgeschlechtliche Ehepartner (s. oben FN 305) entstanden. Der in § 44 ABGB enthaltenen, offenbar irrtümlich nicht aufgehobenen Verpflichtung der Ehepartner, «Kinder zu zeugen», ist durch den zentralen Normgehalt der Öffnung der Ehe implizit (materiell) derogiert worden. Dazu SCHODITSCH, ÖJZ 2018, 381.

kann[451]. Zur Behandlung der besonders qualifizierten Konstellation der systemfremden «Ausreissernormen» wurde schon oben[452] Stellung genommen. Im Regelfall einer teleologischen Widersprüchlichkeit kann aber nicht eigentlich von der Systemfremdheit einer der konfligierenden Bestimmungen gesprochen werden. Dazu einige *Beispiele*: Beim Problem der Vertragshaftung ist es teleologisch nicht nur merkwürdig, sondern widersprüchlich, dass Art. 100 Abs. 1 OR eine Haftungsfreizeichnung im Fall der groben Fahrlässigkeit des Schuldners für nichtig erklärt, während Art. 199 OR Gewährleistungsfreizeichnungen nur im Fall der Arglist des Verkäufers scheitern lässt[453]. Wertungswidersprüchlich ist es auch, dass nach der Revision des Art. 210 OR bei Verbraucherkaufverträgen eine Verkürzung der zweijährigen gesetzlichen Gewährleistungsfrist (abgesehen vom Kauf gebrauchter Sachen) ungültig ist (Art. 210 Abs. 4 OR), während im wertungsmässig viel gravierenderen Fall der Abbedingung (auch der völligen Abbedingung) der Gewährleistungsansprüche auch für Verbraucherkaufverträge weiterhin Art. 199 OR gilt, wonach die Vereinbarung über die (partielle oder totale) Aufhebung der Ansprüche (bis zur Grenze der Arglist des Verkäufers) gültig ist[454]. Teleologisch nicht schlüssig ist es auch, dass Art. 107 OR einen Rücktritt vom Vertrag grundsätzlich an das Erfordernis der Nachfristsetzung koppelt, während dies bei der Wandelung des Vertrags nach Art. 205 Abs. 1 OR nicht der Fall ist. Teleologisch inkonsistent ist beispielsweise auch, dass es im Unterschied zum Werkvertragsrecht (Art. 368 Abs. 2 OR) und zum UN-Kaufrecht (Art. 46 Abs. 3) im Kaufvertragsrecht des

---

[451] HÖPFNER, 34 ff., spricht von «Wertungs- und Prinzipienwidersprüchen». Diese sind nach SEILER, Praktische Rechtsanwendung, 43, «innerhalb der Rechtsordnung an der Tagesordung».

[452] S. 114 f.; s. auch unten S. 244.

[453] Dazu etwa BSK-OR/HONSELL, Art. 199 N 1. Auch wenn man, wie von HONSELL vorgeschlagen, Art. 199 als vorrangige *lex specialis* interpretiert, bleibt es bei der Wertungswidersprüchlichkeit.

[454] Dazu KRAMER, recht 2013, 52.

OR keinen gesetzlichen Verbesserungsanspruch gibt, oder dass es einen Kausalhaftungsanspruch des Käufers gibt (Art. 208 Abs. 2 OR), im Werkvertragsrecht (Art. 368 Abs. 1 OR) hingegen ein entsprechender Anspruch des Bestellers fehlt. Es versteht sich von selbst, dass solche Wertungswidersprüchlichkeiten geradezu vorprogrammiert sind, wenn der nationale Gesetzgeber im Zuge der zunehmenden Internationalisierung und Europäisierung namentlich des Privat- und Wirtschaftsrechts inhaltlich nicht dem nationalen Gesetzgebungsprozess entstammende Vorschriften punktuell (ohne eine Gesamtrevision des betroffenen Rechtsgebiets) in seine Rechtsordnung inkorporiert[455]. Auf das Beispiel des Verbesserungsanspruchs beim Kauf, den es im UN-Kaufrecht gibt, wurde gerade hingewiesen. Dass nach Art. 201 OR der Käufer (auch der unprofessionelle Konsument) den Mangel des Kaufgegenstands nach dessen Entdeckung «sofort» rügen muss, während nach Art. 39 Abs. 1 UN-Kaufrecht eine flexible «angemessene Frist» zur Verfügung steht und Art. 44 UN-Kaufrecht dem Käufer sogar nach deren Versäumung doch noch Ansprüche offenhält, ist wertungswidersprüchlich, was besonders eklatant ist, wenn man sich vor Augen hält, dass der Käufer im Anwendungsbereich des UN-Kaufrechts in aller Regel unternehmerisch kontrahiert. Viele weitere Beispiele aus anderen Gebieten des Privatrechts und unserer Rechtsordnung insgesamt[456] könnten diese Mängelliste ohne Weiteres verlängern.

In all diesen Fällen dürfen die Widersprüche letztlich, wenn sie die einschlägigen methodologischen Hilfsmittel (restriktive oder extensive Interpretation, Anwendung von Kollisionsregeln[457], Vornahme eines Analogieschlusses oder einer teleologi-

---

[455] Zu dieser Gefährdung des Gedankens der «Einheit der Rechtsordnung» im Allgemeinen schon oben S. 101 f. Zu spezifischen methodologischen Problemen bei Auslegung von Einheits- und Unionsprivatrecht unten S. 341 ff.

[456] Zu Wertungswidersprüchen, die sich in der schweizerischen BV durch die Annahme von Volksinitiativen ergeben, SCHINDLER, ZöR 2014, 543.

[457] Dazu oben S. 125 ff.

schen Reduktion[458]) nicht oder jedenfalls nicht zur Gänze zu beheben vermögen, nicht einfach *contra legem* «wegharmonisiert» werden; es bleibt nur der Appell an den Gesetzgeber.

bb) Dogmengeschichtlicher Rückblick («von der Begriffsjurisprudenz zur Interessenjurisprudenz»); Aktualität der Problemstellung; Funktion richtig verstandener Rechtsdogmatik

(1) *Von* PUCHTA *zu* JHERING *und* HECK*:* Die heute geradezu selbstverständliche Zweckorientiertheit der Interpretation war keineswegs immer anerkannt[459]. Noch um die Mitte des 19. Jahrhunderts florierte die durch die deutsche Pandektenwissenschaft begründete *«begriffsjuristische»* Methode[460], die meinte, den Sinn einer Vorschrift auf rein formallogischem Weg allein aus der juristischen Begrifflichkeit, namentlich aus dem «logischen» Zusammenhang der Begriffe, ableiten zu können. Es wurden ganze Begriffssysteme («Begriffspyramiden») erarbeitet, aus denen mit «ésprit géometrique» (Blaise PASCAL), *more geometrico*[461], wertfrei deduziert wurde. Es sei – so schreibt PUCHTA[462], der durchaus bedeutende Begründer dieser Denkrichtung –

---

[458] Dazu unten S. 226 ff.; S. 250 ff.

[459] Zu SAVIGNYS Skepsis gegen die teleologische Interpretation schon oben bei FN 70.

[460] Scharfsichtige Auseinandersetzung mit der Begriffsjurisprudenz bei BUCHER, ZBJV 102 (1966) 274 ff.; vgl. auch WIEACKER, 430 ff.; WILHELM, Zur juristischen Methodenlehre im 19. Jahrhundert (Frankfurt/Main 1958) 70 ff. Besonders wichtig auch HECK, Grundriß des Schuldrechts (Tübingen 1929) Anhang § 1 (471 ff.).

[461] Zur geometrischen Methode («mos geometricus») im Vernunftrecht des 17./18. Jahrhunderts M. WINKLER, ZSR 136 (2017) I, 187 ff.

[462] PUCHTA, Cursus der Institutionen, Bd. I (Leipzig 1841) 36 f. Zu seiner Bedeutung MECKE, ARSP 2009, 540 ff. HAFERKAMP, in: RÜCKERT/SEINECKE, 96 ff. Die Abstempelung WINDSCHEIDS als pandektistischer Begriffsjurist relativierend FALK, Ein Gelehrter wie Windscheid (Frankfurt/M. 1989); vgl. jetzt auch RÜCKERT, JZ 2017, 662 ff.; HAFERKAMP/REPGEN (Hrsg.), Wie pandektistisch war die Pandektistik? (Tübingen 2017).

«Aufgabe der Wissenschaft, die Rechtssätze in ihrem systematischen Zusammenhang, als einander bedingende und von einander abstammende, zu erkennen, um die Genealogie der einzelnen bis zu ihrem Prinzip hinauf verfolgen und ebenso von den Prinzipien bis zu ihren äussersten Sprossen herabsteigen zu können. Bei diesem Geschäft werden Rechtssätze zum Bewusstsein gebracht und zutage gefördert werden, die ... weder in der unmittelbaren Überzeugung der Volksglieder und ihren Handlungen noch in den Aussprüchen des Gesetzgebers zur Erscheinung gekommen sind, die also erst als Produkt einer wissenschaftlichen Deduktion sichtbar entstehen». Der junge JHERING sprach (in der 1. Auflage seines «Geists »[463]) gar von einer «naturhistorischen» Methode[464] der «höheren» bzw. «konstruktiven Jurisprudenz», die er mit der damals mächtig aufkommenden, prestigereichen Chemie verglich[465]. Die aus den Rechtsregeln (dem «Rohstoff») «herausdestillierten» Rechtsbegriffe werden als «juristische Körper» gesehen, die – in den Gedankenoperationen der Konstruktionsjurisprudenz[466] – «fruchtbar» seien («... die Begriffe sind productiv, sie paaren sich und zeugen neue ...»[467]), wodurch wiederum bis dahin völlig unbekannte Rechtssätze ans Licht kommen könnten, deren Existenz nicht etwa aus einem praktischen Bedürfnis abgeleitet wurde, sondern allein *aus der produktiven Logik der Begrif-*

---

[463] JHERING, Zweiter Theil, 2. Abteilung (Leipzig 1858) 384 ff.; s. auch Erster Theil, 12 ff.; 39 ff., wo von «anatomischer» und «physiologischer Betrachtung des Rechtsorganismus» die Rede ist. Vgl. auch JHERINGS Einleitungsaufsatz zum 1. Bd. von Jherings Jahrb. (1857).

[464] Die folgende Kurzzusammenfassung beruht weitgehend auf der Darstellung der «naturhistorischen» Methode bei LARENZ, 24 ff.

[465] BAUMGARTEN, in: Festgabe der Juristischen Fakultät der Universität Basel zum achtzigsten Geburtstag von Paul Speiser 1926 (Basel 1926) 114, spricht treffend von einer «sonderbaren Art Alchimie» JHERINGS.

[466] In der deutschen staatsrechtlichen Literatur der zweiten Hälfte des 19. Jahrhunderts sah vor allem LABAND (Staatsrecht des deutschen Reiches, Bd. I, Tübingen 1876) im Anschluss an die privatrechtliche Pandektistik die Aufgabe der Dogmatik in der „Konstruktion" von Rechtsinstituten und deren Zurückführung auf «allgemeine Begriffe».

[467] JHERING, Erster Theil, 29.

fe, aus «Begriffszwang». Ganz i.S. von HEGEL: «Um so schlimmer für die Tatsachen!», sollten diese «Kopfgeburten» in der Wirklichkeit keine Entsprechung finden. Kein Wunder, dass Epigonen solcher Gedankengänge zu geradezu wahnwitzigen Entdeckungen gelangten, wie etwa der legendäre HUSCHKE mit seinem «Bovigus».

Dazu der Bericht JHERINGS in «Scherz und Ernst in der Jurisprudenz» (1. Aufl., Leipzig 1884; zit. nach der 10. Aufl., Leipzig 1909, 191 f.): «Für diejenigen meiner Leser, welche den Namen dieses Gelehrten [HUSCHKE] nicht kennen sollten, füge ich die Notiz hinzu, dass er es ist, der die Zoologie durch sein blosses Denken mit dem *Bovigus* bereichert hat. Es war dies ein Tier, das später verlorengegangen ist und von dem sich auch keine fossilen Überreste mehr erhalten haben, das aber nichtsdestoweniger aus *Vernunftgründen* existiert haben *muss*. In seiner ‹Verfassung des Servius Tullius› (Heidelberg 1838) gelangt Huschke zu der Überzeugung, dass den fünf Censusklassen fünf zu den *res mancipi* gehörige Tiere entsprochen haben müssen, so dass jede das ihrige hatte, wie jeder der vier Evangelisten das seinige. Allerdings kennen die Römer nur vier, was aber Huschke nicht geniert, indem er dem Mangel durch Erfindung des fehlenden fünften abhilft, das er, nachdem er dessen logische Notwendigkeit begründet hat, auf S. 252 in den Kreis der realen Geschöpfe einführt, und von dem er eine anschauliche Schilderung entwirft».

JHERING war es dann selbst, der die «kopernikanische» Wende vollzog, vorbereitet zuerst durch den beissenden Spott, mit dem er in «Scherz und Ernst in der Jurisprudenz»[468] (einer auch heute noch lohnenden Lektüre!) den «Begriffshimmel» der Begriffsjuristen bedachte[469], schliesslich aber mit seinem rechtstheoretisch-

---

[468] Der 1. Brief eines «Unbekannten» «über die heutige Jurisprudenz» erschien bereits 1861. Die Briefe sind zusammen mit weiteren Essays (vor allem mit der Satire «Im juristischen Begriffshimmel») 1884 unter dem Titel «Scherz und Ernst in der Jurisprudenz» publiziert worden. Neuherausgabe und mit Einleitung versehen durch Max LEITNER (Wien 2009).

[469] JHERING beschreibt seine Situation in «Scherz und Ernst» folgendermassen: Ich gelangte «zu dem Punkte, auf dem ich jetzt stehe, und den ich in den Satz zusammenfassen kann: dass man erst den Glauben an die Theorie vollständig verloren haben muss, um ohne Gefahr sich ihrer bedienen zu können» (zit. nach der 10. Aufl., Leipzig 1909, 54). Zu JHERINGS durch «Scherz und Ernst» vorbereite-

rechtssoziologischen Hauptwerk «Der Zweck im Recht»[470], dessen Motto der uns heute selbstverständliche Gedanke ist, dass der Zweck «der Schöpfer des gesamten Rechts» sei[471].

Darauf baute dann die *«Interessenjurisprudenz»* auf, die unter der Führung von Philipp HECK[472] vor allem an der Tübinger Fakultät begründet wurde («Tübinger Schule»)[473]. Während die Begriffsjurisprudenz vom «Kultus des Logischen» geprägt gewesen sei, ging sie vom *«Primat der Lebensforschung und Lebenswertung»*[474] aus. Die Gesetze wurden nun als «Resultanten der in jeder Rechtsgemeinschaft einander gegenübertretenden und um Anerkennung ringenden, regelmässig konfligierenden Interessen materieller, nationaler, religiöser und ethischer Richtung»[475] interpretiert; der Gesetzgeber als «Transformator» dieser «kausalen

---

te Wende anschaulich LARENZ, 44 f.; WIEACKER, 450 f.; neuerdings JANSEN/REIMANN, ZEuP 2018, 103 ff., die (106) nicht von einer eigentlichen Wende im Wirken JHERINGS, sondern von einer blossen Verschiebung des Schwerpunkts seines Denkens «von der Konstruktion zur Teleologie» sprechen wollen.

470 JHERING, I. Bd., 1. Aufl. (Leipzig 1877).

471 JHERING, I. Bd., 1. Aufl. (Leipzig 1877) VIII. Zur «2. Phase» JHERINGS vgl. FIKENTSCHER, Bd. III, 237 ff.

472 Seine Hauptwerke sind bereits oben FN 309 zitiert. Zu HECK etwa SCHOPPMEYER, Juristische Methode als Lebensaufgabe. Leben, Werk und Wirkungsgeschichte Philipp Hecks (Tübingen 2001); M. AUER, ZEuP 2008, 517 ff.; RÜCKERT, JZ 2017, 968 ff.

473 Weitere Vertreter der Schule sind etwa Max RÜMELIN und Heinrich STOLL. Unter dem direkten Einfluss dieser Schule stand etwa auch MÜLLER-ERZBACHs «kausales Rechtsdenken». Vgl. dazu WIEACKER, 574 ff.; FIKENTSCHER, Bd. III, 373 ff. Monographisch EDELMANN, Die Entwicklung der Interessenjurisprudenz (Bad Homburg 1967); DOMBECK, Das Verhältnis der Tübinger Schule zur deutschen Rechtssoziologie (Berlin 1969); ELLSCHEID/HASSEMER(Hrsg.), Interessenjurisprudenz (Darmstadt 1974); HASSLINGER, Max von Rümelin (1861–1931) und die juristische Methodenlehre (Tübingen 2014). Zu den theoretischen Grundlagen der Interessenjurisprudenz DORNDORF, ARSP 1995, 542 ff.

474 HECK, Begriffsbildung und Interessenjurisprudenz, 2. Berühmt (und älter) auch das Zitat von O.W. HOLMES, The Common Law (Boston 1881) 1: «The life of the law has not been logic: it has been experience».

475 HECK, Gesetzesauslegung und Interessenjurisprudenz, 17.

Interessen»[476], wobei es auch schon HECK[477] klar war, dass diese Transformation nicht ohne Werturteil vonstatten gehen kann.

Für die Auslegungstheorie zog HECK aus seinen theoretischen Prämissen die Konsequenz, dass der Interpret in erster Linie «historische Interessenforschung»[478] betreiben müsse; er müsse die «realen Interessen, welche das Gesetz verursacht haben, historisch richtig ... erkennen und die erkannten Interessen in der Fallentscheidung ... berücksichtigen»[479]. Damit hatten HECK und die ihm folgende Schule die «objektiv-historische» Interpretationsmethode begründet, die, wie bereits gezeigt[480], auch heute noch gewichtige Anhängerschaft findet. Gleichzeitig ist die von JHERING und der Interessenjurisprudenz begründete Besinnung auf den interessenbezogenen Zweck jeder Vorschrift aber natürlich auch die theoretische Grundlage für die «objektiv-teleologische» Interpretationsmethode, für die freilich die historische Zwecksetzung nicht mehr unbedingt ausschlaggebend ist, für die vielmehr der Versuch einer «gesellschaftsadäquaten» Interpretation der Normen auf Grund aktueller Interessenlagen und deren konsensfähiger Bewertung im Vordergrund steht[481].

(2) *Was ist falsch an der Begriffsjurisprudenz?* Der Rückblick auf die Theoriegeschichte hat noch nicht deutlich genug gemacht, worin der eigentliche «Denkfehler» der Begriffsjurisprudenz liegt. Diese Klärung ist vor allem deswegen erforderlich,

---

[476] Vgl. HECK, Gesetzesauslegung und Interessenjurisprudenz, 8; 64. Das «kausale Rechtsdenken» wurde dann vor allem von MÜLLER-ERZBACH betont (zusammenfassend: Die Rechtswissenschaft im Umbau [München 1950]).

[477] S. etwa HECK, Gesetzesauslegung und Interessenjurisprudenz, 94 f., wo von der «Abwägung angeschauter Interessen» die Rede ist.

[478] HECK, Gesetzesauslegung und Interessenjurisprudenz, 8.

[479] HECK, Gesetzesauslegung und Interessenjurisprudenz, 60.

[480] Nachw. oben FN 316.

[481] Insofern wird von «Wertungsjurisprudenz» gesprochen. Zur Gegenüberstellung von Interessenjurisprudenz und Wertungsjurisprudenz PETERSEN, Von der Interessenjurisprudenz zur Wertungsjurisprudenz (Tübingen 2001); neuerdings HAFERKAMP, ZfPW 2016, 319 ff.

weil ein begrifflich diffuses, verschwommenes Argumentieren natürlich auch für den modernen, teleologisch argumentierenden Juristen verpönt sein muss. Auch er kann ohne klare Begrifflichkeit nicht auskommen und muss *in diesem Sinn* – was zuweilen in Vergessenheit zu geraten scheint – weiterhin «Begriffsjurist» sein[482].

Die eigentliche *Problematik der Begriffsjurisprudenz* liegt darin, dass sie die juristischen Begriffe als «apriorisch» vorgegebene, ein abgehobenes Eigenleben führende Entitäten verstanden hat, während es in Wirklichkeit induktiv aus dem jeweiligen positiven Recht abzuleitende Begriffe sind, relativiert durch die wertende Entscheidung des jeweiligen Gesetzgebers und ihre ihnen von diesem zugemessene und interpretativ weiterzuentwickelnde Funktion (Teleologie), bestimmte gesellschaftliche Interessen zu schützen, zu fördern oder hintanzuhalten[483]. «Sie sind deshalb», wie KÖTZ[484] formuliert, «letztlich nur Handwerkszeug, haben bloß instrumentale Funktion, können nie allein aus sich heraus die richtige Lösung eines Falles garantieren und sind deshalb als durchaus zweckabhängig und durchlässig, als bloß vorläufig und variabel zu behandeln». Nur unter steter Bedachtnahme auf eine so umschriebene Funktion kann man sich der juristischen Begriffe rational bedienen[485]; alles andere bedeutet «wer-

---

482 So schon JHERING (Scherz und Ernst [zit. oben FN 468], 347). Treffend WIE-ACKER, Rudolf von Jhering (Leipzig 1942) 27: «Heute ist nach einem berechtigten Kampf gegen die falsche Begriffsjurisprudenz des 19. Jh. die Anwendung reiner Begriffe so verrufen, dass man leicht vergisst, dass sie ein notwendiger Zusatz zu jedem fachlichen Rechtsdenken ist». Vgl. auch RÜCKERT, in: RÜCKERT/SEINECKE, 548.

483 S. schon JHERING, Geist des römischen Rechts, Teil III, 1. Abt. (Leipzig 1865) 302 f.: «Das Leben ist nicht der Begriffe, sondern die Begriffe sind des Lebens wegen da. Nicht was die Logik, sondern was das Leben, der Verkehr, das Rechtsgefühl postuliert, hat zu geschehen, möge es logisch notwendig oder unmöglich sein».

484 ZEuP 2011, 108.

485 S. auch MAYER-MALY, JZ 1986, 562: «Bedenkliche Begriffsjurisprudenz stellt sich erst dann ein, wenn die Abstraktion zum Ausgangspunkt von Konklusionen

tungsblindes», formalistisches, «scheinlogisches» Rechnen mit imaginären Wesenheiten. In diesem Sinn kann von juristischem «Begriffspragmatismus» im Unterschied zum «Begriffsapriorismus» der Begriffsjurisprudenz gesprochen werden.

(3) *Beispiele für verfehlte begriffsjuristische Argumentationen; die «begriffsjuristische Versuchung» auch des modernen Juristen; die praktische Leistung richtig verstandener «rechtsdogmatischer» Theoriebildung*

a) *Ein klassisches Beispiel* für begriffsjuristisches Argumentieren ist SAVIGNYs[486] Ablehnung eines Rechts an der eigenen Person (also eines absoluten «Persönlichkeitsrechts»). Ausgehend von der für ihn apriorisch vorgegebenen Zweiteilung der subjektiven Rechte in (absolute) dingliche und (relative) obligatorische deduzierte SAVIGNY, dass die Anerkennung eines absolut wirkenden Rechts an der eigenen Person, das nach der vorgegebenen Schematisierung unter die dinglichen Rechte hätte subsumiert werden müssen, notwendigerweise zur Anerkennung eines in seinen Augen verwerflichen Rechts zum Selbstmord führen müsse, da es ja zum Wesensgehalt des dinglichen Rechts (Eigentum) gehöre, dass ihr Inhaber den Gegenstand des Rechts zerstören dürfe. «Die Begriffsgebundenheit und Systemhörigkeit» SAVIGNYs beruhte, wie Eugen BUCHER[487] treffend schreibt, darauf, dass er «die vorgefundenen Begriffe (dingliches Recht, Eigentum) als feste Grössen und abschliessende Ordnung» auffasste, «ausserhalb deren eine Rechtsneubildung oder Rechtsfortbildung schlechterdings nicht möglich» erschien, «weil dies der inneren Logik der Dinge zuwiderlaufen würde».

---

gemacht wird, die sich von den Wertungen lösen, die in den anzuwendenden Normen stecken».
[486] SAVIGNY, 335 f.
[487] BUCHER, ZBJV 102 (1966) 282.

b) Begriffsjuristische Argumentation lässt sich aber nicht nur in den Schriften der Pandektisten des 19. Jahrhunderts nachweisen. Sie ist vielmehr – auch wenn Begriffsjurisprudenz heute als «Todsünde juristischer Methodik schlechthin»[488] stigmatisiert ist – eine ständige *Versuchung auch des modernen, rechtsdogmatisch argumentierenden Juristen.* Versuchung einmal, weil begriffsjuristische Argumentation die Begründungslast ganz wesentlich erleichtert, d.h. dem denk- bzw. begründungsfaulen Interpreten die argumentativ oft sehr mühsame wertende Begründung erspart – und ihm noch dazu gleichzeitig die intellektuelle Befriedigung «begriffsmathematisch» exakten Rechnens vermittelt[489]; Versuchung aber auch für Interpreten, die sich scheuen, ihre durchaus reflektierte Eigenwertung offenzulegen und es vorziehen, diese hinter imaginären «begrifflich-logischen Unmöglichkeiten», «Wesen von Rechtsinstituten»[490] oder «Grundwertungen» der Rechtsordnung zu kaschieren; Versuchung schliesslich auch für Interpreten, Begriffe missbräuchlich zu manipulieren, um damit eine *de lege lata* gar nicht begründbare, also gesetzwidrige Interpretation als gesetzeskonform erscheinen zu lassen.

Ein «schönes» Beispiel für Begriffsjurisprudenz bietet die Entscheidung BGE 46 II 468 (471), in der das Bundesgericht – noch vor der Revision des Gesellschaftsrechts, in der die zur De-

---

[488] BUCHER, ZBJV 102 (1966) 274.

[489] So treffend LEITNER in seinem einleitenden Vorwort zu der von ihm besorgten Neuherausgabe von JHERINGs «Scherz und Ernst in der Jurisprudenz» (Wien 2009). Von «juristischer Begriffsmathematik» sprach (kritisch) EHRLICH, Grundlegung der Soziologie des Rechts (1913; zit. nach der 4. Aufl. Berlin 1989) 277 ff. Nach SAVIGNY (Vom Beruf unserer Zeit für Gesetzgebung und Rechtswissenschaft [Heidelberg, 1814] 29) sei es der Vorzug der römischen Juristen gewesen, dass sie mit den juristischen Begriffen geradezu «gerechnet» hätten; und zwar mit einer Sicherheit, «wie sie sich sonst außer der Mathematik nicht findet».

[490] S. BGE 94 II 231 (237): «De la structure juridique de la propriété par étages ... il résulte que ...»; dazu krit. LIVER, ZBJV 106 (1970) 59: «... begriffs- oder gar nur wortjuristische Erörterungen ...». Zum Missbrauch des «Wesenargumentes» als «Kryptoargument» anschaulich SCHEUERLE, AcP 163 (1963) 429 ff.

batte stehende Rechtsfrage in Gestalt von Art. 568 Abs. 3 Satz 2 OR dann endgültig gelöst wurde – eine Bürgschaft eines Gesellschafters einer Kollektivgesellschaft für deren Gesellschaftsschulden mit dem ausschliesslich begrifflichen Argument abgelehnt hatte, diese Verbürgung widerspreche dem «Wesen der Personengesellschaft», sei es doch «begriffslogisch» ausgeschlossen, sich für eigene Schulden zu verbürgen[491]. Ebenso begriffsjuristisch argumentierte das Bundesgericht in BGE 53 II 35 (38 f.), wo es für eine restriktive Interpretation des Tatbestands des Grundlagenirrtums plädierte, weil dieser ein begrifflicher Unterfall des Irrtums im Beweggrund sei und Art. 24 Abs. 1 Ziff. 4 OR daher eine Durchbrechung des in Art. 24 Abs. 2 OR verankerten allgemeinen Grundsatzes bedeute, dass der Irrtum im Beweggrund nicht zur Anfechtung berechtige[492]. In der älteren deutschen Lehre wurde z.T. die Auffassung vertreten, dass das Erklärungsbewusstsein für das Vorliegen einer Willenserklärung begrifflich konstitutiv sei, so dass bei Fehlen des Erklärungsbewusstseins keine verbindliche Willenserklärung angenommen werden könne[493]. Im allgemeinen Vertragsrecht muss auch die axiomatische Berufung auf einen tradierten (in Wirklichkeit gesetzlich keineswegs exakt determinierten) «Nichtigkeitsbegriff» als tendenziell begriffsjuristisch bezeichnet werden[494]. Als begriffsjuristisch abzulehnen wäre auch die Auffassung, dass nichtige Verträge nicht gleichzeitig (etwa wegen Willensmängeln) angefochten werden oder auch nicht Ge-

---

[491] Dazu überzeugend MEIER-HAYOZ/FORSTMOSER/SETHE, § 2 N 177 ff. Zum Stellenwert der Frage, ob die Kollektivgesellschaft juristische Person ist oder nicht, treffend BUCHER, ZBJV 102 (1966) 296.

[492] Mit der Zulassung der Berufung auf den Grundlagenirrtum habe der Gesetzgeber «im Interesse der Billigkeit» eine «Abweichung von der strengen juristischen Logik» zugelassen.

[493] Zum Meinungsstand heute ARMBRÜSTER, in: Münchener Kommentar zum BGB, Bd. I, 8. Aufl. (München 2019) § 119 N 93 ff. Sehr begrifflich etwa noch HÜBNER, Allgemeiner Teil des Bürgerlichen Gesetzbuches, 2. Aufl. (Berlin/New York 1996) § 32 N 677 f.

[494] Überzeugendes Plädoyer für ein flexibles, rechtsfolgeorientiertes Nichtigkeitskonzept im deutschen Recht bei CAHN, JZ 1997, 8 ff.

genstand eines aus konsumentenschutzpolitischen Gründen eingeführten gesetzlichen Widerrufsrechts sein könnten. Wie bereits
1911 Theodor KIPP begründet hat[495], gibt es «Doppelwirkungen»
im Recht, auch wenn diese bei erstem Hinsehen begrifflich ausgeschlossen erscheinen[496]. Dass Gestaltungsrechte oder Gestal-
tungsklagerechte aus begrifflichen Gründen nicht (analog zu
Art. 164 ff. OR) abtretbar sein sollen, vermag (wie andere aus
dem «Wesen» des Gestaltungsrechts gewonnene, undifferenzierte
Ableitungen) heute auch nicht mehr zu überzeugen[497]. Eine besonders «ehrwürdige» Tradition hat im Vertragsrecht der Be-
griffsmissbrauch, der mit der fiktiven Konstruktion stillschwei-
gender (bzw. konkludenter) Willenserklärungen betrieben wird.[498]
Im Recht der Leistungskondiktionen (Art. 62 ff. OR) wird die Fixierung des Kondiktionsverhältnisses bei Dreieckskonstellationen
zuweilen rein mechanisch mit Hilfe des von der deutschen Berei-
cherungsrechtsdogmatik «konstruierten» finalen Leistungsbegriffs
bewältigt[499], ohne dass gefragt würde, welche Interessen bzw. Ri-

---

[495]   In: Festschrift für von Martitz (Berlin 1911) 211 ff. Dazu WÜRDINGER, JuS
2011, 769 ff.
[496]   Aus der schweizerischen Rechtsprechung BGE 129 III 320 (324) zur alternativen Konkurrenz zwischen Nichtigkeit und Anfechtbarkeit eines Vertrags; aus
der deutschen Judikatur BGH NJW 2010, 610 (611) zum Widerrufsrecht bei einem nichtigen Fernabsatzvertrag. Dazu etwa FAUST, JuS 2010, 424 ff. Dagegen
österreichischer OGH (EvBl 2017 Nr. 37): «Ein ,Nichts' kann nicht angefochten werden».
[497]   Dazu etwa BSK-OR/GIRSBERGER/HERMANN, Art. 164 N 5a. Zur teleologischen Rechtfertigung und Relativierung der oft rein begrifflich behaupteten
Unwiderruflichkeit von Gestaltungserklärungen BGE 128 III 70 (75 f.).
[498]   Dazu treffend F. BYDLINSKI, in: Festschrift für Herbert Hausmaninger (Wien
2006) 82 ff.
[499]   Methodisch bedenklich daher BGE 117 II 404 (407); dazu treffend KÖNDGEN,
SZW 1996, 37; vgl. auch schon KOPPENSTEINER/KRAMER, Ungerechtfertigte
Bereicherung, 2. Aufl. (Berlin u.a. 1988; Reprint 2013) 8 f. Reine Begrifflichkeit auch in BGE 121 III 149: Eine Scheinehe könne nicht nach Art. 142 alt
ZGB (Scheidung wegen Zerrüttung des ehelichen Verhältnisses) geschieden
werden; dies verbiete der klare Gesetzeswortlaut, der an den «Eintritt der Zerrüttung» anknüpft. Wo, wie bei einer Scheinehe, von Anfang an «nie ein Wille
zu einer ehelichen Lebensgemeinschaft vorhanden war, kann logischerweise

siken zur Debatte stehen und wem sie am plausibelsten zugerechnet werden können.

c) Mit diesem letzten Beispiel soll nicht der Eindruck erweckt werden, dass *rechtsdogmatische Theorien* und *Konstruktionen* der Lehre und Rechtsprechung, mit Hilfe derer Unklarheiten und Lückenhaftigkeiten des Gesetzes behoben bzw. überbrückt werden[500], jeweils als formalistische, begriffsjuristische Verirrungen verworfen werden müssten[501]; ganz im Gegenteil: Es

---

auch keine Zerrüttung der ehelichen Verhältnisse eintreten» (a.a.O., 151). Wertend betrachtet hätte sich ein Analogieschluss, wenn nicht gar ein Grössenschluss (dazu unten S. 234 f.) aus Art. 142 altZGB aufgedrängt: Entnimmt man der Vorschrift die *ratio*, dass inhaltslos gewordene Ehen nicht zu schützen sind, dann muss dasselbe doch klarerweise auch dann gelten, wenn die Ehe von vorneherein inhaltslos war! Krit. zu BGE 121 III 149 auch B. SCHNYDER, ZBJV 133 (1997) 38 ff. Zu begrifflich-formal auch BGE 121 III 453 (458): Die in der Literatur auf Grund wertender Überlegung vertretene Auffassung, dass die «*aliud*-Lieferung» beim Gattungskauf gewährleistungsrechtlich zu beurteilen sei, wird abgelehnt, «weil sich die Regelung der Sachgewährleistung gemäss der Marginalie zu Art. 197 OR auf die Kaufsache bezieht und beim Gattungskauf nur dann eine Kaufsache geliefert wird, wenn diese der vereinbarten Gattung entspricht». Dazu KRAMER, recht 1997, 78 ff.

[500] R. STÜRNER, AcP 214 (2014) 11, spricht treffend von der Dogmatik als «Entwicklung einer Feinsystematik, die sich als eine Art Zwischenschicht zwischen die Einzelfallkasuistik und die Grundregeln und Grundprinzipien schiebt». Diese «Zwischenschicht» wird, wie die Ausführungen im Text zum Ausdruck bringen, nicht nur von der Lehre (Wissenschaft), sondern auch von der Judikatur (namentlich der höchstgerichtlichen) entwickelt. Auch diese argumentiert rechtsdogmatisch, wenn sie Regelungen konkretisiert, Lücken füllt, allenfalls auch ganze theoretische Konzepte entwickelt. Freilich ist die dogmatische Argumentation des Gerichts – trotz Bedachtnahme auf die Präjudizialität namentlich höchstgerichtliche Urteil – naturgemäss stärker fallbezogen als die Dogmatik der Lehre (vgl. schon oben S. 41 [Einschub]). Zur Beziehung zwischen Lehre und Rechtsprechung, die eben beide dogmatisch argumentieren und sich dabei ständig aufeinander beziehen, unten S. 286 (Einschub), S. 289 (Einschub).

[501] «Dogmatik» hat an sich landläufig einen eher fragwürdigen Beigeschmack (in Richtung eines autoritären «Dogmatismus»), bedeutet aber in der Jurisprudenz nichts anderes, als dass bei der «dogmatischen» Interpretation von der Prämisse ausgegangen wird, dass das zu interpretierende (oder in legitimer Weise «weiterzudenkende») Recht normativ gültig ist, so dass über seinen Rahmen *de lege lata* nicht wesentlich hinausgegangen werden darf.

ist eine wesentliche, die Rechtspraxis sowohl stabilisierende als auch entlastende «*praktische Leistung der Rechtsdogmatik*»[502], gedanklich konsistente Lösungen für gewisse, nicht ohne Weiteres klar geregelte Problemfelder zu entwickeln und sie für die Rechtsanwendung in operational griffigen «Theorien», Konzeptionen, Begriffen zusammenzufassen. Insofern dient Rechtsdogmatik der «*Komplexitätsreduktion*» (LUHMANN).

So ist im Ergebnis auch HASSOLDs (AcP 181 [1981] 131 ff.) Plädoyer für dogmatische Konstruktion zu verstehen; vgl. auch TUOR/SCHNYDER/SCHMID/JUNGO, § 15 N 7: Die «von der Wissenschaft entwickelten Rechtsbegriffe» seien häufig «praktische Kurzbezeichnungen für komplizierte Tatbestände»; STRUCK, JZ 1975, 85: Theorie als ein «zu einer Faustregel verdichteter Argumentationskomplex»; zur «stabilisierenden» Wirkung der Dogmatik auch ROELLECKE, JZ 2011, 646. Eingehend zu den Funktionen der Rechtsdogmatik RÜTHERS/FISCHER/BIRK, Rechtstheorie, § 7 N 321 ff.; RÜTHERS, Zeitschrift für Rechtsphilosophie 2005, 1 ff.; Beiträge in: KIRCHHOF/MAGEN/SCHNEIDER (Hrsg.), Was weiss Dogmatik? (Tübingen 2012); BUMKE, Rechtsdogmatik (Tübingen 2017). Dazu nun JANSEN, AöR 143 (2018) 623 ff. Zu «Perspektiven der Privatrechtsdogmatik» LOBINGER, AcP 216 (2016) 28 ff., der die Dogmatik allerdings zu eng auf die rechtswissenschaftlich entwickelte Dogmatik beschränkt. Auch höchstgerichtliche Judikatur arbeitet – sofern sie nicht nur Einzelfallgerechtigkeit anstrebt – dogmatisch (s. schon oben FN 500). Rechtsdogmatik ist die Summe aus Lehre *und* (höchstgerichtlicher) Judikatur zu einem bestimmten Problem des geltenden Rechts. Vgl. zuletzt auch JANSEN, AöR 143 (2018) 627 (STOLLEIS zitierend), wonach das Bundesverfassungsgericht und die übrigen Höchstgerichte «zunehmend ‹den Denkhorizont, die Sprache, die dogmatischen Figuren›» bestimmten.

Wenn HASSEMER, Rechtstheorie 2008, 15, meinte, die Rechtsdogmatik sei eine «mächtige Konkurrentin der Methodenlehre», dann ist dies zumindest missverständlich. Zum einen muss die Rechtsdogmatik, will sie überzeugen, – auf Basis des geltenden Rechts (und dieses in legitimer Weise fortbildend [dazu unten S. 337 ff.]) – methodologisch fundiert sein; die Vorstellung von einer Art au-

---

502 WIEACKER, in: BUBNER/CRAMER/WIEHL (Hrsg.), Hermeneutik und Dialektik, Aufsätze II (Tübingen 1970) 311 ff. (Kursivsetzung hinzugefügt!). Vgl. auch schon WIEACKER, Vom Römischen Recht (Leipzig 1944) 27: Dogmatische Begrifflichkeit ermögliche «durch einfache Schlussfolgerungen richtige Entscheidungen». Jetzt auch ERNST, 40 ff.

tonomen, neben (oder über) dem Gesetz «freischwebenden» Rechtsdogmatik ist abzulehnen. Wie sollte sie denn legitimiert werden? Zum anderen ist die Methodenlehre, wie oben (S. 46 ff.) dargestellt, selbst als rechtsdogmatische Metadisziplin zu qualifizieren. So ist schon der Titel der Monographie von LENNARTZ, Dogmatik als Methode (Tübingen 2017) zumindest missverständlich. Dogmatik ist keine Methode, sondern vielmehr das Ergebnis methodisch legitimierter Interpretation und Fortbildung des Gesetzes. Zur Kritik und zur Reformbedürftigkeit traditioneller deutscher Rechtsdogmatik anregend LEPSIUS, in: KIRCHHOF/MAGEN/SCHNEIDER (Hrsg.), Was weiss Dogmatik? (Tübingen 2012) 39 ff.

Voraussetzung für eine positive Bewertung der praktischen Leistung der Rechtsdogmatik ist zum einen, dass ihre Theoriebildungen auf einer differenzierten, möglichst induktiv an der Gesetzeslage orientierten Bewertung der zur Debatte stehenden Interessen beruhen; und zum anderen, dass ihre Konzepte «fallibel» sind, man sie also nicht mechanisch «weiterbeten» darf, wenn sich – vor allem anhand neuer Fallkonstellationen – Fragestellungen eröffnen, die zu Wertungen zwingen, für die die Theorie nicht «vorprogrammiert» ist[503] und die daher deren «Falsifikation» (oder «Teilfalsifikation») zur Folge haben.

cc) Spezielle teleologische Argumente; Rekurs auf die Teleologie des Gesetzes in speziellen Zusammenhängen

(1) Ein spezielles, altvertrautes und rhetorisch besonders überzeugendes teleologisches Argument ist das *«Untragbarkeitskriterium» (argumentum ad absurdum* oder *reductio [deductio] ad*

---

[503] Zur Theorie dogmatischer Theoriebildung ESSER, AcP 172 (1972) 97 ff.; CANARIS, JZ 1993, 377 ff. (vor allem zur «Falsifizierung» juristischer Theorien); ALEXY, 315 ff. Treffend CANARIS, JZ 2003, 835: Führt die Interpretation zu einem «irregulären» Ergebnis (irregulär, weil es bisheriger dogmatischer Einordnung widerspricht), «muss folglich grundsätzlich nicht die Interpretation, sondern die Dogmatik geändert werden». Daher wäre es verfehlt, nach neuem deutschen Kaufrecht einen Anspruch auf Nacherfüllung (§ 439 BGB) durch Lieferung einer mangelfreien Sache beim Stückkauf einfach mit dem Argument abzulehnen, ein solcher Anspruch sei dogmatisch »unmöglich».

absurdum)[504]. Es wird eingesetzt, wenn belegt werden soll, dass eine Interpretation – namentlich eine auf den blossen Wortlaut gestützte –, konsequent zu Ende gedacht jeder «inneren Logik» widerspräche[505], völlig unpraktikabel wäre[506], ja zu geradezu absurden Ergebnissen führen würde[507], die «der Gesetzgeber nicht

---

[504] Dazu eingehend DIEDERICHSEN, in: Festschrift für Karl Larenz zum 70. Geburtstag (München 1973) 155 ff.; BYDLINSKI, Methodenlehre, 457 ff.; SIMON, 488 ff.; zur Dogmengeschichte vgl. HORAK, Rationes decidendi (Innsbruck 1969) 267 ff. Aus der schweizerischen Lehre etwa HÖHN, Praktische Methodik, 1274 f., der auch vom «Unsinn-Argument» spricht. Zur entsprechenden «golden rule» des angloamerikanischen Rechts POTACS, 175, mit Nachw.

[505] So Verwaltungsgericht Bern MBVR 1971, 339 (345); vgl. etwa auch BGE 122 III 176 (194), wo von «unannehmbaren praktischen Konsequenzen» einer Auslegungsvariante gesprochen wird. S. auch BGE 123 III 292 (300); jetzt auch BGE 142 III 16 (19): Der Gesetzestext von Art. 699 Abs. 3 S. 3 OR beruhe auf einem «Versehen des Gesetzgebers»; seine Beachtung würde zu einem offenbar nicht bedachten, sinnwidrigen Ergebnis führen. Zu den «consequentialist arguments» im Common Law eingehend MACCORMICK, Legal Reasoning and Legal Theory (Oxford 1995) 108 ff.

[506] S. BGE 100 IV 252 (255): Die Gesetzesauslegung müsse eine Lösung anstreben, die «praktikabel» ist. «Zumindest» dürfe «die Lösung nicht in der Praxis völlig unannehmbar sein»; so auch BGE 120 II 112 (117), wo gar vom «Auslegungsgrundsatz der Praktikabilität des Rechts» die Rede ist; vgl. auch BGE 136 II 113 (119), wo auf das «praktikable Ergebnis» abgestellt wird; BGE 141 II 262 (272) spricht von einem «vernünftigen, praktikablen und befriedigenden Ergebnis, das dem Problemlösungsbedarf Rechnung trägt». Zur Praktikabilität der Entscheidung BGE 132 III 226 WALTER/HURNI, Anwaltsrevue 10 (2007), Heft 6/7, 286.

[507] Dazu illustrativ der Fall EVGE 1951, 205 (207 f.), wo es um AHV-Ansprüche einer Witwe ging, die ihren Mann ermordet hatte. Die Witwe würde dank der AHV «gegenüber den übrigen Rentenbezügerinnen finanziell wesentlich profitieren ..., in dem sie während der Strafverbüssung die Rentenleistungen zur Bestreitung ihres Lebensunterhalts nicht anzutasten brauchte und daher kapitalisieren könnte». Hingegen (methodologisch *in abstracto* an sich plausibel) BGE 102 II 401 (411 f.) zu Art. 66 OR: Dass sich aus der dort angeordneten, pönal motivierten Kondiktionssperre «eine stossende Begünstigung einer Vertragspartei ergeben kann», sei «entsprechend Art. 66 OR, der rechtswidrigen und unsittlichen Geschäften vorbeugen will, solange in Kauf zu nehmen, als das Gesetz selber keine bessere Lösung vorsieht». Überaus fraglich ist lediglich, ob das BGer die *ratio* des Art. 66 OR nicht zu undifferenziert sieht. Korrektur der Entscheidung in BGE 134 III 438 (444 f.)

gewollt haben kann»[508], und daher (jedenfalls teilweise) fallenzu-
lassen ist.

So hat das Bundesgericht etwa in BGE 106 II 213 (220) die
noch in BGE 101 II 321 (322) vertretene Auffassung abgelehnt,
dass eine strafbare Handlung i.S. von Art. 60 Abs. 2 OR (für die
die strafrechtliche Verjährungsfrist auch im Hinblick auf den Zi-
vilanspruch massgebend erklärt wird) schon bei einer lediglich
«objektiv strafbaren» Handlung vorliege, für die der Täter aber
strafgerichtlich mangels Verschulden freigesprochen worden ist.
Eine solche Auslegung widerspreche Sinn und Zweck von
Art. 60 Abs. 2 OR, der darin zu erblicken sei, dass die Verjährung der Zivilklage verhindert werden soll, solange der Beklagte
strafrechtlich verfolgt werden kann. Dem schliesst das Bundesgericht zur Bekräftigung noch ein *argumentum ad absurdum* an,
indem es auf die unhaltbare Konsequenz hinweist, zu der die in
BGE 101 II 321 (322) befürwortete Beschränkung auf die objektive Strafbarkeit führen könne, wenn sie wörtlich zu beachten
wäre: «Straftatbestände wie Diebstahl (Art. 137 StGB) oder Be-
trug (Art. 148 StGB) sind, ähnlich wie die Hehlerei, vor allem
durch ein subjektives Merkmal (Bereicherungsabsicht, arglistige
Täuschung) gekennzeichnet. Würde davon bei der Anwendung
von Art. 60 Abs. 2 OR abgesehen, so unterläge z.B. jeder Ver-
kauf einer Sache, die nicht die zugesicherten Eigenschaften aufweist, der strafrechtlichen Verjährung, weil ‹objektiv› der Be-
trugstatbestand auch dann als erfüllt anzusehen wäre, wenn der
Verkäufer den Mangel nicht kannte. Gleich verhielte es sich in
Fällen, wo das subjektive Element sich nicht aus der Strafnorm
selbst, sondern aus Art. 18 StGB ergäbe. Die Beschränkung gemäss BGE 101 II 322 hätte zur Folge, dass z.B. ein Verkehrsun-
fall selbst dann als strafbare Handlung gemäss Art. 83 Abs. 1
SVG anzusehen und nach der längeren Verjährungsfrist zu beurteilen wäre, wenn jede Fahrlässigkeit auszuschliessen ist».

---

[508]   BGE 130 III 76 (82); 131 III 314 (316); 144 IV 97 (106).

(2) In der schweizerischen Literatur wird im Anschluss an Ausführungen von Eugen HUBER[509] oft von einem eigenständigen *«realistischen»* (bzw. *«soziologischen»*) *Auslegungselement* gesprochen[510]. Es sei bei der Interpretation das faktische Umfeld der Gesetzgebung zu beachten, auf das sich die Normierung bezieht, vor allem wirtschaftliche Gegebenheiten, wissenschaftliche Erkenntnisse, Natur und Technik. Dieser Ratschlag, die «Realien» bzw. den *«Realkontext» der Gesetzgebung*[511] zu beachten, ist zweifellos zu unterstützen. Die «Kenntnis der Lebenssachverhalte» ist für die Richterinnen und Richter nicht nur im Hinblick «auf das Verständnis des einzelnen Streitfalls, sondern auch für die Auslegung der Norm selbst» unerlässlich[512]. Der Interpret darf sich etwa bei Auslegung des UWG oder des KG nicht lediglich auf laienhafte Alltagstheorien über das Funktionieren des Wettbewerbs stützen, sondern sollte über Grundkenntnisse ökonomischer Wettbewerbstheorie verfügen. Wie sollte er ansonsten Tatbestandselemente wie «unverfälschter Wettbewerb» (Art. 1 UWG) oder «Marktmacht» (Art. 2 Abs. 1 KG) vernünftig interpretieren?[513] Entsprechendes gilt für Gesetze, die sich auf technische oder medizinische Gegebenheiten beziehen oder für Anordnungen, bei denen psychologische Erkenntnisse gefragt sind, wie

---

[509] HUBER, 281 ff. Zur Theorie von den «Realfaktoren» des Rechts vor allem SCHLUEP, in: Zum Wirtschaftsrecht (Bern 1978) 37 ff.; eingehend und anschaulich FORSTMOSER/VOGT, § 11 N 1 ff.

[510] S. etwa BK-ZGB/MEIER-HAYOZ, Art. 1 N 210 ff.; ZK-ZGB/DÜRR, Art. 1 N 167 ff.; A. KELLER, 136; TUOR/SCHNYDER/SCHMID/JUNGO, § 5 N 15; RIEMER, § 4 N 48 f.; BGE 126 III 129 (138). Für die deutsche Methodenlehre vgl. vor allem MÜLLER/CHRISTENSEN, 526 ff., mit ihrem Konzept des «Normbereichs», d.h. des Ausschnitts aus der sozialen Wirklichkeit, den sich das «Normprogramm» als Regelungsbereich «ausgesucht» hat. Dazu LARENZ/CANARIS, 154 f.

[511] Zum «normativen Kontext» oben S. 99 ff.

[512] So treffend Bundesrichterin KLETT, recht 2010, 85.

[513] Zur Notwendigkeit einer funktional-wirklichkeitsbezogenen Argumentation im Recht der Wettbewerbsbeschränkungen AMSTUTZ, SZW 2001, 248 ff. (Bemerkungen zu BGE 127 II 32).

bei Bestimmungen, bei denen auf das «Kindeswohl» abgestellt wird (s. etwa Art. 298 Abs. 1, 301 Abs. 1 und 307 Abs. 1 ZGB). Unter Umständen haben sich die Gerichte der Expertise von Fachleuten der angesprochenen Wissensgebiete zu bedienen, Gutachten einzuholen oder Hearings zu organisieren[514], um ihre Entscheidung auch wirklich fundiert begründen zu können[515].

So verstanden, hat der Interpret in der Tat auf die vielbeschworene *Natur der Sache*»[516] abzustellen, ein Rekurs, der erst dann fragwürdig wird, wenn gemeint wird, man könne aus der «sachlogischen Struktur» des Rechtsstoffes, d.h. der Realitäten, auf die sich die rechtlichen Anordnungen beziehen, unmittelbar normative Konsequenzen ableiten[517].

Unter «Realien» der Gesetzgebung werden teilweise auch gesellschaftliche Wertungen und deren Wandlungen verstanden[518]. Dass sich der Interpret auch von solchen Realien nicht abschotten darf, sondern «wertausfüllungsbedürftige» Tatbestandselemente, namentlich Generalklauseln, im Licht repräsentativer gesellschaftlicher Wertvorstellungen interpretieren sollte und nicht etwa auf Grund seiner ganz und gar nicht konsensfähigen

---

[514] So geschehen auf Veranlassung der 1. Zivilabteilung in BGE 125 III 313 (315) im Hinblick auf die Kapitalisierung von künftigem Erwerbsausfall (bei Körperschäden) und den zu Grunde zu legenden Zinssatz.

[515] Zur Beachtlichkeit «ausserrechtlicher» Argumente mit vielen Nachw. auch unten S. 301 ff.

[516] Vgl. die vielen Literaturnachweise bei ZELLER, 255 FN 18; LARENZ/CANARIS, 236 FN 120.

[517] I.S. der klassischen Formulierung von DERNBURG, Pandekten, Bd. I, 7. Aufl. (Berlin 1902) 84: «Die Lebensverhältnisse tragen ... ihr Mass und ihre Ordnung in sich. Diese den Lebensverhältnissen und ihren Zwecken angemessene, den Lebensverhältnissen innewohnende Ordnung nennt man Natur der Sache»; darauf beruft sich etwa DESCHENAUX, 109, der gar von einer «gesunden Betrachtung der Natur der Sache» spricht. Differenzierende Beurteilung bei BK-ZGB/MEIER-HAYOZ, Art. 1 N 397 ff.; BYDLINSKI, Methodenlehre, 51 ff. Zum «naturalistischen Fehlschluss» unten FN 905.

[518] S. etwa BK-ZGB/MEIER-HAYOZ, Art. 1 N 211.

«Sondermoral», wurde an Hand eines Beispiels bereits früher betont[519].

So unterstützenswert der Hinweis auf die Realien der Gesetzgebung ist, so klar erscheint es auf der anderen Seite, dass damit kein eigenständiges Auslegungselement angesprochen ist, sondern eine Facette des Gebots der teleologischen Interpretationsmethode. Ganz in diesem Sinn sprach ja schon HECK, wie gerade zitiert[520], vom «Primat der Lebensforschung» und von der «Erforschung der Lebensverhältnisse», durch die die sachgemässe Entscheidung vorzubereiten sei.

(3) Auch die *bereichsbezogenen Sondermethodiken,* wie die zuerst im Steuerrecht entwickelte «wirtschaftliche Betrachtungsweise», die «typologische Betrachtungsweise» im Gesellschafts-, Arbeits- und Vertragsrecht, die «funktionale Methode» im Wirtschaftsrecht sowie das Gebot «uniformer Interpretation» von Einheitsprivatrecht, sind, was hier nicht näher darzustellen ist, lediglich spezielle Ausformungen der teleologischen Interpretationsmethode.

Zur wirtschaftlichen Betrachtungsweise (in der Rechnungslegung) BÖCKLI, Schweizer Aktienrecht, 4. Aufl. (Zürich 2009) 912: «Was man ‹als wirtschaftliche Betrachtungsweise› bezeichnet, ist richtigerweise eine funktionale wirtschaftsrechtliche Betrachtungsweise»; vgl. auch BÖCKLI, Neue OR-Rechnungslegung (Zürich 2014) 54 (N 223). Dass die «wirtschaftliche Betrachtungsweise» nur dann relevant sein kann, wenn die zu interpretierende gesetzliche Grundlage «einen wirtschaftlichen Anknüpfungspunkt wählt» (so BGE 126 III 462 [466]), ist, wenn man «wirtschaftlich» in einem weiten Sinn interpretiert, selbstverständlich. Klarer die Entscheidung BGE 115 II 175 (179). Zur wirtschaftlichen Betrachtungsweise auch unten S. 246 f. Zur typologischen Betrachtungsweise im Allgemeinen LEENEN, Typus und Rechtsfindung (Berlin 1971); PAWLOWSKI, Rechtstheorie 1999, 263 ff.; im Gesellschaftsrecht statt aller Arnold KOLLER, Grundfragen einer Typuslehre im Gesellschaftsrecht (Fribourg 1967); MEIER-

---

[519] Oben bei FN 130. S. dazu auch unten S. 376. Zum Problem des «Zeitungeistes» unten FN 1104.

[520] Oben bei FN 474.

HAYOZ/SCHLUEP/OTT, ZSR 90 (1971) I, 293 ff.; zum Arbeitsrecht (am Beispiel des Begriffs des leitenden Angestellten) P. JUNG, in: Festschrift für Jean-Fritz Stöckli (Zürich/St. Gallen 2014) 338 ff.; im Vertragsrecht KRAMER, in: KRAMER (Hrsg.), Neue Vertragsformen der Wirtschaft: Leasing, Factoring, Franchising, 2. Aufl. (Bern/Stuttgart 1992) 40 f. Zur funktionalen Methode im Wirtschaftsrecht SCHLUEP, in: SCHLUEP/ SCHÜRMANN, KG + PüG (Zürich 1988) 300 ff.; *ders.*, in: Aspekte des Wirtschaftsrechts: Festgabe zum Schweizerischen Juristentag 1994 (Zürich 1994) 173 ff.; BAUDENBACHER, ZHR 144 (1980) 145 ff. Eher ablehnend aber KUNZ, recht 2017, 151 f. Zur Wichtigkeit einer teleologisch-funktionalen Betrachtungsweise bei Lösung des internationalprivatrechtlichen Qualifikationsproblems SCHWANDER, Einführung in das internationale Privatrecht. Allgemeiner Teil (St. Gallen 1990) N 271.

(4) In der Dogmatik des Obligationenrechts spielt die Berufung auf die *Teleologie der Norm im Vertrags- und Haftpflichtrecht* in folgenden spezifischen Zusammenhängen eine entscheidende Rolle: In Bezug auf die Frage, ob der Verstoss gegen eine zwingende Vorschrift Nichtigkeit (und hier wiederum Totalnichtigkeit oder Teilnichtigkeit) des Vertrags zur Folge hat, wird, wenn die Vorschrift das Problem nicht ausdrücklich regelt, auf den Zweck der betroffenen Regelung abgestellt[521]. Ähnliches gilt für Verstösse gegen Formvorschriften[522]. Im Haftpflichtrecht tritt, wenn es um die Zurechnung von Schadensfolgen geht, an die Stelle der traditionellen, wegen ihrer Vagheit oft wenig befriedigenden Frage, ob die Schadensfolge adäquat verursacht worden ist, die Überlegung, ob es Zweck der übertretenen «Schutznorm» war, auch den konkret eingetretenen Schaden zu verhindern. Diese «Theorie vom Schutzzweck der übertretenen Norm» («Norm-

---

[521] S. BK-OR/KRAMER, Art. 19/20 N 322; N 345 ff.
[522] S. BK-OR/SCHMIDLIN, Art. 11 N 111: «Gesetzlicher Formzwang verliert seine Nichtigkeitswirkung aber dort, wo der Formzweck sie nicht mehr deckt». Aus der Praxis vgl. BGE 116 II 117 (129); in BGE 140 III 583 (587) wird im Anschluss an BGE 120 II 341 (347) eine «interprétation teleologique reductive» von Art. 270 Abs. 2 OR vertreten. Geistreiche Übertragung des bekannten Diktums aus der Architekturtheorie: «form follows function» auf das Problem der Auslegung von Formvorschriften bei ARNET, ZBJV 149 (2013) 391 ff.

zwecktheorie»)[523] wendet das Bundesgericht auch an, wenn ein «Reflexschaden» verursacht worden ist, der gleichzeitig «reiner Vermögensschaden» ist, also kein absolutes Recht des Reflexgeschädigten betrifft[524].

f) Das Problem der Rangfolge der Auslegungselemente

Der Juristischen Methodenlehre mangelt es solange an dogmatischer Überzeugungskraft, als es ihr nicht gelingt, wenigstens ansatzweise eine Rangfolge (Hierarchie) ihrer Auslegungselemente zu skizzieren[525]; solange diese Elemente also i.S. des bundesgerichtlichen «Methodenpluralismus»[526] wie in einem methodologischen «Selbstbedienungsladen»[527], in dem sich der Rechtsanwen-

---

[523] Vgl. statt aller OFTINGER/STARK, 121 f.; zum Verhältnis zwischen Adäquanzlehre und Schutzzwecktheorie bei Zurechnung von Folgeschäden im Einzelnen KRAMER, JZ 1976, 343 ff.; vor allem 346.

[524] S. BGE 101 Ib 252 (256); 102 II 85 (88).

[525] Treffend BYDLINSKI, Methodenlehre, 554: «Wäre eine ‹Wahl› zwischen den verschiedenen Arten von Argumenten tatsächlich beliebig oder doch nur vom notwendig sehr persönlichen ‹Vorverständnis› des einzelnen Beurteilers abhängig, dann wäre die juristische Methodenlehre ... für gar nichts gut»; vgl. auch SCHÜNEMANN, 171 f., mit seiner Kritik am «Synkretismus der Interpretationsmethoden». So gesehen (also im Hinblick auf eine Methodenlehre, die auf eine Hierarchisierung gänzlich verzichtet) verständlich KRAWIETZ, Juristische Entscheidung und wissenschaftliche Erkenntnis (Wien/New York 1978) 196, wenn er von einer «Methodenlehre ohne Methode» spricht. Zur Klage über das «Methodenchaos» etwa auch WIPRÄCHTIGER, recht 1995, 148.

[526] Zur Kritik oben S. 143 ff. Dem Methodenpluralismus entsprechend anerkennt das BGer auch keine «hierarchische Prioritätsordnung» der Auslegungselemente. S. etwa BGE 142 III 102 (106); 144 I 242 (251); 144 III 29 (35); 144 IV 64 (66).

[527] Zum «shopping-mall approach to ‹method›» krit. PETERS, German Yearbook of International Law 44 (2001) 36 f. Noch drastischer KOZIOL, AcP 212 (2012) 55, der konstatiert, dass sich die juristische Methodenlehre « zu einem lockeren, ungebundenen juristischen Callgirl» gewandelt habe, «das alle Wünsche erfüllt»; vgl. auch (allerdings in einem anderen Zusammenhang, aber auch für den Methodenpluralismus passend) EMMENEGGER, ZBJV 143 (2007) 569. «Die Rechtsprechung trägt Züge einer juristischen Cocktailbar, bei der man nicht recht weiss, welcher Indizienmix einem im konkreten Fall serviert wird».

der je nach Bedarf (d.h. je nach angestrebtem Auslegungsergebnis) frei bedienen kann, unverbindlich zur Schau gestellt werden.

Sehr oft wird die Fähigkeit der juristischen Methodenlehre, eine Rangfolge zu skizzieren, im methodologischen Schrifttum verneint oder doch von vorneherein skeptisch beurteilt. S. vor allem ESSER, Vorverständnis und Methodenwahl, 124 ff.; KRIELE, 85 ff.; vgl. auch STEINDORFF, 228; HASSEMER, ARSP 1986, 204; OGOREK, in: Rechtsanwendung in Theorie und Praxis: Symposium zum 70. Geburtstag von Arthur Meier-Hayoz (Basel 1993) 32 f.; KLEY-STRULLER, recht 1996, 192; zuweilen wird eine solche Festlegung auch als gar nicht sinnvoll bzw. wünschenswert erachtet. S. etwa BRUGGER, AöR 119 (1994) 32; CARONI, 101. Schliesslich gibt es aber auch viele Stimmen, die die Erforderlichkeit einer (gewissen) Klärung der Rangfrage betonen. S. etwa OTT, ZSR 92 (1973) I, 253; GERN, Verwaltungs-Archiv 80 (1989) 421 f.; ZELLER, 372 ff.; besonders eingehend BYDLINSKI, Methodenlehre, 553 ff.; ders., JBl 1994, 438; Versuch einer Strukturierung der Argumente (nach ihrer «Nähe zur Norm») auch bei HÖHN, 160 ff.; LOOSCHELDERS/ROTH, 192 ff.; KEHRER, 71 ff. Nach BYDLINSKI/BYDLINSKI, 110, besteht *in abstracto* ein «festes Rangverhältnis». Von einer «Gleichwertigkeit» der einzelnen Elemente sprechen hingegen wieder HAUSHEER/JAUN, Art. 1 N 150. Auch für CANARIS, in: Festschrift für Dieter Medicus zum 70. Geburtstag (Köln etc. 1999) 60, sind die Auslegungskriterien prinzipiell gleichrangige Argumente, die je nach Zahl und Stärke zusammenwirken und gegeneinander abzuwägen sind. Nicht einzusehen ist, warum die methodologische Forderung nach einer Rangfolge der Auslegungselemente ein «Denkgesetz der Vernunft» verletzen soll (so aber A. KLEY, ZBJV 141 [2005] 347). So wäre es etwa durchaus denkbar, dass ein Gesetzgeber den absoluten Vorrang des historischen Auslegungselements vorschreibt.

Zumindest die Konturen einer Rangfolge – oder vielleicht besser: einer geradezu aus der Natur der Aufgabe ableitbaren Abfolge der Schritte im Verstehensprozess – werden aber sichtbar, sobald man einmal Farbe zur methodologischen Kernfrage bekannt hat, welcher Rang dem historischen Auslegungselement zugemessen werden soll[528]:

---

[528] Von der Beantwortung dieser Kernfrage abgesehen, «erklären sich» die Auslegungselemente (und die Abfolge ihrer Heranziehung im Verstehensprozess) tatsächlich «gleichsam von selbst». So treffend HASSEMER, ZRP 2007, 215. Ähnlich RÖHL/RÖHL, 631 f. («Rang und Reihenfolge der Auslegungsmethoden»).

Dass bei Interpretation schriftlicher Texte primär vom Wortlaut auszugehen ist, entspricht ganz elementar deren Kommunikationsfunktion. Dass dieser Wortlaut nicht isoliert interpretiert werden darf, sondern auf die Kontextbedeutung abzustellen ist, ist auch nicht mehr als eine hermeneutische Binsenweisheit. Ebenso vertraut ist jedem Juristen die Erfahrung, dass Wortlaut und Systematik regelmässig «Normsinndefizite» offenlassen, so dass er sich gedrängt fühlt, nach dem rechtspolitischen Zweck der auszulegenden Norm zu fragen, um auf Grund dieser Fragestellung zu einer Präzisierung des Normsinns im Rahmen des Wortsinns, allenfalls aber auch zu einer über den Wortsinn hinausgehenden oder von diesem abweichenden Lösung zu gelangen. Dieser teleologischen Fragestellung ist im Übrigen, wie noch einmal zu betonen ist, in jedem Fall nachzugehen, also auch dann, wenn der Normsinn auf Grund des Gesetzeswortlauts klar zu sein scheint[529]. Oft ganz entscheidende Aufschlüsse über den Normzweck gibt die Entstehungsgeschichte des Gesetzes. Diese Aufschlüsse sind für den Interpreten aber, wie hier vertreten, nicht in jedem Fall verbindlich, sondern anhand geltungszeitlich-teleologischer Erwägungen zu kontrollieren.

---

[529] ALEXY, 293, spricht vom «Erfordernis der Sättigung» in Bezug auf die Verwendung der Auslegungselemente. Dieses schliesst die Abstützung der Interpretation auf bloss ein Auslegungselement von vorneherein aus.

III. Richterrecht im Allgemeinen; Lücken-
begriff; Lückenfüllung im Bereich
des «gebundenen Richterrechts»

1. Konzeptionelle Grundlegung

a) Die bisherigen Ausführungen haben sich, wie oben[530] klargestellt, auf die eigentliche Auslegung bezogen, also auf Rechtsanwendung im Bereich des noch möglichen Wortsinns der zu interpretierenden Norm. In den folgenden Abschnitten geht es in erster Linie um richterliche Rechtsfindung ausserhalb des Wortsinns, d.h. ausserhalb von dessen Begriffskern und Begriffshof,
somit *praeter verba legis*. Um an ein bereits öfters[531] verwendetes
Beispiel aus der Bundesgerichtspraxis zu erinnern: Es werden
(weil der nicht geregelte Fall dem geregelten wertungsmässig
«ähnlich» ist) Pächter unter Art. 679 ZGB subsumiert, obwohl
dort nur von der Haftung des Grundeigentümers die Rede, der
Pächter somit negativer Kandidat[532] im Hinblick auf «Grundeigentümer» ist[533]. Vom Wortsinn löst sich die Rechtsfindung aber
auch in der spiegelbildlichen Konstellation, bei der im Wege der
sog. «teleologischen Reduktion» ein Fall *contra verba legis* nicht
subsumiert wird, obwohl seine Sachverhaltselemente positive
Kandidaten[534] eines gesetzlichen Tatbestands sind, also zum Begriffskern des Gesetzeswortlauts gehören; dies unter der Prämisse, dass die gesetzliche Anordnung zu undifferenziert ist, also –
betrachtet nach der ihr (*de lege lata*) zugrundeliegenden *ratio legis* – eine Ausnahme im Hinblick auf den zur Debatte stehenden
Fall vermissen lässt[535]. In diesem Sinn hat das Bundesgericht[536]

---

[530] S. oben S. 63 ff.
[531] Oben etwa S. 72 zu BGE 104 II 15.
[532] S. oben S. 71 f.
[533] Zum Analogieschluss im Einzelnen unten S. 226 ff.
[534] S. oben S. 70 f.
[535] Zur teleologischen Reduktion im Einzelnen unten S. 250 ff.

etwa einen unentgeltlichen Auftrag nicht unter die Haftungsordnung von Art. 402 Abs. 2 OR subsumiert, obwohl dessen Wortlaut (i.V. mit Art. 394 OR) klarerweise sowohl entgeltliche als auch unentgeltliche Aufträge erfasst[537].

Dass die Übergänge zwischen Rechtsanwendung i.e.S. und der sich vom Gesetzeswortlaut lösenden richterlichen Rechtsfindung fliessend sind, weil in jeder richterlichen Entscheidung ein Quantum eigenständiger Rechtsetzung enthalten ist[538], bedeutet, solange man Gradunterschiede der richterlichen Eigengestaltung nicht für konzeptionell irrelevant halten möchte[539], kein grundsätzliches Gegenargument gegen die hier zugrundegelegte Konzeption[540].

b) Im Hinblick auf die richterrechtliche Rechtsfindung wird hier eine weitere Zweiteilung befürwortet[541]: Solange der Richter in «denkendem Gehorsam»[542] auf Wertungen rekurrieren kann und diese dann «zuendedenkt»[543], die im geltenden Recht bereits konkret nachweisbar sind[544], wird von *«gebundenem Richter-*

---

536 BGE 61 II 95; weitergeführt in BGE 129 III 181 ff.
537 S. zu diesem Fall auch unten S. 253.
538 S. oben S. 59 f. mit Nachw. in FN 47.
539 Wenn JESTAEDT, 64, vom richtigen Befund ausgehend, dass der Richter in jedem Judikat nicht nur Recht anwende, sondern auch Recht setze, jedem Richterspruch richterrechtlichen Charakter zumisst, so ist dagegen konzeptionell an sich nichts einzuwenden, solange man sich bewusst ist, dass sich innerhalb eines solchen weiten Begriffs von Richterrecht weitere Differenzierungen aufdrängen.
540 S. auch oben S. 64 f.
541 Ebenso etwa LARENZ/CANARIS, 187 f.; DECKERT, 58 ff.; WIEDEMANN, NJW 2014, 2407 ff. H.P. WALTER, recht 2003, 6, unterscheidet ähnlich zwischen konkretisierendem, ergänzendem und korrigierendem Richterrecht.
542 So die berühmte Formulierung HECKS, Gesetzesauslegung und Interessenjurisprudenz, 20.
543 Vgl. RADBRUCH, 207.
544 ENGISCH, Einführung, 260, spricht treffend von der «teleologischen ‹Expansionskraft› des Gesetzes»; CARNELUTTI, 144 ff., von lückenfüllender «autointegrazione» (Selbstergänzung) des Rechts. Insofern ist auch DERNBURG, Pandekten, 1. Bd., 6. Aufl. (Berlin 1900) 82, zuzustimmen, der vom Recht als System sprach, «welches die Fähigkeit hat, sich aus sich selbst heraus zu vervoll-

recht» (bzw. «gesetzesimmanentem Richterrecht») gesprochen. Dabei steht in der Praxis die Lückenfüllung durch *Analogie-schlüsse* (und *teleologische Extension*) im Vordergrund[545]; dazu kommt die in der schweizerischen Doktrin lange verkannte, korrigierende *teleologische Reduktion.* Zuweilen besteht das dringliche Bedürfnis zur Lückenfüllung durch richterliche Rechtssetzung aber auch dann, wenn das geltende Recht dazu keine oder doch keine konkreten Orientierungsgesichtspunkte zur Verfügung stellt. Damit ist vor allem der Bereich angesprochen, in dem das Gericht *modo legislatoris,* also i.S. der berühmten Formel des Art. 1 Abs. 2 ZGB nach der «Regel» zu entscheiden hat, «die es als Gesetzgeber aufstellen würde». Man spricht in der deutschen Lehre auch von *«gesetzesübersteigendem Richterrecht»*[546], einer Ausdrucksweise, der hier gefolgt wird[547], und zwar auch für die Fälle, wo es um die richterrechtliche Füllung von (gesetzlich

---

ständigen». Dabei darf der richterliche Wertungsfaktor, der bei dieser Selbstvervollständigung jeweils hinzukommt, allerdings nicht übersehen werden.

[545] Die charakteristische Zwischenstellung des Analogieschlusses zwischen Auslegung und Richterrecht *modo legislatoris* kommt bei DU PASQUIER, 32, treffend zum Ausdruck: «Le juge alors n'est pas purement créateur de la solution jurisprudentielle ...»; auch schon CARNELUTTI, 145: «La analogia occupa così un posto intermedio tra la libera ricerca e l'interpretazione».

[546] S. die Zitate in FN 541. Im Anschluss an deutsche Lehre spricht auch das BGer (BGE 114 II 239 [246]) von «gesetzesübersteigender» richterlicher Rechtsfortbildung. Statt von «gesetzesübersteigendem Richterrecht» ist in der deutschen Doktrin auch von «gesetzesvertretendem Richterrecht» (s. etwa BAGE 23, 292 [320]; STERN, Rechtstheorie 1990, 8) die Rede. Zuweilen wird das gesetzesübersteigende Richterrecht auch als «eigentliches Richterrecht» oder als «Richterrecht i.e.S.» bezeichnet.

[547] Die begriffliche Gegenüberstellung von «gebundenem» und «gesetzesübersteigendem» Richterrecht darf – insofern sind die terminologischen Bedenken von RÜFFLER, Journal für Rechtspolitik 10 (2002) 62 FN 9, verständlich – nicht zum Schluss verleiten, das «gesetzesübersteigende» Richterrecht sei rechtlich ungebunden. «Gesetzesübersteigend» bedeutet lediglich, dass keine konkretinhaltlichen gesetzlichen Vorgaben für das Richterrecht zur Verfügung stehen (wie beim «gebundenen» Richterrecht). Rechtlich begründete Maximen sind aber durchaus vorhanden und normativ beachtlich. S. unten S. 279 ff.

vorprogrammierten) «Lücken *intra legem*» (Generalklauseln, Verweisungen auf Billigkeit und richterliches Ermessen) geht[548].

Im Folgenden wird zuerst vom gebundenen Richterrecht die Rede sein; dem gesetzesübersteigenden Richterrecht wird ein eigener Abschnitt gewidmet[549]. Schon hier sei aber betont, dass die Unterscheidung zwischen den beiden Bereichen des Richterrechts unscharf ist und lediglich Akzentsetzungen markiert[550]. Orientiert sich der Richter bei seiner Rechtsfortbildung etwa an allgemeinen Rechtsgrundsätzen[551], ist es durchaus offen, ob von gebundenem oder von gesetzesübersteigendem Richterrecht zu sprechen ist. Geht es um die Interpretation von Generalklauseln, so liegt – formal betrachtet – eigentliche Rechtsanwendung vor, da sie sich im Rahmen des Wortsinnes bewegt[552]; im Ergebnis handelt es sich aber zweifellos um Richterrecht, das man als gebundenes bezeichnen mag, wenn der Gesetzgeber der Generalklausel eine demonstrative Kasuistik zur Seite stellt[553], und als gesetzesübersteigendes, wenn (wie etwa im Fall von Art. 2 ZGB) jegliches konkretes gesetzliches Anschauungsmaterial fehlt.

c)Trotz der immer wieder zu betonenden fliessenden Übergänge[554] erscheint das diesem Buch insgesamt zu Grunde liegende *«3-Phasen-Modell der richterlichen Rechtsfindung»* – von der

---

[548] Zum Begriff der «Lücken *intra legem*» s. unten S. 218 f.; zur Differenzierung zwischen gebundenem und gesetzesübersteigendem Richterrecht im Hinblick auf die Konkretisierung von Generalklauseln gleich anschliessend im Text!
[549] Unten IV (S. 267 ff.).
[550] Es sei auf die Zitate in FN 554 verwiesen.
[551] S. dazu unten S. 291 ff.
[552] S. schon oben S. 88 f.
[553] Beispiele oben S. 86 f.
[554] Zutreffend bereits PFAFF/HOFMANN, Commentar zum österreichischen allgemeinen bürgerlichen Gesetzbuche, Bd. I (Wien 1877) 192: «Es lässt sich ... überhaupt eine Reihenfolge nur graduell verschiedener Tätigkeiten von wahrer Auslegung bis zu einer (scheinbar) ganz freien Behandlung der Gesetze nachweisen». Neuerdings auch ZK-ZGB/DÜRR, Art. 1 N 274, wo von einem «Kontinuum von mehr oder weniger ‹Präsenz› des Gesetzgebers» im Hinblick auf den zu beurteilenden Sachverhalt die Rede ist.

eigentlichen Auslegung zum gebundenen und schliesslich gesetzesübersteigenden Richterrecht – doch als sachadäquat[555]. Dass ihm in erster Linie darstellerisch-strukturierende Bedeutung zukommt, wurde schon oben[556] betont.

2. Realität und rechtstheoretisches Gegenargument

a) Die Möglichkeit einer richterlichen Rechtsfindung *praeter* oder *contra verba legis*[557] ist heute – abgesehen von den Rechtsbereichen, in denen ausnahmsweise ein Analogieverbot zu beachten ist – allgemein anerkannt, weil das Gesetz, wie heute, in einer rasant beschleunigten Gesellschaft, nicht mehr ernstlich bestritten werden kann, an allen Ecken und Enden lückenhaft ist.

Anschaulich ENZENSBERGER, Mittelmaß und Wahn (Frankfurt a.M. 1988) 203: «Auf den ersten Blick erwecken diese vielen Gesetze und Verordnungen den Eindruck der Lückenlosigkeit. Erst wenn man sie eingehend studiert, erkennt man das Prinzip, nach dem sie abgefasst worden sind. Diese Texte haben die Struktur eines Schweizer Käses». In der methodologischen Dogmengeschichte wurde die Lückenhaftigkeit der Gesetze vor allem von der «Freirechtsbewegung» (dazu unten S. 333) betont. Bekannt ist das Diktum von «GNAEUS FLAVIUS» (= KANTOROWICZ), 15: «Denn nicht *so* liegt der Sachverhalt, dass Lücken im Gesetz sich hier und da wohl vorfinden, nein, getrost darf man behaupten, dass nicht weniger Lücken als Worte da sind». S. auch das Zitat von RÜTHERS, unten FN 613. Ähnlich KRIELE, 209, wonach das BGB mehr Probleme offen lasse als löse.

---

[555] In der schweizerischen Literatur wurde es bereits von GMÜR propagiert. Er bezeichnet die richterliche Rechtsfindung *modo legislatoris*, wie damals üblich, als «freie Rechtsfindung». Sie sei die «dritte Stufe der Rechtsanwendung» (s. GMÜR, 103 ff.).

[556] Vgl. S. 72.

[557] Nicht zu verwechseln mit dem illegitimen Judizieren *contra rationem legis*. Dazu unten S. 262 ff.

Richterrecht kann sich auch auf «Rechtsfragen von grundsätzlicher Bedeutung» (Art. 20 Abs. 2 BGG) beziehen[558], wenn man auch vielleicht nicht so weit gehen muss wie HEGNAUER[559], der meinte: «Was im Gesetz steht, ist nicht wichtig, und was wichtig ist, steht nicht im Gesetz». Die Vorstellung von der «Allwissenheit» des Gesetzes («lex semper loquitur»), wie sie noch im 19. Jahrhundert im Zeichen des Gesetzespositivismus und dessen Lückenlosigkeitsdogmas vertreten wurde, ist jedenfalls offensichtlich illusionär.

Zu den methodologischen Deformationen, zu denen das Lückenlosigkeitsdogma führte, plastisch HECK, Gesetzesauslegung und Interessenjurisprudenz, 98 FN 141: Er spricht von der «Sherlock-Holmes-Methode» der Auslegung, die den Gesetzgeber wie einen «verstockten Verbrecher» behandle, «der die Entscheidung wohl gewusst, aber böslich verschwiegen hat, bis dann der scharfsichtige Richter ihn auf einer unvorsichtigen Wendung ertappt und des verborgenen Entscheidungsgedankens überführt».

Die Methodenlehre des 19. Jahrhunderts war übrigens nicht insgesamt durch das Lückenlosigkeitsdogma geprägt. In Frankreich vertrat PORTALIS in seinem brillanten «Discours préliminaire» zum Projekt des Code Civil eine ausserordentlich moderne Methodologie (wiederabgedruckt in: PORTALIS, Discours et rapports sur le Code Civil [Paris 1844] 1 ff.). Dazu und zur Gegenreaktion der extrem wortgetreuen, positivistischen «Ecole de l'éxegèse» FIKENTSCHER, Bd. I, 431 ff. Zum «fétichisme de la loi écrite» dieser Schule GENY Bd. I, 70 f.

In manchen Kodifikationen ist die Lückenhaftigkeit des Gesetzes denn auch ausdrücklich anerkannt. Den «Mut zur Lücke», genauer: zum offenen Eingeständnis der Lückenhaftigkeit der Kodifikation, hatte nicht erst das ZGB (Art. 1 Abs. 2) – dieses strebe, wie RABEL[560] meinte, «geradezu nach Unvollständigkeit» –, sondern schon viel früher das ABGB (§ 7)[561]; daneben ist etwa auf

---

[558] Zu den Grenzen gesetzesübersteigenden Richterrechts unten S. 333 ff.

[559] FamRZ 1994, 730.

[560] Streifgänge im Schweizerischen Zivilgesetzbuch I (1910); zit. nach RABEL, Gesammelte Aufsätze, Bd. I (Tübingen 1965) 182.

[561] Text oben S. 52 (Einschub). Im liechtensteinischen Recht gilt für das ABGB (genauer: für die liechtensteinische Fassung des ABGB) der Methodenkanon

Art. 12 Abs. 2 der Disposizioni preliminari zum Codice Civile[562] und Art. 4 des spanischen Código Civil zu verweisen.

b) *Rechtstheoretisch betrachtet* bedarf die Annahme der Lückenhaftigkeit des Gesetzes aber doch noch genauerer Begründung. Gerade unter rechtstheoretischem Aspekt hat KELSEN in seiner «Reinen Rechtslehre»[563] die Lückenhaftigkeit des Gesetzes als eine normtheoretisch unmögliche und fiktive Vorstellung abgelehnt. KELSEN geht, wie seine rechtspositivistischen Vorläufer[564], davon aus, dass das Gesetz sowohl positive als auch «negative» Regelungen treffen könne, also etwa im Strafrecht für gewisse Verhaltensweisen einen Straftatbestand vorsehen, im öffentlichen Recht eine behördliche Kompetenz, im Zivilrecht einen Anspruch zuerkennen kann – oder eben nicht. Auch im letzteren Fall (keine Strafsanktion; keine Kompetenz; kein Anspruch) liege eine gesetzliche Regelung (eben – i.S. des sog. «allgemeinen negativen Satzes»[565] – negativer Art) vor; das Schweigen des Gesetzes sei in diesem Sinn jeweils als «beredtes» Schweigen zu interpretieren[566]. Da das solcherart binär codierte System des positiven Rechts somit immer eine Antwort gebe (positiv oder negativ), scheide die Annahme von Gesetzeslücken geradezu rechtslogisch aus. Die Berufung auf angebliche Gesetzeslücken habe daher ver-

---

[562] der §§ 6, 7, für das liechtensteinische Sachenrecht (SR) und das liechtensteinische Personen- und Gesellschaftsrecht (PGR) hingegen das methodologische Regime des Art. 1 ZGB. Zu den sich aus dieser Normenvielfalt ergebenden Problemen BAUR, LJZ 1998, 20 ff.; BÖSCH, LJZ 2017, 24 ff.

[562] Übersetzung oben S. 52 f. (Einschub).

[563] KELSEN, 251 ff.

[564] Namentlich BERGBOHM, Jurisprudenz und Rechtsphilosophie, Bd. I (Leipzig 1892) 373: «... das positive Recht hat überhaupt keine Lücken».

[565] Den vor allem ZITELMANN, 17 ff. seiner Lückentheorie zugrundegelegt hat. Dazu die Kritik von ENGISCH, Festschrift Sauer, 94 f.; CANARIS, Feststellung von Lücken, 49 ff.

[566] So in der schweizerischen Lehre immer noch OTT, SJZ 1987, 197 f.

schleiernde Funktion. Sie sei «ein ideologisches Konstrukt, um der Gesetzesbindung zu entkommen»[567].

Diese gesetzespositivistische Sicht entspricht im Ergebnis tatsächlich der Situation, vor die der Rechtsanwender im Falle von Analogieverboten oder bei taxativen Tatbeständen (denen grundsätzlich – *e contrario* – ein Analogieverbot zugrunde liegt[568]) gestellt ist. Entweder ist der Fall durch den noch möglichen Wortsinn eines Tatbestands positiv geregelt, oder aber nicht; ist letzteres der Fall, scheidet die Rechtsfolge (Sanktion) aus: «Tertium non datur»![569] Von den genannten Ausnahmekonstellationen abgesehen ist die Annahme eines «allgemeinen negativen Satzes» aber ganz grundsätzlich abzulehnen[570]. Sie überschätzt die limitative Tragweite des blossen Wortsinns und vernachlässigt damit gleichzeitig die Teleologie des Gesetzes, der durch den Rechtsanwender nicht zum Durchbruch verholfen werden dürfte, auch wenn es klar ist, dass der zu beurteilende Sachverhalt – wenn auch vom Wortsinn des Gesetzes nicht erfasst – wertungsmässig den Fällen gleichzustellen ist, die gesetzlich positiv geregelt sind.

---

[567] So (im Anschluss an KELSEN) KUDLICH/CHRISTENSEN, JZ 2009, 947, die auch von der «Lücken-Lüge» sprechen; an KELSEN anschliessend auch JESTAEDT, 60 f.

[568] Präzisierend unten FN 661.

[569] «Eine dritte Möglichkeit gibt es nicht»!

[570] So etwa auch BK-ZGB/MEIER-HAYOZ, Art. 1 N 258; gegen KELSENS Lückentheorie und den «allgemeinen negativen Satz» eingehend BYDLINSKI, Methodenlehre, 236 ff. S. auch NEUNER, 50 f.: «Aus einer angeordneten Rechtsfolge R für den Sachverhalt p kann nicht abgeleitet werden, dass jeder Sachverhalt non-p automatisch den Nichteintritt von R zur Folge hat, da andernfalls die Ausschließlichkeit von Gründen für eine bestimmte Rechtsfolge einfach fingiert würde. Es dürfen also keine normativen Schlüsse aus der Tatsache gezogen werden, dass ein Sachverhalt in keinem Normsatz der vorgegebenen Normsatzmenge enthalten ist, weil die Wissens- und Werthaltung des Systems in der Normsatzmenge nicht a priori als abschließend unterstellt werden kann».

Das rechtspositivistische Lückenlosigkeitsmodell wird hier aber immerhin in einem anderen Sinn prinzipiell anerkannt, nämlich im Hinblick auf die Ablehnung von «*Rechtslücken*»: Zwar kann die gesetzliche Anordnung (beurteilt nach ihrem Wortsinn) ohne Weiteres lückenhaft sein, *die geltende Rechtsordnung insgesamt* ist aber als lückenlos zu deuten. Zu bedenken ist nämlich, dass es auch bei Vorliegen von Gesetzeslücken ein – im schweizerischen Recht in Gestalt von Art. 1 Abs. 2 und 3 ZGB ausdrücklich positiviertes – rechtlich geordnetes, letztlich auf Verfassungsprinzipien beruhendes Verfahren gibt, wie der Rechtsanwender in solchen Fällen vorzugehen hat.[571]

Wie hier etwa REICHEL, Gesetz und Richterspruch, 108: «Das Gesetz hat Lücken, das Recht ist lückenlos». Gegen den «Lückenmythos» insgesamt spricht sich RHINOW (Symposium Rhinow, 102 f.) aus. Wenn er ausführt: «Lücken sind eben keine Lücken, weder echte noch unechte, keine weissen Flecken in der juristischen Landschaft, sondern vom Verfassungs- und anderen Grundsätzen ‹durchtränkte› und durchzogene Entscheidungsfelder» (a.a.O., 103), so ist ihm im Hinblick auf die Ablehnung von «Rechtslücken» sehr zuzustimmen (nicht aber im Hinblick auf seine Ablehnung der methodologischen Sinnhaftigkeit der Kategorie der «Gesetzeslücken»).

Nicht erschüttert werden kann der hier vertretene Gedanke der Lückenlosigkeit der Rechtsordnung insgesamt durch das schillernde Konzept des «rechtsfreien Raums» (dazu ENGISCH, Z. ges. Staatswiss. 108 [1952] 415 ff.; *ders.,*140; CANARIS, Feststellung von Lücken, 40 ff.). Geht es etwa um Fragen des Glaubens oder blosser gesellschaftlicher Konvention, dann können bei Verletzungen diesbezüglicher Gebote (Regeln) im Allgemeinen eben keine rechtlichen Ansprüche (Sanktionen) anerkannt werden. Insofern regelt das positive Recht das Problem aber eben doch, freilich negativ; es ist daher nicht rechtlich irrelevant. A.M. vor allem ENGISCH, Festschrift Sauer, 85 ff. Wie hier BOBBIO, 249.

---

[571] F. MÜLLER, «Richterrecht». Elemente einer Verfassungstheorie IV (Berlin 1986) 120 f., spricht insofern von «funktioneller Vollständigkeit» der Rechtsordnung.

3. Der Lückenbegriff im Allgemeinen; Unterscheidung zwischen Feststellung und Schliessung von Lücken

a) Der *Begriff der Gesetzeslücke* wird hier weitgehend im Anschluss an CANARIS[572] folgendermassen definiert: Eine Lücke liegt vor, wenn das Gesetz – ausgelegt innerhalb der Grenzen seines möglichen Wortsinns – «*planwidrig*» eine Regelung vermissen lässt, «obwohl die Rechtsordnung in ihrer Gesamtheit eine solche fordert»[573]; oder mit anderen Worten: «Eine Lücke ist eine planwidrige Unvollständigkeit des positiven Rechts» (d.h. der Gesetzesordnung im Rahmen ihres möglichen Wortsinns), «gemessen am Massstab der gesamten geltenden Rechtsordnung»[574].

Die Erforderlichkeit einer Regelung eines Sachverhalts oder, anders gesagt, die Planwidrigkeit des Fehlens einer solchen ist, wie gesagt, aus der geltenden Rechtsordnung abzuleiten, ge-

---

[572] CANARIS, Feststellung von Lücken, 39.

[573] Diese Definition trifft freilich auf Lücken *intra legem* (dazu unten S. 218 f.) nicht zu, da diese nicht «planwidrig», sondern vom Gesetzgeber bewusst offen gelassen worden sind. Im Ergebnis geht es aber auch hier um eine (freilich gewollte) Verlagerung der Rechtssetzungskompetenz an die «rechtsanwendenden» Organe. EMMENEGGER/TSCHENTSCHER, Art. 1 N 370 f., lehnen die Kategorie der «Lücke *intra legem*» wegen der fehlenden Planwidrigkeit ab. S. auch die Nachw. unten FN 586.

[574] CANARIS, Feststellung von Lücken, 39; diesem Zitat wörtlich folgend (östereichischer) OGH JBl 2017, 31 (34); das BGer spricht davon, dass etwas ungeregelt geblieben ist, was der Gesetzgeber «hätte regeln sollen» (BGE 140 III 206 [213]). Aus der schweizerischen Literatur vor allem HÄFELIN, Festschrift Nef, 113 f. JAUN, ZBJV 137 (2001) 48, lehnt den Massstab der *gesamten* geltenden Rechtsordnung ohne zureichende Gründe ab. Der Ausdruck «planwidrige Unvollständigkeit» stammt von ELZE, Lücken im Gesetz (München/Leipzig 1916) 3 ff. Nach dem BGer (etwa BGE 132 III 470 [478]; BGE 135 III 385 [396]) liegt eine «Lücke im Gesetz vor, wenn sich eine Regelung als unvollständig erweist, weil sie jede Antwort auf eine sich stellende Rechtsfrage schuldig bleibt oder eine Antwort gibt, die aber als sachlich unhaltbar angesehen werden muss». Die damit zum Ausdruck gebrachte Differenzierung deckt sich wohl mit dem dieser Darstellung zugrundegelegten Begriffspaar offene Gesetzeslücke/Ausnahmelücke.

nauer: aus einer teleologischen Gesamtbetrachtung der *lex lata* und nicht etwa aus Wunschdenken *de lege ferenda*, das im geltenden Recht (noch) keine (ausreichende) Grundlage hat. *Rechtspolitische Desiderata sind keine de lege lata zu schliessenden Gesetzeslücken*[575]. So hätte man etwa eine generelle, strenge Kausalhaftung des Produzenten für fehlerhafte Produkte vor Einführung des PrHG schwerlich begründen können; das Schweigen des Gesetzes musste wohl als «beredt» («qualifiziert») interpretiert werden[576] Dem stehen (relativ) klare Fälle planwidriger Unvollständigkeit gegenüber. So ist es unmittelbar einleuchtend, dass die Regelung des Art. 5 Abs. 3 OR über die verspätet eintreffende Akzeptserklärung nicht nur (wie es dem Gesetzeswortlaut und der Randrubrik entspricht) im Fall einer nicht befristeten Offerte gelten sollte, sondern auch für die befristeten Offerten. Im Fall BGE 104 II 15, in dem es das Bundesgericht als schon *de lege lata* zu bewältigende planwidrige Unvollständigkeit von Art. 679 ZGB angesehen hat, dass dort nur vom Grundeigentümer, nicht aber vom Pächter des Grundstücks die Rede ist, war die Lückenhaftigkeit des Gesetzgebers bereits erheblich weniger evident[577].

b) Aus dem letzten Beispiel wird ersichtlich, dass die Lückenhaftigkeit des Gesetzes sehr oft gerade mit Blick auf eine Vorschrift konstatiert wird, die dann im Wege des Analogieschlusses oder der teleologischen Extension auch der Lücken-

---

[575] Es handelt sich vielmehr um «rechtspolitische Lücken» *(de lege ferenda)*. Dazu unten S. 217 f. Zur missbräuchlichen Verwendung des Lückenbegriffs in der Rechtsanwendung in politischen «Wendezeiten» RÜTHERS/FISCHER/ BIRK, Rechtstheorie, § 23 N 877.

[576] Zum Schwanken zwischen Umkehrschluss (der aus der Annahme eines «beredten» = «qualifizierten» Schweigens abzuleiten ist) und dem gegenteiligen Analogieschluss erst unten S. 239 ff.

[577] Dazu KRAMER, Analogie und Willkürverbot, 99 ff. Zum Problem der Abgrenzung zwischen Lückenfüllung de *lege lata* und dem Bereich rechtspolitischer Argumentation ist sogleich (4/b) zurückzukommen.

schliessung dient. Diese ist dann nicht nur ein Mittel zur Ausfüllung von Gesetzeslücken dar, sondern dient auf Grund der Erwägung, dass kein sachlicher Grund für eine Ungleichbehandlung erkennbar ist, bereits als entscheidendes Argument für ihre Feststellung[578]; *Lückenfeststellung und Lückenschliessung gehen Hand in Hand*[579].

4. Die einzelnen Lückenarten

a) Überblick

Die rechtsmethodologische Lückentheorie unterscheidet eine verwirrende Fülle von Lückenkategorien. Der Überblick wird durch vielerlei Terminologiedivergenzen in der Lehre zusätzlich erschwert. Hier wird von folgender grundsätzlicher Schematisierung ausgegangen:

---

[578] S. dazu CANARIS, Feststellung von Lücken, 71 ff.

[579] Bei Bestehen eines Analogieverbots will CANARIS (Feststellung von Lücken, 47) in Situationen, in denen – ohne Analogieverbot – ein Analogieschluss zu ziehen wäre, von der Annahme der Lückenhaftigkeit des Gesetzes ausgehen; die Gesetzeslücke könne aber wegen des Analogieverbots nicht geschlossen werden. Lückenfeststellung und Lückenschliessung gehen, so gesehen, ausnahmsweise nicht Hand in Hand. Man könnte dagegen, wie CANARIS selbst sieht (Feststellung von Lücken, 47), einwenden, dass das Gesetz durch das Analogieverbot doch eine Regelung des Falles biete, so dass von Lückenhaftigkeit keine Rede sein könne (so etwa auch CARONI, 115). CANARIS lehnt diese Version als zu «formalistisch» ab.

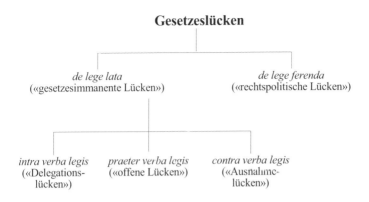

b) Die Unterscheidung zwischen Lücken *de lege lata* und *de lege ferenda*

Die entscheidende Weichenstellung ergibt sich aus der gerade[580] angesprochenen Prüfung der Frage, ob die Lückenhaftigkeit als planwidrige Unvollständigkeit des geltenden Rechts erscheint und daher vom Rechtsanwender «gesetzesimmanent» behoben werden kann, oder ob es sich um ein rechtspolitisches Defizit der Rechtsordnung handelt, eine *«rechtspolitische Lücke»* («Lücke *de lege ferenda*»[581]), deren Behebung dem Gesetzgeber vorbehalten ist. Es liegt auf der Hand, dass diese Abgrenzungsfrage[582], so

---

[580] Oben S. 214 f.

[581] BOBBIO, 257 ff., spricht von einer «ideologischen Lücken» («lacuna ideologica»).

[582] Deren sich Lehre und Rechtsprechung selbstverständlich bewusst sind: S. etwa BGE 94 II 65 (71): Das Gericht dürfe sich bei der Lückenfüllung «keinen Überlegungen vom wünschbaren Recht widmen». Aus der Lehre etwa GERMANN, Probleme, 117 («legislativpolitische Erwägungen» seien nicht massgebend). Öfters werden die rechtspolitischen Lücken als «unechte Lücken» bezeichnet. S. etwa BGE 128 I 34 (42); BGer 3.1.2017, 6B_646/2016 (E. 1.4.2). HÖHN, Praktische Methodik, 322 ff., der auch von «Scheinlücken» spricht; JAUN, ZBJV 137 (2001) 36. Dieser Sprachregelung wird hier nicht gefolgt, da die «unechten Lü-

zentral sie ist, nicht mit an sich wünschenswerter Exaktheit beantwortet werden kann und im Einzelfall unvermeidlicher Weise sehr viel vom mehr oder minder ausgeprägten rechtspolitischen Impetus des Interpreten abhängt. So hätte etwa ein für das Anliegen des Konsumentenschutzes besonders aufgeschlossener Rechtsanwender im gerade (3.a) referierten Beispiel einer kausalen Produktehaftung vor Einführung des PrHG durchaus versucht sein können, – von der Prämisse der Lückenhaftigkeit der geltenden Gesetzeslage ausgehend – einen Analogieschluss (in Form der «Gesamtanalogie»)[583] aus den vielen Kausalhaftungstatbeständen in Nebengesetzen zu ziehen, um auf dieser Basis – eingeschränkt auf spezifisch gefährliche Produkte – schon vor Einführung einer ausdrücklichen gesetzlichen Regelung zu einer Kausalhaftung des Produzenten zu gelangen[584].

c) Lücken *intra legem*

Von den *de lege lata* («gesetzesimmanent») zu bewältigenden Lücken wurden die Lücken *intra legem* (genauer: *intra verba legis*) bereits vorgestellt[585]. Es handelt sich um generalklauselhafte Regelungen bzw. gesetzliche Verweisungen auf richterliches Ermessen, also um Fälle, bei denen zwar – formal betrach-

---

cken» vielerorts mit den (*de lege lata* zu bewältigenden) «Ausnahmelücken» (s. unten S. 223 ff. und 250 ff.) identifiziert werden.

583 Dazu unten S. 232 f.

584 Zu den Grenzen des Richterrechts ausführlich S. 333 ff.

585 Oben S. 88 f. Die Begriffsbildung «Lücke *intra legem*» ist in der schweizerischen Lehre weit verbreitet: S. etwa GERMANN, Probleme, 120; O. SCHWEIZER, Freie richterliche Rechtsfindung intra legem als Methodenproblem (Basel 1959) 25 ff.; A. KELLER, 59 f.; BK-ZGB/MEIER-HAYOZ, Art. 1 N 262 ff.; *ders.,* in: Rechtsfindung: Festschrift für Oscar Adolf Germann zum 80. Geburtstag (Bern 1969) 149 ff.; TUOR/SCHNYDER/SCHMID/JUNGO, § 5 N 42; LE ROY/SCHOENENBERGER, 445 f. Abweichendes Verständnis bei ZK-ZGB/DÜRR, Art. 1 N 293 ff.

tet – eine gesetzliche Regelung vorliegt[586], die Bewältigung des rechtlichen/politischen Problems aber im Ergebnis bewusst an die Gerichte oder Behörden delegiert wird – es wird ihnen, wie der gängige Ausdruck lautet, Ermessen «eingeräumt» –, so dass man auch von *«Delegationslücken»*[587] sprechen kann.

d) Offene Gesetzeslücken

Im Anschluss an ZITELMANNs einflussreiche Bonner Rektoratsrede von 1902 wird in der Methodenlehre traditionellerweise[588] zwischen «echten» und «unechten» Lücken unterschieden. Da diese Terminologie den verfehlten Eindruck erweckt, die Kategorie der «unechten» Lücken habe lediglich Scheinqualität[589], sollte sie in Hinkunft möglichst vermieden werden. Statt von «echten» Lücken wird im Folgenden von «offenen» Lücken gesprochen, die *de lege lata* zu bewältigenden «unechten» Lücken werden als «Ausnahmelücken» bezeichnet.

Für die Aufgabe der traditionellen Unterscheidung zwischen «echten» und «unechten» Lücken auch CANARIS, 133; ebenso HÄFELIN, Festschrift Nef, 99 f., der nur noch von *de lege lata* zu schliessenden Lücken sprechen möchte. «Lücken», die *de lege lata* nicht geschlossen werden dürfen, sollten eigentlich gar nicht als

---

586 CANARIS, Feststellung von Lücken, 103, lehnt die Kategorie der Lücke *intra legem* deshalb ab. Ebenso auch EMMENEGGER/TSCHENTSCHER, Art. 1 N 371. Die Terminologie «Lücke *intra legem*» (zum deutschen Recht) befürwortend hingegen DÜCK, ZfPW 2018, 85 f.

587 S. etwa BK-ZGB/MEIER-HAYOZ, Art. 1 N 262. HEDEMANN, 58, bezeichnet die Generalklauseln gleichsinnig als «ein Stück offengelassener Gesetzgebung»; vgl. auch RÜTHERS/FISCHER/BIRK, § 23 N 836. PECZENIK, 19, verwendet den Ausdruck «indeterminacy gaps».

588 S. statt aller BK-ZGB/MEIER-HAYOZ, Art. 1 N 271 ff.; RIEMER, § 4 N 102 ff.; CARONI, 150 ff. Auch das BGer unterscheidet weiterhin zwischen «echten» und «unechten» Gesetzeslücken. S. etwa BGE 140 III 636 (637); 143 IV 49 (54 f.); 144 IV 97 (106).

589 S. schon MERKL, in MERKL, Gesammelte Schriften, I. Bd, 1. Teilbd. (Berlin 1993) 255: «... der Begriff der unechten Lücke enthält eine contradictio in adiecto» (Originalzitat aus 1918).

Gesetzeslücken bezeichnet werden; so auch EMMENEGGER/TSCHENTSCHER, Art. 1 N 366. Gerade diese «rechtspolitischen Lücken» werden aber in der Rechtsprechung und Lehre teilweise (Nachw. oben FN 582) als «unechte Lücken» bezeichnet. Regelmässig aber wird der Begriff der «unechten Lücken» auf die Figur bezogen, die hier als (*de lege lata* zu bewältigende) «Ausnahmelücke» bezeichnet wird (dazu unten S. 223 ff.). In seiner diesbezüglichen (überzeugenden) Stellungnahme wollte MEIER-HAYOZ (Schlusswort, 91) die *de lege lata* (durch «teleologische Reduktion») zu bewältigenden «Ausnahmelücken» nicht mehr zu den «unechten Lücken» zählen und diese Terminologie, da verwirrend, auch für die rechtspolitischen Lücken in Hinkunft vermeiden (in diesem Punkt a.M. wiederum B. SCHNYDER, ZBJV 132 [1996] 213; *ders.,* ZBJV 133 [1997] 30 ff., der bei «ausnahmsweise korrigierbaren Mängeln des Gesetzes» weiterhin von «unechten Lücken» sprechen und diesen Bereich von der «teleologischen Reduktion» abgrenzen möchte). Die verwirrende Ambivalenz des Begriffs der «unechten Lücke» (rechtspolitisches Desiderat oder *de lege lata* bewältigbare Undifferenziertheit) ist bereits bei ZITELMANN angelegt. Treffend EHRLICH, 215: «ZITELMANNS ‹unechte Lücken› sind entweder echte» (EHRLICH meint damit *de lege lata* bewältigbare) «oder gar keine Lücken» (da lediglich rechtspolitische Desiderata).

Offene Lücken liegen dann vor, wenn das – bis zur Grenze des möglichen Wortsinns interpretierte – Gesetz planwidrig (d.h. entgegen seiner aus dem normativen Gesamtzusammenhang abzuleitenden Teleologie) eine positive Antwort auf eine Rechtsfrage schuldig bleibt, diese also *praeter verba legis* gesucht werden muss. In besonders augenfälliger Form liegen offene Lücken in Gestalt sog. *«technischer Lücken»* vor[590], in denen das «Gesetz

---

[590] S. KELSEN, 254: «Eine solche technische Lücke liegt vor, wenn der Gesetzgeber etwas zu normieren unterlässt, was er hätte normieren müssen, wenn es überhaupt möglich sein soll, das Gesetz anzuwenden» (dazu – mit Plädoyer für eine Ausweitung des Lückenbegriffs auf Basis der Reinen Rechtslehre – RÜFFLER, Journal für Rechtspolitik 10 [2002] 60 f.); BYDLINSKI, Methodenlehre, 245 f.; 473 f., spricht von «logischer» Lücke (= «echte» Lücke), die er der «teleologischen» (=«unechten») Lücke gegenüberstellt; von «logischer» Lücke (der einzigen, die er *de lege lata* anerkennt) spricht auch BURCKHARDT, Die Lücken des Gesetzes und die Gesetzesauslegung (Bern 1925) 103; *ders.,* Einführung, 215; ähnlich (für das Sozialversicherungsrecht) NEF, in: Beiträge zur Methode des Rechts: St. Galler Festgabe zum Schweizerischen Juristentag 1981 (Bern/Stuttgart 1981) 215. CANARIS, Feststellung von Lücken, 151, verwendet für die

eine bestimmte staatliche Aufgabe statuiert, aber das zuständige Organ oder das dabei einzuhaltende Verfahren nicht festsetzt»[591]. Um eine solche «Funktionsstörung der Rechtsordnung»[592] geht es etwa, wenn statuiert wird, dass ein Gremium (insbesondere im Gesellschaftsrecht) durch den Vorsitzenden einzuberufen ist, das Gremium aber auch die Aufgabe hat, den Vorsitzenden zu wählen, und nun nicht geklärt ist, von wem diese Wahlversammlung einzuberufen ist. Anderes Beispiel: Art. 712p Abs. 1 ZGB statuiert eine Quorums-Voraussetzung für die Beschlussfähigkeit der Stockwerkeigentümerversammlung. Sollte es an dieser mangeln, ist nach einer gewissen Frist eine zweite Versammlung einzuberufen, bei der die Hürde für die Beschlussfähigkeit niedriger gelegt ist (Abs. 3). Wie es zu halten ist, sollte auch die zweite Versammlung an mangelnder Beschlussfähigkeit scheitern, sagt Art. 712p ZGB nicht! Hierher kann man auch das Beispiel des Art. 333 Abs. 1 OR zählen, in dem dem Arbeitnehmer bei Betriebsnachfolge ein Ablehnungsrecht zuerkannt, aber nicht geregelt wird, innerhalb welcher Frist es auszuüben ist[593].

Eine offene Gesetzeslücke liegt auch dann vor, wenn gesetzliche Vorschriften sich *kontradiktorisch* widersprechen[594], also

---

technische Lücke die Ausdrücke «Rechtsverweigerungslücke» bzw. «Funktionslücke». HAUSHEER/JAUN, ZBJV 135 (1999) 407, wollen den Begriff der echten Gesetzeslücke offenbar auf die Rechtsverweigerungslücke beschränken; ebenso *dies.*, Art. 1 N 220.

[591]   BK-ZGB/MEIER-HAYOZ, Art. 1 N 274.

[592]   CANARIS, Feststellung von Lücken, 141.

[593]   BSK-OR/PORTMANN, Art. 333 N 28, schlägt eine analoge Anwendung der Monatsfrist von Art. 335b Abs. 1 OR vor. Auch in BGE 97 I 353 (359) ging es um eine «technische Lücke» einer Bauvorschrift (Fehlen der Angabe, welche Dachhöhe zulässig ist).

[594]   Von einem plastischen historischen Beispiel berichten ADOMEIT/HÄHNCHEN, N 27: Kaiser Caligula soll seine Schwester in den Rang einer Gottheit erhoben und gleichzeitig verordnet haben, dass, wer bei ihrem Tode weine, zu bestrafen sei (weil er offenbar an ihrer Göttlichkeit zweifle), und, dass, wer nicht weine, ebenfalls zu bestrafen sei (weil er die gebührende Anteilnahme vermissen lasse). Aktueller ist der vieldiskutierte (von manchen allerdings geleugnete) Widerspruch zwischen Art. 14 Abs. 1 und Art. 55 UN-Kaufrecht im Hinblick auf das

eine auch durch Auslegung (vor allem durch Anwendung der zur Behandlung von Normenkonkurrenzen entwickelten Vorrangsregeln[595]) nicht zu behebende Antinomie besteht: «Zwei einander widersprechende Rechtsfolgen können in derselben Rechtsordnung nicht gleichzeitig rechtens sein. Sie bedeuten ja, ähnlich wie auf Unmögliches gerichtete Normen, keine Regelung, der durch menschliches Verhalten entsprochen werden kann, genügen daher ... dem Rechtsbegriff nicht»[596]. Die sich widersprechenden Normen heben sich (wegen «Perplexität») gegenseitig auf; es liegt eine *«Kollisionslücke»* vor.

Der Begriff der offenen Gesetzeslücke ist aber keineswegs auf solche geradezu evidente Defizite beschränkt. In der praktischen Rechtsfindung stehen vielmehr die Fälle ganz im Vordergrund, in denen das Fehlen einer positiven gesetzlichen Anordnung erst mit Hilfe teleologischer Erwägungen konstatiert werden kann; konkret: auf Basis der auf dem positiven Gleichheitssatz beruhenden Erwägung, dass der zu beurteilende Fall wertungsmässig der Situation entspricht, die das Gesetz durch eine ausdrückliche Regelung erfasst hat, eine Regelung, die sich aber eben – wenn man die Grenzen des möglichen Wortsinns beachtet – als im Hinblick auf die Nichteinbeziehung des zu beurteilenden

---

Erfordernis der Bestimmtheit des Preises in Offerten. S. zu den möglichen Lösungen dieses Widerspruchs Schroeter, in: Schlechtriem/Schwenzer/ Schroeter (Hrsg.), Kommentar zum UN-Kaufrecht (CISG), 7. Aufl. (München 2019) Art. 14 N 85 ff.

[595] S. oben S. 125 ff. Es sei namentlich auf die «materielle Derogation» durch die *lex posterior* verwiesen (oben S. 131 ff.). Diese Lösung hilft aber nicht weiter, wenn sich die Widersprüchlichkeit im selben Gesetz befindet, dessen Bestimmungen gleichzeitig in Kraft getreten sind.

[596] Bydlinski, Methodenlehre, 463 f.; eingehend Canaris, Feststellung von Lücken, 65 ff.; Bobbio, 209 ff., der vom Grundsatz ausgeht: «Il diritto non tollera antinomie»; Höpfner, 24 ff.; Honsell, in: Jb. Junger Zivilrechtswissenschaftler 2008, 25, der von einem «Axiom der Logik» und daher einem «vorpositiven Prinzip spricht»; a.M. (der Widerspruch tangiere die Normqualität der sich widersprechenden Normen nicht) Kelsen in seinem Spätwerk Allgemeine Theorie der Normen (Wien 1979) 101.

Falles zu eng erweist. Um eine solche *«teleologische Lücke»*[597] geht es neben vielen weiteren Fällen[598] etwa in dem hier schon oft[599] zitierten Schulbeispiel der in Art. 679 ZGB nicht vorgesehenen Haftung obligatorischer Grundbesitzer oder bei der Frage, ob in den Art. 23 ff. OR nicht entsprechend der Regelung über die Nichtigkeit von Verträgen (Art. 20 Abs. 2 OR) eine Teilanfechtung (Teilunverbindlichkeit) anzunehmen ist[600].

e) Ausnahmelücken

Während sich die gesetzliche Ordnung – interpretiert bis zur Grenze des möglichen Wortsinns – bei den offenen Gesetzeslücken als zu eng («underinclusive»[601]) erweist (weil er Fälle nicht erfasst, die wertend betrachtet ebenso beurteilt werden müssten, wie die vom Wortsinn angesprochenen), so dass eine Lösung *praeter verba legis* gesucht werden muss, verhält es sich bei den Ausnahmelücken[602] gerade spiegelbildlich. Hier werden Fälle vom klaren Wortsinn einer Norm erfasst und scheinen daher positiv geregelt zu sein, welche – beurteilt nach der Teleologie der Vorschrift und gemäss der dem negativen Gleichheitssatz zu

---

[597] S. CANARIS, Feststellung von Lücken, 139 ff.; ebenso BYDLINSKI, Methoden-lehre, 474. CANARIS in der schweizerischen Lehre folgend LOCHER, 113 f.; ZIP-PELIUS, 52 ff., verwendet den Ausdruck «Wertungsmangel».
[598] S. unten S. 227 ff. ; 240 f. (Einschub)
[599] S. oben FN 531.
[600] Nachw. unten in FN 633.
[601] Zur spiegelbildlichen «overinclusiveness» unten FN 603
[602] Terminologie von MEIER-HAYOZ, Richter als Gesetzgeber, 65 (unter Berufung auf GERMANN); ders. BK-ZGB, Art. 1 N 275; ders. Schlusswort, 91. Ebenso et-wa auch FORSTMOSTER/VOGT, § 15 N 68. Zur Ablehnung der Bezeichnung «un-echte» Lücken oben S. 219 f. (Einschub). Sehr oft werden die Ausnahmelücken als «verdeckte Lücken» bezeichnet. In der schweizerischen Lehre vgl. etwa MEIER-HAYOZ, Richter als Gesetzgeber, 62 f.; DESCHENAUX, 99; in der deut-schen Lehre statt aller LARENZ/CANARIS, 198. In diesem Buch wird die Termi-nologie «verdeckte Lücke» auf eine spezifische, sich aus der teleologischen Re-duktion allenfalls ergebende Konstellation bezogen. S. dazu unten S. 253.

Grunde liegenden Erwägung, dass Ungleiches ungleich zu behandeln ist – keineswegs erfasst sein sollten. Der Wortsinn erweist sich als zu weit (als «overinclusive»[603]), er schiesst über das «vernünftige» Ziel hinaus, ist zu undifferenziert: «Lex magis dixit quam voluit»[604]. Man kann in diesem Sinn auch von teleologisch nicht unterstützter Redundanz des Wortsinns sprechen[605], die *contra verba,* aber *secundum rationem legis* abzubauen ist.

Dass in den angesprochenen Fällen trotzdem herkömmlicher Weise von Lückenhaftigkeit des Gesetzes gesprochen wird, erscheint einigermassen merkwürdig, da es *prima vista* nicht so zu sein scheint, dass eine Regelung fehlt, sondern gerade umgekehrt darum geht, dass die Regelung – interpretiert nach dem Wortsinn – zu weit geht. Das Bild der Lücke kann lediglich durch die zugegebenermassen etwas konstruiert anmutende Vorstellung gerechtfertigt werden, man vermisse auf Basis des teleologischen «Plans» der *lex lata,* sozusagen negativ, eine gesetzliche Einschränkung des undifferenzierten, klaren Wortsinns der zur Debatte stehenden Regelung[606].

Ein Paradebeispiel für eine solche Ausnahmelücke bietet das auftragsrechtliche Kündigungs- bzw. Widerrufsrecht nach Art. 404 Abs. 1 OR, nach dessen undifferenziertem Wortsinn auch Auftragsverhältnisse zu subsumieren wären (und vom Bundesgericht

---

[603] Zur «overinclusiveness» SUNSTEIN, Harvard Law Review 103 (1989) 419 f. mit Beispielen aus der amerikanischen Gerichtspraxis.

[604] Übersetzt: Das Gesetz sagt mehr als es wollte.

[605] S. KRAMER, Teleologische Reduktion, 72. EGGER, Art. 1 N 20, beruft sich auf die französische und italienische Textierung von Art. 1 Abs. 2 ZGB («A défaut d'une disposition légale *applicable*...»; «nei casi *non previsti* dalla legge ...»), aus denen zu entnehmen sei, dass Art. 1 Abs. 2 ZGB sowohl bei Fehlen einer Vorschrift als auch beim Vorliegen einer (teleologisch) unpassenden Vorschrift zum Zuge komme; dazu (mit weit. Nachw.) auch HUWILER, Aequitas, 88 f.

[606] S. neben vielen etwa LARENZ/CANARIS, 198; BYDLINSKI, Methodenlehre, 480; DESCHENAUX, 99. Gegen die Verwendung des Lückenbegriffs in diesem Zusammenhang BRANDENBURG, 60 ff.

auch tatsächlich subsumiert werden[607]), bei denen weder das Argument der Unentgeltlichkeit der Dienstleistung noch das eines persönlichen Vertrauensverhältnisses zwischen Auftraggeber und Beauftragtem für eine jederzeitige Beendbarkeit des Vertragsverhältnisses geltend gemacht werden können. Der Besondere Teil des Vertragsrechts mit den dort erforderlichen subtilen Abwägungen zwischen den Interessen der Kontrahenten ist überhaupt eine Fundgrube für Ausnahmelücken, weil sich die gesetzlichen Regelungen nicht selten als zu undifferenziert erweisen und nach einer feineren Ausbalancierung rufen. Hier sei nur ein weiteres Beispiel angeführt: Die werkvertragliche Kostentragungsregel des Art. 376 Abs. 2 OR wird gegen den Wortlaut der Bestimmung nicht angewendet (und dem Besteller bei Prüfung des Werks durch einen Sachverständigen ein Kostenerstattungsanspruch gegeben), soweit die Überprüfung (Begutachtung) «nach den damaligen Umständen und dem damaligen Kenntnisstand des Bestellers nicht nur geeignet, sondern auch notwendig (zumindest aber nützlich) und angemessen war, um eine zweckentsprechende Rechtsverfolgung aus dem betreffenden Mangel zu sichern»[608].

f) Andere Lückenkategorien

Damit sind die wichtigsten Lückenkategorien vorgestellt. Hingewiesen sei nur noch auf die Begriffspaare: *«bewusste»* und *«unbewusste» Lücke* sowie *«anfängliche»* und *«nachträgliche» Lücke*[609]. Von bewusster bzw. unbewusster Lücke spricht man je

---

[607] S. BGE 115 II 464 (466 f.): Nach dem «klaren Wortlaut des Gesetzes», der eine Differenzierung nicht erlaube, erfasse Art. 404 OR – noch dazu zwingend – sowohl entgeltliche wie unentgeltliche, höchstpersönliche wie andere Auftragsverhältnisse. Dazu krit. WERRO, BR 1991, 55 ff.; GAUCH, recht 1992, 9 ff. (jeweils mit freilich divergierenden Interpretationsvorschlägen). Zu Revisionsbestrebungen zuletzt WERRO/CARRON, in: PICHONNAZ/WERRO (Ed.), La pratique contractuelle 6 (Zürich/Basel 2018) 7 f. S. zu Art. 404 OR auch unten FN 716.
[608] GAUCH, N 1524.
[609] Dazu etwa CANARIS, Feststellung von Lücken, 134 ff.

nachdem, ob dem historischen Gesetzgeber die Unvollständigkeit der von ihm getroffenen Regelung bewusst war oder nicht. Klare Fälle bewusster Lücken sind die oben[610] dargestellten Delegationslücken. Bei den unbewussten Lücken geht es regelmässig um Fälle, in denen der historische Gesetzgeber das zu regelnde Problem nicht vollständig überblickt hat. Man spricht dann im Anschluss an HECK[611] auch von «Anschauungslücken»[612]. Das Begriffspaar «anfängliche» («primäre») und «nachträgliche» («sekundäre») Lücken bezieht sich auf die Frage, ob die Lücken schon bei Erlass des Gesetzes vorhanden waren oder erst später «auf Grund einer Änderung der tatsächlichen Gegebenheiten oder auch der der Rechtsordnung immanenten Wertungen entstanden sind»[613].

5. Lückenfüllung bei offenen Gesetzeslücken

a) Analogieschluss; teleologische Extension; Grössenschluss; Umkehrschluss

aa) Das wichtigste Mittel zur Füllung offener Gesetzeslücken ist in der Praxis zweifellos der Analogieschluss. Im Gegensatz zu

---

[610] Oben S. 219.
[611] HECK, Gesetzesauslegung und Interessenjurisprudenz, 173.
[612] S. etwa CANARIS, Feststellung von Lücken, 135; PAWLOWSKI, Einführung in die juristische Methodenlehre (Heidelberg 1986) 85.
[613] CANARIS, Feststellung von Lücken, 135. Plastisches Beispiel BGE 91 II 100 (zur Verantwortlichkeit des Grundeigentümers für erlaubte Bauführung entsprechend Art. 679 ZGB), wo von einer Gesetzeslücke die Rede ist, «die beim Erlass des ZGB noch kaum erkennbar war, jedoch dann im Lauf der Jahrzehnte infolge der Entwicklung der maschinellen Baumethoden und der häufigen Inanspruchnahme öffentlichen Bodens immer mehr erkennbar geworden ist» (a.a.O., 106). Treffend RÜTHERS, in: Sozialpartnerschaft in der Bewährung: Festschrift für Karl Molitor zum 60. Geburtstag (München 1988) 297: «Sekundäre Gesetzeslücken sind unvermeidbar. Der Gesetzgeber ist nur beschränkt leistungsfähig; er hinkt immer und notwendigerweise dem sozialen Wandel hinterher».

anderen Rechtsordnungen[614] wird der Analogieschluss in Art. 1 ZGB nicht ausdrücklich erwähnt. Der Richter wird, wenn dem Gesetz keine Vorschrift entnommen werden kann, in Art. 1 Abs. 2 ZGB unmittelbar auf Gewohnheitsrecht und auf die Rechtsfindung *modo legislatoris* verwiesen. Diese merkwürdige *Lückenhaftigkeit unserer Lückenfüllungsregelung* wird damit zu erklären sein, dass Eugen HUBER[615] im Falle der Möglichkeit von Analogieschlüssen gar keine Lückenhaftigkeit des Gesetzes annehmen wollte.

Dass Art. 1 ZGB den in der Praxis so wichtigen Mittelbereich zwischen reiner Auslegung und richterlicher Rechtsfortbildung *modo legislatoris*, der in dieser Darstellung als der Bereich des «gebundenen Richterrechts» bezeichnet wird, nicht strukturiert hat, betonte schon MEIER-HAYOZ, Festschrift Guldener, 200: «Zwischen dem seltenen Extrem fast rein gesetzgeberischer Bewältigung einer Aufgabe und dem noch selteneren Extrem rein richterlicher Problemlösung liegt in vielfältiger Abstufung die Hauptmasse des in gesetzlich-richterlicher Gemeinschaft geschaffenen Rechts». Diese Hauptmasse werde in Art. 1 ZGB (da zwischen Abs. 1 und 2 liegend) nicht angesprochen. Vgl. auch MEIER-HAYOZ, Richter als Gesetzgeber, 252 ff., mit seinem sehr bedenkenswerten Vorschlag einer Neuformulierung des Art. 1 Abs. 2 ZGB; entsprechender Gesetzesvorschlag nun auch bei SCHMIDT, 385. In diesem Sinn auch unten FN 700.

Eine Lücke lag für HUBER vor, «wenn für einen gegebenen Fall das Gesetz keinen Rechtssatz enthält, der direkt *oder auf dem Wege der Analogie* zur Anwendung gebracht werden dürfte». Er zählte den Analogieschluss mit anderen Worten noch zur eigentlichen (nämlich sinngemässen) Auslegung (i.e.S.), also zum Bereich von Art. 1 Abs. 1 ZGB[616]. Eugen HUBERs Systematisie-

---

[614] S. § 7 ABGB; Art. 12 Abs. 2 Disposizioni preliminari zum Codice Civile; Art. 4 Abs. 1 spanischer Código Civil; Art. 10 Abs. 1 und 2 portugiesischer Código Civil.

[615] HUBER, 354.

[616] Ebenso aus der neueren Lehre GERMANN, Probleme, 174 f. (freilich – nicht zielführend – differenzierend zwischen Analogie als «Mittel sinngemässer Auslegung» und Analogie als «Mittel ergänzender Rechtsfindung», d.h. der Lückenfüllung); s. auch MEIER-HAYOZ, Richter als Gesetzgeber, 72 ff. (gleichsinnig

rung, gegen die rein begrifflich natürlich prinzipiell nichts einzuwenden ist[617], wird hier i.s. der heute namentlich in der deutschen Methodenlehre vorherrschenden Auffassung, welche eine Zäsur zwischen der noch vom Wortsinn gedeckten extensiven Interpretation und der Lückenfüllung mittels Analogieschlusses zieht[618], nicht gefolgt[619]; es wird aber an sie zu erinnern sein, wenn das Verhältnis zwischen Analogieschluss und Schliessung von Lücken durch Gewohnheitsrecht thematisiert wird[620].

bb) Rechtsgeschichtlich betrachtet liegt in der Anerkennung von Analogieschlüssen eine Überwindung der für frühe Rechtsordnungen typischen formalistischen (letztlich auf Wortmagie

---

wie GERMANN differenzierend); LOCHER, 113, wonach die Schliessung «teleologischer Lücken» noch zum Bereich der extensiven bzw. sinngemässen Auslegung gehöre; HUWILER, Privatrecht und Methode, 15 ff.; HAUSHEER/ JAUN, Art 1 N 199, 202; LE ROY/SCHOENENBERGER, 412; GAUCH, in: Mélanges Paul-Henri Steinauer (Bern 2013) 5 f.; GÄCHTER, 92 ff. Vermittelnd EMMENEGGER/TSCHENTSCHER, Art. 1 N 164: Die Analogie sei *gesetzlich* der Auslegung i.S. von Art. 1 Abs. 1 ZGB zuzuordnen (anders die hier vertretene Einordnung: S. unten FN 700). *Methodisch* handle es sich aber nicht um Auslegung, sondern um Lückenfüllung. Aus der Judikatur etwa BGE 74 II 106 (109). Zur gleich einspurenden strafrechtlichen Doktrin s. die Nachw. oben S. 47 (Einschub).

[617] Vgl. ENGISCH, Festschrift Sauer, 88, wonach die Fixierung des Lückenbegriffs eine Frage terminologischer Opportunität sei; s. auch CARONI, 112.

[618] S. etwa LARENZ/CANARIS, 202 ff.; CANARIS, Feststellung von Lücken, 71 ff.; BYDLINSKI, Methodenlehre, 467 ff.; aus der schweizerischen Lehre etwa DU PASQUIER, 32 f.; FRIEDRICH, ZSR NF 71 (1952) 450 f.; BK-ZGB/MEIER-HAYOZ, Art. 1 N 346 ff. (vgl. aber den Nachw. in FN 616); DESCHENAUX, 111; ZELLER, 485; BSK-ZGB/HONSELL, Art. 1 N 12; TSCHENTSCHER, 128 f.; auch für HÜRLIMANN-KAUP/SCHMID, N 207, kommt der Analogie beim Vorgehen gemäss Art. 1 Abs. 2 ZGB eine «wesentliche Bedeutung» zu.

[619] Wie hier (zum schweizerischen Recht) nun auch SCHMIDT, 88 f. Dafür gibt es gute Gründe, auf die bereits anlässlich der Verteidigung des Kriteriums der Wortsinngrenze (als Grenzmarke zwischen Auslegung und Richterrecht) hingewiesen worden ist. S. oben S. 64 f.

[620] S. unten S. 249 f.

beruhenden) Wortlautbindung. Amüsant ist die Geschichte[621] von einem angeblich im alten Rom praktizierten Beispiel eines Analogieschlusses: Nach dem römischen Zwölftafelgesetz haftete der Eigentümer für Schäden, die sein vierfüssiges Tier (*quadrupes*) durch seine Wildheit verursacht (*actio de pauperie*). Als nach den punischen Kriegen der afrikanische Vogel Strauss in Italien Einzug hielt, habe sich die bange Frage gestellt, ob die erwähnte Klagemöglichkeit auch für zweifüssige Tiere nutzbar gemacht werden könne. Der Wortlaut der Klageformel erfasste klarerweise Zweifüsser nicht, teleologisch betrachtet ist es aber ebenso offensichtlich, dass der Vogel Strauss einem *quadrupes* gleichzustellen ist. Der Praetor habe sich daher zum Analogieschluss durchgerungen und eine *actio utilis* gewährt: «Haec actio utilis competit et si non quadrupes, sed aliud animal pauperiem fecit».

Dig. 9, 1, 4 (PAULUS). Übersetzt: «Diese ‹actio utilis› steht dann zur Verfügung, wenn kein Vierfüsser, sondern ein anderes Tier den Schaden verursachte». Zur Analogie und Restriktion im Römischen Recht HONSELL, in: Privatrecht und Methode. Festschrift für Ernst A. Kramer (Basel u.a. 2004) 193 ff. In Dig. 1, 3, 12 (IULIANUS) wird gesagt, dass man bei offensichtlicher Lückenhaftigkeit von Gesetzen vom ausdrücklich Normierten «ad similia procedere» (zu Ähnlichem fortschreiten) müsse. Auch den prätorischen Fiktionen des Römischen Rechts liegen im Allgemeinen Analogieschlüsse zu Grunde. Treffend EHRLICH, 226 f. Gesetzliche Fiktionen sind in dieser Sicht in Gesetzesform geronnene Analogien.

cc) Der *Gehalt des Analogieschlusses* stellt sich wie folgt dar: Der zu beurteilende Sachverhalt wird nach dem Modell einer gesetzlichen Vorschrift (oder mehrerer gesetzlicher Vorschriften) beurteilt, obwohl er vom Wortsinn dieser Regelung(en) nicht erfasst, also «negativer Kandidat» im Hinblick auf die entspre-

---

[621] Erzählt auch schon von ENGISCH, Einführung, 251 f. MAYER-MALY, Zeitschrift der Savigny-Stiftung für Rechtsgeschichte, Romanistische Abteilung 119 (2002) 4 FN 17, bezweifelt die Authentizität dieser Anekdote, die in den Quellen nicht zweifelsfrei nachweisbar sei. Nach dem Motto: «Se non è vero è ben trovato» sollte auf sie trotzdem nicht verzichtet werden.

chende(n) Vorschrift(en) ist. Der Analogieschluss wird gezogen, weil der zu beurteilende, nicht geregelte Sachverhalt dem der fraglichen gesetzlichen Vorschrift zugrunde liegenden teleologischen «Wertmuster»[622] entspricht[623], so dass es dem positiven Gleichheitssatz (Gleiches gleich zu behandeln) entspricht, ihn (trotz mangelnder Stütze im Wortlaut) auch analog (sinngemäss gleich) zu beurteilen und damit «Widerspruchsfreiheit im» gesetzlichen «Wertungssystem» zu garantieren[624]. Es geht somit um Rechtsfindung *praeter verba, sed secundum rationem legis* nach dem alten Motto: «Ubi eadem ratio ibi eadem iuris dispositio»[625].

---

[622] Geglückte Begrifflichkeit bei LÜSCHER, Rechtstheorie 2012, 59 ff.

[623] Von «identidad de razón» spricht Art. 4 Abs. 1 des spanischen Código Civil. Aus der Rechtsprechung etwa BGE 142 III 329 (334): «Analogie ist die teleologisch motivierte Erweiterung des Anwendungsbereichs einer Rechtsnorm jenseits der äusseren Wortlautgrenze». Vgl. auch BGE 113 III 116 (118): «Die analoge Anwendung einer Gesetzesbestimmung auf einen Sachverhalt, der von dieser nicht ausdrücklich erfasst wird, setzt voraus, dass deren Grundgedanke auch für den nicht geregelten Fall zutrifft». Dass eine wertungsmässige Entsprechung vorliegt, kann (auch bei Beurteilung privatrechtlicher Probleme) u.U. aus verfassungsrechtlichen (grundrechtlichen) Wertungen begründet werden.

[624] So H.P. WALTER, ZBJV 147 (2011) 227. In BGE 129 III 702 (705) anerkennt das BGer ausdrücklich, dass es eine «Inkohärenz der Rechtsordnung» sei, die Bürgschaft unter strenge Formvorschriften zu stellen, nicht aber die Abgabe einer Garantieerklärung. Eine entsprechende (analoge) Ausweitung der bürgschaftsrechtlichen Formvorschriften lehnt das BGer aber (mit der wenig überzeugenden) Erwägung ab, der historische Gesetzgeber des Bürgschaftsrechts habe das Ausweichen auf formfreie Sicherungsgeschäfte bewusst in Kauf genommen; noch dazu entsprächen diese auch einem praktischen Bedürfnis. Mit dieser Andeutung einer kritischen Beurteilung von BGE 129 III 702 soll keineswegs gesagt sein, dass der Richter alle Wertungswidersprüche durch Analogieschlüsse (oder andere methodologische Hilfsmittel) ausmerzen kann. Sofern tatsächlich eine klare, nicht wegzudiskutierende Festlegung des Gesetzes auf eine (im Verhältnis zu einer anderen) wertungswidersprüchliche Regelung vorliegt, ist dies zu respektieren. Diese Voraussetzung ist aber im Hinblick auf die Formfreiheit oder Formbedürftigkeit von Garantien (wozu es keine spezifische gesetzliche Festlegung gibt) wohl kaum gegeben. Überzeugend die österreichische Judikatur zur analogen Anwendung der bürgschaftsrechtlichen Formvorschriften. S. OGH SZ 65 Nr. 109; jetzt OGH ÖBA 2017, 580.

[625] «Wo derselbe Sinn, dort dieselbe Regelung». Quellennachweise bei LIEBS, 235 (N 6).

Beachte: Analogie führt keineswegs immer zu wörtlich identischer Anwendung der analog anzuwendenden Vorschrift (genauer ihrer Rechtsfolgeanordnung) auf den nicht geregelten Fall; die Analogie kann – dies dürfte der Regelfall sein – auch zu einer lediglich entsprechenden Anwendung führen. So führt die analoge Anwendung von Art. 20 Abs. 2 OR auf die Fälle der Anfechtbarkeit wegen Willensmängeln (s. Nachw. unten FN 633) nicht zur Teilnichtigkeit, sondern selbstverständlich zur Teilanfechtbarkeit. Umgekehrt wurde im Falle der Ausdehnung des Tatbestands von Art. 679 ZGB auf Pächter (BGE 104 II 15) die Rechtsfolgeanordnung (Kausalhaftung) des Art. 679 ZGB identisch übernommen.

dd) Die Berufung auf den positiven Gleichheitssatz und damit auf das *Verfassungsgebot der Rechtsgleichheit* (Art. 8 BV)[626] belegt unmittelbar, dass es nicht angeht, davon zu sprechen, dass der Richter fakultativ die Möglichkeit habe, es ihm in diesem Sinn *erlaubt* sei, einen Analogieschluss zu ziehen; er ist vielmehr, wenn die Voraussetzung der Gleichartigkeit der Wertungslagen erfüllt ist, grundsätzlich *zur Analogie verpflichtet* («*Analogiegebot*»)[627]. Gleichzeitig erweist sich, dass ein konsequent durchgeführtes strafrechtliches Analogieverbot in offenem Widerspruch zum Prinzip der Rechtsgleichheit steht; eine Konsequenz, die «Strafbarkeitslücken» bewusst in Kauf nimmt, um dem rechtsstaatlichen Vorhersehbarkeits- bzw. Bestimmtheitsgrundsatz zum Durchbruch zu verhelfen[628].

ee) Selbstverständlich sind Analogieschlüsse nicht nur innerhalb ein und desselben Rechtsgebiets (etwa des Privatrechts) denkbar, sondern i.S. des Prinzips der Einheit der Rechtsord-

---

[626] In diesem sieht etwa auch BIAGGINI, Verfassung, 261, die Grundlage des Analogieschlusses.

[627] S. schon KRAMER, Analogie und Willkürverbot, 114; zustimmend zuletzt RYTER SAUVANT, 178. Zur verfassungsrechtlichen Zulässigkeit des Analogieschlusses und zur Verpflichtung der Gerichte, Lücken zu schliessen, die sich aus der Alterung der Gesetze ergeben, im deutschen Recht eingehend BVerfG NJW 1990, 1593 (1593 f.).

[628] S. zur Rechtfertigung des Analogieverbots (angesichts des Gleichbehandlungsgebots) etwa CANARIS, Feststellung von Lücken, 183 f.

nung[629] auch *disziplinenübergreifend*, so etwa bei analoger Anwendung privatrechtlicher Prinzipien im Verwaltungsrecht[630].

ff) Traditionellerweise[631] wird zwischen zwei, sich freilich nur graduell unterscheidenden Untertypen des Analogieschlusses differenziert, der *«Einzelanalogie» («Gesetzesanalogie»)* und der *«Gesamtanalogie» («Rechtsanalogie»)*.

Die *Einzelanalogie* «ist die einfache Grundform der analogen Rechtsfindung»[632]: Eine bestimmte (einzelne) gesetzliche Regel wird über ihren Wortlaut hinaus *per analogiam* entsprechend (sinngemäss) auf einen ähnlichen Fall erstreckt. So wird etwa, um bei einem hier schon des öfteren verwendeten Beispiel zu bleiben, Art. 20 Abs. 2 OR analog auch auf die Anfechtung wegen Willensmängeln bezogen[633], die Regelung des werkvertraglichen Verbesserungsanspruchs (Art. 368 Abs. 2 OR) nach einer allerdings keineswegs unbestrittenen Lehrmeinung[634] analog auf das Kaufvertragsrecht.[635]

Bei der *Gesamtanalogie* wird aus einer ganzen Reihe von Vorschriften induktiv ein allgemeines Rechtsprinzip, eine verallgemeinerte *ratio* abgeleitet und auf ähnliche Fälle bezogen, die nicht ausdrücklich geregelt sind. So kann etwa aus einer Reihe

---

629   Oben S. 99 ff.
630   Beispiele aus der Judikatur bei HÄFELIN/MÜLLER/UHLMANN, N 307 ff.
631   S. etwa SAUER, Juristische Methodenlehre (Stuttgart 1940) 310 ff.; GMÜR, 67; BAUMGARTEN, Grundzüge der juristischen Methodenlehre (Bern 1939) 38 f.; BK-ZGB/MEIER-HAYOZ, Art. 1 N 346; N 351 f.; HAUSHEER/JAUN, Art. 1 N 209; ENGISCH, Einführung, 255 f.; PAVČNIK, 112 ff. Im Allgemeinen wird die im Text in Klammer gesetzte Terminologie verwendet (s. etwa BGE 126 III 129 [138]). «Einzelanalogie» – «Gesamtanalogie» ist aber sinnfälliger. S. auch LARENZ/CANARIS, 204.
632   BYDLINSKI, Methodenlehre, 477.
633   S. BGE 107 II 419 (423 f.); eingehend BK-OR/SCHMIDLIN, Art. 23/24 N 409 ff.
634   S. BK-OR/GIGER, Art. 205 N 42 (entgegen BGE 95 II 119 [125 f.]).
635   Zu gesetzlichen Verweisungen auf die sinngemässe Anwendung von an anderer Stelle geregelten Bestimmungen s. die Nachw. oben S 108 f. (Einschub). Man kann hier auch von gesetzlich ausdrücklich angeordneten Analogieschlüssen sprechen.

punktueller gesetzlicher Anhaltspunkte (namentlich aus Art. 26, 31 Abs. 3, 39 Abs. 1 und 2 OR) das allgemeine Prinzip einer Haftung für *culpa in contrahendo* abgeleitet werden; diesem allgemeinen Prinzip können dann wiederum Fälle (wie etwa der missbräuchliche Abbruch von Vertragsverhandlungen[636] oder die Haftung bei Nichtigkeit von Verträgen[637]) unterstellt werden, in denen eine ausdrückliche Regelung fehlt. Aus Art. 337 Abs. 1, Art. 545 Abs. 2 OR und anderen Bestimmungen kann das allgemeine Prinzip abgeleitet werden, dass Dauerverträge aus wichtigem Grund fristlos aufgelöst werden können. Im schweizerischen Haftpflichtrecht könnte man (was aber effektiv nicht getan wird[638]) – nach dem Vorbild der österreichischen Rechtsprechung[639] – aus der grossen Palette der Nebengesetze, die dem Prinzip der «scharfen Kausalhaftung» folgen, das allgemeine (generalklauselhafte) Prinzip einer strengen Kausalhaftung (Gefährdungshaftung) für qualifiziert gefährliche Tätigkeiten ableiten und auf Situationen beziehen, die vom Gesetzgeber bis jetzt noch nicht ausdrücklich erfasst worden sind[640].

---

[636] S. dazu BK-OR/KRAMER, Art. 22 N 13 ff.; OGer Luzern ZBJV 132 (1996) 416.

[637] S. dazu BK-OR/KRAMER, Art. 19/20 N 404.

[638] Die Tatbestände der strengen Kausalhaftung werden vielmehr als Ausnahmevorschriften zu Art. 41 OR nicht analog angewendet. Illustrativ Cour de Justice Genf SemJud 1999, 11 (12). Zum Argument der Singularität unten S. 241 ff.

[639] S. erstmals OGH SZ 21 Nr. 46 («Haftung für einen gefährlichen Betrieb»). In Österreich werden auch Einzelanalogien aus einzelnen Haftpflichtgesetzen praktiziert. So wird die analoge Anwendung des Eisenbahn- und Kraftfahrzeughaftpflichtgesetzes (BGBl 1959/48) auf Pistengeräte befürwortet, wenn diese auf der Skipiste im Einsatz sind (OGH JBl 2005, 469 ff.); neuerdings OGH ZVR 2017 Nr. 8. Zum Ganzen eingehend KOZIOL/APATHY/KOCH, Österreichisches Haftpflichtrecht, Bd. III: Gefährdungs-, Produkt- und Eingriffshaftung, 3. Aufl. (Wien 2014) 371 ff.

[640] Zum Problem aus schweizerischer Sicht schon STRICKLER, Die Entwicklung der Gefährdungshaftung: Auf dem Weg zur Generalklausel? (Bern/ Stuttgart 1983) 107 ff., der allerdings für die (weniger weitgehende) Methode der Einzelanalogie aus den jeweiligen gesetzlichen Tatbeständen plädiert. Im Vernehmlassungsentwurf zu einer Gesamtrevision des schweizerischen Haftpflichtrechts 2000 wurde (Art. 50 neu OR) eine Generalklausel zur Gefährdungshaftung vorgesehen. Dieser Entwurf konnte aber bekanntlich nicht realisiert werden.

gg) Die Gesamtanalogie vergegenwärtigt am deutlichsten die formale Struktur des Analogieschlusses[641], der oft – im Gegensatz zum Deduktionsschluss – als Schluss vom «Besonderen auf das Besondere» qualifiziert wird. In Wirklichkeit geht es beim Analogieschluss um eine *Kombination aus Induktion und Deduktion*[642]*:* Aus einzelnen gesetzlichen Anhaltspunkten wird induktiv auf ein allgemeines Rechtsprinzip geschlossen, dem dann wiederum deduktiv ähnlich gelagerte Fälle unterstellt werden, die gesetzlich nicht ausdrücklich erfasst sind. Dieselbe Struktur hat im Grunde aber auch die Einzelanalogie[643]: Auch hier wird aus der einzelnen gesetzlichen Regelung eine allgemeiner gefasste *ratio*, ein «höheres Prinzip»[644] abgeleitet (etwa aus Art. 20 Abs. 2 OR das Prinzip «utile per inutile non vitiatur»[645]) und dieses wiederum auf Fälle bezogen, die vom Wortsinn der entsprechend angewandten Norm nicht erfasst werden, aber deren verallgemeinerter *ratio* entsprechen. Der verallgemeinerte Rechtsgedanke ist sozusagen das *tertium comparationis*, ohne das eine rechtliche Vergleichbarkeit der zu beurteilenden besonderen Fälle nicht begründet werden könnte.

hh) Ein qualifizierter Fall des Analogieschlusses ist der *«Grössenschluss» (argumentum a fortiori)*[646]. Dieser kommt wiederum in zwei Varianten vor:

Der Schluss vom Kleineren auf das Grössere *(argumentum a minori ad maius)* besagt, dass eine Rechtsfolge, die für einen –

---

[641] Dazu umfassend BREWER, 109 Harv. Law Rev. (1996) 925 ff.

[642] S. etwa ENGISCH, Einführung, 255 mit FN 40; ZELLER, 200. Zu den erkenntnistheoretischen Grundlagen des Induktionsschlusses eingehend METZGER, 36 ff.

[643] Hingegen wollen LARENZ/CANARIS, 205, einen strukturellen Unterschied zwischen Einzel- und Gesamtanalogie aufbauen.

[644] BAUMGARTEN, Festgabe der Juristischen Fakultät der Universität Basel zum 80. Geburtstag von Paul Speiser (Basel 1926) 107 f.

[645] «Rechtlich Valables soll durch rechtlich nicht Haltbares nicht tangiert werden».

[646] Dazu etwa KLUG,146 ff.; BYDLINSKI, Methodenlehre, 479 f.; ARZT, 82 und HÖHN, Praktische Methodik, 273 f., die vom «‹erst recht›-Schluss» sprechen; BK-ZGB/MEIER-HAYOZ, Art. 1 N 350.

beurteilt nach dem Gesetzeszweck – wertungsmässig weniger gewichtigen Sachverhalt angeordnet ist, «um so mehr» (*a fortiori*) für einen wertungsmässig gewichtigeren Fall, der aber gesetzlich nicht geregelt ist, gelten muss. Wenn in einer Anstaltsordnung den Besuchern das Mitführen von Hunden und Katzen verboten ist, dann um so mehr die Mitnahme eines Tanzbärs![647] Ernsthaftere Beispiele: Wenn der Vertreter ohne Vertretungsmacht (*falsus procurator*) nach Art. 998 OR persönlich wechselmässig haftet, dann um so mehr derjenige, der eine Unterschrift eines anderen fälscht[648]. Wenn schon der vertraglich Verpflichtete bei Unentgeltlichkeit seiner Leistung milder haftet (Art. 99 Abs. 2 OR), dann umso mehr der nur ausservertraglich haftende Gefällige[649]. Wenn schon dem Prokuristen gemäss Art. 459 Abs. 2 OR die Veräusserung oder die Belastung von Grundstücken grundsätzlich verwehrt ist, dann um so mehr dem Handelsbevollmächtigten, obwohl Art. 462 Abs. 2 OR die Grundstückgeschäfte nicht erwähnt.

Der Schluss vom Grösseren auf das Kleinere (*argumentum a maiori ad minus*) hat folgende Struktur: «Wenn nach dem Gesetz nicht einmal der gewichtigere Sachverhalt eine bestimmte Rechtsfolge auslöst, so erst recht nicht der weniger gewichtige»[650]. Wenn schon die Errichtung eines Erbvertrags zu keiner Einschränkung der Verfügungsfreiheit führt (Art. 494 Abs. 2 ZGB), dann umso weniger die Errichtung eines Testaments.

---

[647] Dazu eine literarische Reminiszenz: Als Lord BYRON in seiner Studentenzeit in Cambridge seine Bulldogge in die Collegeräume mitnehmen wollte, wurde ihm dies unter Hinweis auf die Hausordnung und deren Hundeverbot verwehrt. Daraufhin besorgte er sich einen zahmen Bären: «Als ich ihn herbrachte, fragte man mich, was ich mit ihm vorhätte, und meine Antwort lautete: ‹Er soll sich habilitieren!› » (zit. nach EISLER, Byron [München 1999] 150).

[648] Vgl. zum identischen deutschen Recht ZÖLLNER, Wertpapierrecht, 14. Aufl. (München 1987) 65.

[649] So BGE 137 III 539 (545).

[650] BYDLINSKI, Methodenlehre, 479.

ii) Die wohl überwiegende deutschsprachige Literatur[651] unterscheidet heute zwischen dem Analogieschluss und der *teleologischen Extension*. Der formale Unterschied besteht darin, dass bei der teleologischen Extension ein gesetzlicher Tatbestand sozusagen aus sich selbst heraus, aus seiner eigenen *ratio legis* heraus, zusätzlich auch auf Fälle bezogen wird, die von seinem Wortlaut nicht gedeckt sind[652], während es bei der Analogie darum geht, dass die (positivrechtlich normierte) Wertung einer Vorschrift entsprechend (analog) auch *auf eine andere Regelung* übertragen wird, die zwar ein (teleologisch betrachtet) ähnlich gelagertes Problem normiert, eine der analog herangezogenen Wertung entsprechende Anordnung aber vermissen lässt. Folgt man dem, so nahm das Bundesgericht in dem in dieser Darstellung bereits öfters[653] zitierten Fall BGE 104 II 15 eine teleologische Extension vor, indem es die dort geregelte Kausalhaftung des Grundeigentümers (Art. 679 ZGB) über den klaren Wortlaut hinaus auch auf Pächter bezog[654]; dagegen stellt die entsprechende Anwendung der Teilnichtigkeitsregel des Art. 20 Abs. 2 OR auf die Unverbindlichkeit wegen Willensmängeln (Art. 23 ff. OR) einen Analogieschluss dar.[655]

Zu betonen aber ist, dass es trotz aller formaler Strukturunterschiede sowohl bei der teleologischen Extension als auch der Analogie im Ergebnis um dasselbe geht: Der *ratio legis* über den Wortsinn hinaus zum Durchbruch zu verhelfen.

---

[651] S. etwa Larenz/Canaris, 216 ff.; Pawlowski, Methodenlehre für Juristen, 3. Aufl. (Heidelberg 1999) N 497 ff.; aus der schweizerischen Literatur Hürlimann-Kaup/Schmid, N 188 ff.; Emmenegger/Tschentscher, Art. 1 N 384 ff., die die teleologische Extension anschaulich als «norminterne Analogie» bezeichnen. Rüthers/Fischer/Birk, N 904, sprechen von einem «Spezialfall der Analogie».

[652] Schmidt, 67 f., bezeichnet die teleologische Extension in diesem Sinn daher als «Annex-Schluss».

[653] S. 205, 215.

[654] Zu einem weiteren Fall der teleologischen Extension (BGE 94 II 65) ausführlich Kramer, recht 2017, 183 ff.

[655] Nachw. oben FN 633.

jj) Das Pendant zum Analogieschluss (und zur teleologischen Extension) ist der *Umkehrschluss* (*argumentum e contrario; argumentum e silentio*)[656]. Danach wird aus dem Umstand, dass eine bis zur Grenze des möglichen Wortsinns interpretierte Bestimmung den zu beurteilenden Fall nicht erfasst, der Schluss gezogen, dass sich das Gesetz «bewusst» ausschweigt (sog. «*qualifiziertes*» oder «beredtes» *Schweigen* des Gesetzes[657]), der nicht geregelte Fall also tatsächlich nicht erfasst werden sollte[658]. Mit anderen Worten: Der Umkehrschluss impliziert regelmässig

---

[656] Manchmal wird der Gehalt des Umkehrschlusses auch in Form traditioneller lateinischer Parömien ausgedrückt, wie etwa «qui dicit de uno, negat de altero» oder «expressio unius est exclusio alterius». *Argumentum e contrario* und *argumentum e silentio* werden unter dem Obertitel «Umkehrschluss» regelmässig gleichgesetzt. Man kann im *argumentum e contrario* aber auch eine besonders zugespitzte Form des Umkehrschlusses sehen, die sich auf Konstellationen bezieht, bei denen der zu beurteilende Sachverhalt, wertungsmässig betrachtet, gerade die diametral gegenteilige Situation im Vergleich zum gesetzlich geregelten Tatbestand verkörpert. Eingehend zur Struktur des Umkehrschlusses KLUG, 137 ff.

[657] Vom «qualifizierten Schweigen» ist in Literatur und Judikatur durchgängig die Rede. S. etwa BGE 132 III 470 (478); 135 III 385 (386).

[658] Ergibt sich aus der Entstehungsgeschichte klar, dass eine bestimmte (im Vorfeld der Gesetzgebung diskutierte) Regelung nicht getroffen werden sollte, der historische Gesetzgeber also «qualifiziert geschwiegen» hat («negative Entstehungsgeschichte» i.S. von BSK-ZGB/HONSELL, Art. 1 N 31), so bedeutet dies nach der hier vertretenen Konzeption (s. oben S. 155 ff.) noch nicht unbedingt, dass der aktuelle Rechtsanwender an diesen historischen Negativentscheid gebunden ist. Es kann sich namentlich aus neueren Wertentscheidungen des Gesetzgebers ergeben, dass der frühere Negativentscheid nicht mehr als sein letztes Wort angesehen werden kann. Das Gesagte gilt umso mehr, wenn der Gesetzgeber eine Entscheidung bewusst nicht getroffen hat, weil er sich dazu noch nicht für fähig hielt und die Lösung der Problematik (vorerst) der Judikatur und Lehre überliess. Dazu überzeugend K. MÜLLER, Eigenkapitalersetzende Darlehen (Bern 2014) 270 f. Zur Aussagekraft gescheiterter Gesetzesinitiativen in der deutschen Rechtsprechung s. FRIELING, 125 f. Vgl. auch unten bei FN 697.

die Verneinung einer Gesetzeslücke und damit auch die Ablehnung eines Analogieschlusses[659].

Der Umkehrschluss ist generell immer dann am Platz, wenn wie im Strafrecht ein Analogieverbot[660] zu beachten ist oder alles dafür spricht, dass der Tatbestand der fraglichen Regelung abschliessenden (taxativen) Charakter hat[661]. In allen anderen Fällen aber ist die Entscheidung zwischen Analogieschluss und Umkehrschluss nicht generell präjudiziert: Es ist vielmehr durch Interpretation, vor allem auf Basis teleologischer Betrachtung, von Fall zu Fall zu prüfen, ob der zu beurteilende Sachverhalt wertungsmässig denjenigen entspricht, die gesetzlich erfasst sind, oder umgekehrt – da sachliche Gründe für eine Ungleichbehandlung erkennbar sind – von einem qualifizierten Schweigen auszugehen ist[662]. Ist ersteres der Fall, so ist der Analogieschluss zu ziehen, wird die Rechtsähnlichkeit verneint, so zwingt dies zum Umkehrschluss. In diesem Sinn haben beide Schlüsse – abstrakt betrachtet – genau die selbe Legitimität, so dass es verfehlt wäre, den Umkehrschluss gegenüber dem «grosszügigen» Analogieschluss als «armselig»[663] abzuqualifizieren[664]. Armselig ist er

---

[659] Ausnahmsweise kann die Gesetzeslage so gelagert sein, dass weder ein Umkehrschluss noch ein Analogieschluss möglich ist, dass die Ablehnung der Analogie also nicht gleichzeitig einen Umkehrschluss indiziert. S. KLUG, 144 f.

[660] Dazu schon die Nachw. oben FN 579.

[661] Dazu zu Recht einschränkend die österreichische Rechtsprechung. S. OGH EvBl 1996 Nr. 102: Analogie (besser: teleologische Extension [s. oben S. 236]) sei trotz an sich taxativer Aufzählung möglich und geboten, wenn der nicht besonders angeführte Fall alle motivierenden Merkmale der geregelten Fälle enthält und das Prinzip der Norm auch in einem ihrem Tatbestand wertungsmässig völlig entsprechenden Fall Beachtung fordert; neuerdings auch OGH EvBl 2013 Nr. 144; befürwortend KERSCHNER/KEHRER, §§ 6, 7 N 125. Zum Problem des Art. 105 ZGB schon oben S. 133.

[662] So auch BGE 140 III 206 (213).

[663] So aber EHRENZWEIG, 82; vgl. auch REICHEL, Gesetz und Richterspruch, 97.

[664] Umgekehrt (und ebenfalls nicht überzeugend) – im Zweifel sei der Umkehrschluss zu ziehen – EMMENEGGER/TSCHENTSCHER, Art. 1 N 349; für Österreich KERSCHNER/KEHRER, §§ 6, 7 N 44.

freilich dann, wenn er sich lediglich auf eine Wortinterpretation und nicht auf teleologische Argumente stützt[665].

Dass die teleologische Betrachtungsweise keineswegs immer zu allseits überzeugenden, zwingenden Ergebnissen führt und Rechtsprechung und Lehre zu manchen Problemen nur zu oft zwischen dem Analogieschluss (bzw. der teleologischen Extension) und dem Umkehrschluss schwanken, bedeutet im Übrigen nicht, dass die beiden Schlussformen «völlig wertlos»[666] sind. Es geht nun einmal nicht um formallogische Stringenz, sondern um Wertungsfragen, die nur bis zu einem gewissen Grad verobjektivierbar sind, bei denen somit unvermeidlicherweise Eigenwertungen mit ins Spiel kommen.

Beispiele[667] *für das Schwanken zwischen Analogie- und Umkehrschluss* gibt es in grosser Zahl: Ist aus dem Fehlen einer Art. 973 Abs. 1 ZGB (Schutz des guten Glaubens im Grundbuchrecht) entsprechenden Regelung (*e silentio*) zu schliessen, dass im Handelsregisterrecht das Prinzip des öffentlichen Glaubens nicht gilt?[668] Beruht die Nichterwähnung einer absoluten Aus-

---

[665] So im Ergebnis auch BYDLINSKI, Methodenlehre, 476 f.

[666] So KELSEN, 350; vgl. auch KANTOROWICZ, 23; weit. Nachw. bei ENGISCH, Einführung, 251 FN 32. Die Kritik beruht jeweils auf der Fehlvorstellung, dass sich Analogie- bzw. Umkehrschluss fälschlicherweise «logische» Stringenz zuschrieben. Eine solche Konzeption wird aber jedenfalls heute von niemandem mehr ernstlich vertreten. S. statt aller MEIER-HAYOZ, Richter als Gesetzgeber, 70 ff. Nur zur Klarstellung sei betont, dass Analogieschluss und Umkehrschluss tatsächlich insofern «wertlos» sind, als sie nichts zur Auffindung des «richtigen» Ergebnisses beitragen können, sondern lediglich *ex post* das Ergebnis bezeichnen, zu dem der Richter auf Grund der entscheidenden Erwägung, ob Wertungsähnlichkeit der zu beurteilenden Sachverhalte zu bejahen ist oder nicht, gelangt ist. Ebenso etwa HÖHN, Praktische Methodik, 272 f.

[667] Neben den im Folgenden erwähnten vgl. auch die Beispiele bei CARONI, 113 f. Plastisches Beispiel zur ZPO: BGE 138 III 625 (626 f.) zur Frage, ob Art. 317 Abs. 1 ZPO abschliessend geregelt ist (so wohl kaum überzeugend das BGer) oder Art. 229 Abs. 3 ZPO im Rechtsmittelverfahren analog anzuwenden ist.

[668] S. dazu BÄR, in: Berner Festgabe zum Schweizerischen Juristentag 1979 (Bern/Stuttgart 1979) 131 ff.; monographisch VOGT, Der öffentliche Glaube des Handelsregisters, Diss. Zürich 2003. Zum öffentlichen Glauben des Handelsregisters nun die ausdrückliche Regelung in Art. 933b Abs. 3 OR.

schlussfrist in Art. 31 OR auf einer bewussten Entscheidung (einem qualifizierten Schweigen) des Gesetzgebers?[669] Ist die Haftung des Art. 58 OR tatsächlich auf Werkeigentümer beschränkt oder kann sie analog auch auf Mieter oder Pächter eines Werkes bezogen werden?[670] Bedeutet das Fehlen einer dem werkvertraglichen Verbesserungsanspruch (Art. 368 Abs. 2 OR) entsprechenden Regel im Kaufvertragsrecht ein qualifiziertes Schweigen des Gesetzes oder liegt eine Gesetzeslücke vor, die durch Analogie (eben aus Art. 368 Abs. 2 OR) zu schliessen ist?[671] Ist der Schadenersatzanspruch des Art. 208 Abs. 2 OR tatsächlich auf den Fall der Wandelung beschränkt oder kann die Regelung analog auch bei Geltendmachung eines Minderungsanspruchs herangezogen werden?[672] Ist die Möglichkeit einer (ohne richterliche Ermächtigung vorgenommenen) Ersatzvornahme auf die in Art. 366 Abs. 2 OR vorausgesetzte Situation beschränkt oder kann diese Vorschrift analog auch im Fall der Nachbesserung des abgelieferten Werkes geltend gemacht werden?[673]

Angesichts des oft beschworenen Schwankens zwischen Analogie- und Umkehrschluss ist zu betonen, dass es natürlich auch viele Fälle gibt, in denen das Problem, für welche Alternative man sich entscheiden soll, allgemein konsensfähig gelöst ist. S. etwa die Rechtsprechung zur Teilanfechtung analog zu Art. 20 Abs. 2 OR (s. oben FN 633); allgemein anerkannt ist heute auch die Verantwortlichkeit des Grundeigentümers bei erlaubter Bauführung entsprechend Art. 679 ZGB (s. BGE 91 II 100; 114 II 230 [234 ff.]). Auch die entsprechende Anwendung von Art. 101 Abs. 3 OR («konzessioniertes Gewerbe») auf Unternehmungen, die lediglich eine Betriebsgenehmigung brauchen, dürfte heute nicht mehr bestritten sein (s. BGE 112 II 450 [455]); ebenso wenig die teleologische Extension der Haftung nach Art. 679 ZGB auf Inhaber eines beschränkten dinglichen

---

[669] So im Gegensatz zu verschiedenen (überzeugenden) Lehrmeinungen das BGer im viel diskutierten *Picasso*-Entscheid BGE 114 II 131 (140 f).

[670] Dagegen BGE 106 II 201 (205); BGE 121 III 448 (451) mit sehr zurückhaltender Ausweitung über den Wortlaut hinaus.

[671] Nachw. oben FN 634.

[672] Dagegen BGE 63 II 401 (403 f.); dafür BK-OR/GIGER, Art. 208 N 54.

[673] Dafür BGE 107 II 50 (55 f.); A. KOLLER, Das Nachbesserungsrecht im Werkvertrag, 2. Aufl. (Zürich 1995) 64 ff.; a.M. (differenzierend) GAUCH, N 1819 ff.

Rechts (zuletzt BGE 132 III 689 [693]) oder des Vereinsrechts auf körperschaftlich organisierte Stiftungen in Fragen der Willensbildung und Beschlussfassung (s. BGer Praxis 2003 Nr. 4). Keinen Widerspruch wird es etwa auch gegen die analoge Anwendung von Art. 418d Abs. 1 und Abs. 2 Satz 1 OR auf den gesetzlich nicht spezifisch geregelten Alleinvertreter geben. S. dazu OGer Zürich SJZ 1981, 213. Nunmehr wird auch der Anspruch des Agenten auf Kundschaftsentschädigung (Art. 418 u OR) unter gewissen Voraussetzungen analog auf Alleinvertreter angewendet: BGE 134 III 497 ff.; zum deutschen Recht (analoge Anwendung des § 89b HGB auf Vertragshändler) BGH NJW 2016, 1885 ff. Allgemein zur «Theorie der analogen Rechtsanwendung» im Hinblick auf das Problem der Füllung von Lücken in Innominatverträgen KRAMER, in: KRAMER (Hrsg.), Neue Vertragsformen der Wirtschaft: Leasing, Factoring, Franchising, 2. Aufl. (Bern etc. 1992) 30 f. Ausdrücklicher Hinweis des Gesetzgebers auf die analoge («sinngemässe») Anwendung von Vertragsrecht im Hinblick auf die AGB-Kontrolle in der vor dem 1.7.2012 geltenden Fassung des Art. 8 UWG. Dieser Hinweis ist in der Neufassung leider weggefallen.

kk) Nach einer seit altersher tradierten, in Rechtsprechung[674] und Lehre[675] immer wieder aktualisierten *regula iuris* sind Ausnahmevorschriften nicht extensiv zu interpretieren und schon gar nicht analog anzuwenden: *«Singularia non sunt extendenda»*[676].

---

[674] S. etwa BGE 116 II 428 (431): Restriktive Interpretation von Art. 128 Ziff. 3 OR (als Ausnahme von Art. 127 OR); OGer Zürich SJZ 1981, 213: Art. 418d Abs. 2 Satz 2 OR sei als Durchbrechung des Grundsatzes der Vertragsfreiheit nicht analog (auf Alleinvertreter) anzuwenden.

[675] S. etwa BK-ZGB/MEIER-HAYOZ, Art. 679 N 62, der aus dem Ausnahmecharakter von Art. 679 ZGB (Kausalhaftung in Durchbrechung des allgemeinen Verschuldensprinzips des Art. 41 OR) schliesst, dass diese Regelung «nicht beliebig ausgedehnt» (namentlich nicht analog auf obligatorisch Berechtigte bezogen) werden dürfe.

[676] «Sonderbestimmungen (Ausnahmebestimmungen) sind nicht ausdehnend auszulegen». Belege zum römischrechtlichen Ursprung bei LIEBS, 220 (S. 40); zuweilen beruft man sich gleichsinnig auch auf die Parömie «exceptio est strictissimae interpretationis». Im italienischen, spanischen und portugiesischen Recht ist diese Regel heute noch ausdrücklich positiviert: S. Art. 14 Disposizioni preliminari zum Codice Civile, Art. 4 Abs. 2 spanischer Código Civil, Art. 11 portugiesischer Código Civil; zuletzt auch Art. 1.8 Abs. 3 des neuen litauischen ZGB. Zur teilweise zu beobachtenden Berufung des EuGH auf den formalen Grundsatz, dass Ausnahmebestimmungen nicht extensiv auszulegen seien, krit.

Die Begründung für das Gebot restriktiver Anwendung singulärer Rechtssätze[677] liegt offenbar im Gedanken, dass man ansonsten, also bei extensiver oder gar analoger Anwendung, Gefahr liefe, das gesetzlich intendierte Regel-/Ausnahmeverhältnis faktisch zu unterlaufen. Diese formalistische Erwägung leuchtet schon im Ansatz nicht ein, da die (im Übrigen oft nur schwer nachweisbare) gesetzliche Fixierung eines normativen Regel-/Ausnahmeverhältnisses keineswegs unbedingt bedeuten muss, dass die Regelnorm bzw. die *lex singularis* auch in der praktischen Rechtsanwendung im Vordergrund steht bzw. die Ausnahme ist (und sein sollte). So kann eine gesetzliche Ausnahmevorschrift, die sich auf einen gesellschaftlich zunehmend bedeutsamer werdenden Lebenssachverhalt bezieht, der Regelnorm *in praxi* durchaus «über den Kopf wachsen» – «the exception has eaten up the rule»[678] –, ohne dass dies durch die normative Regel-/Ausnahmerelation verhindert werden könnte und sollte. Man denke etwa an die eminente praktische Bedeutung der Haftung des Halters eines Motorfahrzeugs nach Art. 58 ff. SVG[679], die – juristisch betrachtet – unbestreitbar gegenüber dem Verschuldensprinzip des Art. 41 OR «singulär» ist. Dazu kommt, dass Ausnahmevorschriften ohne Weiteres wiederum durch eine Aus-

---

RIESENHUBER, in: GIESEN/JUNCKER/RIEBL (Hrsg.), Systembildung im Europäischen Arbeitsrecht (München 2016) 49 f.

[677] Eine *lex singularis* ist jeweils gleichzeitig *lex specialis* im Verhältnis zur Regelnorm, eine *lex specialis* umgekehrt gleichzeitig *lex singularis*, sofern sie inhaltlich von der Regelnorm abweicht. Zum Begriff der *lex specialis* schon oben S. 126. Die dort besprochene Parömie «lex specialis derogat legi generali» hat aber eine ganz andere Funktion als die jetzt zur Debatte stehende Regel «singularia non sunt extendenda». Die erste Regel bezieht sich auf ein Derogationsproblem, die zweite auf die Frage, ob die *lex singularis* extensiv bzw. analog angewendet werden kann.

[678] LAWSON, Many Laws, Selected Essays, Vol. I (Amsterdam 1977) 47.

[679] S. P. WIDMER, ZBJV 130 (1994) 405, wonach die Tatbestände der Gefährdungshaftung quantitativ und *de facto* dem Prinzip der Verschuldenshaftung «schon längst den Rang abgelaufen» hätten; vgl. auch DEUTSCH, Allgemeines Haftungsrecht, 2. Aufl. (Köln etc. 1996) 412, wonach der Ausnahmecharakter der Gefährdungshaftung «historisch, nicht haftungswirklich» sei.

nahmeregel, die partiell zur Regel zurückkehrt, eingeschränkt sein können: «Soll man auch diese Unterausnahmen restriktiv interpretieren?»[680]

Entscheidend müssen demnach *wertende Überlegungen* sein[681]. In dieser Sicht ist es nun aber ganz offenbar nicht einzusehen, weshalb nicht auch der Wortsinn einer Ausnahmevorschrift (genauso wie der einer Regelnorm) zuweilen deren zugrundeliegende *ratio* in zu enger Weise zum Ausdruck bringen können sollte, so dass sich eine extensive oder – über den möglichen Wortsinn hinaus – analoge Anwendung aufdrängt[682], [683]. In diesem Sinn erweist sich etwa die österreichische Judikatur, die den Sondertatbestand des § 1319 ABGB (ähnlich Art. 58 OR und § 836 BGB) über die Kausalhaftung des Besitzers von Bauwer-

---

680   Diese maliziöse Frage stellt MAYER-MALY, Rangordnung, 141.

681   Dies gilt auch für den speziellen Problembereich der Auslegung gesetzlicher Formvorschriften. Auch hier lässt sich der Grundsatz, dass die Formvorschriften eng und schon gar nicht analog anzuwenden sind (s. BGE 103 II 84 [87]; 113 II 402 [405]; 118 II 273 [276]), nicht formal damit rechtfertigen, dass die Formgebote «Abweichungen vom generellen Prinzip der Formfreiheit» sind (so etwa BSK-OR/SCHWENZER, Art. 11 N 1; J. SCHMID, Die öffentliche Beurkundung von Schuldverträgen [Fribourg 1988] 7 [N 18]). Nicht überzeugend daher auch die Judikatur (etwa BGE 99 II 159 [162]), wonach die Erteilung der Vollmacht zum Abschluss eines formgebundenen Geschäfts nicht formgebunden sei. *De lege lata* selber Auffassung aber CRAMER, AJP 2018, 291 (mit Gesetzesvorschlag *de lege ferenda*).

682   Zur Kritik an der Regel «singularia non sunt extendenda» grundlegend schon HECK, Gesetzesauslegung und Interessenjurisprudenz, 186 ff.; s. auch REICHEL, Gesetz und Richterspruch, 104; aus der neueren deutschen Literatur etwa KLUG, 113 f.; ENGISCH, Einführung, 256 ff.; CANARIS, Feststellung von Lücken, 181; SÄCKER, Einleitung N 121 (im treffend überschriebenen Kapitel: «Überwindung interpretatorischer Formalargumente»); WÜRDINGER, AcP 206 (2006) 956 ff. Für die Schweiz BK-ZGB/MEIER-HAYOZ, Art. 1 N 191; CARONI, 115. Aus der Judikatur BGE 88 II 150 (153), wo vom «formalistischen» *Singularia*-Satz gesprochen wird. A.M. aber wiederum KUNZ, recht 2017, 155: Ausnahmebestimmungen müssten generell restriktiv interpretiert werden.

683   Selbstverständlich ist die analoge Anwendung der *lex singularis* – genauso wie die einer Regelnorm – grundsätzlich ausgeschlossen, wenn Singulärnormen auf Grund gesetzlicher Anordnung taxativen Charakter haben. Dieser taxative Charakter kommt der Singulärnorm aber nicht quasi naturgegeben, strukturell zu.

ken analog auf die Haftung für Schäden durch herabfallende Äste oder umstürzende Bäume anwendet[684], als durchaus überzeugend.

Der Maxime «singularia non sunt extendenda» käme allerdings dann Überzeugungskraft zu, wenn man *lex singularis* nicht im formalen Sinn einer gesetzlichen Ausnahmevorschrift, sondern im materialen Sinn einer *«systemwidrigen» Norm* verstünde[685], einer «Ausreisser-Norm», deren Teleologie nicht in das «innere System» der geltenden Rechtsordnung passt und somit unverständlich, inkonsistent erscheint[686]. Solche «quer stehende», unvernünftige Normen, wie etwa die Gefahrtragungsregel des Art. 185 Abs. 1 OR, sollten tatsächlich möglichst restriktiv und schon gar nicht analog angewendet werden: «Hat der Gesetzgeber einen Fehler gemacht, so tut der Richter dem Staat einen schlechten Dienst, wenn er sich beeilt, ihn zu verdoppeln»[687]; eine «Gleichbehandlung im Unrecht» ist zu vermeiden oder – wieder i.S. einer lateinischen Parömie –: «Quod vero contra rationem iuris receptum est non est producendum ad consequentias»[688].

Allein aus dem Umstand, dass eine Regelung aus dem EU-Recht übernommen worden ist (in das nationale Recht «umgesetzt» worden ist), kann nicht abgeleitet werden, dass sie bei Lückenhaftigkeit des genuin nationalen Rechts als «sys-

---

[684] S. etwa OGH SZ 59 Nr. 121; SZ 74 Nr. 78. Vgl. auch oben die Nachw. in FN 638, 639 zu einer Analogie aus den eine scharfe Kausalhaftung (Gefährdungshaftung) vorsehenden Tatbeständen.

[685] Diese Bedeutung von «singulär» scheint schon in den antiken Quellen auf: «ius singulare est, quod contra tenorem rationis ... introductum est» (Dig. 1, 3, 16 [PAULUS]).

[686] S. dazu schon oben S. 115.

[687] REICHEL, Gesetz und Richterspruch, 105. Vgl. im selben Sinn auch CANARIS, Systemdenken, 132; BYDLINSKI, Methodenlehre, 440; BK-ZGB/MEIER-HAYOZ, Art. 1 N 349, bezeichnet die Analogie aus offensichtlich unrichtigem Recht sogar als «amoralisch». Die blosse Zweifelhaftigkeit einer *ratio legis* berechtigt aber nicht zur Ablehnung des Analogieschlusses. S. KRAMER, Analogie und Willkürverbot, 129.

[688] Dig. 1, 3, 14 (PAULUS); (frei übersetzt): «Was wertungsmässig unvernünftig ist, soll nicht noch weitere Folgerungen haben».

temfremd» nicht analog angewendet werden kann. So aber offenbar HOCHSTRA-SSER, AJP 2016, 912, im Hinblick auf Art. 16 Abs. 1 PRG (Unabdingbarkeit der Haftung für Personenschäden). Auch die umgesetzte Vorschrift ist nun einmal Bestandteil des nationalen Rechts. Dasselbe gilt für Regelungen, die sich im durch die Schweiz ratifizierten internationalen Konventionen (etwa im UN-Kaufrecht) befinden. Auch diese sind keineswegs naturgemäss *leges singularia* und können daher allenfalls bei Lückenhaftigkeit des genuin nationalen Rechts analog angewendet werden. Dazu nun KRAMER, JBl 2019, 203 ff.

ll) Ein spezieller Anwendungsbereich kommt dem Analogie-schluss beim Versuch von *Gesetzesumgehungen* (*fraus legis*) zu, namentlich im Hinblick auf die Frage, ob Umgehungsgeschäfte, mit denen zwingenden gesetzlichen Regelungen ausgewichen werden soll, rechtlich Bestand haben können. Ergibt eine Besin-nung auf den Zweck der umgangenen Vorschrift, dass das umge-hende Geschäft miterfasst sein sollte, so gilt auch für das Umge-hungsgeschäft die Sanktion der (analog angewendeten) umgan-genen Norm: Die *sententia legis* kann nicht durch Berufung auf die *verba legis* ausgeschaltet werden[689].

Verzichtet man (richtiger Weise) auf die Voraussetzung ei-ner Umgehungsabsicht der Parteien, erscheint eine selbständige Lehre von der Gesetzesumgehung – beim heutigen Stand der Me-thodenlehre – somit als entbehrlich[690]. Genauso entbehrlich sind im Grunde auch ausdrückliche gesetzliche Regelungen (nach der Art von Art. 216c Abs. 1 OR), in denen Geschäfte, die denselben

---

[689] Zur römischrechtlichen Dogmatik der *fraus legis* HONSELL, in: Festschrift für Max Kaser zum 70. Geburtstag (München 1976) 111 ff. Zur Einordnung der Gesetzesumgehung monographisch BENECKE, Gesetzesumgehung im Zivilrecht (Tübingen 2004).

[690] So auch BK-ZGB/MERZ, Art. 2 N 91; BK-OR/KRAMER, Art. 18 N 145; aus der Judikatur vgl. BGE 104 II 204 (206); 115 II 175 (179); 117 II 290 (296). In BGE 107 Ia 112 (117) ist ausdrücklich von analoger Anwendung der umgange-nen Norm die Rede. Für das Steuerrecht (vor allem in Anknüpfung an HÖHN, VALLENDER, LOCHER und DUBS) BÖCKLI, 289 ff.; neuerdings MATTEOTTI, ZSR 129 (2010) I, 240 f. Eingehende Analyse der schweizerischen Literatur und Judikatur bei Th. KOLLER, 267 ff. Zu den Rechtsfolgen bei rechtsgeschäftlicher Umgehung von Verbotsvorschriften s. BK-OR/KRAMER, Art. 19/20 N 264.

«wirtschaftlichen Zweck» verfolgen wie die vom Gesetzgeber *expressis verbis* ins Auge gefassten Verträge, dem Gesetz ebenfalls unterstellt werden[691]. Immerhin mag eine Vorschrift (wie etwa Art. 261a OR), wonach gesetzliche Regelungen auf einen anderen, konkret umschriebenen Tatbestand sinngemäss anzuwenden seien, und die damit auf eine gesetzliche Aufforderung zum Analogieschluss hinausläuft, klarstellend wirken.

Aus dem Gesagten ergibt erweist sich gleichzeitig, dass eine selbständige Methodologie der *«wirtschaftlichen Betrachtungsweise»,* wie sie in der älteren Literatur spezifisch für das Steuerrecht entwickelt worden ist, vor dem Hintergrund teleologisch fundierter Rechtsfindung offene Türen einrennt[692]. Fällt der zu beurteilende Sachverhalt formal betrachtet (d.h. wörtlich interpretiert) nicht unter den Steuertatbestand, ergibt aber eine wirtschaftliche Betrachtungsweise, dass er nach Sinn und Zweck den vom gesetzlichen Tatbestand erfassten Fällen entspricht, so ist die Vorschrift entsprechend (analog) anzuwenden[693]. Entsprechendes

---

[691] Ausdrückliches Umgehungsverbot in § 306a BGB: «Die Vorschriften dieses Abschnitts finden auch Anwendung, wenn sie durch anderweitige Gestaltungen umgangen werden».

[692] S. schon oben S. 199 f.; gleichsinnig VALLENDER, 53 ff. («wirtschaftliche Betrachtungsweise als Standardargument im Rahmen teleologischer Auslegung»); LANZ, ZBJV 137 (2001) 14 ff.; *ders.* monographisch, 179 ff. RIEMER, der die «wirtschaftliche Betrachtungsweise» bei der Auslegung im Privatrecht untersucht, befürchtet hingegen in: Aspekte des Wirtschaftsrechts: Festgabe zum Schweizerischen Juristentag 1994 (Zürich 1994) 136, eine «allzu freie» Auslegung des Gesetzes. Zum «wirtschaftlich Berechtigten» im Bank- und Finanzmarktaufsichtsrecht etwa BGE 124 II 581 (585). Zutreffend die Klarstellung von BREITSCHMID, in: Festschrift für Jean Nicolas Druey (Zürich u.a. 2002) 80, dass die «wirtschaftliche Betrachtungsweise» nicht mit einer «ökonomischen Analyse des Rechts» gleichzusetzen sei. Zu dieser unten S. 302 ff.

[693] Knüpft der Steuertatbestand an zivilrechtlich geprägte *termini technici* an, so kann i.S. der «Relativität der Rechtsbegriffe» (s. oben S. 75 f.) auf Basis der besonderen Teleologie des Steuerrechts allenfalls von vornherein von einem spezifisch steuerrechtlichen Begriffsinhalt der angesprochenen Figuren ausgegangen werden, so dass von einer im Rahmen des Wortsinns verbleibenden Auslegung gesprochen werden kann. S. etwa TIPKE/LANG, Steuerrecht, 19. Aufl. (Köln 2008) § 5 N 80.

gilt aber auch in anderen rechtlichen Zusammenhängen, namentlich im Privat- und Wirtschaftsrecht: Es geht jeweils um eine «durch die äussere Form hindurchdringende materielle Würdigung» von Lebenssachverhalten: «Substance over form».[694]

b) Lückenfüllung durch Berufung auf «vorwirkende» Gesetzgebung

An der Grenze zwischen gebundenem und gesetzesübersteigendem Richterrecht bewegt sich die Rechtsprechung, wenn Gesetzeslücken durch Rekurs auf noch nicht in Kraft stehende Gesetzesrevisionen geschlossen werden (sog. *«Vorwirkung» von Gesetzen*).

Dazu BK-ZGB/MEIER-HAYOZ, Art. 1 N 395 f., mit Hinweis auf ältere Rechtsprechung; CRAMER, AJP 2006, 524 f.; zuletzt eingehend EMMENEGGER, RabelsZ 79 (2015) 369 ff. Selbstverständlich kann die Vorwirkung auch bei einfacher Interpretation unklarer Gesetze durchschlagen. VAN HOECKE, 172, spricht hier von «antizipierender Interpretation»; MAULTZSCH, RabelsZ 79 (2015) 326 ff., von «unechter Vorwirkung». Eine direkte (nicht durch Auslegung oder lückenfüllende Fortbildung des geltenden Rechts vermittelte) Anwendung erst im Entstehen begriffenen Rechts, als ob es schon gelten würde (MAULTZSCH, RabelsZ 79 [2015] 324 ff., spricht von «echter Vorwirkung») kommt nicht in Frage. So auch BGE 118 II 172 (175). Umfassende Analyse des Vorwirkungsproblems nach deutschem Recht bei KLOEPFER, Vorwirkung von Gesetzen (München 1974); NEUNER, in: Kontinuität im Wandel der Rechtsordnung. Beiträge für C.-W. Canaris zum 65. Geburtstag (München 2002) 83 ff. Bericht über privatrechtliche BGer-Entscheidungen zur Vorwirkung von Gesetzen bei RIEMER, recht 1993, 223 ff. Beispiele aus der Judikatur: BGE 109 II 81 (85); 110 II 293 (296 i.V. mit 298, 300); 114 II 91 (99); 118 II 459 (466); 125 III 277 (283). In BGE 124 II 193 (201) wird darauf hingewiesen, dass eine «Vorwirkung»

---

[694] So MEIER-HAYOZ, ZBGR 45 (1964) 271; ebenso NOBEL, in: Festschrift für A.K. Schnyder (Zürich/Basel/Genf 2018) 1231 ff.; EMMENEGGER/TSCHENTSCHER, Art. 1 N 329; aus der Bundesgerichtspraxis vor allem BGE 115 II 175 (179). BGE 138 III 755 (774) warnt allerdings zu Recht vor einer «pauschalen» (also nicht sorgfältig begründeten) Berufung auf die wirtschaftliche Betrachtungsweise.

nicht nur bei Lückenfüllung relevant ist, sondern auch bei blosser Konkretisierung des Normzustands. Aus der strafrechtlichen Judikatur etwa BGE 128 IV 3 (9): Vorwirkung der Revision des Allgemeinen Teils des StGB. Dazu SCHUBARTH, AJP 2005, 1043 f.

Eine besondere Form der Vorwirkung liegt dann vor, wenn das bereits in Kraft getretene neue Recht aus übergangsrechtlichen Gründen auf einen «alten» Sachverhalt noch nicht anzuwenden ist, das alte Recht aber bereits im Lichte des neuen interpretiert wird (wie in BGE 118 II 157 [165]). Zum speziell europarechtlichen Problem der Vorwirkung von bereits in Kraft getretenen EU-Richtlinien, bei denen aber die Frist zur Umsetzung in das nationale Recht noch nicht abgelaufen ist, HOFMANN, in: RIESENHUBER, § 16; zuletzt KUBITZA, EuZW 2016, 691 ff.

Eine durch Annahme einer Vorwirkung von Gesetzen begründete Lückenfüllung bietet sich vor allem dann an, wenn der *status nascendi* bereits weit fortgeschritten ist, namentlich, wenn das Gesetz bereits beschlossen, die Referendumsfrist abgelaufen oder schon vorher klar ist, dass das Referendum nicht ergriffen wird und nur noch das Inkrafttreten des Gesetzes abzuwarten ist[695]. Aber auch dann, wenn endgültige Beschlüsse von National- und Ständerat noch nicht vorliegen, kann die Lückenfüllung durch Rekurs auf einen bundesrätlichen Entwurf und die erläuternde Botschaft auf Basis von Art. 1 Abs. 2 ZGB ohne Weiteres legitim sein.[696] Aus demokratietheoretischen Erwägungen bedenklich wäre hingegen eine Lückenfüllung durch richterrechtliche Rezeption rechtspolitisch noch kontroverser (oder gar von den Räten aktuell negativ beurteilter) Vorlagen[697].

---

[695] S. BGE 118 II 459 (466).
[696] Richtig BGE 125 II 326 (336); 131 II 13 (31 f.). Nach BGE 136 III 6 (12 f.) scheidet eine Vorwirkung aus, wenn die Revision nicht in das heutige rechtliche System passt; ähnlich BGE 122 IV 292 (297). Dazu EMMENEGGER, RabelsZ 79 (2015) 374. Nach BGE 141 II 297 (305 f.) darf das geltende System nicht «grundsätzlich geändert» werden; es müsse sich um eine «blosse Konkretisierung des bestehenden Rechtszustandes halten».
[697] Zur Berücksichtigung von «Negativentscheiden» der eidgenössischen Räte CRAMER, AJP 2006, 526.

c) Lückenfüllung durch Berufung auf Gewohnheitsrecht

aa) Art. 1 Abs. 2 ZGB verweist den Richter bei Lückenhaftigkeit des Gesetzes primär auf Gewohnheitsrecht. Es versteht sich von selbst, dass die dieser Verweisung entsprechenden Entscheidungen dem Bereich des gebundenen Richterrechts zuzuordnen sind.

bb) Die Verweisung des Art. 1 Abs. 2 ZGB zwingt vor allem, in zweierlei Richtung theoretisch Farbe zu bekennen.

Zum einen: In welchem Verhältnis steht die Schliessung von Gesetzeslücken durch Gewohnheitsrecht zur Lückenfüllung mit Hilfe von Analogieschlüssen? Art. 1 Abs. 2 ZGB scheint davon auszugehen, dass primär das Gewohnheitsrecht zum Zug kommt; zum selben Ergebnis gelangt man, wenn eine – allenfalls durch Analogie zu schliessende – Lücke des positiven Rechts von vorneherein erst dann angenommen wird, «wenn das Gesetz innerhalb der Grenzen seines möglichen Wortsinnes und das Gewohnheitsrecht eine Regelung nicht enthalten»[698].

Diese Priorität des Gewohnheitsrechts vor Analogieschlüssen entspricht aber, wie bereits oben[699] berichtet, nicht der Konzeption Eugen HUBERs, der den Analogieschluss noch zum Bereich der Auslegung gemäss Art. 1 Abs. 1 ZGB (und nicht zum Bereich der Lückenfüllung) zählen wollte. Dieser Konzeption ist hier zwar nicht gefolgt worden, zu folgen ist aber *im Ergebnis* der Auffassung, dass dem in Art. 1 ZGB nicht thematisierten Analogieschluss Vorrang vor einer (gleichzeitig möglichen) Lückenschliessung durch Gewohnheitsrecht zuzumessen ist[700]. In einem parlamentarischen Rechtsstaat sollte nun einmal der Wertentscheidung des Gesetzgebers Priorität vor allfälligem unge-

---

[698] CANARIS, Feststellung von Lücken, 39; ebenso BK-ZGB/MEIER-HAYOZ, Art. 1 N 252.

[699] Bei FN 615.

[700] Die hier vertretene Auffassung geht konstruktiv von der Annahme eines zwischen Art. 1 Abs. 1 und Art. 1 Abs. 2 ZGB zu positionierenden «missing link» aus, wenn man so will: von einem ergänzend (lückenfüllend) hinzugedachten Art. 1 Abs. 1a ZGB.

schriebenem Recht zukommen. Dies auch dann, wenn diese Wertentscheidung nur indirekt – eben im Analogieweg – erschlossen werden kann.

cc) Die zweite theoretische Grundfrage hängt mit dem *Begriff und der praktischen Relevanz des Gewohnheitsrechts* zusammen. Es ist offensichtlich, dass «aussergerichtliches Gewohnheitsrecht»[701], gebildet durch spontane, mit Rechtsüberzeugung (*opinio necessitatis*) befolgte Übung der Bürgerinnen und Bürger «von unten» herauf, in unserer komplexen, pluralistischen Industriegesellschaft praktisch gar nicht mehr denkbar ist[702]. Dem Gewohnheitsrecht könnte als Rechtsquelle daher heute nur noch dann praktische Relevanz zukommen, wenn man unter gewissen Umständen auch dem Richterrecht i.e.S., d.h. dem «gesetzesübersteigenden» Richterrecht, Gewohnheitsrechtscharakter zumessen würde. Dies ist aber grundsätzlich zu verneinen. Der Versuch einer Begründung für diese ablehnende Haltung wird im Abschnitt über das gesetzesübersteigende Richterrecht nachgetragen[703].

6. Das Verfahren bei Vorliegen von Ausnahmelücken

a) Teleologische Reduktion

Der Bewältigung von Ausnahmelücken dient die in der deutschen und österreichischen Doktrin, aber auch in der Judikatur[704] seit

---

[701] M. REHBINDER, JuS 1991, 543.
[702] Dies ist heute allgemein anerkannt: S. statt aller BÉGUELIN, 8: «Gewohnheitsrecht im eigentlichen und engeren Sinne ... bildet sich heutzutage selten»; vgl. auch CARONI, 134 («tendenzielle Marginalisierung des Gewohnheitsrechts»); HAUSHEER/JAUN, Art. 1 N 35 («sehr geringe» Bedeutung).
[703] Dazu unten S. 273 ff.
[704] S. (deutsches) BVerfG NJW 1997, 2230: «Eine teleologische Reduktion von Vorschriften entgegen ihrem Wortlaut gehört zu den anerkannten, verfassungsrechtlich nicht zu beanstandenden Auslegungsgrundsätzen»; ebenso BVerfG NJW 2012, 669 (672); aus der österreichischen Judikatur etwa OGH SZ 68 Nr. 119; SZ 69 Nr. 181. Für eine teleologische Reduktion von § 7 Abs. 1 (öster-

den Arbeiten insbesondere von LARENZ[705] und CANARIS[706] etablierte (in ihren Grundlagen aber viel ältere) Figur der teleologischen Reduktion.

Zu den Wurzeln der Lehre von der gesetzeskorrigierenden Reduktion einer zu undifferenziert formulierten Norm in der Nikomachischen Ethik des ARISTOTELES (Buch V, Kap. 14) HARTKAMP, in: Mélanges en l'honneur de Denis Tallon (Paris 1999) 84 ff.; VOGENAUER, 538 f. Vgl. auch SAVIGNY, 230 f., zur Korrektur des (im Verhältnis zur *ratio legis*) mangelhaften «Ausdrucks» des Gesetzes: «Da nun der Ausdruck blosses Mittel ist, der Gedanke aber der Zweck, so ist es unbedenklich, dass der Gedanke vorgezogen, der Ausdruck also nach ihm berichtigt werden muss». Zu WINDSCHEID, der es als «edelste Aufgabe» der Auslegung ansah, dem Gesetzgeber in solchen Fällen korrigierend zur Hilfe zu kommen, RÜCKERT, in: RÜCKERT/SEINECKE, 141. Altüberkommene Rechtsweisheit zum Differenzierungsgebot, das der teleologischen Reduktion zugrunde liegt: «Bene iudicat qui bene distinguit» (gut urteilt der, der gut unterscheidet).

Bei der teleologischen Reduktion handelt es sich darum, einen (vordergründig) klaren, aber verglichen mit der Teleologie des Gesetzes zu weit gefassten, somit undifferenzierten Wortsinn auf den Anwendungsbereich zu reduzieren, welcher der *ratio legis* entspricht[707]. Während es bei der Schliessung offener Gesetzeslücken durch Analogieschluss um Rechtsfindung *praeter verba sed secundum rationem legis* geht, geht es hier um Rechtsfindung

---

reichisches) Wuchergesetz plädieren überzeugend PEISSL/THEISS in ihrer krit. Anm. zu OGH EvBl 2016 Nr. 155.

[705] LARENZ/CANARIS, 210 ff.; eingehend BRANDENBURG, passim; aus der österreichischen Lehre BYDLINSKI, Methodenlehre, 480 f.; KEHRER, 60 f.; KERSCHNER/KEHRER, §§ 6, 7 N 69 ff.; KODEK, § 7 N 60 ff.; WELSER/KLETEČKA, 35 f. (N 118 f.).

[706] CANARIS, Feststellung von Lücken, 151 ff.

[707] Offenbar enger JAUN, ZBJV 137 (2001) 46: Es entspreche «tradiertem schweizerischem Methodenverständnis», dass eine «Auslegung gegen den klaren Gesetzeswortlaut lediglich in engen Grenzen» zulässig sei, «nämlich nur insoweit, als dieser *mit dem Gesetz in erkennbarer Weise zu Grunde liegenden Zwecken und Wertungen* unvereinbar und zudem weder zwingender Natur noch zutreffender Ausdruck einer klaren gesetzgeberischen Wertentscheidung ist» (Kursivsetzung bei JAUN). Ablehnung einer Totalkorrektur einer Norm unten S. 259 f.

contra verba sed secundum rationem legis[708]. Vom Bild der «Ausnahmelücke» ausgehend kann man auch formulieren, dass die Ausfüllung dieser Lücke «durch Hinzufügung der sinngemäss geforderten Einschränkung»[709] erfolge.

Als *Beispiel* für diese Vorgangsweise wird in der deutschen Literatur[710] oft auf den zu weit gefassten Wortsinn des § 181 BGB[711] hingewiesen. Danach sind dem Vertreter grundsätzlich «Insichgeschäfte» verboten. Dieses Verbot, dessen *ratio* darin liegt, «den Vertretenen davor zu schützen, dass auf Grund einer zwischen ihm und dem Vertreter bestehenden Interessenkollision der Vertreter mit Wirkung für den Vertretenen ein Rechtsgeschäft mit sich selbst vornimmt, das ihn begünstigt, den Vertretenen aber benachteiligt»,[712] würde – wörtlich interpretiert – auch dann zu beachten sein, wenn diese Gefahr von vorneherein nicht besteht, namentlich bei Schenkungen des gesetzlichen Vertreters eines Geschäftsunfähigen an diesen selbst, die der Vertreter in dessen Namen zugleich annimmt. Um ein solches offensichtlich zweckwidriges Ergebnis zu vermeiden, ist § 181 BGB *contra verba legis* nicht auf Geschäfte zu beziehen, die ihrer «Art nach dem Vertretenen lediglich einen rechtlichen Vorteil bringen»[713] können.

---

[708] Aus dieser Definition ergibt sich unmittelbar die Abgrenzung zur restriktiven Interpretation, bei der es, wie ausgeführt (oben S. 72), darum geht, «neutrale Kandidaten», die dem «Begriffshof» des Wortsinns einer Norm zuzuordnen sind, nicht zu subsumieren. Die teleologische Reduktion geht einen Schritt weiter: Es werden «positive Kandidaten», die zum «Begriffskern» der in Frage stehenden Norm gehören, nicht subsumiert, weil sie von der *ratio legis* nicht gedeckt sind.

[709] LARENZ/CANARIS, 210.

[710] S. etwa LARENZ/CANARIS, 212.

[711] «Ein Vertreter kann ... im Namen des Vertretenen mit sich im eigenen Namen oder als Vertreter eines Dritten ein Rechtsgeschäft nicht vornehmen ...».

[712] LARENZ/CANARIS, 212.

[713] LARENZ/CANARIS, 212. Dasselbe Ergebnis könnte allenfalls auch durch eine teleologische Extension des Ausnahmetatbestands des § 181 BGB («ausschließlich in der Erfüllung einer Verbindlichkeit») auf Geschäfte, die dem Vertretenen lediglich einen rechtlichen Vorteil bringen, begründet werden. Zur Eingrenzung

b) Teleologische Reduktion gekoppelt mit Analogie

Während der methodologische Vorgang im gerade erwähnten Fall durch Vornahme der teleologischen Reduktion abgeschlossen ist, erweist sich in anderen Situationen, dass die zu beurteilenden Sachverhalte – die *prima vista* durch die dann teleologisch reduzierte Vorschrift erfasst zu sein schienen – nun plötzlich einer nach dem immanenten «Plan des Gesetzes» geforderten positiven Ordnung entbehren. Als Illustration für diesen Gedankengang kann die auftragsrechtliche Entscheidung BGE 61 II 95 dienen, in der das Bundesgericht die Exkulpation des Auftraggebers gemäss Art. 402 Abs. 2 OR für den Fall des unentgeltlichen Auftrags als teleologisch unpassend erachtete und die Regelung damit auf den Bereich der entgeltlichen Aufträge reduzierte; mit der Konsequenz, dass nun in Bezug auf das Problem der Haftung des Auftraggebers bei unentgeltlichen Aufträgen eine durch den nicht differenzierenden Wortsinn des Art. 402 Abs. 2 OR eben nur scheinbar überdeckte Lücke manifest wurde, die das Bundesgericht dann wiederum mit Hilfe einer Analogie aus dem Recht der Geschäftsführung ohne Auftrag (Art. 422 Abs. 1 OR) schliessen konnte[714]. Mit anderen Worten: Die Vornahme der teleologischen Reduktion deckte eine durch den trügerischen Schein des zu weit gehenden Wortsinns übertünchte Gesetzeslücke auf, eben eine *«verdeckte Gesetzeslücke»*[715], die dann nach dem Modell der Bewältigung offener Gesetzeslücken im Analogieweg zu schliessen war[716].

---

des Verbots des Selbstkontrahierens nach schweizerischem Recht BGE 126 III 361 (363 f.).

[714] Dazu im Einzelnen BK-OR/FELLMANN, Art. 402 N 139 ff.; N 179 ff.; neuerdings auch BGE 129 III 181 ff.

[715] Der Ausdruck «verdeckte Gesetzeslücke» bezieht sich hier sinnfällig auf eine ganz spezifische Konstellation der Schliessung von Ausnahmelücken; zur Verwendung der Terminologie «verdeckte Gesetzeslücke» für alle Konstellationen, die hier als «Ausnahmelücken» bezeichnet werden, s. die Nachw. in FN 602.

[716] Dieser Konzeption folgend offenbar BGE 121 III 219 (226); 128 I 34 (42). Dieselbe Struktur läge z.B. vor, würde man den heftig umstrittenen Art. 404 Abs. 1

c) Die teleologische Reduktion in der schweizerischen Lehre und Rechtsprechung

Dem Konzept der teleologischen Reduktion stand in der schweizerischen Lehre[717] und überwiegenden Rechtsprechung[718] – namentlich zum Privatrecht – das prinzipielle Gegenargument entgegen, dass die Rechtsfindung grundsätzlich nicht korrigierend gegen den klaren Wortsinn einer Norm verstossen dürfe[719]. Dränge sich einmal wertungsmässig ein solches Bedürfnis auf, so müsse von einer «rechtspolitischen» bzw. «unechten» Lücke gesprochen werden, die *de lege lata* nur mit grösster Zurückhaltung korrigiert werden dürfe, nämlich nur dann, wenn die Berufung auf den klaren Wortsinn «in krass stossenden Fällen»[720] als geradezu *rechtsmissbräuchlich* erscheine. Namentlich die öffentlich-

---

OR um die Fallgruppe der entgeltlichen und nicht auf persönlichem Vertrauen beruhenden Aufträge reduzieren (Nachw. oben in FN 607). Die Beendigung etwa einer auf Dauer gerichteten entgeltlichen Beratungstätigkeit müsste sich dann auf das allgemeine Modell der Beendigung von Dauerschuldverhältnissen stützen (Zeitablauf, ordentliche Kündigung, ausserordentliche Kündigung des Auftrags aus wichtigem Grund [allenfalls analog zu Art. 418q und 418r OR]). Weit. Beispiel: Wenn Art. 185 Abs. 1 OR um den Teiltatbestand des Spezieskaufes, der Versendungskauf ist, reduziert wird, ist die dadurch entstehende «verdeckte Gesetzeslücke» analog zu Art. 185 Abs. 2 OR zu schliessen. Vgl. BSK-OR/A. Koller, Art. 185 N 15.

[717] S. die Nachw. unten FN 720.

[718] S. etwa BGE 111 II 67 (69); 115 II 464 (466 f.); 117 II 246 (251); 121 III 149 (151).

[719] Ausdrückliche Regelung des Problems des *contra verba legis*-Judizierens im Obligationenrecht in Art. 2 Abs. 2 des 6. Buchs des niederländischen Bürgerlichen Gesetzbuches (NBW): Eine gesetzliche Regelung sei auf Schuldverhältnisse nicht anzuwenden, wenn «this would be unacceptable according to the criteria of reasonableness and equity».

[720] Riemer, § 4 N 111 (zurückhaltend *ders.* auch in recht 1999, 176 ff.); BK-ZGB/Meier-Hayoz, Art. 1 N 296 («... krasse Fälle der Unvollkommenheit ...»); auch BK-ZGB/Merz, Art. 2 N 25, stützt die Bewältigung «unechter Lücken» auf das Rechtsmissbrauchsverbot; Merz und Meier-Hayoz folgend etwa BGE 120 III 131 (134); BGE 123 III 445 (448).

rechtliche Judikatur[721] und Lehre[722] haben demgegenüber – ganz i.S. des Gedankens einer teleologischen Reduktion – eine Abweichung vom «vordergründig» klaren Wortsinn seit Langem immer dann zugelassen, «wenn triftige Gründe dafür vorliegen, dass er nicht den wahren Sinn der Bestimmung wiedergibt»[723]. Dass solche nicht leichtfertig und rein ergebnisorientiert einfach behauptet werden dürfen[724], sondern mit aller Sorgfalt dargetan werden müssen, da die Vermutung nicht dafür spricht, dass der klare Wortsinn nicht dem Normsinn entspricht, erscheint selbstverständlich.[725] In neuester Zeit scheint sich die Figur der teleologi-

---

[721] BGE 87 I 10 (16); 99 Ib 505 (508); 109 Ia 19 (27); 111 Ia 292 (297); 113 Ia 12 (14). Weit. Nachw. bei MANDOFIA, in: PERRIN (publié sous la direction de), Les règles d'interprétation (Fribourg 1989) 209 ff. Aus der älteren zivilrechtlichen Judikatur besonders wichtig BGE 60 II 178 (186), wo ganz i.S. des Konzepts der teleologischen Reduktion argumentiert wird; weit. Beispiele aus der älteren Rechtsprechung bei B. SCHNYDER, in: Erhaltung und Entfaltung des Rechts in der Rechtsprechung des Schweizerischen Bundesgerichts: Festgabe der schweizerischen Rechtsfakultäten zur Hundertjahrfeier des Bundesgerichts (Basel 1975) 32 ff.

[722] Vgl. vor allem HÄFELIN, Festschrift Nef, 113 ff.; ders., Festschrift Hegnauer, 124 ff.

[723] So etwa BGE 87 I 10 (16); 111 Ia 292 (297); 140 II 495 (500); 143 I 272 (280); ebenso die zivilrechtliche Entscheidungen BGE 121 III 219 (224 f.); 130 III 76 (82); 132 III 226 (237); 134 III 273 (277); 136 III 283 (284); 139 III 478 (479 f.); 140 III 501 (508). In BGE 135 III 385 (386) ist von der «sachlichen Unhaltbarkeit» der sich aus dem Gesetzestext ergebenden Antwort die Rede. In der sozialrechtlichen Entscheidung BGE 139 V 82 (84) wird auf den hypothetischen Willen des Gesetzgebers (offenbar des historischen) abgestellt. Vom Wortsinn des Gesetzes sei «abzuweichen, wenn triftige Gründe dafür bestehen, dass der Gesetzgeber diesen nicht gewollt haben kann». Dieser reichlich fiktiven Subjektivierung der Optik sollte nicht gefolgt werden. Nachw. zu immer noch nachweisenden Bundesgerichtsentscheidungen, wonach der «klare» Gesetzeswortlaut jedenfalls bindend sei, oben S. 95 f. (Einschub).

[724] Frei nach dem frivolen Motto: «Will man das Ergebnis sehr, braucht's den Wortlaut auch nicht mehr»!

[725] Vgl. zuletzt GÄCHTER, 272. In BGE 111 Ia 292 (295) wird «insbesondere» darauf abgestellt, dass die vom Wortlaut abweichende, aber dem «wahren Rechtssinn» entsprechende Auslegung auch den Vorzug hat, verfassungskonform zu sein.

schen Reduktion (trotz einzelner klar ablehnender[726] oder doch zumindest zu starker Zurückhaltung mahnender Stimmen[727] in der Literatur) durchzusetzen.[728] Das Bundesgericht hat die sie befürwortenden Stellungnahmen der neuen Lehre[729] in der vielbeachteten Entscheidung BGE 121 III 219 zur Kapitalerhöhung im revidierten Aktienrecht ausdrücklich aufgegriffen: Wertorientierte Rechtsfindung könne dazu führen, dass ein «vordergründig klarer Wortlaut einer Norm entweder auf dem Analogieweg auf einen davon nicht erfassten Sachverhalt ausgedehnt oder umgekehrt auf einen solchen Sachverhalt durch teleologische Redukti-

---

[726] Klar ablehnend OTT, in: Aktuelle Aspekte des Schuld- und Sachenrechts. Festschrift für Heinz Rey (Zürich 2003) 563 ff. Vgl. immerhin *dens.*, Juristische Methode in der Sackgasse? (Zürich 2006) 103 f.: Wenn der Sachverhalt einen «ausgesprochenen Sonderfall» darstelle, «an den der Gesetzgeber nicht unbedingt gedacht haben muss», könne eine korrigierende Auslegung in Frage kommen.

[727] Eingehend JAUN, passim; *ders.*, ZBJV 137 (2001) 21 ff.; ebenso HAUSHEER/ JAUN, Art. 1 N 263 ff.; ähnliche Tendenz bei GÄCHTER, 77 ff.; RIEMER, § 4, N 114; skeptisch bis ablehnend HRUBESCH-MILLAUER/BOSSHARDT, in: HOFER/HRUBESCH-MILLAUER, N 02.200 ff. Bei TUOR/SCHNYDER/SCHMID/ JUNGO, § 5 N 35, wird die Ablehnung der Kategorie der «unechten Lücken» immerhin als «nachvollziehbar» bezeichnet.

[728] Roger WEBER (SJZ 2004, 169) sieht die Begründung für das gesteigerte Bedürfnis nach methodologischen Korrekturmechanismen wie der teleologischen Reduktion auf der «institutionellen Ebene». Der hektischen modernen Gesetzgebung fehle ein wirksames Controlling, sodass es schliesslich den Gerichten überlassen bleibe, Korrekturen vorzunehmen. SIMON, 605 ff., spricht anschaulich von der «Rechtsprechung als Reparaturbetrieb der Gesetzgebung».

[729] S. KRAMER, Teleologische Reduktion; MEIER-HAYOZ, Schlusswort, 90 ff.; CARONI, 151; HONSELL, Festschrift Mayer-Maly, 380 ff.; *ders.* eingehend BSK-ZGB, Art. 1 N 17; HUWILER, Privatrecht und Methode, 17 ff.; ENDER, Die Verantwortlichkeit des Bauherrn für unvermeidbare übermässige Bauimmissionen, Diss. Fribourg 1995, 134 ff. (mit dem überzeugenden Beispiel der teleologischen Reduktion des Art. 684 ZGB); FELLER, Folgenerwägungen und Rechtsanwendung, Diss. Zürich 1998, 23 f.; LANZ, 160 ff.; ZK-ZGB/DÜRR, Art. 1 N 104, N 371 ff.; EMMENEGGER/TSCHENTSCHER, Art. 1 N 393 ff.; TSCHENTSCHER, 136 ff.; STEINAUER, 135 f.; HÜRLIMANN-KAUP/SCHMID, N 187; vgl. auch HOFSTETTER, AJP 1998, 931; SCHLUEP, Einladung, N 1435 f.

on nicht angewandt wird»[730]. Eine zusätzliche, wichtige Klarstellung brachte BGE 131 III 314 (315), wo betont wird, dass die korrigierende Abweichung vom klaren Wortlaut nicht nur zulässig, sondern vielmehr geboten sei, wenn sich erweist, dass er den wahren Sinn der Norm nicht korrekt zum Ausdruck bringt[731].

d) Abgrenzungen

aa) Überschreitung der lex-lata-Grenze durch Gesetzeskorrektur de lege ferenda: Wie bei der Lückenfüllung ganz allgemein[732], geht es auch im Hinblick auf die teleologische Reduktion um die im Einzelfall nur zu oft nicht allgemein konsensfähig entscheidbare Grundsatzfrage, ob die Gesetzeskorrektur tatsächlich noch aus Wertungen der *lex lata* begründbar ist oder ob es sich bei der Abweichung vom klaren Gesetzeswortlaut um eine dem Rechtsanwender nicht zustehende Korrektur eines Fehlers des Gesetzes *de lege ferenda* handelt[733]. So wurde in der Lehre[734] zum Problem des AGB-Vertrags bereits *de lege lata* die Auffassung vertreten,

---

[730] BGE 121 III 219 (224 f.) und dazu aus methodologischer Sicht B. SCHNYDER, ZBJV 133 (1997) 30 ff. Nicht der hier vertretenen Konzeption entspricht es, wenn das BGer (BGE 121 III 219 [226]) die Feststellung einer «verdeckten Lücke» auf Grund teleologischer Reduktion genauso wie die restriktive Interpretation als «Auslegung» bezeichnet. Weitere Entscheidungen, die die teleologische Reduktion grundsätzlich anerkennen: BGE 124 III 229 (235 f.); 126 III 49 (54); 126 V 283 (287); 127 V 484 (488); 128 III 113 (114); 128 I 34 (41); 130 III 76 (82); 145 III 109 (114); OGer Zürich ZR 103 (2004) Nr. 1.

[731] S. auch BGE 144 IV 97 (106); 144 IV 240 (248). Dasselbe gilt entsprechend für Analogieschlüsse. S. schon oben S. 231. Ebenso (zum deutschen Recht) zuletzt DANWERTH, ZfPW 2017, 233.

[732] S. schon oben S. 217 f.

[733] Die an diese Aussage anknüpfende Kritik von JAUN (ZBJV 137 [2001] 49) vermag die tatsächlich bestehende Abgrenzungsproblematik nicht aus der Welt zu schaffen. Es ist nun einmal bei allem methodischen Bemühen aussichtslos, die Bereiche einer Argumentation *de lege lata* und *de lege ferenda exakt* voneinander abgrenzen zu wollen. Zur Unschärfe der Grenzen der *lex lata* auch KRAMER, recht 2017, 181.

[734] S. BK-OR/KRAMER, Art. 1 N 195.

dass eine stillschweigende Einbeziehung von AGB im Falle von Verbraucherverträgen grundsätzlich nicht anerkannt werden sollte. Art. 1 Abs. 2 OR müsse insoweit teleologisch reduziert werden. Eine solche Sicht hat angesichts des verfassungsrechtlichen Konsumentenschutzauftrags (Art. 97 BV) und einer Reihe verbrauchervertraglicher Sonderregelungen, die vom Schriftformerfordernis ausgehen (wie etwa Art. 9 Abs. 1 KKG, Art. 4 Abs. 1, 2 PRG), *de lege lata* zweifellos einiges für sich, wird aber von manchen wohl als Überschreitung richterrechtlicher Korrekturkompetenz angesehen werden. In BGE 117 II 523 hat das Bundesgericht (wie das St. Galler Kantonsgericht[735]) im klaren Wortlaut von Art. 297 Abs. 3 ZGB alt (wonach bei Scheidung die elterliche Gewalt demjenigen Elternteil zustand, dem das Kind anvertraut wurde) einen *de lege lata* nicht zu bewältigenden Hinderungsgrund gesehen, nach der Ehescheidung die elterliche Gewalt bei beiden Elternteilen zu belassen. Es sei keineswegs so, dass die wortgetreue Anwendung des Gesetzes «conduit à des résultats que le législateur ne peut avoir voulus est qui heurtent le sentiment de la justice»[736]. Das (erstinstanzliche) Bezirksgericht St. Gallen hatte demgegenüber gemeint, aus dem Grundzweck von Art. 297 Abs. 3 ZGB alt, dass eine dem Kindeswohl am ehesten entsprechende Lösung getroffen werde, könne eine den klaren Wortlaut des Gesetzes relativierende, eben teleologisch reduzierende Lösung abgeleitet werden, wonach «bei Vorliegen bestimmter Voraussetzungen die elterliche Gewalt bei beiden Elternteilen belassen werden kann»[737]. In BGE 129 I 302 (310)

---

[735] SJZ 1991, 119.

[736] Bestätigung dieses Entscheids in BGE 123 III 445 (447 ff.); dazu krit. SCHWENZER, recht 1998, 212 ff. In einer Entscheidung der 2. Zivilabteilung hat das BGer (Urteil vom 18.7.2008 5F_6/2008 [SemJud 2009, 54 ff.]) hingegen im Lichte von Art. 8 EMRK eine offene Korrektur von Art. 267 Abs. 2 ZGB vorgenommen. Es sei in der zu beurteilenden sehr besonderen Situation «une application mécanique et aveugle de la loi» zu vermeiden.

[737] SJZ 1989, 139 (142); s. auch OGer Basel-Land SJZ 1996, 129 (Nr. 3). Dagegen die krit. Stellungnahme von SANDOZ, SJZ 1996, 219 f., die unter der rhetorischen Frage steht: «Certains juges seraient-ils au-dessus du législateur?». Im

wurde in plausibler Weise betont, dass die «Anwendung der Theorie des postmortalen Persönlichkeitsschutzes, so wie sie in der deutschen Rechtsprechung vertreten wird, ... einer Änderung des Art. 31 ZGB und damit eines Entscheids des Gesetzgebers» bedürfe. Im Urteil des Bundesgerichts 5A_774/2010 vom 5.5.2011 wurde die Adoption von Kindern durch ein gleichgeschlechtliches Paar angesichts der klar ablehnenden Entscheidung des Gesetzgebers bei Erlass des PartG *de lege lata* als unzulässig erachtet[738].

bb) Totalkorrektur nach der Maxime «cessante legis ratione cessat lex ipsa»: Die teleologische Reduktion ist als Partialkorrektur von einer teleologisch fundierten Totalkorrektur einer gesetzlichen Regelung abzugrenzen. Eine solche könnte vor allem mit dem Argument vertreten werden, durch den *Wandel der «Normsituation»* erweise sich eine ursprünglich vernünftig erscheinende Norm nachträglich als «irrational», so dass ihr i.S. der alten Maxime «cessante legis ratione cessat lex ipsa»[739] ihre Grundlage, ihre «raison d'être» entzogen sei[740]. Die Antwort auf die Frage, ob eine sich solcherart als inhaltlich «willkürlich» erweisende Norm tatsächlich automatisch ihre Geltung verliert und vom Richter einfach ignoriert werden kann, bevor sie der Gesetzgeber formell aufgehoben hat, muss nach schweizerischer

---

heutigen Recht ist die gemeinsame elterliche Sorge auch im Scheidungsfall die Regel (Art. 296 Abs. 2 ZGB i.V.m. Art. 298 Abs. 1 ZGB).

[738] Nur teilweise abgedruckt in BGE 137 III 241. Neue Rechtslage aber nun gemäss Art. 264c ZGB.

[739] «Fällt der Sinn eines Gesetzes weg, so wird das Gesetz selbst hinfällig»; dazu ENGISCH, Einführung, 302, mit zahlr. Nachw. in FN 134; LARENZ/ CANARIS, 171; F. BYDLINSKI, Rechtstheorie 1985, 95; eingehend SCHMIDT-JORTZIG, Rechtstheorie 1981, 395 ff.; LÖWER, Cessante ratione legis cessat ipsa lex (Berlin/New York 1989); HECKMANN, Geltungskraft und Geltungsverlust von Rechtsnormen (Tübingen 1997) 421 ff.

[740] Oft wird in diesem Zusammenhang auf Mephistos Charakterisierung der «Rechtsgelehrsamkeit» in GOETHEs «Faust» (I, Studienzimmer, Verse 1970 ff.) verwiesen: «... Vernunft wird Unsinn, Wohltat Plage ...».

Verfassungslage eindeutig negativ ausfallen; teleologische Reduktion darf nicht zu einer faktischen Totalderogation einer Norm führen[741]. Nach schweizerischer Verfassungslage (Art. 190 BV) ist ein Bundesgesetz nämlich selbst dann verbindlich ist, wenn es i.S. von Art. 9 BV als inhaltlich willkürlich erscheint[742]. Dies spricht natürlich nicht dagegen, eine erwiesenermassen «irrationale» Norm möglichst restriktiv zu interpretieren und jedenfalls nicht analog anzuwenden[743]. Die Rechtsprechung des Kassationshofs zur Gefährlichkeit des Gebrauchs von Cannabis i.S. des BetmG spiegelt die «Akrobatik» plastisch wider[744], zu der unsere Gerichte gezwungen sind, wenn sie gesetzgeberische Entschei-

---

[741] Ebenso etwa (zum deutschen Recht) CANARIS, Festschrift Bydlinski, 94 (keine Kompetenz der Gerichte).

[742] Dies gilt im Fall klarer gesetzlicher Vorgabe auch dann, wenn man es – richtiger Weise – vermeidet, Art. 190 (früher Art. 113 Abs. 3) BV isoliert zu interpretieren und zu verabsolutieren (s. BIAGGINI, Verfassung, 439 ff.) oder gar versucht, sich – im Fall «willkürlichen» Rechts – möglichst «an Art. 113 Abs. 3 BV vorbei» zu schwindeln (s. THÜRER, ZSR 106 [1987] II, 461). In besonders gelagerten Fällen kann, um gänzlich stossende Ergebnisse zu vermeiden, mit dem Rechtsmissbrauchsverbot geholfen werden. So ausdrücklich für den Fall, dass sich der Gesetzgeber «offenkundig über gewisse Tatsachen geirrt hat oder sich die Verhältnisse seit Erlass des Gesetzes» grundlegend geändert haben, BGE 133 III 257 (265 f.).

[743] S. oben S. 244. Teleologische Reduktion inhaltlich obsolet gewordener Normen ist am Platze, wenn die *ratio legis* nur partiell weggefallen ist, im Übrigen aber grundsätzlich weiterhin vernünftig erscheint. Vgl. BGE 89 II 273 (276 f.) und 90 II 269 (272 f.) zu Art. 315 ZGB alt, der die Vaterschaftsklage bei «unzüchtigem Lebenswandel» der Mutter ausschloss, da im Zeitpunkt des Inkrafttretens des ZGB der positive Nachweis der Vaterschaft (durch anthropologische/erbbiologische Expertisen) noch nicht möglich war. Das BGer korrigierte, indem es die «allgemeine Bestimmung, wonach bei unzüchtigem Lebenswandel die Klage abzuweisen ist, durch eine Ausnahmeregelung» ergänzte, «in welcher der positive Nachweis der Abstammung des Kindes vom Beklagten vorbehalten wird» (BGE 90 II 269 [273]).

[744] Mit «Wortakrobatik um Cannabis» ist der Bericht der NZZ (Nr. 192 vom 19.8.1994, 16) über den Entscheid des Kassationshofs vom 18.7.1994 (BGE 120 IV 256) überschrieben. Zur Gesetzesauslegung am Beispiel des BetmG eingehend Chr. HUBER, SJZ 1993, 169 ff. Seit 1994 ist das BetmG öfters teilrevidiert worden.

dungen respektieren müssen, deren *ratio legis* sich inzwischen – auf Grund neuer Erkenntnisse der Wissenschaft – als obsolet erwiesen hat.

cc) Einzelfallbezogene Billigkeitskorrektur mit Hilfe des Rechtsmissbrauchsverbots: Die Bewältigung von Ausnahmelücken mit Hilfe teleologischer Reduktion geht von der Prämisse aus, «dass eine abstrakt umschreibbare Fallgruppe von den Grundwertungen oder Zwecken des Gesetzes entgegen seinem Wortlaut gar nicht getroffen wird»[745]. Der Gedanke der Gesetzeskorrektur mit Hilfe des Rechtsmissbrauchsverbots (Normmissbrauchsverbots) sollte demgegenüber für Fälle reserviert werden, in denen die Berufung auf die teleologisch interpretierte Norm in einem Einzelfall, der wegen seiner ganz besonders gelagerten Umstände keine ausreichende Basis für eine generalisierende teleologische Reduktion bietet, zu absolut unbilligen, das Gerechtigkeitsempfinden gröblich tangierenden Ergebnissen führen würde[746]. Es geht sozusagen um einen «Notausgang»[747]. Die Übergänge zwischen einer solchen einzelfallbezogenen Billigkeitskorrektur und der generalisierenden teleologischen Reduktion sind freilich fliessend, so dass es verständlich sein kann, wenn sich die Rechtsprechung zuerst induktiv mit Hilfe der Krücke des Rechtsmissbrauchsverbots zu einer erst später vollzogenen kon-

---

[745] BYDLINSKI, Methodenlehre, 480.

[746] Dieser Abgrenzungsvorschlag steht im Gegensatz zur schweizerischen Lehre (Nachw. oben FN 720), die das Problem der «unechten Lücke» generell und ausschliesslich mit Hilfe des Rechtsmissbrauchsverbots lösen wollte. Wie hier HONSELL, Festschrift Mayer-Maly, 370 ff.; zur Einzelfallbezogenheit des Rechtsmissbrauchsverbots auch BGE 121 III 60 (63) und dazu B. SCHNYDER, ZBJV 133 (1997) 34. Einzelfallbezogenheit des Rechtsmissbrauchsarguments bedeutet aber konzeptionell nicht, dass die gesetzliche Regel für den zu beurteilenden Fall «an sich» gilt (und nur *in concreto* nicht anzuwenden ist). Vielmehr ist auch in der hier vertretenen Sicht von PLANIOLS (Traité élémentaire de droit civil, tome I [Paris 1900] Nr. 871) vielzitierten Formel auszugehen: «Le droit cesse où l'abus commence».

[747] So plastisch MERZ, ZfRV 1977, 168.

sequenten generellen Reduktion vortastet. MERZ[748] hat diese *«Durchgangsfunktion» der Generalklausel* des Art. 2 Abs. 2 ZGB plastisch beschrieben.

Diese «Durchgangsfunktion» des Rechtsmissbrauchsverbots bezieht sich im Übrigen auch auf Konstellationen, bei denen offene Gesetzeslücken vorliegen und wo die Berufung auf Art. 2 Abs. 2 ZGB Analogieschlüsse vorbereitet oder diese Form richterlicher Rechtsfortbildung illegitimerweise verschleiert. Ein Beispiel ist die anfänglich ausschliesslich mit dem Rechtsmissbrauchsverbot (und nicht mit einem Analogieschluss) operierende Judikatur zum Verfall der Scheidungsrente bei Eingehung eines festen Konkubinats analog zum im Gesetz (Art. 153 Abs. 1 ZGB alt) geregelten Fall der Wiederverheiratung. Methodologisch besonders bezeichnend BGE 114 II 295 (298 f.). Später (s. etwa BGE 118 II 493 [494]) verband das BGer das Argument einer sinngemässen Anwendung von Art. 153 Abs. 1 ZGB alt mit dem Gedanken des Rechtsmissbrauchsverbots. Art. 153 Abs. 1 ZGB alt sei bei gefestigtem Konkubinat, aus dem der Rentenberechtigte Vorteile ziehe, wie sie eine Ehe böte, so dass das Festhalten an der Rente rechtsmissbräuchlich erscheine, entsprechend anwendbar. Zur neuen, auf Art. 129 Abs. 1 ZGB beruhenden Rechtslage nach Aufhebung des Art. 153 ZGB s. TUOR/SCHNYDER/SCHMID/JUNGO, § 24 N 53.

dd) Illegitimes, generalisierendes Judizieren «contra rationem legis»: Während für einen Einzelfall *via* Rechtsmissbrauchsverbot ausnahmsweise eine gesetzeskorrigierende Entscheidung gerechtfertigt werden kann, erscheint – wie speziell zur Parömie «cessante legis ratione cessat lex ipsa» bereits ausgeführt[749]– eine Rechtsprechung, die sich generell von der klaren Zwecksetzung einer gesetzlichen Regelung – mag diese *de lege ferenda* noch so fragwürdig sein – löst, angesichts des Verfas-

---

[748] BK-ZGB/MERZ, Art. 2 N 42; *ders.,* AcP 163 (1964) 337; s. auch STURM, SJZ 1993, 380. Das klassische zivilrechtliche Beispiel zum angesprochenen Phänomen (Berufung auf das Rechtsmissbrauchsverbot statt genereller teleologischer Reduktion) ist das Problem der Berufung auf die Formungültigkeit bei Grundstückgeschäften, wo das BGer den Durchbruch zu einer konsequenten generellen teleologischen Reduktion (von Art. 216 OR) bekanntlich immer noch nicht vollzogen hat. Zur Möglichkeit teleologischer Reduktion von gesetzlichen Formvorschriften auch HONSELL, Festschrift Mayer-Maly, 385 f.

[749] Oben S. 260.

sungsprinzips der richterlichen Gesetzesbindung methodisch nicht begründbar. Teleologische Reduktion darf somit – insofern sind die in der neuesten Literatur[750] artikulierten Bedenken gegen ein zu freizügiges Judizieren *contra verba legis* durchaus ernst zu nehmen – nicht «zum Abschütteln unwillkommener Regelungen» missbraucht werden[751]. In diesem Sinn hat auch das Bundesgericht betont, dass es «von vorneherein unzulässig» sei, vom klaren Normtext abzuweichen, wenn der «Normtext» den «Normsinn» treffend wiedergibt[752].

Davon ausgehend erweist sich die vielkritisierte Judikatur des Bundesgerichts[753] zur Zulässigkeit von wirtschaftliche Zwecke verfolgenden Vereinen in der Tat als illegitim[754]. Die blosse

---

[750] Vor allem JAUN, ZBJV 137 (2001) 21 ff.; *ders.*, 143 ff. Tatsächlich bedenklich sind etwa Aussagen, wonach gerade Kodifikationen «durch eine *von minutiösem Nachweis von Regelungslücken nicht abhängige*, dafür systematisch-teleologischer Legitimation und Lenkung bedürftige Fortbildungsfähigkeit» gekennzeichnet seien (K. SCHMIDT, JZ 2003, 586 [Hervorhebung hinzugefügt]). Dazu krit. RÜTHERS, JZ 2003, 996 f. Zur Gefahr zu «leichtsinniger» Annahme der Lückenhaftigkeit des Gesetzes auch SENDLER, DVBl 1988, 834: «Die Gefahr liegt zu nahe, dass Lücken allzu leichtsinnig erfunden werden, damit sie dann mit richterlichem Eigengebräu noch grosszügiger gefüllt werden können».

[751] Richtig BSK-ZGB/MAYER-MALY (in der 1. Aufl. dieses Kommentars), Art. 1 N 19; geistreicher Wortwitz bei BÖCKLI, 306 f., der von einer «Weglegung» des Gesetzes (im Unterschied zur Auslegung) spricht. Aus der Judikatur BGE 122 III 414 (415): Es gehöre nicht zu den Aufgaben des Richters, «klares Recht fortbildend zu ändern»; BGE 115 II 193 (201): «Sowohl Sinn und Zweck als auch die Entstehungsgeschichte des Art. 160 Abs. 2 ZGB sprechen gegen eine dem Wortlaut zuwiderlaufende Auslegung»; BGE 128 III 113 (114): «Das Gericht bleibt ... aber an die klare Zwecksetzung der bestehenden Regelung gebunden ...».

[752] BGE 143 I 272 (281).

[753] BGE 90 II 333 (gegen BGE 88 II 209). «Lustvoll riskanteste Interpretationen» (ECO, Die Grenzen der Interpretation, München/Wien 1992, 50), die vom geltenden Recht beim besten Willen nicht bestätigt werden können, haben beim richterlichen Geschäft von vorneherein nichts zu suchen.

[754] Statt aller MEIER-HAYOZ/FORSTMOSER, § 4 N 24 ff. Umfassende Nachw. bei BK-ZGB/RIEMER, Art. 60 N 69. A.M. aber BERETTA, Wirtschaftliche Vereine in der Schweiz, Diss. Basel 2000, zusammenfassend 115 ff.

Rücksicht auf die «réalité des faits économiques»[755] vermag eine die *«Normsinngrenze» (Normzweckgrenze)* missachtende Entscheidung *contra rationem legis* selbstverständlich nicht zu rechtfertigen[756]. Dieselben Bedenken sind gegen die Duldung der kaufmännischen einfachen Gesellschaft, die nun einmal nach der geltenden Gesetzeslage nicht möglich ist, zu erheben[757].

Es braucht wohl kaum noch betont zu werden, dass ein unzulässiges Judizieren *contra rationem legis* gerade auch dann konstatiert werden muss, wenn sich die Entscheidung in scheinbarer Gesetzestreue auf den Wortlaut einer Vorschrift beruft, während es ebenso klar ist, dass diese Wortinterpretation den Zweck der Vorschrift verfehlt[758].

ee) Die Extremsituation des Widerstandsrechts gegen «gesetzliches Unrecht»: Dass es in «Unrechtsstaaten» Situationen geben kann, ja diese den Rechtsalltag geradezu prägen, in denen die Berufung auf das Gesetz moralisch unvertretbar ist, in denen sich folglich das Problem eines richterlichen Widerstandsrechts («Rechtsbeugungsrechts») gegen «gesetzliches Unrecht» stellt, braucht hier nicht weiter belegt zu werden.

---

[755] BGE 90 II 333 (336).

[756] Zur «Normsinngrenze» (bzw. «Normzweckgrenze») – im Unterschied zur «Wortsinngrenze» – als entscheidender Grenze der richterlichen Rechtsfindung besonders klarstellend FIKENTSCHER, Bd. IV, 297 ff.; F. BYDLINSKI, in: Einheit und Folgerichtigkeit im juristischen Denken (Symposion zu Ehren von C.W. Canaris), München 1998, 27 ff.; s. auch KREY, JZ 1978, 367: «Rechtsfindung contra legem» ist dann anzunehmen, wenn «der gesetzgeberische Regelungszweck in sein Gegenteil verkehrt wird, ... auch wenn dies dem Gesetzeswortlaut nicht widerspricht»; vgl. auch WANK, 44.

[757] Überzeugend JUNG, in: Droit des Sociétés. Mélanges Roland Ruedin (Basel u.a. 2006) 3 ff.

[758] Sehr instruktiv in diesem Zusammenhang der Besprechungsaufsatz von A. BUCHER, in: Aspekte der Rechtsentwicklung: zum 50. Geburtstag von Arthur Meier-Hayoz (Zürich 1972) 43 ff., zum Fall *«Cardo»,* wo sich das BGer auf eine teleologisch unhaltbare «interprétation stricte» des Gesetzeswortlauts berufen hat (s. BGE 94 II 65 [71 f.]); dazu nun auch KRAMER, recht 2017, 183.

Berühmt ist in diesem Zusammenhang die «RADBRUCHsche Formel» wonach das positive Recht auch dann zu beachten ist, wenn es inhaltlich ungerecht und unzweckmässig erscheint, «es sei denn, dass der Widerspruch des positiven Gesetzes zur Gerechtigkeit ein so unerträgliches Maß erreicht, daß das Gesetz als ‹unrichtiges Recht› der Gerechtigkeit zu weichen hat» (RADBRUCH, SüddJZ 1946, 107). Zur Aktualität der RADBRUCHschen Formel aus Anlass der deutschen Wiedervereinigung («Mauerschützenprozesse») s. BGH NJW 1993, 141 (144 f.); BVerfGE 95, 96 (112 f.); aus der Literatur etwa KAUFMANN, NJW 1995, 81 ff.; SALIGER, Radbruchsche Formel und Rechtsstaat (Heidelberg 1995); DREIER, JZ 1997, 421 ff.; ADACHI, Die Radbruchsche Formel (Baden-Baden 2006); PAVCNIK, Rechtstheorie 2015, 139 ff. Viel kritisierter Versuch einer Positivierung des Widerstandsrechts in Art. 20 Abs. 4 GG.

Die diskussionslose Willfährigkeit vieler Rechtswissenschaftler und Richter im NS-Unrechtsstaat (und die Tabuisierung dieser Haltung nach 1945) hat in vielen Beiträgen RÜTHERS thematisiert. Zuletzt in HERMANN/LAHUSEN/RAMM/SAAR (Hrsg.), Nationalsozialismus und Recht (Baden-Baden 2018) 11 ff.

Im Übrigen ist es offensichtlich, dass auch in rechtsstaatlich funktionierenden Demokratien Recht und Gerechtigkeit keineswegs deckungsgleich sind. Trotzdem kann hier ein Widerstandsrecht (gegen moralisch anstössige Gesetze) grundsätzlich nicht anerkannt werden[759]. Für ein vertieftes Eingehen auf das «metamethodologische», rechtsphilosophisch oder rechtspolitisch zu diskutierende Problem des richterlichen Widerstandsrechts ist hier nicht der Ort.

---

[759] Ebenso etwa BYDLINSKI, Methodenlehre, 499. Aus der schweizerischen Praxis vgl. den «*Fall Spring*» BGE 126 II 145 ff., wo das BGer in einem Fall, wo es um die aus heutiger Sicht nicht unproblematische schweizerische Flüchtlingspolitik im 2. Weltkrieg ging, über den Schleichweg einer hohen Parteientschädigung zu einem billigen Ergebnis gelangte, das auf Basis strikter Gesetzesbindung nicht erreicht werden konnte. Dazu FÖGEN, ius.full 2003, 98 ff. Wenn eine Gerichtsentscheidung «heurte de manière choquante le sentiment de la justice et de l'équité» (so BGE 136 III 552 [560]), so kann dies Anlass zu einer Willkürbeschwerde (Art. 9 BV) sein.

IV. Gesetzesübersteigendes Richterrecht

1. Begriff, faktische Bedeutung

Der Begriff des gesetzesübersteigenden Richterrechts wurde in Abgrenzung zum gebundenen Richterrecht bereits oben[760] umrissen. Es geht um richterliche Rechtsfortbildung (*praeter legem*), für die das lückenhaft geltende Recht keine oder doch keine konkreten Orientierungsgesichtspunkte zur Verfügung stellt, wo das Gericht somit i.S. von Art. 1 Abs. 2 ZGB wie ein Gesetzgeber (*modo legislatoris*) entscheidet. Nicht entscheidend erscheint für diese begriffliche Umschreibung, ob es sich um einen öfters bestätigten Gerichtsgebrauch, eine «ständige Rechtsprechung», handelt[761]– auch ein einzelner «leading case», ein «arrêt de principe», ist Richterrecht –, grundsätzlich auch nicht, ob das Richterrecht von Höchstgerichten oder unteren Instanzen kreiert wird[762].

Gesetzesübersteigendes richterliches «law-making»[763] wird in einer durch einschneidende technologische Entwicklungen (Stichwort: Digitalisierung) rasant beschleunigten, komplexen Industriegesellschaft, der noch dazu gerade im Privatrecht oft bereits stark gealterte Kodifikationen[764] zur Verfügung stehen, zu

---

[760] S. 206 f.

[761] Wie hier GERMANN, Probleme, 270 f.; *ders.,* Präjudizien, 46; s. auch BK-ZGB/MEIER-HAYOZ, Art. 1 N 523; für die deutsche Diskussion etwa OLZEN, JZ 1985, 155 f. Das Problem der Vertrauensenttäuschung bei Rechtsprechungsänderungen stellt sich aber in erster Linie bei einer ständigen Rechtsprechung. S. unten S. 328 ff.

[762] S. etwa auch SEILER, 299; zum Begriff des «Präjudizes» im schweizerischen Recht grundlegend PROBST, 112 ff. Eingehende Analyse zur gegenwärtigen Verwendung des Begriffs «Richterrecht» bei BIAGGINI, Verfassung, 51 ff.

[763] Sehr lesenswerte «thoughts on judicial law-making» aus US-amerikanischer Sicht bei CAPPELLETTI, in: Festschrift für Imre Zajtay (Tübingen 1982) 97 ff.

[764] Auf dieses Argument stellt (in Bezug auf die Legitimität des Richterrechts) vor allem die «*Soraya*-Entscheidung» des deutschen Bundesverfassungsgerichts

einem immer wichtigeren Element des «law making process» auch in unserem, vom Primat des Gesetzes geprägten kontinentaleuropäischen «Civil Law»-Rechtskreis. «Richterrecht bleibt unser Schicksal», wie ein deutscher Autor[765] leicht resigniert konstatiert hat; «wenn das Recht nicht *gefunden* werden kann, muss es eben *erfunden* werden», wie es ein ehemaliger schweizerischer Bundesrichter lapidar ausdrückt.[766] War Art. 1 Abs. 2 ZGB zur Zeit des Inkrafttretens des ZGB noch eine weltweit Aufsehen erregende Normierung,[767] so ist es heute in allen durch das Kodifikationsprinzip geprägten Rechtsordnungen eine Binsenweisheit, dass eine gewisse ergänzende *«Komplementärgesetzgebung» durch die Rechtsprechung* unabdingbar ist[768] .

BVerfGE 34, 269 (288 f.) ab. Zu dieser Entscheidung eingehend WANK, Grenzen, 83 ff.

[765] GAMILLSCHEG, AcP 164 (1964) 445. G. HIRSCH (ehemaliger Präsident des deutschen BGH) spricht vom «Normenhunger» einer modernen Industriegesellschaft, dem «der Gesetzgeber nicht immer sofort Rechnung tragen kann und soll» (ZRP 2009, 62). Zu den Faktoren, die zu einer immer grösseren Bedeutung des Richterrechts führen, BVerfG NJW 2011, 836 (838); eingehend (aus österreichischer Sicht) KUCSKO-STADLMAYER, in: HOLOUBEK/LIENBACHER (Hrsg.), Rechtspolitik der Zukunft – Zukunft der Rechtspolitik (Wien/New York 1999) 133 ff.

[766] SCHUBARTH, ZBJV 136 (2000) 110 (mit Berufung auf LUHMANN).

[767] S. etwa GENY, Méthode d'interpretation et sources en droit privé positif, Bd. II, 2. Aufl. (Paris 1919) 328: «Pour la première fois peut-être, on voit un législateur moderne reconnaître officiellement et en formule générale, comme son auxiliaire indispensable, le juge ...». Ähnliche (wohl von der schweizerischen Regelung inspirierte) Formulierung wie Art. 1 Abs. 2 ZGB in Art. 10 Abs. 3 des portugiesischen Código Civil (1966): Der Interpret soll (mangels einer analog anzuwendenden Vorschrift) eine Norm kreieren, die er setzen würde, wenn er selber legiferieren müsste (allerdings – einschränkend – «dentro dó espírito dó sistema»). Dazu auch unten S. 278.

[768] Ausdrücklich zu dieser Ergänzungsfunktion der höchstgerichtlichen Rechtsprechung der 1974 neu gefasste Art. 1 Ziff. 6 des spanischen Código Civil: «La jurisprudencia complementará el ordinamiento jurídico ...». In § 132 Abs. 4 des deutschen Gerichtsverfassungsgesetzes wird den Grossen Senaten der obersten Gerichtshöfe des Bundes ausdrücklich die Aufgabe der «Fortbildung des Rechts» zugewiesen; im Hinblick auf das BAG ausdrücklich § 45 Abs. 4 deutsches Arbeitsgerichtsgesetz. Besonders wichtig dazu BVerfGE 34, 269 ff. Für

Beispiele für «*judikative Rechtserzeugung*»[769]gibt es in grosser Zahl[770], auch wenn die gesetzgeberische Tätigkeit dem schweizerischen Richter, wie MEIER-HAYOZ[771] beobachtet hat, eher «als Last und nicht als Lust» erscheint. Man denke im Privatrecht vor allem an die richterrechtliche Konkretisierung der grossen Generalklauseln, etwa an die aus dem «Vertrauensprinzip» abgeleitete «Ungewöhnlichkeitsregel» des Bundesgerichts zur Kontrolle von Allgemeinen Geschäftsbedingungen[772], im Haftpflichtrecht, das durch einen besonders lockeren Kodifikationsstil geprägt ist, an das Richterrecht zu den vielen offenen Fragen zum Schadensbegriff, zur Kausalität und Widerrechtlichkeit[773]; oder an die bundesgerichtliche Installierung eines neuen

---

das französische Privatrecht vgl. MAINGUY, Dalloz chr. 2009, 309: «Notre système est mi-legal mi prétorien»; speziell zum französischen Haftpflichtrecht MALAURIE, Rev. int. de droit comp. 2006, 323. Zu den Grenzen judikativer Rechtsfortbildung unten S. 333 ff.

[769] So der Titel der Monographie von PAYANDER (2017).

[770] Für Deutschland s. HELDRICH, ZRP 2000, 498 f.; KARPEN (Hrsg.), Der Richter als Ersatzgesetzgeber (Baden-Baden 2002). Privatrechtliche Beispiele für fragwürdige «richterliche Rechtsschöpfung» durch den BGH bei BRUNS, JZ 2014, 162 ff.; zur richterrechtlich beförderten Entfernung des deutschen Rechts der Personengesellschaft von den gesetzlichen Vorgaben K. SCHMIDT, ZHR 180 (2016) 413: «Das Recht der Personengesellschaften ist im Kern Rechtsprechungsrecht». Zum Richterrecht des BAG jetzt LINSENMAIER, RdA 2019, 157 ff. Für Österreich s. SCHODITSCH, ÖJZ 2018, 382: «Entscheidende Impulse» zur Reform des Familienrechts seien in den letzten Jahren von den Gerichten und nicht vom Gesetzgeber ausgegangen.

[771] MEIER-HAYOZ, Festschrift Guldener, 205; s. auch *dens.*, JZ 1981, 418, wo er von einem *horror vacui* des Richters spricht, von dessen Angst, zugeben zu müssen, dass in verschiedenen Fällen weder dem Gesetz noch dem Gewohnheitsrecht eine Antwort zu entnehmen ist.

[772] S. BGE 109 II 452 (456); 119 II 443 (446).

[773] Vgl. die vielen Nachw. bei HONSELL/ISENRING/KESSLER, § 1 N 26 ff.; § 3 N 1 ff.; § 4 N 1 ff. Treffend SCHUBARTH, KritV 1988, 92: «Zentrale Zurechnungskriterien wie Rechtswidrigkeit, Sorgfaltswidrigkeit und Kausalität sind nicht umschrieben und lassen dem Richter einen enormen Spielraum». Vgl. auch P. WIDMER, SVZ 1997, 5. Zum deutschen Recht MERGNER/MATZ, NJW 2014, 186: «Verkehrssicherungspflichten sind gesetzlich nicht geregelt; sie sind reine Produkte der Rechtsprechung».

Haftungsprinzips, der Vertrauenshaftung[774]; im Gesellschafts-recht an das Konzernrecht[775] und an die Ermöglichung der Um-wandlung einer GmbH in eine AG,[776] im Arbeitsrecht an das Problem der arbeitsvertraglichen Konsequenzen rechtmässiger Arbeitskämpfe[777]. Ein Paradebeispiel für gesetzesübersteigendes Richterrecht im Privatrecht war vor dem Erlass des IPRG das mehr oder weniger gänzlich ohne gesetzliche Stützen operierende «case law» zum Internationalen Privatrecht[778]. Im öffentlichen Recht ist etwa auf das Problem des interkantonalen Doppelbe-steuerungsverbots zu verweisen. Die in der Verfassung (Art. 46 Abs. 2 alte BV) verheissene Bundesgesetzgebung ist nie erlassen worden, so dass es dem Bundesgericht oblag, «im Verlaufe von Jahrzehnten ein riesiges Arsenal von Regeln über die Feinheiten der Vermeidung der Doppelbesteuerung»[779] zu errichten. Zum Richterrecht auf Verfassungsstufe kann auf die zahlreichen durch das Bundesgericht entwickelten «ungeschriebenen Freiheitsrech-

---

[774] Leitentscheidungen: BGE 120 II 331; 121 III 350.

[775] Zur richterrechtlichen Entwicklung des Konzernrechts OGer Zürich ZR 98 (1999) Nr. 52.

[776] BGE 125 III 18 ff. und dazu etwa FORSTMOSER, SJZ 2002, 201. Zum «Rechts-kleidwechsel» Art. 53 FusG.

[777] Vgl. REHBINDER, N 606 ff. Im Anschluss an BGE 111 II 245 lückenfüllende Bejahung des Streikrechts mit Hinweis auf die im Zeitpunkt der Entscheidung noch nicht geltende neue BV (Art. 28 Abs. 3) in BGE 125 III 277 (283); nun BGE 132 III 122 (133 f.).

[778] Um so bedeutsamer war die Hilfestellung der Lehre. S. etwa für den Bereich des internationalen Vertragsrechts VISCHER, Internationales Vertragsrecht (Bern 1962). Die dort (108 ff.) von ihm ausführlich dargestellte und unterstützte An-knüpfung an das Recht der typischen Vertragsleistung ist schliesslich in das IPRG (Art. 117 Abs. 2) rezipiert worden. Auf Basis des IPRG die 2. Aufl. des Werks VISCHER/HUBER/OSER, Internationales Vertragsrecht (Bern 2000) 112 ff.

[779] OFTINGER, SJZ 1967, 357. In der heute geltenden BV (Art. 127 Abs. 3) ist vor-sichtiger Weise nur noch von den «erforderlichen Massnahmen» des Bundes die Rede. Vgl. HÖHN/MÄUSLI, Interkantonales Steuerrecht, 4. Aufl. (Bern etc. 2000) § 2 N 3a.

te» (Grundrechte) verwiesen werden[780], die inzwischen allerdings in der neuen BV allesamt positiviert worden sind (s. Art. 7 ff. BV). Gerade dieses Beispiel *nachträglicher Umsetzung von Richterrecht in Gesetzesrecht* (hier mit Verfassungsrang) zeigt deutlich, dass gesetzesübersteigendes Richterrecht eine dem Gesetzesrecht funktional äquivalente Rechtsquelle ist[781].

2. Rechtsquellencharakter des gesetzesübersteigenden Richterrechts?

Die Frage nach dem rechtsquellentheoretischen Stellenwert des gesetzesübersteigenden Richterrechts ist besonders kontrovers. Methodologisch relevant ist diese im Folgenden in aller Kürze skizzierte rechtstheoretische Positionierung allerdings nur insoweit, als aus der Einordnung unmittelbare Konsequenzen für die Frage nach einer allfälligen Präjudizienbindung abgeleitet werden können[782]. Zu betonen ist, dass sich die folgenden Ausfüh-

---

[780]   Ein weiteres Beispiel zu richterrechtlichem Verfassungsrecht ist die 1999 etablierte Judikatur zum Vorrang der EMRK vor Bundesgesetzen (BGE 125 II 417 ff.). Dazu schon oben bei FN 292. Zum «ungeschriebenen Verfassungsrecht» Hans HUBER, in: Rechtsquellenprobleme im schweizerischen Recht: Festgabe der Rechts- und Wirtschaftswissenschaftlichen Fakultät der Universität Bern für den Schweizerischen Juristenverein, Jahresversammlung 1955 (Bern 1955) 95 ff.; monographisch zum Richter als Verfassungsgeber nun CHIARIELLO, passim.

[781]   Im deutschen Privatrecht wurden viele richterrechtliche Entwicklungen durch die «Schuldrechtsmodernisierung» 2000 nachträglich im BGB positiviert (s. etwa §§ 311, 313, 314). In Umkehrung des berühmten Diktums vom Richter als «bouche de la loi» (MONTESQUIEU [s. oben FN 41]) könnte in solchen Fällen vom Gesetzgeber als «bouche du juge» gesprochen werden. In diesem Sinn DRUEY, in: Festschrift für Wulf Goette (München 2011) 72. Zur nachträglichen Kodifikation und Derogation von Richterrecht FLEISCHER/WIDEMANN, AcP 209 (2009) 597 ff., vor allem 611 ff. Zur Gefahr «überschießender Kodifikationswirkungen» bei Integration von Richterrecht in die Kodifikation LOYAL, NJW 2013, 417. Zu den Grenzen des gesetzübersteigenden Richterrechts unten S. 333 ff.

[782]   Dazu unten S. 323 ff.

rungen primär auf das schweizerische Recht beziehen; sie gelten aber grundsätzlich auch für andere Rechtsordnungen, die vom Primat des kodifizierten Rechts ausgehen.[783]

Ausser Streit kann einmal gestellt werden, dass eine einzelne in Rechtskraft ergangene richterliche Entscheidung *(res iudicata)* als «individuelle Rechtsquelle» für die betroffenen Parteien anzusehen ist. Ausser Streit steht zum anderen, dass Richterrecht *faktisch* (rechtssoziologisch) betrachtet neben dem Gesetzesrecht die wichtigste generell-abstrakt wirkende Rechtsquelle unserer Rechtsordnung darstellt[784]. Fraglich ist hingegen, ob dem Richterrecht dieser Rechtsquellencharakter auch normativ zuzuschreiben ist.

Dies wäre nach traditioneller Rechtsquellenkonzeption jedenfalls dann der Fall, wenn man dem Richterrecht *gewohnheitsrechtliche Natur* zumessen würde. Dass der Gesetzgeber des Art. 1 ZGB dies grundsätzlich nicht so sehen wollte, tritt recht deutlich zutage. Nach der französischen Texierung von Art. 1 Abs. 3 ZGB («il [le juge] s'inspire des solutions consacrées par la doctrine et la jurisprudence») sollen Präjudizien den Richter als Inspirationsquellen leiten, ohne dass er ihnen aber unbedingten Gehorsam schuldet. Rechtsquellencharakter in Form von Gewohnheitsrecht «wollte also der historische Gesetzgeber der Judikatur» grundsätzlich «nicht zubilligen, sondern sie als Hilfsmittel für die richterliche Urteilsfindung eingestuft wissen»[785].

Das Richterrecht ist in dieser Sicht nur «Rechtserkenntnisquelle» und nicht eigentliche «Rechtsgeltungsquelle». In diesem Sinn schon Eugen HUBER, 436. Als

---

[783] Zum spezifischen Problem des Rechtsquellencharakters des Richterrechts in der Unionrechtsordnung EuGH eingehend MARTENS, 224 ff.

[784] Treffend HASENBÖHLER, 112: «Aus den jeweiligen Urteilserwägungen lässt sich auch ableiten, dass die Gerichte *mit Präjudizien argumentieren wie mit Gesetzesbestimmungen;* die in früheren Entscheiden vertretene Rechtsauffassung wird praktisch als ebenso verbindlich betrachtet wie der Inhalt einer gesetzlichen Vorschrift. Damit ist die Judikatur faktisch doch zur Rechtsquelle geworden». Beispiel für «judikative Rechtserzeugung» oben S. 269 f.

[785] HASENBÖHLER, 111.

weiteres, aus Art. 1 ZGB abgeleitetes Gegenargument gegen eine Bindung an gesetzesübersteigendes Richterrecht *qua* Gewohnheitsrecht könnte auch Art. 1 Abs. 2 ZGB angeführt werden, der den Richter an das Modell des Gesetzgebers verweist, der an seine eigene Gesetzgebung ja auch nicht gebunden ist. S. schon GERMANN, Probleme, 256. Ausdrückliche Ablehnung einer Präjudizienbindung in § 12 ABGB: «Die in einzelnen Fällen ergangenen Verfügungen und die von Richterstühlen in besonderen Rechtsstreitigkeiten gefällten Urteile haben nie die Kraft eines Gesetzes, sie können auf andere Fälle oder auf andere Personen nicht ausgedehnt werden». In gleicher Tradition steht Art. 5 Code Civil: «Il est défendu aux juges de prononcer par voie de disposition générale et réglementaire sur les causes qui leur sont soumises». Zur Geschichte des Richterrechts und der Präjudizienbindung in Kontinentaleuropa MUßIG, ZNR 2006, 79 ff. Beachtlich keit der (wiederholt geäusserten) «doctrina legal» des spanischen Tribunal Supremo nach Art. 1 Ziff. 6 Código Civil. Dazu SCHALK, Deutsche Präjudizien und spanische «Jurisprudencia» des Zivilrechts (Frankfurt/M. 2009) 345 ff.

Mit der Berufung auf den Wortlaut von Art. 1 ZGB und die Intentionen des historischen Gesetzgebers ist das Rechtsquellenproblem aber noch nicht verlässlich gelöst. Gegen die Annahme eines «Justizgewohnheitsrechts» und damit einer für spätere Entscheidungen verbindlichen (präjudiziellen) Natur von Richterrecht[786] – und zwar auch eines solchen, das unbestritten ist und langanhaltend praktiziert wird – spricht zum einen die «heteronome» Natur des Richterrechts: Es wächst nicht «organisch» aus kollektiv geübten Verhaltensweisen der «primären Normadressaten», d.h. der Bevölkerung, wie es dem traditionellen, direktdemokratisch legitimierten Konzept des Gewohnheitsrechts entspricht, sondern ist eigentliches, vom «Rechtsstab» gesetztes *Spezialistenrecht*.

---

[786] Auf die sich das BGer allerdings zuweilen beruft (und sich damit im Hinblick auf Kritik der Lehre «selbstimmunisiert»!). Belege aus der älteren Bundesgerichtspraxis bei BÉGUELIN, passim; im Hinblick auf die Alternativitätslösung zum Problem der Konkurrenz zwischen kaufrechtlicher Sachgewährleistung und Anfechtung wegen Grundlagenirrtums s. BGE 98 II 15 (21 f.); in BGE 114 II 131 (139) wird implizit die Möglichkeit einer gewohnheitsrechtlichen Geltung von Richterrecht anerkannt.

S. Liver, Rechtsquelle, 50: «Gewohnheitsrecht im eigentlichen und engeren Sinne liegt nur vor, wenn es aus Normen besteht, die für den Richter verbindlich sind, ohne dass er an ihrer Entstehung beteiligt ist». Zum prinzipiellen Unterschied zwischen Gewohnheitsrecht und Richterrecht bereits Dig. 1, 3, 38 (Callistratus), wo klar zwischen «consuetudo» und «res perpetuo similiter iudicatae» unterschieden wird; aus der aktuellen Lehre schon Germann, Probleme, 272; ders., Präjudizien, 49 (dem zustimmend Kriele, 254); Esser, Festschrift von Hippel; auch Emmenegger/Tschentscher, Art. 1 N 423. Anders (Gerichtsgebrauch ist Gewohnheitsrecht) vor allem Simonius, «Lex facit regem» (Bracton) (Basel 1933) 42 ff. Dass aus Richterrecht, wenn es sich in der Rechtsüberzeugung der Bevölkerung tatsächlich generell durchsetzt, echtes «usuelles» Gewohnheitsrecht entstehen könnte (s. in diesem Sinn schon Eugen Huber, 437; Caroni, 124; im Hinblick auf § 12 ABGB auch Kerschner/Kehrer, § 12 N 27), soll hier theoretisch nicht ausgeschlossen werden. Insofern ist auch Larenz, in: Festschrift für Hans Schima zum 75. Geburtstag (Wien 1969) 253 f., zuzustimmen. Mit gutem Gewissen Beispielsfälle für solche Evolutionen zu nennen, fällt aber ausserordentlich schwer. A.M. (zum österreichischen Recht) Harrer, Entwicklungsstufen der Rechtsfindung (Wien 2018) 7 ff.

Ein weiteres Argument ist der funktional-systemtheoretische Gedanke, dass man Rechtssysteme gerade in unserer sich so rasant entwickelnden Gesellschaft nicht auf zwei relativ starren, schwer änderbaren Säulen ruhen lassen, sondern (relative) Stabilität mit (relativer) Flexibilität verbinden sollte. Flexibilität eben in Form des reaktionsschnellen, ohne zeitraubendes Verfahren abänderbaren Richterrechts[787]. Das bedeutet, wie sofort klarzustellen ist, nicht, dass einem bedenkenlosen «trial and error» das Wort geredet wird – auch Richterrecht steht unter dem Gebot der Gleichbehandlung und des Vertrauensschutzes[788] –, bedeutet aber immerhin, dass eine bisherige Praxis aufgegeben, «falsifiziert», werden können sollte, wenn das Gericht zur Auffassung gelangt, dass deutlich bessere Argumente für eine neue Einspurung sprechen[789] [790].

---

[787] Zu Art. 23 Abs. 1 BGG unten S. 323 f.

[788] Dazu unten S. 280; 325 ff.

[789] Ebenso Bydlinski, Richterrecht, 33. S. zum «Flexibilitätsargument» gegen die Annahme einer (über die Konstruktion eines richterrechtlichen Gewohnheits-

Damit ist die Frage nach der Rechtsquellennatur des Richterrechts aber noch keineswegs negativ entschieden. Der Umstand,
dass Recht durch seinen Schöpfer geändert werden kann, dass
dieser somit nicht an das von ihm selbst geschaffene Recht gebunden ist, spricht – wie der Blick auf den Gesetzgeber zeigt –
selbstverständlich überhaupt nicht gegen die Rechtsquellennatur
einer Rechtserscheinung[791]. Entscheidend scheint im Hinblick auf
höchstrichterliches Richterrecht[792], wie weit dieses für andere
Gerichtsinstanzen und vor allem die Normadressaten selbst normativ relevant ist. In Bezug auf Unterinstanzen ist es offensichtlich, dass eine ständige Praxis des Bundesgerichts nicht dieselbe
Stringenz besitzt wie die Bindung an Gesetzesnormen. Den Unterinstanzen ist nämlich keineswegs «unbedingte Obödienz» gegenüber gesicherter Bundesgerichtspraxis abverlangt[793]. «Weichen kantonale Gerichte davon ab, erblickt das Bundesgericht
weder Willkür noch nimmt es die abweichende Rechtsauffassung
unserer Gerichte zum Anlass, diesen einen Vorwurf zu machen,

---

rechts vermittelten) Präjudizienbindung vor allem schon ESSER, Festschrift von
Hippel, 121: «Welcher Preis wird praktisch verlangt, wenn wir ein ‹richterliches› Gewohnheitsrecht anerkennen sollen? Daß das Revisionsgericht seine eigenen Entscheidungen trotz besserer Einsicht nicht wieder umstoßen dürfe!» S.
auch schon EHRLICH in seinem Aufsatz «Über Lücken im Rechte» (JBl 1888);
wiederabgedruckt in: EHRLICH, Recht und Leben (Berlin 1967) 80 ff., wo er
(S. 91) von einem «Bedürfnis einer rascheren Rechtsfortbildung» spricht, «als
es auf dem Wege der Gesetzgebung und des Gewohnheitsrechtes möglich wäre». Zum Argument der «rapidité de réaction de la jurisprudence» auch CANI-
VET, in: Archives de philosophie du droit, Bd. 50: La création du droit par le
juge (Paris 2007) 20 f.

[790] Zum Problem der Präjudizienbindung abschliessend unten S. 323 ff.

[791] Kurz und bündig RÜTHERS, Unbegrenzte Auslegung, 466: «Wer Normen setzt,
kann sie auch ändern»; s. auch PROBST, 709.

[792] In Bezug auf durch untere Instanzen entwickeltes Richterrecht spricht das Argument, dass höhere Instanzen an diese Rechtsauffassung nicht gebunden sind,
wohl von vorneherein gegen die Annahme einer normativen Rechtsquellennatur.
Anders etwa DÜRR, SJZ 1981, 43.

[793] So wie dies im deutschen Recht aber im Hinblick auf Präjudizien des BVerfG
der Fall ist. An diese sind alle Gerichte und Behörden gebunden (§ 31 Abs. 1
BVerfGG), nicht aber das BVerfG selbst.

vielmehr überprüft es deren (angefochtene) Entscheidung umfassend»[794] und nimmt vor allem die Rechtsauffassung der Unterinstanzen auch immer wieder zum Anlass, die eigene Judikatur zu präzisieren oder i.S. der unteren Instanz zu revidieren.

Gegenüber den eigentlichen «primären» Normadressaten (den Bürgerinnen und Bürgern) entfaltet Richterrecht aber unbestrittenermassen rechtliche Relevanz. Verträge, die ihm widersprechen, können sich als nichtig erweisen, Verträge, die in Unkenntnis von Richterrecht geschlossen worden sind, eventuell angefochten werden (Art. 24 Abs. 1 Ziff. 4 OR), Anwälte (Notare, Steuerberater), die ihre Klienten angesichts gefestigten Richterrechts unvorsichtig beraten, setzen sich auftragsrechtlicher Haftung aus[795], Leistungen, die (in Unkenntnis von Richterrecht) rechtsirrtümlich erbracht wurden, sind unter Umständen kondizierbar (Art. 63 Abs. 1 OR).

Leistungen, die auf Grund eines früher praktizierten, dann aber geänderten eigentlichen Richterrechts erbracht worden sind, sind aber nicht rechtsgrundlos und können nicht als rechtsirrtümlich erbracht kondiziert werden. Eine solche Kondiktion wäre Konsequenz einer rein «deklaratorischen» Theorie der Rechtsprechungsänderung, wonach die neue Rechtsprechung lediglich deklaratorisch festhält, was an sich schon zur Zeit der abweichenden früheren Rechtens war, aber nicht als solches erkannt worden ist. Eine solche Auffassung kann realistischer Weise von vorneherein nur bei gebundenem, nicht aber bei eigentlichem (gesetzesübersteigendem) Richterrecht vertreten werden, das «konstitutiv» wirkt und ein früher praktiziertes nicht *ex tunc* (also rückwirkend) als rechtsirrig disqualifiziert. Aber auch bei Interpretation i.e.S. und gebundenem Richterrecht muss es nicht so sein, dass die aufgebende Rechtsprechung von Anfang an rechtlich nicht fundiert war. S. dazu FN 968. In solchen Fällen könnten auf Basis der bisherigen, damals noch fundierten Judikatur erbrachte Leistungen ebenfalls nicht als rechtsgrundlos kondiziert werden. Vgl. zum Ganzen aus schweizerischer Sicht SPIRO, ZSR 100 (1981) I, 145 ff.; DÜRR, SJZ 1981, 43. Beide aus Anlass von BGE 105 II 35. Zur «declaratory theory» im englischen Recht in-

---

[794] HASENBÖHLER, 112.
[795] Zur Haftung des Anwalts, der eine in der Amtlichen Sammlung veröffentlichte neue Rechtsprechung des BGer nicht kennt, BGE 134 III 534 ff.; zum deutschen Recht BGH NJW 2009, 987.

struktiv S. Wolf, Rechtsirrtum im Privatrecht. Argument oder Anachronismus? Diss. Basel, 2003, 41 ff.; vgl. auch Zimmermann/Jansen, in: The Law of Obligations, Essays in Celebration of John Fleming (Oxford 1998) 285 ff.; Dedek, RabelsZ 79 (2015) 302 ff.

Vor diesem Hintergrund erscheint es nicht unangebracht, höchstrichterlich entwickeltes, gefestigtes Richterrecht auch normativ als (gesetzesergänzende) *subsidiäre Rechtsquelle* zusätzlich zum Gesetzes- und Gewohnheitsrecht, wenn man will: als Rechtsquelle eigener Art *(sui generis)* zu bezeichnen[796].

3. Verobjektivierungsfaktoren

a) Einleitung

Richterrecht *modo legislatoris* wurde in der älteren Literatur, wohl unter dem Eindruck der damals vielbeachteten «Freirechtsbewegung»[797], oft als «freie richterliche Rechtsfindung»[798] bezeichnet. Die Lückenfüllung soll ja nach Art. 1 Abs. 2 ZGB tat-

---

[796] S. vor allem schon Germann, Probleme, 268 ff.; ihm folgend etwa Béguelin, 9. Biaggini, Verfassung, 381, bezeichnet Richterrecht als «vollwertige» Rechtsquelle; vgl. auch Seiler, 298: «... die Gerichte sind Normsetzer, genauso wie die andern staatlichen Behörden»; Hrubesch-Millauer, in: Hofer/Hrubesch-Millauer, N 02.169: Richterrecht als «formelle Rechtsquelle». Von einer «subsidiären Rechtsquelle» sprechen hingegen Bydlinski, Methodenlehre, 510; *ders.* Richterrecht, 33, sowie Kodek, § 12 N 21 ff.; Gleichsinnig («subsidiäre» Rechtsgeltungsquelle») Canaris, in: Basedow (Hrsg.), Europäische Vertragsrechtsvereinheitlichung und deutsches Recht (Tübingen 2000) 8 f.; von einer «schwächeren Rechtsquelle» spricht Caroni, 173; von einem «normativen Akt verminderter Intensität» (im Hinblick auf die österreichische Rechtslage) Jabloner, in: Gedenkschrift für Robert Walter (Wien 2013) 198; von einer «sekundären Rechtsquelle» Möllers/Fekonja, ZGR 2012, 785 f. Sehr kühn erscheint angesichts der zentralen Bedeutung des Richterrechts das Diktum Buchers, ZSR 102 (1983) II, 302, wonach «ein richterliches Präjudiz ... an sich nichts» bedeutet.

[797] Nachw. unten S. 333 (Einschub).

[798] S. etwa Gmür, 100 ff.; auch noch Meier-Hayoz, Richter als Gesetzgeber, 117 ff.; BK-ZGB/Meier-Hayoz, Art. 1 N 251.

sächlich nach der Regel erfolgen, die das Gericht – wäre *es* Gesetzgeber – formulieren würde, nicht etwa nach der Regel, die hypothetisch der (historische oder aktuelle) eigentliche Gesetzgeber aufgestellt hätte oder aufstellen würde[799]. Dies bedeutet aber selbstverständlich nicht, dass der Richter in einem geradezu «normleeren Raum» willkürlich, nach Lust und Laune entscheiden darf[800]. Der Richter als Gesetzgeber ist – genauso wie der eigentliche Gesetzgeber auch – in die Gesamtrechtsordnung eingebunden,[801] eine Erwägung, die Art. 10 Abs. 3 des portugiesischen Código Civil zum Ausdruck bringt: Bei Fehlen einer analog anzuwenden Norm soll der Fall nach der Norm entschieden werden, «die der Interpret selbst schaffen würde, wenn er im Rahmen des Geistes des Systems gesetzgebend tätig werden müsste».

Diese Einbindung des Richterrechts in das Gesamtsystem bedeutet einerseits, dass es allgemeine, wenn man will: «formale» Prinzipien rechtsstaatlicher Rechtssetzung einhalten und sich andererseits möglichst an inhaltlichen, diskutierbaren Verobjektivierungsgesichtspunkten orientieren sollte. Letztere Forderung beruht freilich im Grunde auch wiederum auf einem «formalen» Postulat rechtsstaatlicher Rechtssetzung, nämlich dem Erfordernis der inhaltlichen Begründbarkeit (und damit Überprüfbarkeit) des Rechtsaktes[802].

---

[799] Auf den hypothetischen Willen des aktuellen Gesetzgebers stellt die Passage in der Nikomachischen Ethik des ARISTOTELES (V, 14) ab, die meistens (s. etwa REICHEL, Festgabe Stammler, 337; TUOR/SCHNYDER/SCHMID/JUNGO, § 5 N 30 f.) und grundsätzlich auch zu Recht als Vorbild des Art. 1 Abs. 2 ZGB bezeichnet wird. Anschaulich BSK-ZGB/HONSELL, Art. 1 N 34.

[800] S. schon REICHEL, Festgabe Stammler, 354 f.

[801] S. BIAGGINI, Ratio legis, 65; BSK-ZGB/HONSELL, Art. 1 N 36;

[802] Zur Ableitung der Begründungspflicht aus Art. 29 Abs. 2 BV oben FN 7.

b) Formale Rechtsstaatsprinzipien

aa) Art. 1 Abs. 2 ZGB statuiert in aristotelischer Tradition[803], dass das Gericht nach der *«Regel»* entscheiden soll, die es «als Gesetzgeber» aufstellen würde. Die richterrechtliche Falllösung darf danach nicht nach einzelfallbezogenen Gefühlserwägungen erfolgen, sondern muss «*generalisierbar*» bzw. «*universalisierbar*» und damit «regelfähig»[804] sein[805]. Das Gericht muss eine allgemeine *ratio decidendi*[806], eine «Fallnorm»[807] formulieren, die auch Maxime für die Beurteilung anderer gleich oder ähnlich gelagerter Fälle sein könnte[808]. «Die vom Parteienstreit gelöste Autorität einer Entscheidung fliesst aus ihrer Wiederholbarkeit und damit aus ihrer über den Einzelfall hinausreichenden Be-

---

[803] Der aber, wie gerade (FN 799) belegt, nur im Ansatz gefolgt wird. Zu möglichen Quellen, denen Eugen HUBER in Bezug auf die endgültige Texturierung des Art. 1 Abs. 2 ZGB gefolgt sein könnte, eingehend STROLZ, 29 ff.; weit. Nachw. bei HUWILER, Aequitas, 83 FN 131; speziell zur Beziehung Eugen Huber – François Gény GAUYE, ZSR 92 I (1973) 271 ff. Zur Konzeption HUBERS auch HOFER, ZNR 2010, 193 ff. Den Einfluss der Freirechtsbewegung (unten bei S. 333) auf die Entstehung des ZGB relativierend CARONI, SPR I/1: Privatrecht im 19. Jahrhundert (Basel 2015) 97 f.

[804] BGE 123 III 292 (297).

[805] Zur Universalisierungsregel etwa KOCH/RÜSSMANN, 366, 370; ALEXY, 335 ff.; KRIELE, 331, der auf KANT verweist, dessen «kategorischer Imperativ» (Critik der practischen Vernunft [Riga 1788] § 7) lautet: «Handle so, dass die Maxime deines Willens jederzeit zugleich als Prinzip einer allgemeinen Gesetzgebung gelten könne».

[806] *Ratio decidendi* ist die Zusammenfassung der die Entscheidung tragenden (motivierenden) Begründung; dies im Unterschied zu einem *obiter dictum* (nicht entscheidungserhebliche Erwägung).

[807] Die Theorie von der «Fallnorm» hat FIKENTSCHER (vor allem in Bd. IV, 202 ff.) entwickelt. Dazu AMSTUTZ, Evolutorisches Wirtschaftsrecht (Baden-Baden 2001) 319 ff.; s. auch unten bei FN 975.

[808] Auch im vom *case law* geprägten englischen Common Law wird gefordert, dass das Präjudiz ein verallgemeinerungsfähiges «principle» artikulieren müsse. S. etwa Lord NICHOLLS in *Fairchild* v. *Glenhaven Funeral Services Ltd. and others* [2003] 1 A.C. 32 (36): «The real difficulty lies in elucidating in sufficiently terms the principle … To be acceptable the law must be coherent. It must be principled».

gründung. Nur daraus wird sie verallgemeinerungsfähig und damit dem Rechtsbegriff gerecht»[809]. Dass die Fixierung einer generalisierten *ratio decidendi* lediglich auf Grund der konkreten Anschauung eines Einzelfalls schwierig und gefährlich sein kann, liegt auf der Hand, spricht aber nicht entscheidend gegen das Generalisierungsgebot, vielmehr lediglich gegen eine zu stark abstrahierende Generalisierung[810] und ganz grundsätzlich dagegen, starre Bindungen an präjudizielle *rationes decidendi* zu postulieren[811].

bb) Das Universalisierbarkeitsprinzip hängt, wie angedeutet, unmittelbar und untrennbar mit dem *Gebot der Rechtsgleichheit* zusammen. Nur wenn das Präjudiz auf einer generalisierten *ratio decidendi* beruht, hat der spätere Richter eine Grundlage für die Prüfung, ob seine Entscheidung dem Gleichbehandlungsgrundsatz entspricht. Wird sie nicht herausgearbeitet, müsste dieser Grundsatz angesichts der Tatsache, dass es nun einmal keine «gleichen Fälle» gibt, notwendigerweise leerlaufen[812].

cc) Rechtsstaatlich fundiert ist letztlich auch die Mahnung, auf Basis von Art. 1 Abs. 2 ZGB getroffene Entscheidungen möglichst *offen zu begründen*. Das Bonmot, es gebe dreierlei Urteilsgründe: die gesprochenen, die geschriebenen und die wahren, reflektierte – sollte es tatsächlich der Realität entsprechen – einen

---

[809] H.P. WALTER, recht 1997, 8.
[810] So auch HUTTER, 111; vgl. auch H.P. WALTER (recht 1997, 8) mit Hinweis auf die alte Common-Law-Weisheit: «Hard cases make bad law». Zur Gefahr, dass Präjudizien und deren *ratio decidendi* aus ihrem ganz konkreten Kontext gelöst und in unzutreffender Weise generalisiert werden, SCHÜRER, ZBl 114 (2013) 583 ff., vor allem 594. Die *ratio decidendi* ist somit jeweils sorgfältig zu «kontextualisieren».
[811] S. schon oben S. 274.
[812] Nicht überzeugend daher HUTTER, 111: «Im Rahmen des Richterrechts ist die Einhaltung der Rechtsgleichheit weniger von der Formulierung einer generell-abstrakten Regel abhängig, als von der Anerkennung des Gleichbehandlungsgebots selbst in der Rechtsprechungsarbeit».

rechtsstaatlich bedenklichen Zustand. Wenn die richterlichen Entscheidungen vom Gesetzgeber nicht oder nur sehr vage «konditional programmiert» sind, sollten sich die Richter und Richterinnen nicht hinter imaginären «Grundwertungen» der Rechtsordnung oder Tatbestandsfiktionen verstecken[813], sondern ihre Entscheidung, wie es der Gesetzgeber, auf dessen Modell sie in Art. 1 Abs. 2 ZGB verwiesen werden, ja auch tut, bewusst autonom und offen begründen. Nur dies entspricht dem Gebot der Methodenehrlichkeit, nur so setzt sich Richterrecht dem demokratischen Diskurs aus, wird es diskutierbar und akzeptanzfähig[814].

Orientierungsgesichtspunkte für diese offene Begründung können, wie im Einzelnen darzustellen ist[815], Überlegungen sein, die aus dem «System Recht» gewonnen werden können, in vielen Fällen aber auch aus ausserrechtlichen Überlegungen, aus *«externen» Argumenten*[816]. So sollte etwa, wenn komplexe, gesetzlich nicht vorprogrammierte Haftungsfragen zu lösen sind, jeweils das Argument mitbedacht werden, ob das richterrechtlich

---

[813] Vgl. Chr. FISCHER, Topoi verdeckter Rechtsfortbildungen im Zivilrecht (Tübingen 2007).

[814] Zum Postulat offener, methodenehrlicher Begründung schon BRECHER, in: Festschrift für Arthur Nikisch (Tübingen 1958) 227 ff.; aus der schweizerischen Literatur HUTTER, 102: «Methodische Offenheit ... soll subsumtionsjuristischen Scheinbegründungen und Tatbestandsfiktionen vorgezogen werden»; vgl. auch HÖHN, Praktische Methodik, 307 («Transparenz der Wertungen»); WIPRÄCHTIGER, recht 1995, 150; treffend KLETT, SJZ 1991, 284: «Nur wenn die wirklichen Gründe ... offengelegt werden, kann das in einem demokratischen Rechtsstaat erforderliche Vertrauen in die Rechtsprechung gewahrt werden»; vgl. auch ALBRECHT, in: SCHINDLER/SUTTER, Akteure der Gerichtsbarkeit (Zürich/St. Gallen 2007) 19 f., mit Hinweis auf BGE 117 IV 139. Besonders lesenswert zur Verwendung von «open arguments» in einer «open debate» (im Gegensatz zur «reliance on authorities») BOLDIN, Scandinavian Studies in Law 1969, 59 ff.

[815] S. 284 ff.; 301 ff.

[816] CARNELUTTI, 153 ff., spricht von lückenfüllender «eterointegrazione» (Fremdintegration) durch ausserrechtliche Gesichtspunkte (im Unterschied zur systemimmanenten «autointegrazione» [Selbstintegration]).

zugerechnete Haftungsrisiko wirtschaftlich «tragbar»[817], d.h. vor allem vernünftig versicherbar ist, und im Hinblick auf die internationale Konkurrenzfähigkeit eines Wirtschaftszweigs auch wirtschaftspolitisch vertretbar erscheint. In einem Beschluss der Schiedskommission für Arbeitslosenversicherung des Kantons Basel-Stadt[818] wurde die Anwendbarkeit des Art. 333 Abs. 3 OR auf Fälle, in denen ein Betrieb oder ein Betriebsteil aus einem Konkurs übernommen wird, mit offen *«konsequentialistischen» Argumenten* verneint.[819] Es würde «die Rettung wenigstens einzelner Arbeitsplätze derart riskant, dass potentielle Investoren von einer Übernahme des Betriebes oder Betriebsteils, und damit gleichzeitig auch einzelner Arbeitsverhältnisse abgeschreckt werden. Durch die Anwendung von Art. 333 OR auf vorliegende Fälle bestünde somit die Gefahr, dass sich die Zahl der Arbeitslosen erhöhen und damit die Kosten der Arbeitslosenkasse steigen würde. Dies kann und darf aber nicht Sinn und Zweck einer vernünftigen staatlichen Sozialpolitik sein».

Eine solche externe Rechtfertigung von Richterrecht kann sich sowohl auf die Frage nach dem Bedürfnis nach einer bestimmten richterlichen Lösung beziehen, als, wie angedeutet, auch auf die faktischen Konsequenzen des Richterrechts bei den von ihm aktuell und potentiell Betroffenen sowie der Gesellschaft insgesamt. Das bedeutet, dass das Gericht i.S. des Postulats der *«Folgenanalyse»* – ganz analog zum Gesetzgeber[820] – jeweils auch die voraussehbaren individuellen, gruppenbezoge-

---

[817] Vgl. zum Tragbarkeitsargument ausdrücklich Art. 44 Abs. 2 OR; Art. 62 Abs. 3 SVG; s. auch Art. 11 Abs. 1 USG (in Bezug auf behördliche Erleichterungen bei Sanierungspflichten). Zur diesbezüglichen rechtsökonomischen Begründung unten S. 302.

[818] BJM 2000, 31 (39).

[819] Ebenso im Ergebnis dann auch BGE 129 III 335 (342). Dazu A. STAEHELIN, ARV 2003, 216 ff.

[820] Zur «Gesetzesfolgenabschätzung» etwa SCHULZE-FIELITZ, ZG 2000, 304 ff. (mit weit. Nachw.). Analog kann von «Rechtsprechungsfolgeabschätzung» gesprochen werden.

nen, aber auch gesamtgesellschaftlichen «Realfolgen»[821] seiner richterrechtlichen Innovationen offen anzusprechen und rechtspolitisch zu entscheiden hat[822]. Damit ist schon gesagt, dass ein solcher «Konsequentialismus» der Rechtsfindung nicht einäugig nur die Interessen einer betroffenen Partei (und – wenn die Generalisierbarkeit des Präjudizes bedacht wird – einer Interessengruppe) im Auge haben darf, sondern unparteiisch alle involvierten Interessen berücksichtigen muss[823].

Zur Folgenanalyse («Folgenorientierung»; «Rechtsfolgenabschätzung») in der Rechtsfindung gibt es kaum mehr überschaubare Literatur. Vgl. etwa SAMBUC, Folgenerwägungen im Richterrecht (Berlin 1977); WÄLDE, Juristische Folgenorientierung (Königstein/Ts. 1979); COLES, Folgenorientierung im richterlichen Entscheidungsprozess (Frankfurt a.M. u.a. 1991); die Beiträge in TEUBNER (Hrsg.), Entscheidungsfolgen als Rechtsgründe (Baden-Baden 1995); umfassend DECKERT, passim. Aus der schweizerischen Literatur vgl. vor allem RHINOW, Rechtsetzung, 255 ff. Grundsätzliche Vorbehalte gegen eine mit Folgenerwägungen angereicherte Dogmatik und Rechtsfindung bei LUHMANN, Rechtssystem und Rechtsdogmatik (Stuttgart 1974) 31 ff.; ders., Rechtssoziologie, 3. Aufl. (Opladen 1987) 232: Der Richter müsse von «Zukunftsforschung unter Wahrscheinlichkeitsgesichtspunkten» entlastet werden. Seine «Befreiung von konkreter Wirkungsverantwortung» sei wegen der richterlichen Unabhängigkeit nötig. Gegen LUHMANN wiederum TEUBNER, Rechtstheorie 1975, 179 ff.;

---

[821] Zur Unterscheidung zwischen «Rechtsfolgen» und «Realfolgen» DECKERT, 107; zur Unterscheidung zwischen «Individualfolgen» und «Sozialfolgen» SAMBUC, 101 ff. Aus der schweizerischen Literatur FELLER, Folgenerwägungen und Rechtsanwendung, Diss. Zürich 1998; ders., recht 1998, 119 ff.

[822] Ausdrückliche Verweisung des Rechtsanwenders auf eine Folgenanalyse in Art. 9 Abs. 3 der Rom I-Verordnung der EU (über das auf vertragliche Schuldverhältnisse anzuwendende Recht): Bei der Entscheidung, ob «Eingriffsnormen» Wirkung zu verleihen ist, «werden Art und Zweck dieser Normen sowie die Folgen berücksichtigt, die sich aus ihrer Anwendung oder Nichtanwendung ergeben würden».

[823] Zum Prinzip der «relativen zweiseitigen Rechtfertigung» BYDLINSKI, System, 92 ff. Für eine umfassende Interessenerfasssung DESCHENAUX, 108: «Wie der Gesetzgeber muss der Richter damit beginnen, die Interessen zu erfassen, die bei der zu lösenden Schwierigkeit eine Rolle spielen. Dabei hat er nach den psychologischen, moralischen, technischen, volkswirtschaftlichen, politischen Gegebenheiten zu forschen, in denen diese Interessen verankert sind».

D<small>ECKERT</small>, 14 ff.; M<small>ENGONI</small>, Rivista trimestrale di diritto e procedurale civile 1994, 7 ff.

c) Inhaltliche Orientierungsgesichtspunkte

aa) Präjudizien: Betrachtet man die Entscheidungen unserer Gerichte, vor allem aber auch des Bundesgerichts, so ist es augenscheinlich, dass die wichtigste Inspirationsquelle für richterrechtliche Entscheidungen der bisherige Gerichtsgebrauch, d.h. einschlägige Präjudizien oder ganze «Präjudizienketten»[824] sind. In vielen Fällen ist es tatsächlich so: «Statt Subsumtion unter kodifiziertes Recht ersetzt die Suche nach vergleichbaren Fällen die Methode der Rechtsfindung»[825]: «Optima legum interpres consuetudo», heisst es schon in den Digesten[826]! In diesem Sinn statuiert ja auch Art. 1 Abs. 3 ZGB in seiner französischen Fassung[827], dass sich das Gericht «inspire des solutions consacrées par ... la jurisprudence». Da in diesem Abschnitt aber letztlich die Frage gestellt ist, welche Orientierungsgesichtspunkte dem *modo*

---

[824] W<small>IEDEMANN</small>, NJW 2014, 2410.

[825] N<small>IEDOSTADEK</small>, NJW 2014, Heft 14 («NJW-Editorial»); s. auch das Zitat H<small>A-</small>
<small>SENBÖHLER</small> oben FN 784. Vgl. auch (mit Bezugnahme auf L<small>UHMANNS</small> system-
theoretischen Rechtsbegriff) D<small>REIER</small>, ARSP 2002, 310: «Die operative Schliessung des Rechtssystems vollzieht sich durch die rekursive Bezugnahme rechtlicher Operationen auf rechtliche Operationen. Am deutlichsten wird dies am Prä-
judizienrecht, das sich durch die Bezugnahme richterlicher Entscheidungen auf
richterliche Entscheidungen bildet und erhält». Zur Präjudizienbindung im Falle
gesetzesübersteigenden Richterrechts unten S. 301 ff.

[826] «Die beste Gesetzesintcrpretin ist die [richterliche] Übung» (P<small>AULUS</small>, Dig. 14,
2, 1).

[827] Entsprechend die italienische Fassung: «Egli si attiene ... alla giurisprudenza più
autorevol[e]». Die deutsche Fassung des Art. 1 Abs. 3 ZGB spricht bekanntlich
nicht von Rechtsprechung, sondern von der «Überlieferung». Dies ist eine ziem-
lich dunkle Formulierung. Nach BK-ZGB/M<small>EIER</small>-H<small>AYOZ</small>, Art. 1 N 467, ist unter «Überlieferung» nicht nur die Rechtsprechung, sondern die «Praxis» insge-
samt und «im weitesten Sinn» zu verstehen. Ausdrückliche Verweisung auf die
«ständige Entscheidungspraxis» in § 10 Abs. 2 des neuen tschechischen ZGB
vom 3.2.2012.

legislatoris entscheidenden Gericht in «Neulandfällen»[828] zur Verfügung stehen, für die noch keine Präjudizien zur Verfügung stehen, ist nach weiteren Begründungsansätzen zu suchen.

bb) Lehre: Art. 1 Abs. 3 ZGB verweist das nach Art des Gesetzgebers entscheidende Gericht zuerst[829] auf die «bewährte Lehre»[830]. Dass mit dieser Verweisung *keine normative Bindung* an Lehrmeinungen gemeint ist, dass diese als «autorités de fait» lediglich «Inspirationsquellen» mit «persuasive authority» sein können, ergibt sich schon aus der französischen und italienischen Textierung des Absatzes[831] und ist heute unbestritten. Da der Lehre keine normative Verbindlichkeit zukommt, beruht ihre – in der Praxis des Bundesgerichts bereitwillig in Anspruch genommene – Autorität ganz auf der Überzeugungskraft ihrer Argumente, die sie für die Fortentwicklung des Rechts geltend machen kann[832]. Dies bedeutet, dass die Doktrin – genauso wie ein Gericht, das Richterrecht setzt – ihrerseits auf rechtliche

---

[828] Zu deren Typologie SCHUBARTH, recht 1995, 151. Ein plastisches Beispiel eines «Neulandfalls» bietet BezGer St. Gallen AJP 1997, 340 (mit Anmerkung SCHWANDER) zur gerichtlichen Feststellung der Geschlechtsänderung bei bestehender Ehe. Zum postmortalen Persönlichkeitsschutz BGE 129 I 302 (306 ff.); zu Problemen der medizinischen Fortpflanzungstechnik und der Beurteilung kantonaler Gesetzgebung BGE 119 Ia 460 ff.; zum Problem der Anerkennung einer kalifornischen Geburtsurkunde bei Leihmutterschaft BGE 141 III 328 (343 ff.). Die Anerkennung verstosse gegen den schweizerischen *ordre public*.

[829] Dass die «bewährte Lehre» an erster Stelle vor der «Überlieferung» (bzw. «jurisprudence»/«giurisprudenza») genannt wird, hat keine Bedeutung. Richtig BK-ZGB/MEIER-HAYOZ, Art. 1 N 42.

[830] Nach § 10 Abs. 2 des neuen tschechischen ZGB vom 3.2.2012 sei der «Stand der Rechtslehre» zu berücksichtigen. Für das Völkerrecht s. Art. 38 Abs. 1 lit. d des Statuts des IGH («teachings of the most highly qualified publicists of the various nations»).

[831] S. oben bei FN 827.

[832] Sie wirkt, wie ESSER (ZVglRWiss 1976, 82) schreibt, *imperio rationis* (kraft ihrer Vernünftigkeit), nicht *ratione imperii* (kraft hoheitlicher Geltung); sie ist somit lediglich «Rechtserkenntnisquelle» (Eugen HUBER, Bewährte Lehre [Bern 1925] 29).

(oder auch ausserrechtliche Argumente) rekurrieren muss, die ihren Vorschlägen Akzeptanz vermitteln können; insofern ist die Doktrin lediglich Medium dieser «primären Inspirationsquellen».

Sehr oft werden diese Inspirationsquellen von der einschlägigen Rechtsprechung aufbereitet, sodass sich die Lehre darauf berufen kann[833]. Im umgekehrten Verhältnis – Inspiration der Judikatur durch die Argumente der Lehre – liegt dies genauso.

Man kann in der Schweiz – ebenso wie in Deutschland (wo die Lehre traditioneller Weise eine besonders hohe Autorität geniesst [unten S. 289, Einschub]) und Österreich – von einem geradezu *symbiotischen Verhältnis zwischen Lehre und Rechtsprechung* sprechen. Zur Rezeption der Lehre in der Rechtsprechung im Einzelnen DOLDER, Rezeption und Ablehnung wissenschaftlicher Lehrmeinungen in der Rechtsprechung des schweizerischen Bundesgerichts zum Obligationenrecht, 1881-1980 (Diss. Basel 1986); FORSTER, Die Bedeutung der Kritik an der bundesgerichtlichen Praxis (St. Gallen 1992). Wird die bundesgerichtliche Judikatur «in der Lehre stark diskutiert und kritisiert», kann nicht von «klarer Rechtslage» (als Voraussetzung für ein summarisches Verfahren nach Art. 257 ZPO) gesprochen werden. Richtig SUTTER-SOMM/LÖTSCHER, in: SUTTER-SOMM/HASENBÖHLER/LEUENBERGER, ZPO-Kommentar, 3. Aufl. (Zürich u.a. 2016) Art. 257 N 9.

Die wechselseitige Inspiration von Lehre und Rechtsprechung ist freilich grundsätzlich gefährdet, wenn Gerichte, die sich auf die Lehre berufen, unkritisch «rechtsprechungspositivistische» Literaturstellen zitieren, «die nichts anderes beinhalten als eine echoartige Wiedergabe der höchstgerichtlichen Rechtsprechung» (GAUCH, ZSR 128 [2009] I, 226). Dieser «Zitatenzirkel» ist eine Art von Selbstbestätigung, die in einem fatalen *circulus vitiosus* tendenziell auch zu einer Korrumpierung der (nach akademischer Karriere strebenden) Lehre führt. Misst man nämlich den Erfolg einer Publikation danach, «how much one is followed by the courts the best strategy is to try to predict what the courts would probably decide rather than proposing an alternative solution» (HESSELINK, The New European Private Law in Europe, Den Haag u.a. 2002, 16). Vgl. auch unten FN 847.

---

[833] Plastisch DESCHENAUX, 123: Die Doktrin schöpfe «aus den Quellen der Rechtsprechung» und empfange «von der Weisheit der Richter Anregung; sehr oft erstattet sie, in Form einer vertieften Theorie, das empfangene Gut zurück».

Frägt man, wem letztlich die «Deutungshoheit» zukommt, so ist die Doktrin im Vergleich zum Richter allerdings von vorneherein im Nachteil: «… tandis que l'interprétation jurisprudentielle bénéficie du pouvoir qui est officiellement conféré au juge pour imposer sa décision, l'interprétation doctrinale n'a pour elle que la puissance de persuasion qui résulte de la qualité des arguments invoqués à l'appui d'une solution»[834].

Rechtsgeschichtlich betrachtet gab es freilich durchaus Zeiten, in denen Lehrmeinungen unmittelbare normative Verbindlichkeit zukam. Berühmt ist das «Zitiergesetz» der Kaiser Theodosius II und Valentinian III (426 n.Chr.), in dem diese den Werken der *«Zitierjuristen»* PAPINIAN, PAULUS, GAIUS, ULPIAN und MODESTINUS verbindliche Geltung zusprachen. Bei einer argumentativen Pattsituation sollte der «herausragenden Einsicht» PAPINIANS gefolgt werden[835]. Von einer eigentlichen «Geltung» von Gelehrtenrecht (der *communis opinio doctorum*[836]) wird man auch für die Zeiten der Glossatoren und Postglossatoren der Rezeptionsepoche sprechen können, ja noch für die deutschen Pandektisten des 19. Jahrhunderts. Damals galt in weiten Teilen Deutschlands nicht Gesetzesrecht, vielmehr waren die Professoren die die Rechtsordnung prägenden «Rechtshonoratioren» (Max WEBER)[837]; es galt *«Professorenrecht»,* namentlich

---

[834] PLANIOL/RIPERT/BOULANGER, Traité de droit civil, t. 1 (Paris 1956) 154; dazu auch H.P. WALTER, ZBJV 143 (2007) 729. Der griffigen Formel von Th. KUNTZ, AcP 216 (2016) 904: «Der Richter schreibt Recht, der Universitätsprofessor schreibt *über* Recht», ist allerdings nur bedingt zu folgen. Der Professor schreibt nicht nur über Recht, sondern setzt im Rahmen seiner Interpretationsspielräume selber eigene Akzente (die sich dann allenfalls in der Rechtspraxis durchsetzen).

[835] SCHULZ, Prinzipien des Römischen Rechts (München/Leipzig 1934) 167, spricht von einem «Verzweiflungsakt in einer Zeit der Dekadenz der Rechtswissenschaft».

[836] Zu dieser Figur SCHRÖDER, in: BAUR (Hrsg.), Das Eigentum (Göttingen 1989) 149 ff.; ALTHAUS, Die Konstruktion der herrschenden Meinung in der juristischen Kommunikation (Diss. München 1994) 54 ff.

[837] Dazu RHEINSTEIN, RabelsZ 34 (1970) 1 ff.

«WINDSCHEID»[838]. Im schottischen Recht spricht man noch heute von «institutional writers»[839], deren Schriften bevorzugt zu beachten sind; im englischen Recht von «books of authority»[840].

Auch heute kann noch von «*books of authority*» gesprochen werden, auch wenn ihnen keine normative Verbindlichkeit zuzumessen ist. Faktisch betrachtet kann ihr Einfluss auf die Rechtsprechung aber eminent sein, und zwar gerade zu Problemkreisen, die gesetzlich nicht oder nur schwach determiniert sind. So konnte und kann (inzwischen nun schon etwas eingeschränkt) das (durch STARK aktualisierte) System OFTINGERs zum «Schweizerischen Haftpflichtrecht» geradezu als «Bibel» dieses Rechtsgebiets bezeichnet werden. Für das Werkvertragsrecht ist das Handbuch von GAUCH (a.a.O.) ein «book of authority»;[841] zu Fragen der juristischen Methodenlehre kommt der Kommentierung des Art. 1 ZGB durch MEIER-HAYOZ wohl noch immer eine ähnliche Bedeutung zu. Für das deutsche Lauterkeitsrecht kann auf den berühmten UWG-Kommentar HEFERMEHLs verwiesen werden, dessen Fallgruppenbildung zur lauterkeitsrechtlichen Generalklausel während vieler Jahre «Quasi-Gesetzeskraft» zukam[842].

---

[838] Treffend zur Bedeutung der Pandektenliteratur (vor allem des Lehrbuchs von Windscheid) BUCHER, ZBJV 102 (1966) 284. In den Gebieten des preussischen ALR ordnete hingegen § 6 von dessen Einleitung an, dass die Meinungen der Rechtslehrer bei der richterlichen Interpretation nicht berücksichtigt werden dürften.

[839] S. ZWEIGERT/KÖTZ, Einführung in die Rechtsvergleichung, 3. Aufl. (Tübingen 1996) 200.

[840] S. KÖTZ, RabelsZ 52 (1988) 650; GROSSEN, in: Hommage à Raymond Jean-prêtre (Lausanne 1983) 52 f.

[841] S. BGE 120 II 214 (220), wonach eine bestimmte Rechtsprechung des BGer das «agrément» von GAUCH habe, «lequel fait autorité dans la domaine du droit de la construction». Eine ähnlich magistrale Stellung hat für das schweizerische Aktienrecht BÖCKLI, Schweizer Aktienrecht, 4. Aufl. (Zürich 2009) erlangt.

[842] In der von KÖHLER/BORNKAMM/FEDDERSEN besorgten Neukommentierung (zuletzt in 37. Aufl. 2019) der Generalklausel ist deren Konkretisierung ein neuer, an das relevante EU-Richtlinienrecht angelehnter Erklärungsansatz zu Grunde gelegt worden.

Rechtsvergleichend betrachtet sind sehr verschiedene Grade des Einflusses der Lehre zu beobachten, namentlich gibt es grosse Unterschiede im «Stil» der Entscheidungsbegründung und der dort deklarierten Verarbeitung der Lehre. Zur Interaktion zwischen Rechtsprechung und Lehre in der Schweiz, in Deutschland und Österreich oben S. 286 (Einschub); für die deutsche Rechtsprechung ist immer noch grosse «Theorielastigkeit» typisch; literarische Theoriediskussionen werden, namentlich in höchstrichterlichen Entscheidungen, sehr ausgiebig und sorgfältig ausgebreitet. Dazu KÖTZ, RabelsZ 52 (1988) 657 ff. Dagegen fehlen etwa in französischen, italienischen und spanischen Entscheidungen explizite Hinweise auf Lehrmeinungen, was aber nicht bedeutet, dass theoretische Stellungnahmen nicht entscheidungserheblich sein können. Zum französischen Entscheidungsstil HELLERINGER, RabelsZ 77 (2013) 345 ff.; MARTENS, 28 ff. mit vielen Nachw.; im italienischen Recht schliesst Art. 118 Abs. 3 der Disposizioni per l'attuazione del codice di procedura civile (vom 18.12.1941) eine Zitierung von Literaturstellen ausdrücklich aus: «In ogni caso deve essere ommessa ogni citazione di autori giuridici» (ebenso übrigens für die Schweiz des 19. Jhs. § 14 des Bürgerlichen Gesetzbuchs für den Kanton Aargau: Die «Meinung von Rechtsgelehrten» darf nicht als Entscheidungsgrundlage in das Urteil aufgenommen werden). Zum Verhältnis der englischen Rechtsprechung zur Rechtslehre BRAUN, American Journal of Comparative Law 58 (2010) 27 ff.; zuletzt (der Präsident des UK Supreme Court) Lord NEUBERGER, RabelsZ 77 (2013) 233 ff.; FLOHR, RabelsZ 77 (2013) 322 ff. Rechtsvergleichung zum «Stil» der Rechtsprechung auch bei REBHAHN, in: Festschrift 200 Jahre ABGB, Bd. II (Wien 2011) 1539 ff.

Worauf die Überzeugungskraft *(auctoritas)* *«bewährter Lehre»* beruht, lässt sich abstrakt nur unzureichend beschreiben: Differenziertheit und Transparenz der Wertungen, ihr konsensfähiger Einbau in die Rechts- und Wirtschaftsordnung[843], aber auch rhetorische und atmosphärische Gründe[844], wie Verständlichkeit und

---

[843] Treffend (zur «bewährten Lehre» im französischen Zivilrecht des 19./20. Jahrhunderts) MALAURIE, JCP 2001 (Doctrine I 283) 11: «... l'autorité suppose ni trop de conformisme, ni trop d'indépendance». Eingehend zur Funktion der französischen Doktrin seit Erlass des Code civil JESTAZ/JAMIN, La doctrine (Paris 2004) 69 ff.

[844] Zur «juristischen Rhetorik» das gleichnamige Buch von GAST, 5. Aufl. (Heidelberg 2015); zur rhetorischen Analyse des Rechts nun MORLOK, 56 ff.

Eleganz des Stils[845], Transparenz des Aufbaus, Einhaltung professioneller Argumentationsstandards, Grad der Etablierung des Autors in der Hierarchie des Wissenschaftsbetriebs (in der «interpretative community»[846]) sowie die vom Autor verwendete Literaturgattung[847], sind zweifellos gewichtige Faktoren.[848]

Ein wichtiges Indiz für die «Bewährtheit» einer Lehre ist natürlich auch der Umstand, dass sie sich im Fachdiskurs als doktrineller Mainstream etablieren und auf diese Weise zur *herrschenden Lehre* entwickeln konnte, der gegenüber abweichende Auffassungen als «Mindermeinungen» abfallen. Dass hier «nicht gezählt, sondern gewogen» wird, liegt auf der Hand[849]. So kann zuweilen eine einzige fundierte «dissenting opinion» einer quantitativ mit weitem Abstand «führenden» Lehrmeinung den Charakter «herrschender Lehre» nehmen.

---

[845] MALAURIE, JCP 2001 (Doctrine I 283) 12: «On pourrait plutôt lier l'autorité à la séduction de la langue».

[846] Zu diesem Topos in unserem Zusammenhang FISS, Stanford Law Review 34 (1981–82) 745; 762.

[847] Dazu anschaulich WESEL, Aufklärung über Recht, 2. Aufl. (Frankfurt a.M. 1988) 17 f. Es ist augenscheinlich, dass Kommentar- und Lehrbuchliteratur von der unter starkem Zeitdruck stehenden Praxis eher rezipiert werden als umfangreiche Monographien (namentlich Dissertationen). Daraus ergibt sich auch die Problematik langer «systematischer Einleitungen» in Grosskommentaren und auf der anderen Seite die steigende Beliebtheit von Kurz- und Kürzest-Kommentaren, die zum Teil nicht mehr bieten als eine unkritische Kompilation einschlägiger Judikatur (vgl. dazu schon oben S. 286 [Einschub]). Zur Gefahr der «Verzwergung der Rechtswissenschaft zur bloßen ... Rechtsprechungskunde» CANARIS, in: Vorwort zu LARENZ/CANARIS, Lehrbuch des Schuldrechts, Bd. II/2, 13. Aufl. (München 1994) VI.

[848] Im Übrigen ist zu beachten, dass «Lehre» auf Grund der universitären, durch Vorlesungen und andere Lehrveranstaltungen geprägten «Sozialisation» der (meisten) Richter auch eine wohl nicht zu unterschätzende oral vermittelte Wirkung entfalten kann. Insofern gilt tatsächlich: «Le juge reste l'enfant de la doctrine» (GAUTIER, Dalloz 2003, Chroniques, 2839).

[849] So etwa auch BK-ZGB/MEIER-HAYOZ, Art. 1 N 439. Für eine rein quantitative Messung des Grades der Akzeptanz (des «Zertitätswerts») von dogmatischen Aussagen plädiert ADOMEIT, JZ 1980, 344 ff.

Konzeptionell sollten «bewährte Lehre» (Art. 1 Abs. 3 ZGB) und «herrschende Lehre» unterschieden werden. S. auch MEIER-HAYOZ, Richter als Gesetzgeber, 107. «Bewährtheit» einer «herrschenden Lehre» liegt erst vor, wenn sie auch den Härtetest der Praxis (namentlich der höchstgerichtlichen) bestanden, d.h. von der Praxis akzeptiert worden ist. Zur Funktion der herrschenden Lehre Rita ZIMMERMANN, Die Relevanz einer herrschenden Meinung für Anwendung, Fortbildung und wissenschaftliche Erforschung des Rechts (Berlin 1983); (aus systemtheoretischer Sicht) DROSDECK, Die herrschende Meinung: Autorität als Rechtsquelle (Berlin 1989). Richtig die Beobachtung bei VOGEL, 108: «Nicht selten vertreten ... gerade bedeutende Rechtslehrer Minder(heits)meinungen, die Vorschein einer künftigen herrschenden Lehre sein können». Zur Problematik der «h.L.», speziell zu deren Etablierung durch universitare Schulbildungen und den dort «endemischen Zitierkartelle» anschaulich LEITNER, ÖJZ 2014, 983 f. Fragwürdig vor diesem Hintergrund MASTRONARDI, N 628: «Juristisch rational ist, was die herrschende Meinung teilt».

cc) Allgemeine Rechtsgrundsätze: In gewissen Rechtsordnungen wird der Richter für den Fall der Lückenhaftigkeit des Gesetzes, die nicht durch Analogieschlüsse zu beheben ist, letztlich auf allgemeine Rechtsgrundsätze verwiesen. Das noch naturrechtlich beeinflusste ABGB spricht in § 7 von «natürlichen Rechtsgrundsätzen»[850], Art. 12 Abs. 2 der Disposizioni preliminari zum Codice Civile von den «princìpi generali dell'ordinamento giuridico dello Stato». Art. 1 Abs. 1 des spanischen Código Civil misst den «principios generales del derecho» ausdrücklich Rechtsquellennatur[851] zu; in einem speziellen Zusammenhang verweist Art. 7 Abs. 2 UN-Kaufrecht den Rechtsanwender

---

[850] Zur Frage, wie diese Verweisung auf die natürlichen Rechtsgrundsätze heute verstanden werden könnte, *mein* Beitrag, in: Festschrift 200 Jahre ABGB, Bd. II (Wien 2011) 1169 ff.

[851] Wichtig REINOSO BARBERO, Los principios generales del derecho en la jurisprudencia del Tribunal supremo (Madrid 1987); SCHIPANI, Revista de derecho privado 1997, 427 ff. Zur Bedeutung der «principes généraux du droit privé» in der Judikatur der französischen Cour de Cassation GRIDEL, Dalloz 2002, Chroniques, 228 ff.; 345 ff. Weitere rechtsgeschichtliche und rechtsvergleichende Nachw. bei SCHOTT, «Rechtsgrundsätze» und Gesetzeskorrektur (Berlin 1975) und bei SCHULZE, ZEuP 1993, 442 ff.

zur Lückenfüllung auf die «allgemeinen Rechtsgrundsätze, die diesem Übereinkommen zugrundeliegen»[852].

Dass die allgemeinen Rechtsgrundsätze (allgemeinen Rechtsprinzipien, «principles of law») auch im schweizerischen Recht wichtige Orientierungsgesichtspunkte für richterrechtliche Entwicklungen sein können und gleichzeitig deren Integrierung in die geltende Rechtsordnung fördern, ist unbestritten[853]. Bei der Umschreibung des Bedeutungsgehalts der allgemeinen Rechtsgrundsätze gibt es allerdings manche Unsicherheiten[854].

---

[852] Dazu FERRARI, in: SCHLECHTRIEM/SCHWENZER/SCHROETER (Hrsg.), Kommentar zum UN-Kaufrecht (CISG), 7. Aufl. (München 2019) Art. 7 N 48 ff. Verweise auf «allgemeine Rechtsgrundsätze» gibt es auch im Völker- bzw. Europarecht. S. Art. 38 Abs. 1 lit. c des Statuts des IGH; zu den «gemeinsamen Verfassungsüberlieferungen der Mitgliedstaaten» als «allgemeine Grundsätze» des Unionsrechts Art. 6 Abs. 3 EUV; generell zu den allgemeinen Rechtsgrundsätzen des EU-Rechts etwa BERNITZ/ NERGELIUS (Ed.), General Principles of European Community Law (Den Haag etc. 2000); METZGER, RabelsZ 75 (2011) 845 ff.; zu deren grosser Bedeutung in der EuGH-Judikatur BEAUCAMP, DÖV 2/2013, 47 ff. Zu den «General Principles of European Private Law» BASEDOW, ERPL 2016, 331 ff.

[853] S. EGGER, Art. 1 N 39; DESCHENAUX, 113 f.; LIVER, Rechtsquelle, 26 ff.; I. MEIER, in: MEIER/OTTOMANN, Prinzipiennormen und Verfahrensmaximen (Zürich 1993) 52 ff.; BK-ZGB/MEIER-HAYOZ, Art. 1 N 405; FORSTMOSER/ VOGT, § 16 N 82 ff.; zum Prinzipienbegriff im schweizerischen öffentlichen Recht ENGI, ZBl 118 (2017) 59 ff.; für das österreichische Recht s. vor allem BYDLINSKI, Methodenlehre, 481 ff. In BGE 91 II 100 (107) wird die gesetzgeberische Methode (Art. 1 Abs. 2 ZGB) dadurch charakterisiert, dass eine Lösung zu suchen ist, «die sich folgerichtig in das Gefüge der gesetzlichen Bestimmungen einreihen lässt». Insofern sprach LARENZ von «geglückter Rechtsfortbildung». S. LARENZ, Kennzeichen geglückter richterlicher Rechtsfortbildungen (Karlsruhe 1965).

[854] Besonders bedeutsam ESSERS rechtsvergleichend fundierte Klassifikation der Typen der Rechtsprinzipien. S. ESSER, Grundsatz und Norm, 87 ff.; neuerdings METZGER, passim; *ders.,* Rechtstheorie 2009, 313 ff. Rechtsvergleichend (und begrifflich stärker als in diesem Lehrbuch differenzierend) auch *mein* Beitrag in: Im Dienste der Gerechtigkeit. Festschrift für Franz Bydlinski (Wien/New York 2002) 197 ff.; vgl. auch VAN HOECKE, Ratio Juris 8 (1995) 248 ff.; WIEDERKEHR, Jb. des Öffentlichen Rechts der Gegenwart N.F. 52 (2004) 171 ff. Zur rechtstheoretischen Einordnung der allgemeinen Rechtsgrundsätze neuerdings RYTER SAUVANT, 75 ff.

Nach dem hier vertretenen Verständnis geht es um Grundprinzipien des Rechts oder gewisser Teilbereiche des Rechts, die – teils (wenn vielleicht auch nicht jeweils in allgemeiner Form[855]) ausdrücklich positiviert, teils implizit der Rechtsordnung zugrundeliegend – das «innere System» des Rechts oder eines Teilbereichs der Rechtsordnung konstituieren, ohne unmittelbar subsumtionsfähig zu sein[856]. Dazu gehören in erster Linie grundlegende Verfassungsprinzipien[857], wie das Legalitätsprinzip, das Verhältnismässigkeitsprinzip[858], das Prinzip des Vertrauens-

---

[855] Zur induktiven Ableitung einer Gesamtanalogie aus einzelnen punktuellen Regelungen schon oben S. 232 f.

[856] S. auch die Definition von ALEXY, 319: «Prinzipien sind normative Aussagen so hoher Generalitätsstufe, dass sie in der Regel nicht ohne Hinzunahme weiterer normativer Prämissen angewendet werden können und meistens durch andere Prinzipien Einschränkungen erfahren»; s. auch BK-ZGB/MEIER-HAYOZ, Art. 1 N 406, der vom Erfordernis «noch weitergehender Konkretisierung und Wertung» spricht. Nach F. BYDLINSKI (JBl 1996, 684) sind «Prinzipien» im Unterschied zu «Regeln» auf lediglich «abgestufte Verwirklichung» zugeschnitten, «soweit wie diese im Hinblick auf die Tatsachenlage und allfällige gegenläufige Prinzipien eben möglich ist». Zu den Prinzipien des Privatrechts (im Anschluss an BYDLINSKI) VOSER, Bereicherungsansprüche in Dreiecksverhältnissen erläutert am Beispiel der Anweisung (Basel 2006) 55 ff. Zur Unterscheidung zwischen «Rechtsregeln» und «Rechtsprinzipien» (in Auseinandersetzung mit DWORKIN) ALEXY, in: ALEXY u.a., Elemente einer juristischen Begründungslehre (Baden-Baden 2003) 217 ff.; HABERMAS, 254 ff.; vgl. auch KOCH/RÜSSMANN, 97 ff.; MORAND, 59 ff. Zum «inneren System» schon oben S. 110 ff.

[857] Für das Europarecht sei (im Hinblick auf die Abgrenzung der Zuständigkeiten der Union) auf das «Subsidiaritätsprinzip» und den Verhältnismässigkeitsgrundsatz (Art. 5 EUV) verwiesen. Zum Verhältnismässigkeitsprinzip TRSTENJAK/BEYSEN, EuR 2012, 265 ff. Im schweizerischen Wirtschaftsverfassungsrecht ist das Subsidiaritätsprinzip «eher ein wirtschaftspolitisches Leitbild als eine justiziable Rechtsregel»: So BGE 138 I 378 (395).

[858] Das Verhältnismässigkeitsprinzip bezieht sich auf die gesamte Rechtsordnung, auch auf das Privatrecht. S. M. STÜRNER, Der Grundsatz der Verhältnismäßigkeit im Schuldvertragsrecht. Zur Dogmatik einer privatrechts-immanenten Begrenzung von vertraglichen Rechten und Pflichten (Tübingen 2010). Zur Ausstrahlung des Verhältnismässigkeitsgrundsatzes auf das Privatrecht auch TISCHBIREK, JZ 2018, 421 ff.

schutzes oder das Verbot formeller Rechtsverweigerung[859], vor allem auch ungeschriebene und (in der neuen BV regelmässig) geschriebene Grundrechtsverheissungen[860]. Diese Vorgaben binden ja auch den Gesetzgeber, auf dessen Modell das Gericht in Art. 1 Abs. 2 ZGB verwiesen wird[861]. Dazu kommen bereichsbezogene Rechtsprinzipien zumeist einfachgesetzlicher Stufe wie etwa das umweltrechtliche Verursacherprinzip, das haftpflichtrechtliche Verschuldensprinzip, das vertragsrechtliche Vertrauensprinzip, das Prinzip der Vertragstreue (*pacta sunt servanda*) mit seiner aus dem Grundsatz der *clausula rebus sic stantibus* abgeleiteten Einschränkung, das Prinzip der Stiftungsfreiheit,[862] das sachenrechtliche Spezialitäts- und Publizitätsprinzip, das lauterkeitsrechtliche Leistungsprinzip, die Prozessmaximen und Verfahrensgrundsätze[863] oder die Steuerrechtsprinzipien

---

[859] S. Art. 29 Abs. 1 BV. Darauf beruft sich BGE 140 III 636 (641), wobei ausgeführt wird, dass das Verbot des überspitzten Formalismus sich aus Art. 29 Abs. 1 BV ableiten lasse. Zur «Fairness als Verfassungsgrundsatz» die gleichnamige Monographie von WIEDERKEHR (Bern 2016).

[860] Dazu etwa BOROWSKI, Grundrechte als Prinzipien, 3. Aufl. (Baden-Baden 2018).

[861] Treffend ZÄCH, SJZ 1989, 9: «Nach der Vorschrift von Art. 1 Abs. 2 ZGB muss der Richter bei der Lückenfüllung und damit auch bei der Schaffung neuen Rechts wie ein Gesetzgeber vorgehen. Der Gesetzgeber hat – wie unbestritten ist – bei der Rechtsetzung in allen Regelungsbereichen die Verfassung zu beachten». Zur Relevanz der Handels- und Gewerbefreiheit (heute: Wirtschaftsfreiheit) für das offene Problem der Behandlung von Parallelimporten nach dem revidierten MSchG überzeugend ZÄCH, in: Rechtskollisionen: Festschrift für Anton Heini zum 65. Geburtstag (Zürich 1995) 523 ff.; dem folgend BGE 122 III 469 (480). Aus der deutschen Rechtsprechung BVerfG NJW 1998, 519 (521): «Ebenso wie bei der Auslegung von Generalklauseln ist bei der Rechtsfortbildung in besonderem Masse auf die verfassungsrechtlichen Grundentscheidungen Bedacht zu nehmen».

[862] Dazu BGE 120 II 374 (377).

[863] Dazu OTTOMANN, in: I. MEIER/OTTOMANN, Prinzipiennormen und Verfahrensmaximen (Zürich 1993) 76 ff.; stark differenzierend SCHINKELS, Rechtstheorie 2006, 407 ff.

(Art. 127 Abs. 2 BV)[864]. Sind diese Prinzipien ausdrücklich gesetzlich positiviert, geht es jeweils um generalklauselhafte Normierungen; Generalklauseln grundlegender Bedeutung können daher jeweils auch als allgemeine Rechtsprinzipien bezeichnet werden[865].

Die angesprochenen Rechtsgrundsätze sind, wie gesagt, nicht unmittelbar subsumtionsfähig, sie müssen konkretisiert und gerade im Gebiet der Grundrechte, die zum Teil konfligierende Ziele ansteuern («Prinzipienkollision»), auch gegeneinander abgewogen und i.S. eines «less or more» (nicht eines «all or nothing») «optimiert» werden.

Dieses Problem stellt sich weltweit. Zum «constitutional law in the age of balancing» ALEINIKOFF, The Yale Law Journal 96 (1987) 943 ff. Aus schweizerischer Sicht MORAND, 57 ff.; aus deutscher grundlegend ALEXY, Theorie der Grundrechte (Baden-Baden 1985) 143 ff.; plastisches Beispiel zu einer «umfassenden Güter- und Interessenabwägung» (in Bezug auf ein Rauchverbot) aus der österreichischen Praxis in OGH JBl 2017, 242 (248); aus der Judikatur des EGMR etwa Entscheidung vom 15.10.2015 (*Perinçek/Schweiz*), NJW 2016, 3353 ff. Zur Kritik am verfassungsrechtlichen (vor allem grundrechtlichen) Abwägungsmodell HABERMAS, 312 ff.; dagegen ALEXY, Ars interpretandi: Yearbook of Legal Hermeneutics 7 (2002) 113 ff. Zu den Stärken und Schwächen der Abwägungslehre neben vielen anderen JESTAEDT, in: Festschrift für Josef Isensee (Heidelberg u.a. 2007) 253 ff., vor allem 260 ff.; vgl. auch die Beiträge in KLATT (Hrsg.), Prinzipientheorie und Theorie der Abwägung (Tübingen 2013); MÜLLER/MASTRONARDI (Hrsg.), «Abwägung». Herausforderung für eine Theorie der Praxis (Berlin 2014). Zur Problematik der Interessenabwägung auch unten S. 316 ff.

Die Prinzipien dienen dem Rechtsanwender aber jedenfalls als «guidelines», als «regulatorische Ideen», sie zeigen *«Wertungstendenzen»* an, an denen die richterrechtliche Konkretisierung

---

864 Dazu jetzt mit eingehender methodologischer Begründung L.U. CAVELTI, ZSR 137 (2018) I, 551 ff.

865 So etwa auch FORSTMOSER/VOGT, § 16 N 82 f., mit Hinweis auf das Gebot von Treu und Glauben (Art. 2 ZGB und Art. 5 Abs. 3 sowie Art. 9 BV) und das Gleichbehandlungsgebot (Art. 8 BV).

anzuknüpfen hat. Dabei ist aber noch einmal[866] an das Gebot der Methodenehrlichkeit zu erinnern. Die Berufung auf allgemeine Rechtsprinzipien darf nicht dazu dienen, richterliche Eigenwertungen zu verschleiern, denen ganz andere Inspirationsquellen zugrunde liegen als die *pro forma* apostrophierten Rechtsprinzipien.

Allgemeine Rechtsgrundsätze besonderer Art, die man auch als Ausdruck der in der deutschen Fassung von Art. 1 Abs. 3 ZGB angesprochenen «Überlieferung» ansehen kann, sind die zumeist aus dem Römischen oder dem *Ius Commune* tradierten *Rechtssprichwörter («Rechtsparömien»)*[867]. Diese sind, wie etwa die Regel «falsa demonstratio non nocet», teilweise gesetzlich positiviert («kodifizierte Parömien»)[868], so dass ihnen für die Legitimierung von Richterrecht keine zusätzliche Bedeutung zukommt, teilweise aber auch «freischwebender» und damit über Art. 1 Abs. 2 und 3 ZGB aktivierbarer Ausdruck alter europäischer Rechtsvernunft, einer «coutume savante». Man denke an tradionsreiche «dogmatische» Parömien[869] wie etwa «venire contra factum proprium nulli conceditur», «protestatio facto contraria non valet», «dolo agit, qui petit, quod statim redditurus est», «nemo plus iuris transferre potest quam ipse habet» oder «servitus civiliter exercenda»[870]. Ganz grundsätzlich können, wie Eugen BUCHER[871] betont, gerade im Privatrecht *vorkodifikatori-*

---

[866] S. oben bei FN 814.

[867] Vgl. dazu DU PASQUIER, 36 ff.; SPIRO, ZSR 69 (1950) I, 121 ff.; LIVER, Rechtsquelle, 30; BK-ZGB/MEIER-HAYOZ, Art. 1 N 414 ff.; KRAMER, Festschrift Höhn, passim.

[868] «Falsa demonstratio non nocet» («Eine versehentlich falsche Bezeichnung schadet nicht») ist in Art. 18 Abs. 1 OR positiviert.

[869] Die «dogmatischen» Parömien können den «methodologischen» (etwa «singularia non sunt extendenda» oder «cessante legis ratione cessat lex ipsa») gegenübergestellt werden. S. KRAMER, Festschrift Höhn, 143 f.

[870] Darauf beruft sich BGE 137 III 145 (151 f.).

[871] ZEuP 2000, 394 ff. Vgl. auch schon Th. HONSELL, Historische Argumente im Zivilrecht (Ebelsbach 1982). Von der «Inspirationsfunktion» des historischen Arguments spricht GRIGOLEIT, ZNR 2008, 268. Zu «überhistorischen» Rechts-

sche Rechtstraditionen («Rechtsüberlieferungen»), auch wenn sie sich nicht zu einprägsamen Formeln kristallisiert haben, wichtige Mittel zur Bewältigung der Lückenhaftigkeit der geltenden Gesetzesordnung darstellen.

dd) Rechtsvergleichung: Eine in der erfreulich «internationalistisch» eingestellten Rechtsprechung des Bundesgerichts besonders extensiv benutzte Inspirationsquelle des *modo legislatoris* lückenfüllenden Richterrechts ist die Rechtsvergleichung[872]. Das schweizerische Bundesgericht[873], oft aber auch untere In-

---

grundsätzen des europäischen Privatrechts METZGER, 323 ff.; zur Bedeutung einer «coutume savante» auch KODEK, § 7 N 85. Vgl. auch die Nachw. zur Bedeutung des historischen Arguments bei Interpretation des OR oben S. 159 (Einschub).

[872] S. dazu vor allem BK-ZGB/MEIER-HAYOZ, Art. 1 N 356 ff.; s. etwa auch KLEIN, Rev. int. de droit comp. 1959, 321 ff.; UYTERHOEVEN, Richterliche Rechtsfindung und Rechtsvergleichung (Bern 1959); zum österreichischen Recht (mit Begründung aus der Verweisung des § 7 ABGB auf die «natürlichen Rechtsgrundsätze») KRAMER, in: Festschrift 200 Jahre ABGB, Bd. II (Wien 2011) 1182 ff. Überzeugendes Plädoyer für eine bewusst «europafreundliche» rechtsvergleichende Methode der Rechtsfindung (aus Sicht der EU-Staaten) bei VON BAR, ZfRV 1994, 231; Nachw. aus verschiedenen Jurisdiktionen bei PEYER, recht 2004, 104 ff.; MARKESINIS/FEDTKE, Engaging with Foreign Law (Hart 2009); KADNER-GRAZIANO, RIW 2014, 473 ff.; *ders.,* SZIER 2014, 579 ff. Beiträge in: GAMPER/VERSCHRAEGEN (Hrsg.), Rechtsvergleichung als juristische Auslegungsmethode (Wien 2013) sowie (aus schweizerischer Sicht) in: SCHMID/MORAWA/HECKENDORN URSCHELER (Hrsg.), Die Rechtsvergleichung in der Rechtsprechung. Praxis, Legitimität und Methodik (Zürich 2014); rechtsvergleichend BOBEK, Comparative Reasoning in European Supreme Courts (Oxford 2013). Zum Gebrauch rechtsvergleichender Argumente in der Judikatur des österreichischen Verfassungsgerichtshofs GAMPER, in: GROPPI/PONTHOREAN, The Use of Foreign Precedents by Constitutional Judges (Oxford/Portland, Oregon 2013) 213 ff.

[873] S. die vielen Nachw. bei GERBER, in: Perméabilité des ordres juridiques = Osmose zwischen Rechtsordnungen = The Responsiveness of Legal Systems to Foreign Influences (Zürich 1992) 141 ff.; dort auch WERRO, 167 ff.; vgl. auch G. WALTER, recht 2004, 91 ff. Von einem «generellen» rechtsvergleichenden Auslegungselement, vor dem KUNZ (recht 2017, 149) warnt, kann natürlich keine Rede sein; bei klarer Rechtslage kann diese selbstverständlich nicht durch Rekurs auf rechtsvergleichende Argumente überspielt werden.

stanzen, die (gemäss Art. 1 Abs. 2 ZGB) *modo legislatoris* eine
Lücke zu schliessen haben, berufen sich – namentlich im Privatrecht[874] – auffallend oft auf Normierungen ausländischer Rechtsordnungen, allenfalls auch auf ausländisches Richterrecht und
Theorien[875], die das im heimischen Recht ungeregelte Problem in

---

Hinweise auf komparativ argumentierende Bundesgerichtsentscheide: BGE 114
II 131 (135), BGE 122 III 464 (465 f.), BGE 126 III 129 (143 ff.), 132 III 305
(315), 138 II 440 (451), 142 III 481 (490 f.).
Rechtsvergleichung dient im Übrigen in der schweizerischen Rechtsprechung
nicht nur als Hilfsmittel der richterrechtlichen Lückenfüllung, sondern wird
auch bei der im Rahmen des Wortsinns verbleibenden Interpretation unklarer
Regelungen praktiziert. WALTER/HURNI, Anwaltsrevue 2007, Heft 6/7, 287,
sprechen treffend von einer «rechtsvergleichenden Richtigkeitskontrolle» des
aus dem nationalen Recht abgeleiteten Auslegungsergebnisses. Beispielhaft das
BGer im Urteil der 1. Zivilabteilung 4 C. 395/2001 vom 28.5.2002 (Vergleich
mit dem Recht der Nachbarländer in Bezug auf die Interpretation des Art. 201
OR). Dazu RUETSCHI, recht 2003, 115 ff. In BGE 133 III 180 (184) betont das
BGer die Bedeutung der rechtsvergleichenden Argumentation besonders für den
Fall, dass die schweizerische Gesetzgebung ein ausländisches Recht als Vorbild
genommen hat. Bemerkenswert der liechtensteinische Staatsgerichtshof LES
2/03, 71 (76): «Jedenfalls für den Kleinstaat ist es ... durchaus gerechtfertigt, die
Rechtsvergleichung als eigentliche <fünfte Auslegungsmethode> zu bezeichnen» (mit Hinweis auf HÄBERLE). Statt von einer eigenständigen fünften Auslegungsmethode sollte wohl eher von einem Hilfsmittel der objektiv-
teleologischen Methode gesprochen werden; ähnlich (aber sehr zurückhaltend)
RIESENHUBER, AcP 218 (2018) 714; a.M. TSCHENTSCHER, JZ 2007, 812. Im
Vergleich zu Kleinstaaten tendieren Gerichte grosser Staaten (im Hinblick auf
die Inspiration durch ausländisches Recht) oft zur Selbstgenügsamkeit, wenn
nicht gar zum *horror alieni iuris*. Zur Situation in den USA vgl. MARKESINIS,
Cambridge Law Journal 65 (2006) 301 f., mit dem Titel: «National self-
sufficiency or intellectual arrogance? The current attitude of American courts
towards foreign law».

874 Zur Bedeutung rechtsvergleichender Argumente im öffentlichen Rechts TSCH-
ENTSCHER, JZ 2007, 807 ff.; für die Schweiz RÜTSCHE, in: SCHMID/
MORAWA/HECKENDORN URSCHELER (Hrsg.), Die Rechtsvergleichung in der
Rechtsprechung – Praxis, Legitimität und Methodik (Zürich 2014) 121 ff.

875 Hinweise auf ausländisches Richterrecht etwa in BGE 132 III 359 (363). Dass
auch bei Hinweisen auf ausländisches Gesetzesrecht stets Rechtsprechung und
Lehre mitberücksichtigt werden müssen, betont richtig BK-ZGB/ MEIER-
HAYOZ, Art. 1 N 389. Vgl. auch H.P. WALTER, ZSR 126 (2007) I, 274, der vor
einer flüchtigen Betrachtung ausländischer Entscheidungen warnt. «Vielmehr

einer auch hier vernünftig erscheinenden und in das System der eigenen Rechtsordnung integrierbaren Weise bewältigen[876]. In BGE 126 III 129 (138) hat das Bundesgericht gar davon gesprochen, dass sich «namentlich im traditionell grenzüberschreitenden Rechtsverkehr ... eine sachgerechte Rechtsfindung und damit auch Lückenfüllung ohne rechtsvergleichende Grundlage nicht verwirklichen» lasse.

Wenn es um die Beurteilung internationaler Handelsverträge geht, können Lücken der nationalen Gesetzgebung (auf Basis von Art. 1 Abs. 2 ZGB) allenfalls auch durch Rekurs auf die vom Internationalen Institut für die Vereinheitlichung des Privatrechts (UNIDROIT) hrsg. «Principles of International Commercial Contracts» («UPICC») gefüllt werden. Die UPICC beruhen nicht auf einer internationalen Konvention, sondern stellen ein unverbindliches, «privates» Regelwerk («soft law») dar, dessen praktischer Erfolg (vor allem in der Schiedsgerichtbarkeit) ganz von seiner inneren Qualität abhängt. Sie gelten somit *imperio rationis* (also kraft ihrer Vernünftigkeit), nicht *ratione imperii*. So CANARIS, in: BASEDOW, Europäische Vertragsrechtsvereinheitlichung und deutsches Recht (Tübingen 2000) 16 f. Zu den UPICC «as a Means to Interpret of Supplement Domestic Law» O. MEYER, Revue de droit uniforme/Uniform Law Review 2016, 599 ff.; HOEKSTRA, The Vindobona Journal of International Commercial Law and Arbitration 23 (2019) 64 ff. Speziell zur (sehr umstrittenen) Heranziehung der UPICC als Hilfsmittel für eine Lückenfüllung im Rahmen des UN-Kaufrechts BURKART, Interpretatives Zusammenwirken von CISG und UNIDROIT Principles (Baden-Baden 2000) 209 ff. Weit. Nachw. dazu unten FN 1036. Wichtiger Kommentar zu den UPICC: VOGENAUER (Ed.), Commentary on the UNIDROIT Principles of International Commercial Contracts (PICC), 2. Aufl. (Oxford 2015). Zur Berücksichtigung der UPICC und der Principles of European Contract Law («PECL») bei Auslegung einer Privatrechtskodifikation, die stark von diesen Principles beeinflusst ist, am Beispiel von

---

sind diese Entscheidungen in die dortige Rechtskultur einzubetten und daraus zu verstehen».

[876] Wichtig BYDLINSKI, Methodenlehre, 386: «Die massgebenden ausländischen Rechtssätze sind nicht in begrifflich-oberflächlicher, sondern nur in ‹funktioneller› Rechtsvergleichung zu finden, die von den realen Regelungsproblemen und Regelungszwecken ausgeht». Zur Vorsicht bei der Übertragung eines Rechtsgrundsatzes einer fremden Rechtsordnung, namentlich wenn diese einer anderen Rechtsfamilie angehört, mahnt auch OLG Celle NJW 2005, 2160 (2161).

Litauen ZUKAS, Der Einfluss der «UNIDROIT Principles of International Commercial Contracts» und der «Principles of European Contract Law» auf die Transformation des Vertragsrechts in Litauen (Bern 2011).

Die richterrechtlichen Teilrezeptionen im Wege der *«komparativen Methode der Rechtsfindung»*[877] können, wie MEIER-HAYOZ überzeugend dargetan hat[878], im schweizerischen Recht ohne Weiteres legitimiert werden, wenn man daran denkt, dass der Gesetzgeber, dessen Modell das Gericht nach Art. 1 Abs. 2 ZGB zugrundezulegen hat, richtigerweise heute keine ins Gewicht fallende Gesetzgebung in die Welt setzt, ohne sich in einem (in den entsprechenden bundesrätlichen Botschaften dokumentierten) rechtsvergleichenden Tour d'horizon von einschlägigen Lösungen ausländischen, namentlich der naheliegenden europäischen Rechtsordnungen und speziell des EU-Rechts[879] inspirieren zu lassen. In Art. 7 des Seeschiffahrtsgesetzes wird der Richter sogar ausdrücklich auf die komparative Methode der Lückenfüllung verwiesen, wenn es dort heisst, dass der Richter letztlich «nach der Regel» entscheiden solle, «die er als Gesetzgeber aufstellen würde, wobei er Gesetzgebung und Gewohnheit, Wissen-

---

[877] So der Titel des grundlegenden Aufsatzes von ZWEIGERT, RabelsZ 15 (1949/50) 5 ff. Zur Bedeutung der Rechtsvergleichung bei der Interpretation von Einheitsprivatrecht unten S. 344 f. (Einschub).

[878] BK-ZGB/MEIER-HAYOZ, Art. 1 N 367 f. Der liechtensteinische OGH (zuletzt LES 3/11, 156 [157]) folgt für das liechtensteinische Recht, das durch viele Rezeptionen ausländischen Rechts geprägt ist, der Regel, wonach das übernommene Recht grundsätzlich so gelten solle, wie es im Ursprungsland höchstgerichtlich ausgelegt wird. Dazu kritisch und differenzierend KRAMER, JZ 2017, 11.

[879] Zu Begriff und Funktion des Postulats der «Eurokompatibilität» des schweizerischen Wirtschaftsrechts eingehend BAUDENBACHER, ZSR 131 (2012) II, 419 ff. Zur Bedeutung des EU-Rechts für Interpretation und Lückenfüllung auch von genuin schweizerischem Recht (das nicht als «autonom nachvollzogen» bezeichnet werden kann) unten S. 354 f.

schaft und Rechtsprechung der seefahrenden Staaten berücksichtigt»[880] .

ee) Ausserrechtliche Argumente

(1) Inspirationsquelle für *modo legislatoris* geschaffenes Richterrecht können (sollten!) aber auch ausserrechtlich gewonnene «policy considerations» sein, wobei diese wiederum möglichst von einer eben nicht ausschliesslich rechtsdogmatisch argumentierenden Doktrin aufbereitet werden müssten[881].

Die Legitimität solcher ausserrechtlicher Argumente ergibt sich für das schweizerische Recht unmittelbar aus Art. 1 Abs. 2 ZGB. Anders (für das deutsche Recht) LANGENBUCHER, Die Entwicklung und Auslegung von Richterrecht (München 1996), wonach eine Ausweitung richterlicher Argumentation bei der Rechtsfortbildung auf ausserrechtliche Argumente nicht begründbar sei (zusammenfassend S. 30); ebenso wohl auch BVerfG NJW 2012, 669 (671), wonach richterliche Rechtsfortbildung die «verfassungsrechtlichen Grenzen» überschreite, «wenn sie ... ohne ausreichende Rückbindung an gesetzliche Aussagen neue Regelungen schafft»; gleichsinnig (ohne Bedachtnahme auf Art. 1 Abs. 2 ZGB) offenbar BGE 114 II 239 (246): Gesetzesübersteigende richterliche Rechtsfortbildung habe von vornherein ihre Grenze dort, «wo eine Antwort im Rahmen der geltenden Rechtsordnung mit spezifisch rechtlichen Erwägungen allein nicht gefunden werden kann». AMSTUTZ, sic! 2003, 682 f., anerkennt zwar grundsätzlich, dass «Rechtsoperationen» (durch die Öffnung auf Ausserrechtliches) «fremdbestimmt» werden, vermisst aber ausreichende theoretische (methodische) Fundierung des Umgangs mit solchen Begründungsfaktoren. Gedankliche Ansätze dazu bei PETERSEN, Der Staat 2010, 434 ff.; Plädoyer für eine (nicht interdisziplinäre, sondern) «transdisziplinäre» Methode des Rechts (am Beispiel des Aktien- und Kapitalmarktrechts) bei DEDEYAN, 33 ff. Befürwortung eines «strictly legal point of view» hingegen bei ERNST, 15 ff. Schon WINDSCHEID (Die Aufgaben der Rechtswissenschaft [Leipzig 1884] 31) hatte gemeint,

---

[880] Diese Vorschrift und die schweizerische Aufgeschlossenheit gegenüber der komparativen Methode der Rechtsfindung überhaupt finden besondere Beachtung bei GROSSFELD, Macht und Ohnmacht der Rechtsvergleichung (Tübingen 1984) 33 f.

[881] Wichtige Überlegungen zu den Aufgaben einer modernen, über den disziplinären Tellerrand hinausschauenden juristischen Doktrin bei GOUBEAUX, Rev. trim. droit civ. 2004, 249 f.

«ethische, politische, volkswirtschaftliche Erwägungen» seien nicht Sache des «Juristen als solchen».

In privatrechtlichen Zusammenhängen sind die ausserrechtlichen Argumente, wie bereits[882] angedeutet, oft *ökonomische Argumente*. So kann im Haftpflichtrecht die gesetzlich nun einmal nicht verlässlich geklärte Frage, ob auch «Reflexschäden» ersatzfähig sind, vor allem wenn «reine Vermögensschäden» («poor economic losses») zu beurteilen sind, nicht oder nicht ausschliesslich durch Bezugnahme auf eine rein rechtsdogmatisch konzipierte Theorie der Rechtswidrigkeit oder durch blosse Verweisung auf mehr oder weniger zufällig aufgestöberte «Schutznormen» bewältigt werden. Ein solcher «disziplinärer Autismus»[883] führt nicht weiter. Hier sind, soweit sie mit den grundsätzlichen Wertentscheidungen des geltenden Rechts kompatibel sind, auch – möglichst fundierte, nicht lediglich auf Intuition beruhende – ausserrechtliche Überlegungen miteinzubeziehen[884], namentlich die rechtsökonomisch fundierte Frage nach dem «superior risk bearer» und in diesem Zusammenhang das (gesetzlich öfters explizit angesprochene[885]) Argument der wirtschaftlichen Tragbarkeit (vor allem Versicherbarkeit) des zugerechneten Risikos. Ganz ähnlich stellt sich die Situation im Produktehaftpflicht-, Ärztehaftpflicht- und Umweltrecht dar. Ökonomische Überlegungen sind auch bei Konkretisierung der zentralen haftpflichtrechtlichen Generalklausel der Fahrlässigkeit zielführend. Kon-

---

[882] Oben S. 281 f.

[883] Treffend JESTAEDT, in: KIRCHOF/MAGEN/SCHNEIDER (Hrsg.), Was weiß Rechtsdogmatik? (Tübingen 2012) 131.

[884] Zum «Elend» rein dogmatischer Argumentation im Haftpflichtrecht bereits SCHILCHER, in: Wertung und Interessenausgleich im Recht: Walter Wilburg zum 30. Dezember 1975 gewidmet von Assistenten der Grazer rechts- und staatswissenschaftlichen Fakultät (Graz 1975) 186 ff.; vgl. auch schon SCHILCHERS originellen Versuch einer «Theorie der sozialen Schadensverteilung» (Berlin 1977); zu einer «offenen» Bewältigung des Problems des Reflexschadens auch BÜRGE, JBl 1981, 57 ff.

[885] Nachw. oben FN 817.

ventionelle Umschreibungen, dass Fahrlässigkeit die Ausserachtlassung der «im Verkehr erforderlichen Sorgfalt»[886] sei, sind hier nur wenig hilfreich. Erheblich stringenter – freilich immer noch interpretationsbedürftig – erscheint die vom amerikanischen Richter Learned HAND[887] geprägte Formel, wonach Fahrlässigkeit dann vorliegt, wenn der durch den Unfall verursachte Verlust, multipliziert mit der Wahrscheinlichkeit des Eintretens des Unfalls, die Kosten der Vorkehrungen übersteigt, die der Handelnde hätte ergreifen können, um den Verlust abzuwenden[888]. Gewisse Generalklauseln (bzw. unbestimmte Rechtsbegriffe) verweisen geradezu auf eine «ökonomische Analyse», wie etwa «erhebliche Beeinträchtigung des Wettbewerbs», «wirksamer Wettbewerb» und «wirtschaftliche Effizienz» in Art. 5 Abs. 1 und 2 KG[889].

---

886   So die Legaldefinition der Fahrlässigkeit in § 276 Abs. 1 BGB.

887   In der Entscheidung *United States* v. *Carroll Towing Co.*, 159 F. 2d 169 (2nd Cir. 1947). Aus der englischen Judikatur etwa LORD HOFFMANN in *Stovin* v. *Wise* [1996] A.C. 944, der sich auf Argumente wie effiziente Ressourcenallokation und die Reduktion von Externalitätseffekten bezieht.

888   S. dazu TAUPITZ, AcP 196 (1996) 157 ff.; KÖTZ, in: Festschrift für Ernst Steindorff zum 70. Geburtstag am 13. März 1990 (Berlin/New York 1990) 643 ff., 649 ff.; *ders.*, ZVersWiss 1993, 60 ff.

889   Dazu BGE 129 II 18 ff. («*Buchpreisbindung II*») und dazu AMSTUTZ/REINERT, sic! 2003, 56 ff.; RAASS, sic! 2004, 911 ff. Zur Rechtfertigung von Wettbewerbsabreden in Bereich Forschung und Entwicklung durch das Argument der «wirtschaftlichen Effizienz» BÜHLER/LEHMANN, AJP 1997 651 ff., mit methodisch vorbildlicher Verwertung ökonomischer Argumente. Vgl. auch REINERT, Ökonomische Grundlagen zur kartellrechtlichen Beurteilung von Alleinvertriebsverträgen (Zürich etc. 2004). Allgemein zur Bedeutung der Methodenlehre im Kartellrecht R.H. WEBER, in: WEBER/HEINEMANN/VOGT (Hrsg.), Methodische und konzeptionelle Grundlagen des Schweizer Kartellrechts im europäischen Kontext. Symposium für Roger Zäch (Bern 2009) 1 ff. Methodisch interessant auch die Konkretisierung des unbestimmten Rechtsbegriffs «gleichwertige Arbeit» in Art. 8 Abs. 3 Satz 3 BV durch wissenschaftliche Arbeitswertanalysen in BGer JAR 1991, 159 (161). Nachw. zur wirtschaftlichen Argumentation des BGer bei GRONER, SJZ 2002, 457 ff.

Die in der amerikanische Theorie («Law and Economics»-Schule[890]) entwickelte und inzwischen weltweit beachtete *Ökonomische Analyse des Rechts» (ÖAR)*[891] vertritt in Bezug auf die Deutung und Bewertung rechtlicher Normierungen teilweise geradezu einen theoretischen Ausschliesslichkeitsanspruch. Rechte und Verantwortlichkeiten sollen – im Privatrecht – so zugerechnet werden, dass die knappen Ressourcen einer Gesellschaft optimal (d.h. möglichst effizient) genutzt werden. In diesem reduktionistisch-monistischen Sinn ist die ÖAR weder *de lege lata* noch *de lege ferenda* haltbar. Rechtliche Regelungen beruhen nun einmal offensichtlich nicht integral auf ökonomischen (marktwirtschaftlichen) Effizienzüberlegungen[892] und sind auch nicht ausschliesslich auf ein «cost-benefit-reasoning» ausgerichtet[893]. Dies bedeutet aber keineswegs, dass diese Überlegungen für die Rechtsanwendung nicht hilfreich, ja manchmal geradezu unabdingbar sein können. Dies ist dann offensichtlich, wenn, wie gerade am Beispiel des Kartellrechts gezeigt, gesetzliche Regelungen auf ökonomische Argumente verweisen oder implizit auf

---

[890] Bilanz nach dreissig Jahren «Economic Analysis of Contract Law» bei POSNER, The Yale Law Journal 112 (2003) 829 ff. Zur Entwicklung der Rechtsökonomie im deutschen Sprachraum GRECHENIG/GELTER, RabelsZ 72 (2008) 540 ff.

[891] Dazu etwa KIRCHNER, Ökonomische Theorie des Rechts (Berlin/New York 1997); VAN AAKEN, «Rational Choice» in der Rechtswissenschaft (Baden-Baden 2003); LIETH, passim; TOWFIGH/PETERSEN, Ökonomische Methoden im Recht. Eine Einführung für Juristen, 2. Aufl. (Tübingen 2017); MÖLLERS, 180 ff. (N 122 ff.); MÜLLER/MITROVIC, recht 2019, 50 ff.; MATHIS, Effizienz statt Gerechtigkeit?, 4. Aufl. (Berlin 2019). Speziell zur ökonomischen Analyse des Zivilrechts SCHÄFER/OTT, Lehrbuch der ökonomischen Analyse des Zivilrechts, 4. Aufl. (Berlin etc. 2005).

[892] Dazu EIDENMÜLLER, Effizienz als Rechtsprinzip, 4. Aufl. (Tübingen 2015).

[893] So im Ergebnis auch HORN, AcP 176 (1976) 333; neuerdings auch R. STÜRNER, AcP 214 (2014) 38, der von einer «verhängnisvollen gedanklichen Verengung» warnt. Vgl. auch die literarische Kontroverse zwischen FEZER, JZ 1986, 817 ff.; OTT/SCHÄFER, JZ 1988, 213 ff.; FEZER, JZ 1988, 223 ff. Sehr ausgewogen die Stellungnahme des englischen Nationalökonomen C.A.E. GOODHART, The Modern Law Review 60 (1997) 1 ff. Dieser Aufsatz belegt, dass der Theorieansatz der ÖAR durchaus kein einheitliches, geschlossenes System bietet, sondern in sehr verschiedenen «Schulen» vertreten wird.

diesen beruhen[894]. «Im Gesellschafts- und Kapitalmarktrecht oder in der Finanzmarktaufsicht kommt man ohne ökonomische Kenntnisse nicht mehr weit»[895].

Selbstverständlich gilt das gerade Gesagte besonders pronociert auch dort, wo es nicht um i.e.S. oder den Bereich des «gebundenen Richterrechts», sondern um die Begründung von eigentlichem (gesetzesübersteigendem) Richterrecht geht, namentlich auch dann, wenn es um die Konkretisierung von Generalklauseln im Gebiet des privaten Vermögensrechts geht[896], das in unserer Gesellschaft nun einmal in eine marktwirtschaftliche Ordnung und deren Funktionsprämissen eingebettet ist. Ökonomische Gesichtspunkte in der Entscheidungsbegründung führen hier in vielen Fällen zu Rationalitätsfortschritten gegenüber traditionellen Beschwörungen von imaginären rechtlichen Grundwertungen, der meist genauso nebulösen «Natur der Sache»[897] oder schwer fassbaren Gerechtigkeitsüberlegungen des Rechtsanwenders.

Konzise Darstellung der «ökonomischen Haftungstheorien» bei GIMPEL-HINTEREGGER, Grundfragen der Umwelthaftung (Wien 1994) 43 ff. Auch im Vertragsrecht können ökonomische Überlegungen zur Konkretisierung von Generalklauseln wichtig sein. So etwa im Hinblick auf die Frage, wie weit man unter dem Titel der *culpa in contrahendo* Informationspflichten zurechnen und – im selben Zusammenhang – wie weit das Irrtumsrisiko durch die Möglichkeit der Anfechtung des Vertrags überwälzt werden können sollte. S. dazu KÖTZ,

---

[894] Zur Frage nach einem angemessenen Kapitalisierungszinsfuss bei Schadenersatz für künftigen Erwerbsausfall hat das BGer (BGE 125 III 312 [315 ff.]) auf Basis von Art. 42 OR Expertenprognosen über die künftig zu erwartende Teuerungs- und Kapitalertragsentwicklung in Auftrag gegeben.

[895] Zutreffend DEDEYAN, 55; vgl. auch HETTICH/KOLMAR, ZBl 2018, 283 f.; KOHL, in: Jahrbuch Junger Zivilrechtswissenschaftler 1992 (Stuttgart etc. 1993) 45; EIDENMÜLLER, AcP 197 (1997) 116 ff. Zu den ökonomischen Begründungen für den Patentschutz MACHLUP, GRUR Int. 1961, 373 ff.

[896] Zum Begriff der Fahrlässigkeit gerade oben bei FN 886, 887.

[897] Dazu schon oben S. 198. Zur Fragwürdigkeit des Natur der Sache-Arguments vor allem RÜTHERS/FISCHER/BIRK, § 23 N 922 ff.

Europäisches Vertragsrecht, 2. Aufl. (Tübingen 2015) 259 f.: «In der Tat müssen die Rechtsnormen einer Wettbewerbswirtschaft Anreize setzen, die es dem Bürger lohnend erscheinen lassen, dass er sich Informationen über wertsteigernde Eigenschaften, Nutzungsmöglichkeiten und Absatzchancen von Gütern und Leistungen verschafft. Dieses Ziel würde verfehlt, wenn man denjenigen, der solche Informationen auf Grund seiner besonderen Ausbildung oder Erfahrung oder durch besondere Suchanstrengungen erlangt hat, zur Aufklärung seines Verhandlungspartners verpflichten und damit zur Preisgabe seines Informationsvorsprungs zwingen würde»; vgl. *dens.*, ZVersWiss 1993, 67 ff.; aus der schweizerischen Literatur VON DER CRONE, Rahmenverträge (Zürich 1993) 128 ff. Grundlegend zu diesem Ansatz KRONMAN, J. Leg. Stud. 7 (1978) 1 ff.; vgl. auch ADAMS, AcP 186 (1986) 453 ff.; *ders.*, recht 1986, 14 ff.; SCHÄFER, in: OTT/SCHÄFER (Hrsg.), Ökonomische Probleme des Zivilrechts (Berlin u.a. 1991) 117 ff. Zur Bedeutung rechtsökonomischer Analyse für die Umschreibung des Schutzzwecks der AGB-Kontrolle vor allem KÖTZ, Undogmatisches (Tübingen 2005) 221 ff. (Orginalbeitrag in JuS 2003, 209 ff.).

(2) Ausserrechtliche Argumente sind keineswegs immer ökonomische Argumente. Im Personen-, Ehe-, Kindschafts- und Erwachsenenschutzrecht geht es etwa viel eher um *Psychologie*[898]. Der zentrale Tatbestand der Urteilsfähigkeit (Art. 16 ZGB) kann nicht ohne Beiziehung psychologischer Erkenntnisse konkretisiert werden. Die (ursprünglich ohne eigentliche gesetzliche Grundlage[899]) für richtig erachtete Anhörung des Kindes bei Zuteilung an einen Elternteil im Falle der Scheidung wurde vom

---

[898] Beispielhaft die Monographien von COESTER, Das Kindeswohl als Rechtsbegriff (Frankfurt a.M. 1983); SCHWENZER, Vom Status zur Realbeziehung (Baden-Baden 1987). Zur Bedeutung der Kinderpsychiatrie FELDER/HAUSHEER, ZBJV 129 (1993) 698 ff.; zu einer psychologischen Sicht der «gemeinsamen elterlichen Sorge» von nicht oder nicht mehr Verheirateten STAUB/HAUSHEER/FELDER, ZBJV 142 (2006) 537 ff. Verbindung juristischer und psychologischer Erwägungen zum Begriff der Urteilsfähigkeit bei HAUSHEER/PERRIG-CHIELLO, ZBJV 148 (2012) 773 ff. Ausdrücklich etwa Art. 450e Abs. 3 ZGB, wonach bei psychischen Störungen «gestützt auf ein Gutachten einer sachverständigen Person» entschieden werden muss.

[899] Vgl. dazu heute Art. 298 ZPO, der Art. 144 ZGB ersetzt hat.

Bundesgericht[900] überzeugend auf kinderpsychiatrische Erkenntnisse gestützt. Auf psychologische Erwägungen ist das Bundesgericht auch in seiner Entscheidung zur Ersatzfähigkeit der Unterhaltskosten für ein ungeplantes Kind eingegangen[901]. Eine ganz zentrale Rolle spielen psychologische Erwägungen im Strafvollzugsrecht. Im Sozialversicherungsrecht geht es sehr oft um *medizinische Erkenntnisse*[902]. Im Urheberrecht (namentlich zu dessen Werkbegriff) können *kunsttheoretische Erkenntnisse* wichtig sein.[903] Auch die *Demoskopie* kann für die richterrechtliche Konkretisierung von Generalklauseln nützlich sein; etwa, wenn es darum geht, ob Werbeaussagen nach der Verkehrsauffassung des angesprochenen Publikums als täuschend angesehen werden können oder – i.S. von Art. 3 lit. d UWG – Verwechslungsgefahr besteht[904].

---

900   BGE 122 III 401 (401 f.); s. auch BGE 122 III 404 (406 f.); noch auf Basis von Art. 144 Abs. 2 ZGB BGE 131 III 553 ff. Zum Problem auch Tuor/Schnyder/Schmid/Jungo, § 25 N 42 ff.

901   BGE 132 III 359 (374 ff.).

902   S. etwa BGE 141 V 281 zur anhaltenden «somatoformen Schmerzstörung».

903   S. Vischer, in: Recht und Wirtschaft heute. Festgabe für Max Kummer (Bern 1980) 277 ff. Zum urheberrechtlichen Problem des Kunstbegriffs im Hinblick auf Fotografie BGE 130 III 168 ff. *(Bob Marley)*; Senn, sic! 2015, 137 ff.

904   Sehr zurückhaltend allerdings die schweizerische Praxis zur Verwendung demoskopischer Umfragen im Immaterialgüterrecht und im UWG. Vgl. etwa Hilti, in: von Büren/David, Schweizerisches Immaterialgüter- und Wettbewerbsrecht, Bd. III (Basel/Frankfurt a.M. 1996) 473 f.; David, AJP 2003, 429 ff. Anders die deutsche Praxis: Vgl. dazu Knaak, Demoskopische Umfragen in der Praxis des Wettbewerbs- und Warenzeichenrechts (Weinheim 1986). Zum Abstellen auf Verkehrsauffassungen auch Art. 4 Abs. 1 PrHG, wo die Fehlerhaftigkeit des Produkts aus der Optik der «berechtigten Sicherheitserwartungen» der Produktebenutzer konkretisiert wird. S. dazu OGH JBl 1993, 524 (525): «Der Sinngehalt des Begriffes ‹berechtigte Sicherheitserwartungen› kann nur durch Zuhilfenahme ausserrechtlicher Begriffsinhalte und Wertmassstäbe ausgefüllt werden». Allgemein zur grossen Relevanz gesellschaftlicher Wertungen im Obligationenrecht Kramer, in: Dimensionen des Rechts: Gedächtnisschrift für René Marcic (Berlin 1974) 119 ff.; wiederabgedruckt in Kramer, Zur Theorie und Politik des Privat- und Wirtschaftsrechts (Basel etc. 1997) 43 ff.

Die US-amerikanische, von der Schule des «Legal Realism» beeinflusste Gerichtspraxis kann in Bezug auf die Berücksichtigung von Empirie in der Entscheidungsbegründung als pionierhaft angesehen werden. Berühmt ist die Klageerwiderung des späteren Richters am Supreme Court Louis D. BRANDEIS (in Sachen *Muller v. Oregon,* 208 U.S. 412 [1908]), in der er vor dem Gericht eine Fülle von statistischem, soziologischem und wirtschaftlichem Tatsachenmaterial ausbreitete, um nachzuweisen, dass der Eingriff in die Vertragsfreiheit im Fall des zu prüfenden Gesetzes einen eindeutigen Bezug auf die Erfordernisse der öffentlichen Sicherheit und des Gesundheitsschutzes habe. S. schon O.W. HOLMES, The Path of the Law, Harvard Law Review 10 (1897) 457 ff.; wiederabgedruckt in: Collected Legal Papers (New York 1920) 180: Der Jurist der Zukunft sei nicht der «black-letter man», sondern der «man of statistics and the master of economics». Zum amerikanischen Rechtsrealismuns CASPER, Juristischer Realismus und politische Theorie im amerikanischen Rechtsdenken (Berlin 1967) 41 f.; REICH, Sociological Jurisprudence und Legal Realism im Rechtsdenken Amerikas (Heidelberg 1967) 70 ff.; REA-FRAUCHIGER, Der amerikanische Rechtsrealismus; Karl N. Llewellyn, Jerome Frank, Underhill Moore, Diss. Zürich 2004; GRECHENIG/GELTER, RabelsZ 72 (2008) 522 ff. Weiterführend TAMANAHA, Beyond the Formalist-Realist Divide: The Role of Politics in Judging (Princeton 2010); zum amerikanischen und skandinavischen Rechtsrealismus PIHLAJAMÄKI, American Journal of Comparative Law 52 (2004) 469 ff. Zum deutschen Recht zuletzt die Beiträge in CHRISTANDL/LAIMER (Hrsg.), Intra- und Interdisziplinarität im Zivilrecht (Baden-Baden 2018).

(3) Bei aller Befürwortung einer Öffnung des Richterrechts in Richtung auf «externe», vor allem sozialwissenschaftliche Begründungselemente sollte doch sogleich vor Illusionen gewarnt werden, vor allem vor der naiven (die Unhaltbarkeit unmittelbarer Schlüsse vom Sein aufs Sollen missachtenden) Illusion, dass aus diesen Elementen unmittelbar Wertungen – um die es in der Rechtsfindung nun einmal letzlich geht – abgeleitet werden könnten[905]. Was von den Sozialwissenschaften «erwartet werden

---

[905] Zum «naturalistischen Fehlschluss» vom Sein auf das Sollen (D. HUME) kurz und bündig LEPSIUS, JZ 2005, 2: «Fakten haben für sich genommen keinen normativen Aussagewert». Umgekehrt darf natürlich aus dem Umstand, dass etwas rechtens sein sollte, auch nicht geschlossen werden, dass die Wirklichkeit dem tatsächlich entspricht: Man könnte von einem (bei Juristen wegen entspre-

kann, sind keineswegs fertige Lösungen, sondern nur Mittel und Wege für eine bessere, weil differenziertere Argumentation. Sie sind insoweit niemals Reflexionsersatz, vielmehr nur ein allerdings unverzichtbarer Reflexionsanreiz. Nur dort, wo mit ihrer Hilfe die soziale und ökonomische Implikation der angestrebten rechtlichen Regelung offengelegt wird, sind die Voraussetzungen für eine substantielle Rationalität gegeben»[906].

4. Zur Konkretisierung von Generalklauseln und gesetzlichen Verweisungen auf richterliches Ermessen

a) Einleitung

Art. 1 Abs. 2 und 3 ZGB befassen sich mit der richterrechtlichen Füllung ungewollter («planwidriger») Lücken des Gesetzes. Wie bereits dargestellt[907], gibt es aber auch dem Gesetzgeber von vorneherein bewusste Lücken, und zwar in Fällen, in denen die eigentliche Normbildung gezielt an den Rechtsanwender delegiert wird. Zu diesen «Lücken *intra legem*» zählen die Generalklauseln sowie alle, im schweizerischen Privatrecht ausserordentlich häufigen Regelungen[908], in denen das Gesetz auf Billigkeit, richterliches Ermessen, auf die «Würdigung aller Umstände», auf «wichtige» (bzw. «achtenswerte») Gründe oder auf Zumutbarkeitserwägungen verweist. Beispiele für Generalklauseln wurden bereits oben[909] angeführt; Beispiele für Verweisungen auf Billig-

---

chender «déformation» nicht seltenen) «normativistischen Fehlschluss» sprechen.

[906] SIMITIS, AcP 172 (1972) 149. Zur «goal rationality» (im Gegensatz zur «rule rationality») WAHLGREN, Scandinavian Studies in Law 40 (2000) 257 f.

[907] Oben S. 118 f.

[908] Ausführlichere Dokumentation als die nachstehende bei BK-ZGB/MEIER-HAYOZ, Art. 4 N 60 ff.; STEINAUER, 148 ff.

[909] Ab FN 112.

keit, richterliches Ermessen[910] oder die Würdigung aller Umstände finden sich etwa in Art. 319 Abs. 1, 692 Abs. 2, 766 ZGB, Art. 43, 52 Abs. 2 und 3, 54 Abs. 1, 205 Abs. 2, 272 Abs. 1 und 2 sowie 422 Abs. 1 OR. Verweisungen auf «wichtige (achtenswerte) Gründe» enthalten etwa Art. 30 Abs. 1 und 2, 65 Abs. 3, 348 Abs. 2, 576 ZGB, Art. 266g, 337, 539 Abs. 1, 545 Abs. 2 sowie 652b Abs. 2 OR.

Auch wenn in all diesen Fällen – formal betrachtet – eine gesetzliche Regelung vorliegt, ist es doch offensichtlich, dass der Richter zum Ersatzgesetzgeber delegiert ist und daher wie im Fall des Art 1 Abs. 2 ZGB eigentliches Richterrecht zu setzen hat.[911]

b) Zum methodischen Vorgehen im Allgemeinen

aa) Art. 4 ZGB statuiert, dass das Gericht in Fällen, in denen es das Gesetz «auf sein Ermessen oder auf die Würdigung der Umstände oder auf wichtige Gründe» verweist, seine Entscheidung «nach Recht und Billigkeit» zu treffen habe[912]. Dieser wenig aussagekräftige Hinweis auf Kriterien, die offensichtlich wiederum ausserordentlich vage Ermessensbegriffe sind, wird traditionellerweise als Aufforderung verstanden, im Gegensatz zur «gesetzgeberischen Methode» gemäss Art. 1 Abs. 2 ZGB *«kasuistisch»* zu verfahren, d.h. eine «Entscheidung zu fällen, die der Singulari-

---

[910] In manchen gesetzlichen Bestimmungen (etwa in Art. 42 Abs. 2 OR) bezieht sich das richterliche Ermessen nicht auf die rechtliche Beurteilung, sondern auf die Feststellung des Sachverhalts, ein Problemfeld, das hier nicht weiterverfolgt wird. Zur Unterscheidung zwischen richterlichem Ermessen in der rechtlichen Beurteilung und dem Ermessen (der freien Beweiswürdigung) in Bezug auf Tatsachen etwa DESCHENAUX, 132 f.; BK-ZGB/MEIER-HAYOZ, Art. 4 N 28 ff. Zur Unterscheidung zwischen «Tatbestandsermessen» und «Rechtsfolgeermessen», je nachdem, wo das richterliche Ermessen nach der konkreten Vorschrift ansetzen soll, HRUBESCH-MILLAUER, Art. 4 N 282 ff.
[911] Richtig zuletzt MORIN, ZSR 126 (2007) II, 225.
[912] Zur Entstehungsgeschichte von Art. 4 ZGB eingehend MANAÏ, 45 ff.

tät des Einzelfalles am besten entspricht»[913]; der Richter habe sich «mit allen Einzelheiten des Tatbestandes auseinanderzusetzen» und dürfe sich nicht – abstrahierend bzw. regelbildend – «von vorneherein auf einzelne Elemente des Falles» beschränken[914].

Dieser Versuch, einen grundsätzlichen Gegensatz zwischen der «gesetzgeberischen Methode» der Lückenfüllung gemäss Art. 1 Abs. 2 ZGB und der «kasuistischen Methode» gemäss Art. 4 ZGB aufzubauen, erscheint von vorneherein merkwürdig, vermag es doch schon *prima vista* nicht einzuleuchten, dass im Gebiet des Richterrechts zwei prinzipiell unterschiedliche methodische Ansätze beachtet werden sollten, je nachdem ob das Richterrecht *praeter* oder *intra legem* zu entwickeln ist.[915] Die Fundiertheit dieser Zweifel erhärtet sich denn auch bei näherem Hinsehen.

bb) Zum einen ist es offensichtlich und unbestritten, dass Art. 4 ZGB keine Aufforderung zur dezisionistischen «puren Zufallskasuistik»[916], zur gefühlsmässigen Kadijustiz bedeute; auch «das Billigkeitsurteil muss objektiv begründet sein»[917]; das Ge-

---

[913] CARONI, 181.

[914] CARONI, 184; MANAÏ, 77; vgl. etwa auch DESCHENAUX, 134 f., wo der Gegensatz zwischen der gesetzgeberischen Methode (Art. 1 Abs. 2 ZGB) und der kasuistischen (Art. 4 ZGB) allerdings relativiert wird; relativierend auch BK-ZGB/MEIER-HAYOZ, Art. 4 N 16 ff. i.V. mit N 19 ff.

[915] Überzeugend daher die ausführliche, der Kommentierung von Art. 1 ZGB vorangestellte, zusammenfassende Erläuterung von Art. 1 und 4 ZGB bei ZK-ZGB/DÜRR, Vorbem. zu Art. 1 und 4 N 1 ff.

[916] SIMITIS, AcP 172 (1972) 138.

[917] BK-ZGB/MEIER-HAYOZ, Art. 4 N 21; s. auch CARONI, 184. Das Gesagte ergibt sich besonders deutlich aus der französischen (und der entsprechenden italienischen) Fassung von Art. 4 ZGB: «Le juge applique les règles du droit et de l'équité ...»; darauf verweisen etwa auch EGGER, Art. 4 N 9; STEINAUER, 144 ff. Zur Kontrolle von Ermessensentscheidungen durch das BGer STEINAUER, 150 f.

richt «doit motiver son choix et exposer dans son jugement les motifs qui ont emporté sa conviction».[918]

Zum anderen ist es ebenso offensichtlich, dass der Rechtsanwender auch nach Art. 4 ZGB an das Rechtsgleichheitsgebot gebunden ist[919]. «Wenn der Richter gestern bestimmte Umstände – etwa das Interesse des Gläubigers am Bestand der Vereinbarung, die Schwere der Verletzung und des Verschuldens, sowie die wirtschaftliche Lage der Parteien für die Frage, ob eine übermässig hohe Konventionalstrafe i.S. von Art. 163 Abs. 3 OR vorliegt – als wesentlich bezeichnet hat, so kann er sie heute nicht als unwesentlich abtun, und umgekehrt»[920]. Dazu kommt, dass das Abstellen auf alle Umstände des Einzelfalles, das für das Vorgehen nach Art. 4 ZGB charakteristisch sein soll, natürlich von vorneherein nicht bedeuten kann, dass der Fall «in seiner Einmaligkeit schlechthin» zu würdigen ist, dass somit auch rechtlich irrelevante Umstände berücksichtigt werden dürften; der Richter hat seine Lösung vielmehr «unter Beachtung aller wesentlichen und nur der wesentlichen Besonderheiten zu motivieren»[921]. Insofern unterscheidet sich die Vorgehensweise aber

---

[918] BGE 131 III 26 (31).

[919] Statt aller GERMANN, Probleme, 221 f.; für die Handhabung des Ermessens durch die Verwaltung ausdrücklich etwa BGE 108 Ia 122 (124). Plädoyer für einen «Verfassungsblick» (Blick auf grundlegende Verfassungsgarantien, wie neben dem Rechtsgleichheitsgebot etwa auch des Verhältnismässigkeitsprinzips) bei Ermessensentscheiden nach Art. 4 ZGB bei K. AMSTUTZ, ZSR 131 (2012) I, 309 ff.

[920] BK-ZGB/MEIER-HAYOZ, Art. 4 N 21. MEIER-HAYOZ spricht (a.a.O., N 54) treffend von der «Methode der Fallvergleichung».

[921] BK-ZGB/MEIER-HAYOZ, Art. 4 N 46; s. auch GERMANN, Probleme, 353; DESCHENAUX, 132: «... selbst im Bereich des Art. 4 soll der Richter verallgemeinerungsfähige Kriterien erarbeiten, welche nichts anderes sind als abstrakte Regeln, so speziell sie auch sein mögen»; vgl. auch STEINAUER, 149: «Il doit … s'inspirer des principes et valeurs généraux de l'ordre juridique …»; auch HRUBESCH-MILLAUER, Art. 4 N 338, die allerdings den Gesichtspunkt der Einzelfallgerechtigkeit in ihrer Kommentierung stark betont. Aus der Rechtsprechung BGE 108 Ia 122 (124). Zu Art. 125 Abs. 1 ZGB (Zumutbarkeit, für den Unterhalt selbst aufzukommen) hat das BGer die Regel (tatsächliche Vermutung)

überhaupt nicht von der gemäss Art. 1 Abs. 2 ZGB gebotenen, da ja auch hier ein Einzelfall und dessen ganz konkrete Interessenlage zu beurteilen ist. Auch hier darf der Rechtsanwender nicht *a priori* «schematisieren, formalisieren, normieren»[922], um den Fall unter die so gebildete generell-abstrakte Regel zu subsumieren; vielmehr müssen auch gemäss Art. 1 Abs. 2 ZGB zuerst alle Umstände des Einzelfalls ins Kalkül gezogen werden; erst auf dieser Basis (d.h. eben nicht *a priori*!) sind die für die Regelbildung rechtlich relevanten Umstände herauszuarbeiten.

Im Ergebnis ist demnach keinerlei Unterschied in der methodischen Grundausrichtung anzuerkennen, je nachdem ob die richterrechtliche Entscheidung auf Art. 1 Abs. 2 oder Art. 4 ZGB gestützt wird[923]. Dies bedeutet, dass die Erwägungen, die gerade zur Begründung richterrechtlicher Entscheidungen *modo legislatoris* angestellt worden sind, grundsätzlich auch für die Konkretisierung von Generalklauseln und gesetzlichen Verweisungen auf das richterrechtliche Ermessen gelten[924].

---

aufgestellt, dass nach Erreichen des 45. Altersjahrs grundsätzlich keine Zumutbarkeit mehr gegeben sei (s. etwa BGE 115 II 6 [11]); relativierend jetzt BGE 137 III 102 (109).

[922] BK-ZGB/MEIER-HAYOZ, Art. 4 N 18 und N 46, der damit die nach Art. 1 Abs. 2 ZGB gebotene Methode charakterisiert.

[923] Ebenso schon DIENER, Das Ermessen (Art. 4 Z.G.B.): ein Beitrag zur allgemeinen Rechtslehre (Diss. Zürich 1920) 85; FASSBIND, Systematik der elterlichen Personensorge in der Schweiz (Basel u.a. 2006) 6 f.; zur «Wesensverwandtschaft» von Art. 4 und Art. 1 Abs. 2 ZGB auch EGGER, Art. 4 N 4; HUTTER, 115. Zur prozessualen Frage der Überprüfung von Ermessensentscheiden (und der hier zu beachtenden Zurückhaltung) ist hier nicht Stellung zu nehmen. Dazu ENGLER, Die Überprüfung von Ermessensentscheiden gemäss Art. 4 ZGB in der neueren bundesgerichtlichen Rechtsprechung (Zürich 1974); B. SCHNYDER, ZBJV 134 (1998) 438 ff. (zu BGE 123 III 10 [13] und 123 III 110 [112 f]); VerwGer BS BJM 2011, 101 (102): «... grösste Zurückhaltung bei der Kognition»; H.P. WALTER, ZBJV 147 (2011) 231.

[924] Zustimmend BSK-ZGB/HONSELL, Art. 4 N 10. Dass die Verweisung des Art. 1 Abs. 3 ZGB auch für richterliche Ermessensentscheide gilt, betont BK-ZGB/MEIER-HAYOZ, Art. 4 N 53. Dass die Formel des Art. 1 Abs. 2 ZGB nicht einfach auch für Ermessensentscheide verwendet werden konnte und daher eine eigenständige Regelung nötig war, ergibt sich ganz schlicht daraus, dass der Ge-

c) Spezielle Überlegungen

aa) Im Hinblick auf die *Konkretisierung von Generalklauseln*[925] wurde bereits oben[926]auf die unter dem Stichwort «mittelbare Drittwirkung» diskutierte Bedeutung der Grundrechtsordnung hingewiesen. Bereits hingewiesen wurde[927] auch darauf, dass der Gesetzgeber oft Generalklauseln mit einer demonstrativen Aufzählung von Fällen verbindet, die nach seiner Wertung Konkretisierungen des generellen Prinzips sind. Es versteht sich von selbst, dass diese Beispielstatbestände wertvolle Hilfsmittel für die richterrechtliche Konkretisierung der Generalklausel darstellen, auch wenn sie ihrerseits sehr oft wiederum auf Ermessensbegriffe rekurrieren. So wird etwa das in Art. 684 Abs. 1 ZGB ausgesprochene Gebot, sich aller «übermässigen Einwirkungen» auf das Nachbargrundstück zu enthalten, durch beispielhafte Anführung der anvisierten Umstände in Abs. 2 folgendermassen illustriert: «Verboten sind insbesondere alle schädlichen und nach Lage und Beschaffenheit der Grundstücke oder nach Ortsgebrauch nicht gerechtfertigten Einwirkungen durch Rauch oder Russ, lästige Dünste, Lärm oder Erschütterung». Zuweilen gibt der Gesetzgeber in topischer Manier[928] Wertungsgesichtspunkte an, die bei der Prüfung zu beachten sind, ob ein Fall vorliegt, der unter die Generalklausel zu subsumieren ist. So ist bei der Frage, ob eine «missbräuchliche Erhöhung oder Beibehaltung eines Preises» vorliegt, i.S. eines «Methodenpluralismus» «insbesondere zu berücksichtigen: a. die Preisentwicklung auf Vergleichsmärkten; b. die Notwendigkeit der Erzielung angemessener Ge-

---

setzgeber, auf dessen Modell Art. 1 Abs. 2 ZGB verweist, im Falle gesetzlicher Ermächtigungen zu richterlichen Ermessensentscheiden gerade auf eine Regelung des Problems verzichtet hat.

[925] Vgl. dazu auch den «Katalog von Konkretisierungskriterien» bei BYDLINSKI, Symposion Wieacker, 203 f.

[926] Oben S. 119 ff.

[927] Oben S. 86 f.

[928] Dazu unten S. 318 ff.

winne; c. die Kostenentwicklung; d. besondere Unternehmerleistungen; e. besondere Marktverhältnisse» (Art. 13 Abs. 1 PüG).

Fehlen gesetzliche Anhaltspunkte, begnügt sich das Gesetz etwa damit, den Vertrag, der gegen die «guten Sitten» verstösst, als nichtig zu erklären (Art. 19, 20 OR), so bleibt dem Rechtsanwender, der «Neulandfälle»[929] zu beurteilen hat und dem daher auch keine etablierten «Fallgruppen» und darüber hinaus auch keine rechtlichen oder ausserrechtlichen «Verobjektivierungsfaktoren» zur Verfügung stehen, letztlich nur die *deklarierte Eigenwertung*. Traditionelle Empfehlungen, in solchen Fällen auf das «Rechtsgefühl (Anstandsgefühl) aller billig und gerecht Denkenden» abzustellen[930], begegnen dem naheliegenden Bedenken[931], dass die damit unterstellte Wertungsharmonie in unserer durch Pluralismus und «Individualisierung» geprägten Industriegesellschaft nicht mehr nachvollziehbar sei. Auch wenn diese Skepsis grundsätzlich fundiert erscheint, lassen sich doch auch heute noch wenigstens Ansätze zu einer konsensfähigen *«Konventionalethik»* nachweisen. Gemeint ist jene «Alltagsmoral», «die einigermassen anständigen Menschen gemeinsam ist»[932]. Damit ist bereits gesagt, dass es nicht um die richterliche Rezeption lebensfremder Postulate einer (etwa religiös motivierten) Hochethik bzw. – umgekehrt – einer besonders permissiven Sonderethik gehen kann[933]. Dass sich diese Alltagsmoral in relativ raschem Wandel befindet, wurde bereits oben[934] betont; die auf gesellschaftliche Wertungen verweisenden Generalklauseln

---

929 S. oben FN 828.
930 Vgl. zu dieser Argumentationsformel des BGH HABERSTUMPF, Die Formel vom Anstandsgefühl aller billig und gerecht Denkenden in der Rechtsprechung des Bundesgerichtshofs (Berlin 1976); SACK, NJW 1985, 761 ff.
931 S. LIMBACH, RdA 1997, 5.
932 MAYER-MALY, JuS 1986, 599; s. auch die Berufung auf das «allgemeine Anstandsgefühl» in BGE 115 II 232 (235).
933 S. BK-OR/KRAMER, Art. 19/20 N 174.
934 Oben S. 84 f.

haben ja gerade die Funktion, eine schnelle, flexible Anpassung an den gesellschaftlichen Wertewandel zu ermöglichen.

bb) Ganz ähnliche Überlegungen gelten für den Fall, dass das Gesetz – sei es auf der Tatbestands- oder Rechtsfolgeseite – explizit oder implizit auf *richterliches Ermessen* oder auf eine *Interessenabwägung* verweist[935]. So kann der Richter nach Art. 736 Ziff. 4 OR statt der dort geregelten, von Aktionären (die mindestens 10% des Aktienkapitals vertreten) aus wichtigen Gründen verlangten Auflösung der AG «auf eine andere», nach seinem Ermessen «sachgemässe und den Beteiligten zumutbare Lösung erkennen». Zuweilen gibt das Gesetz konkrete Sachkriterien an, die in der Ermessensentscheidung oder einer Interessenabwägung zu berücksichtigen sind. So verweist Art. 43 Abs. 1 OR auf das wichtige Kriterium der «Grösse des Verschuldens»; Art. 272 Abs. 2 OR sieht einen umfangreichen, demonstrativen Katalog von Faktoren vor, die bei der Abwägung zwischen den Interessen des Vermieters und des Mieters im Falle eines Antrags auf Erstreckung des Mietverhältnisses behördlich zu berücksichtigen sind. Eine ähnlich topische Struktur hat die Liste der in Art. 125 Abs. 2 ZGB angeführten Gesichtspunkte im Hinblick auf den nachehelichen Unterhalt.

Fehlen solche «Abwägungstopoi»[936], ist der blosse Rat, der Rechtsanwender (Gerichte, Verwaltungsbehörden) müsse bei

---

[935] Zum hier nicht thematisierten «Verwaltungsermessen» umfassend die gleichnamige Monographie von SCHINDLER (Zürich/St. Gallen 2010) mit wertvoller Typologie der Ermessensarten. Eine starke Ermessenskomponente enthalten regelmässig auch die im Wirtschafts- und Verwaltungsrecht verbreiteten «Finalnormen», deren Zweckprogrammierung den konkret einzuschlagenden Weg oft offenlassen. Nachw. unten FN 946.

[936] Die, wie gerade ausgeführt, in Art. 272 Abs. 2 OR konkret aufgelistet sind. Hingegen etwa Art. 28 Abs. 2 ZGB, wo das Persönlichkeitsrecht des Verletzten gegen ein allenfalls «überwiegendes privates oder öffentliches Interesse» abzuwägen ist. Wann das private oder öffentliche Interesse überwiegt, konkretisiert das Gesetz freilich nicht näher. Versuch einer Bewertung der Interessen bei GEISER, Die Persönlichkeitsverletzung insbesondere durch Kunstwerke (Basel/Frankfurt

seiner Ermessensentscheidung alle involvierten *Interessen gegeneinander abwägen*, zwar gutgemeint, aber nur wenig hilfreich, da er nicht über die rechtsstaatliche Selbstverständlichkeit des «audiatur et altera pars»[937] hinausgelangt. Interessenabwägung als solche ist nun einmal keine Methode[938]. Aber auch wenn die abzuwägenden Interessen genannt sind, vom Gesetzgeber aber nicht gewichtet werden, ist der Rechtsanwender auf sich selbst gestellt. «Die abzuwägenden Interessen haben kein ‹natürliches›, durch juristische Schwerkraft bestimmtes Gewicht, das dann die Waage mit Selbstverständlichkeit vergleichen könnte»[939]. «Beim Abwägen muss» daher «eines der Gewichte feststehen, sonst lässt sich das andere dazu nicht ins Verhältnis setzen»[940]. Fehlt eine solche gesetzliche Gewichtung, bleibt es dem Gericht nicht erspart, selbst Gewichtungen vorzunehmen und diese Präferenzen zu begründen[941]. In Bezug auf die Begründung

---

a.M. 1990) 149 ff. Vgl. auch Art. 19 Abs. 1 IPRG («nach schweizerischer Rechtsauffassung schützenswerte und offensichtlich überwiegende Interessen einer Partei»); zum Problem der «Ausweichsklausel» im IPR methodologisch eingehend VISCHER, Schweizerisches Jb. für Int. Recht XIV (1957) 43 ff. Keinerlei Anhaltspunkte für die Interessenabwägung neuerdings in Art. 936b Abs. 3 OR, wonach der gutgläubig auf eine unrichtig in das Handelsregister eingetragene Tatsache Vertrauende zu schützen sei, sofern «dem keine überwiegenden Interessen entgegenstehen». Es wird nicht einmal gesagt, ob es sich dabei um öffentliche und/oder private Interessen handelt.

[937] «Auch die andere Seite ist anzuhören».
[938] So im Ergebnis nach eingehender Auseinandersetzung mit älterer Literatur (vor allem HUBMANN, AcP 155 [1956] 85 ff.) auch DRUEY, in: Beiträge zur Methode des Rechts: St. Galler Festgabe zum Schweizerischen Juristentag 1981 (Bern/Stuttgart 1981) 148; *ders.,* Information als Gegenstand des Rechts (Zürich/Baden-Baden 1995) 205 ff. Angaben zum verfassungsrechtlichen Abwägungsmodell oben S. 295 (Einschub).
[939] So treffend LEISNER, NJW 1997, 638; ähnlich KOPPENSTEINER, WRP 2007, 479, der von einem «Wiegen ohne Waage» spricht; vgl. auch SEILER, Praktische Rechtsanwendung, 63 ff.
[940] RÜCKERT, JZ 2011, 921.
[941] Vgl. auch HÖHN, Praktische Methodik, 286. Aktuelles Beispiel: BGE 123 I 152 (157 f.). Nach § 904 S. 1 BGB hat der Eigentümer einer Sache kein Abwehrrecht gegen den im Notstand Einwirkenden, wenn der diesem «drohende Scha-

einer solchen «*Ponderationsentscheidung*»[942] kann noch einmal auf die oben[943] erörterten «Verobjektivierungsfaktoren» verwiesen werden, namentlich auf die Gebote der Offenlegung der Wertungskriterien und der Universalisierbarkeit dieser Gründe sowie die inhaltlichen Orientierungsgesichtspunkte, die auch für richterliche Ermessensentscheide hilfreich sein können.

Über die rechtstaatliche Grundsatzproblematik von Interessenabwägungen und Ermessensentscheidungen vermögen auch diese Hilfsmittel nur bedingt hinwegzuhelfen: «On ne peut pas tout avoir en même temps. La souplesse ... se paye par la création d'incertitudes juridiques et par l'émergence de problèmes méthodologiques sérieux dans les pesées d'intérêts qu'ils génèrent»[944].

5. Topik und Richterrecht

Auch wenn es, wie in den vorangehenden Kapiteln dargestellt, durchaus Gesichtspunkte gibt, an denen sich gesetzesübersteigendes Richterrecht orientieren kann und sollte, bleibt es dabei, dass diese rechtlich nicht oder doch nur sehr vage «konditional» vorprogrammiert sind[945]. Das Modell systematisch-deduktiver

---

den gegenüber dem aus der Einwirkung dem Eigentümer entstehenden Schaden unverhältnismässig gross ist». Eine Gewichtung der danach zu vergleichenden Rechtsgüter könnte u.U. durch Rekurs auf das im Strafrecht für die Verletzung der Rechtsgüter vorgesehene Strafmass erfolgen. Zur Möglichkeit einer Bestimmung des «Normwerts» WINDISCH, Rechtstheorie 2013, 92 ff.

[942] Instruktive Gegenüberstellung von Subsumtion und Ponderation jetzt bei BÄCKER, JuS 2019, 321 ff.

[943] Oben S. 279 ff.

[944] MORAND, in: MORAND (Hrsg.), La pesée globale des intérêts (Basel etc. 1996) 41 ff., 85 f.; s. *dens.*, 57 ff. Zu «Abwägungsentscheidungen in der praktischen Rechtsanwendung» (auf Basis der deutschen Judikatur) die gleichnamige Monographie von RIEHM (München 2006).

[945] Zur «konditionalen» Programmierung durch normierte Tatbestände (im Gegensatz zur namentlich im Verwaltungs- und Wirtschaftsrecht immer häufigeren «finalen» Programmierung [«Zweckprogrammierung»]) grundlegend LUHMANN, AöR 94 (1969) 3 f.; 22 ff.

Entscheidungsbegründung i.S. des juristischen Syllogismus versagt hier weitgehend[946]; an dessen Stelle tritt eine problemorientierte (eben nicht systemorientierte) *«discursivité non déductive»*[947], eine induktiv-heuristische Abwägung von Lösungsgesichtspunkten («Topoi», Einzahl: «Topos») rechtlicher oder ausserrechtlicher Provenienz, namentlich die Bewertung der Folgen eines richterrechtlichen Präjudizes, wobei die Interessen aller involvierten Betroffenen zu berücksichtigen sind.

In diesem Sinn hat die richterrechtliche Entscheidungsbegründung eine grundsätzlich «topische» Struktur. Die «Topik» wird von VIEHWEG im Anschluss an ARISTOTELES als die denkerische «Techne» definiert, die sich am zu lösenden Problem orientiert: Die Topik ist die *«Techne des Problemdenkens»*[948]. Sie will Winke geben, wie man sich aus einer «aporetischen Situation» (d.h. im rechtlichen Zusammenhang: wenn die Stütze des Gesetzes fehlt) verhalten kann, «um nicht rettungslos stecken zu bleiben»[949] bzw. nicht in die «Flucht nach vorn», d.h. in mehr oder weniger kaschierte Billigkeitswillkür getrieben zu werden.

Aufgabe der Rechtswissenschaft ist es in dieser Optik, systematisch Repertoires von plausiblen Problemlösungsgesichts-

---

[946] Ganz grundsätzlich auch dann, wenn es um «finale» Programmierung («Zweckprogrammierung») durch «Finalnormen» (mit Zielvorgaben) geht. S. vorige FN. Für das Verwaltungsrecht BREUER, AöR 127 (2002) 523 ff.; LEPSIUS, JuS 2019, 127 f.; zu «Finalnormen» in der Verfassung MAHLMANN, ZBl 2017, 13 ff.

[947] So TORRIONE, in: Gauchs Welt. Festschrift für Peter Gauch (Zürich etc. 2004) 294 ff.

[948] VIEHWEG, 31. Die durch das in 1. Aufl. 1954 erschienene Buch VIEHWEGS neu entfachte methodologische Topikdiskussion füllt ganze Bibliotheken. Nachw. zu den ersten «20 Jahren Topikdiskussion» bei OTTE, Rechtstheorie 1970, 183 ff.; monographisch STRUCK, Topische Jurisprudenz (Frankfurt a.M. 1971); vgl. aus der neueren Literatur etwa die Stellungnahmen von CANARIS, Systemdenken, 141 ff.; BYDLINSKI, Methodenlehre, 141 ff.; PAWLOWSKI N 132 ff.; HÖHN, Praktische Methodik, 117 ff.; HACKER, GRUR 2004, 539 ff.; HWANG, Rechtstheorie 2009, 48 ff.

[949] VIEHWEG, 31.

punkten zu erarbeiten. Diese *«Topoikataloge»*[950] können auf verschiedenen Argumentationsebenen angesiedelt sein. Als methodologischer Topoikatalog im eigentlichen Sinn kann die Auflistung («Checkliste»!) der für die Begründung von Richterrecht einschlägigen «Orientierungsgesichtspunkte» bezeichnet werden, deren Skizzierung in den vorangehenden Kapiteln versucht worden ist. Wird dem folgend dann etwa auf die rechtsvergleichende Methode der Lückenfüllung als einer Möglichkeit inhaltlicher Ausrichtung verwiesen[951], so erweist sich die eminent praktische Funktion rechtsvergleichender Forschung darin, für «offene», d.h. im nationalen Recht nicht gelöste Fragen Kataloge einschlägiger ausländischer Lösungsgesichtspunkte, also *rechtsvergleichende Topoikataloge*, zusammenzustellen, deren sich der nationale Richter (genauso wie der Gesetzgeber) bedienen kann[952]. Entsprechendes gilt für die Systematisierung allgemeiner Rechtsgrundsätze oder aber auch ausserrechtlicher (namentlich ökonomischer) Argumente, die für gewisse rechtliche Fragestellungen relevant sein können.

Eine normative Bindung an solche Topoikataloge kann grundsätzlich[953] nicht begründet werden: «Jedes Problemdenken ist» im Wertungsbereich «bindungsscheu»[954]. Den Lösungsgesichtspunkten und ihrer Sammlung kommt in diesem grundsätzlich freien Spiel erfinderischer Kommunikation lediglich instrumentale, heuristische Funktion zu.

---

[950] VIEHWEG, 35, wo insofern von einer «Topik zweiter Stufe» die Rede ist.

[951] S. oben S. 297 ff.

[952] Zur topischen Funktion der Rechtsvergleichung KRAMER, RabelsZ 33 (1969) 1 ff.; wiederabgedruckt in: KRAMER, Zur Theorie und Politik des Privat- und Wirtschaftsrechts (Basel etc. 1997) 335 ff.

[953] Eine gewisse Sonderstellung innerhalb der oben (S. 284 ff.) abgehandelten inhaltlichen Orientierungsgesichtspunkte für Richterrecht nehmen die «allgemeinen Rechtsgrundsätze» (allgemeinen Rechtsprinzipien) ein. Man kann hier von einer durch die Notwendigkeit der flexiblen («topischen»!) Abwägung bedingten, abgeschwächten normativen Bindung sprechen.

[954] VIEHWEG, 41.

Die Leistung der Topik liegt somit im «Entdeckungszusammenhang» («context of discovery»). «Sie gibt zutreffende Empfehlungen für das Erörterungsverfahren, das der Entscheidung und ihrer Begründung vorausgeht» (WIEACKER, in: Im Dienst an Recht und Staat: Festschrift für Werner Weber zum 70. Geburtstag [Berlin 1974] 441). Zur Unterscheidung zwischen «process of discovery» und «process of justification» anschaulich WASSERSTROM, The judicial decision (Stanford 1961) 26 ff.; BENGOETXEA, 114 ff.; BERGHOLZ, Scandinavian Studies in Law 51 (2007) 77 ff.; vgl. aber auch SCHLÜTER, Das Obiter dictum (München 1973) 99.

Um abschliessend ein zuweilen bei vom (induktiv-topischen, rhetorischen) Diskursdenken begeisterten Autoren zu beobachtendes Fehlverständnis zu vermeiden: Missverstanden würde der Stellenwert der topisch-diskursiven Struktur der richterlichen Tätigkeit, würde man dieser uneingeschränkt zentrale Relevanz zuerkennen und auch dann, wenn das Gesetz (und dessen systematische Ordnung) relativ klare Vorgaben bietet, diesem nur die Funktion eines «Topos unter anderen» – neben anderen angeblich gleichwertigen Topoi der Entscheidfindung (wie etwa Gerechtigkeitsgehalt, gesellschaftliche Akzeptanz, Praktikabilität, ökonomische Tragbarkeit einer richterlichen Entscheidung) – zumessen[955]. Der Schwerpunkt der diskursiven, topischen Argumentation liegt, wie hier dargestellt, nicht im relativ gesicherten Bereich der Normkonkretisierung, sondern bei solchen Problemfeldern der Rechtsfindung, bei denen es weitgehend an «konditionaler Programmierung» durch den Gesetzgeber mangelt, also im Gebiet des eigentlichen Richterrechts.

---

[955] Zuweilen wird die Ablehnung einer systematisch-deduktiv begründeten Bindung des Interpreten und das Plädoyer für ein induktives, diskursiv offenes Argumentieren ironisch durch Zitierung eines Aperçus von Egon FRIEDELL zum Ausdruck gebracht: «Bei einem Denker sollte man nicht fragen, *welchen* Standpunkt nimmt er ein, sondern: *wie viele* Standpunkte nimmt er ein? Mit anderen Worten: hat er einen geräumigen Denkapparat oder leidet er an Platzmangel. Das heisst: an einem ‹System›?» (zit. nach V. GAST, Juristische Rhetorik, 5. Aufl. [Heidelberg 2015], Motto des Buchs). Das Zitat ist zweifellos witzig; im Hinblick auf die richterliche Rechtsfindung sollte es aber trotzdem nicht wegleitend sein.

6. Das Problem der Praxisänderungen

a) Das Phänomen

Rechtsprechungsänderungen («revirements de jurisprudence»), also Abweichungen[956] von der *ratio decidendi* eines an sich einschlägigen Präjudizes[957] (bzw. einer ganzen Präjudizienkette, einer bis dahin «ständigen Rechtsprechung»), sind in der bundesgerichtlichen Praxis ein *relativ häufiges Phänomen*[958]. Es kommt sogar, wie etwa BGE 102 II 313 zeigt, vor, dass eine langjährig etablierte (im konkreten Fall über 40jährige), konstante und weitgehend unumstrittene Praxis von heute auf morgen «overruled» wird. Auch «doppelte» (oder mehrfache, geradezu «scheibenwischerartige») Rechtsprechungsänderungen («Schwenkentscheidungen»[959]) können beobachtet werden; wie etwa im vielbeachte-

---

[956] Zum Begriff der «Rechtsprechungsänderung» im Unterschied zu anderen qualifizierenden Begriffen wie etwa «Präzisierung», «Klarstellung», «Erweiterung», «Ergänzung», «Weiterentwicklung» der Rechtsprechung s. PROBST, 134 ff., mit umfassenden Nachw. Zur Typologie der Rechtsprechungsänderung eingehend auch KÄHLER, 39 ff.; zur «modulation de la jurisprudence» PICHONNAZ, 57 ff.

[957] Betrifft das Präjudiz, was durch sorgfältige Fallvergleichung zu klären ist, – wertungsmässig betrachtet – nicht dieselbe Situation, so ist es von vornherein nicht einschlägig. Die Frage, ob die Fälle gleich gelagert sind oder zu unterscheiden sind, ist für das vom Richterrecht geprägte anglo-amerikanische Rechtssystem zentral («to distinguish a precedent»). S. dazu etwa ATIYAH/SUMMERS, Form and Substance in Anglo-American Law (Oxford 1987) 118 ff. Ein solches «distinguishing» ist aber, was angesichts der hier (s. sogleich unten 6b) befürworteten «Präjudizienvermutung» sehr zu begrüssen ist, auch in unserer Judikatur ein durchaus gängiges Argumentationsmuster. S. etwa die Abgrenzung von BGE 123 III 101 (104) gegenüber BGE 115 II 232 ff.: Der vorliegende Fall «unterscheidet sich vom damals beurteilten darin, dass ...».

[958] PROBST, 199 ff. hat nachgewiesen, dass zwischen 1875 und 1990 nicht weniger als 731 bundesgerichtliche Rechtsprechungsänderungen erfolgt sind, was einem Durchschnitt von 2,5% der amtlich publizierten Entscheidungen entspricht; zur Analyse der Rechtsprechungsänderungen des BGer in der älteren Literatur vor allem DUBS, Praxisänderungen (Basel 1949). Plastisch HAUSHEER, ZBJV 139 (2003) 612 f., zur Rechtsprechungsänderung im Zusammenhang mit der Namensänderung beim Konkubinatskind (BGE 121 III 145 ff.).

[959] S. FIKENTSCHER, ZfRV 1985, 171 ff.

ten Fall BGE 90 II 333, wo nach Vornahme einer Praxisänderung (BGE 88 II 209) dann doch wieder auf die vor dieser «geltende» Linie zurückgekehrt worden ist («Wiederherstellung der vor BGE 88 II 209 geltenden Praxis»)[960].

Der Umstand, dass eine Praxisänderung vorliegt, wird regelmässig in den den Erwägungen des Bundesgerichts vorangestellten «Regesten» der Entscheidung ausdrücklich vermerkt. Eine prozedurale Vorsorge für Praxisänderungen des Bundesgerichts und eine Vermeidung eines «Kriegs der Senate» sieht Art. 23 Abs. 1 BGG lediglich für *«qualifizierte Rechtsprechungsänderungen»*[961] vor: «Eine Abteilung kann eine Rechtsfrage nur dann abweichend von einem früheren Entscheid einer oder mehrerer anderen Abteilungen entscheiden, wenn die Vereinigung der betroffenen Abteilungen zustimmt».

b) Präjudizienbindung?

Abgesehen von der bereits[962] diskutierten Frage, ob Präjudizien unter Umständen gewohnheitsrechtlicher Charakter zukommen kann, ist es im schweizerischen Recht heute im Allgemeinen unbestritten, dass Praxisänderungen grundsätzlich möglich sein müssen, dass somit eine formelle Bindung an die *ratio decidendi*[963] von «precedents» i.S. des englischen *stare decisis-*

---

[960] Dazu schon oben S. 263 f. Zum «Auf und Ab» des BGer bezüglich des Quotenvorrechts des Sozialversicherers BREHM, ZBJV 142 (2006) 332; weit. Nachw. bei PROBST, 401 ff.

[961] Zum deutschen Recht der «Divergenzbereinigung» (Vorlage vor Grosse Senate etwa nach § 132 Abs. 2, 3 Gerichtsverfassungsgesetz, § 45 Abs. 2 Arbeitsgerichtsgesetz) RÜTHERS, RabelsZ 79 (2015) 160; für Österreich s. § 8 Abs. 1 OGH-Gesetz; weitere rechtsvergleichende Hinweise zu Vorschriften, die für oberste Gerichte Massnahmen vorsehen, um Widersprüche in ihrer Rechtsprechung zu vermeiden, bei HAUSER, in: Festschrift für Karl Heinz Schwab zum 70. Geburtstag (München 1990) 206 ff.

[962] S. oben S. 272 ff.

[963] Zum Begriff oben FN 806. Im englischen Recht werden die rechtlich tragenden Elemente einer Entscheidung auch als «rule» oder «holding» bezeichnet.

Prinzips[964] nicht anzuerkennen und auch nicht wünschenswert ist[965]. Dies gilt nicht nur im Hinblick auf eigene Präjudizien desselben Gerichts, sondern auch gegenüber «precedents» höherer und höchster Instanz[966].

Bei Entscheidungen, die sich *im Rahmen des Wortsinns* einer Norm bewegen oder doch zum *Bereich des gebundenen Richterrechts* zu zählen sind, ergibt sich die Legitimität der Praxisänderung ohne Weiteres aus dem Prinzip der Gesetzesbindung (Legalitätsprinzip), aus dem abzuleiten ist, dass ein Gericht zur Praxisänderung nicht nur berechtigt, sondern verpflichtet ist, wenn es – oft veranlasst durch Kritik der Lehre[967] – zur Auffassung gelangt, dass seine neue Rechtsauffassung der Rechtslage deutlich besser entspricht als die frühere Rechtsprechung[968]. Ein unkritischer – sich vielleicht gar nur auf die Leitsätze von Vorentscheidungen beziehender – «Präjudizienkult» (der Rechtsprechung *und* der Lehre) wäre verfehlt: Das Postulat der inhaltlichen Richtigkeit einer Entscheidung, d.h. ihrer Gesetzeskonformität (im Bereich der Umsetzung von EU-Richtlinien auch der Richtlini-

---

[964] Zum (relativ flexiblen) US-amerikanischen Recht monographisch MATTEI, Stare decisis: il valore del precedente giudiziario negli Stati Uniti d'America (Milano 1988); vgl. auch DIEDRICH, Präjudizien im Zivilrecht (Hamburg 2004) 393 ff. Das Prinzip der Präjudizienbindung wird aber auch in England seit dem «Practice Statement» des Lord Chancellors aus dem Jahre 1966 ([1966] 1 W.L.R. 1234) nicht mehr undifferenziert durchgehalten.

[965] Zur prozeduralen Erschwerung der Abweichung von Vorentscheidungen s. die Angaben bei FN 961.

[966] Präjudizienbindung aber im deutschen Recht im Hinblick auf Vorentscheidungen des BVerfG. S. FN 793.

[967] Zu den Gründen für eine judizielle Neubeurteilung der Rechtslage eingehend EMMENEGGER, RabelsZ 79 (2015) 378 f.

[968] Von einer «connaissance plus exacte ou complète de l'intention du législateur» spricht BGE 135 II 78 (85), von einer besseren Erkenntnis der *ratio legis* BGE 135 III 66 (79). Dabei ist es nicht so, dass die aufzugebende Rechtsprechung jeweils bereits bei ihrer Etablierung rechtlich nicht unterstützungswürdig war. Die Änderungsbedürftigkeit kann sich auch daraus ergeben, dass sich das rechtliche Umfeld der zur Debatte stehenden Regelung nachträglich geändert hat und diese deswegen nun in neuem Licht zu interpretieren ist.

enkonformität), hat Vorrang vor dem Rechtsgleichheitsprinzip und dem Gesichtspunkt des Vertrauensschutzes (bzw. der Rechtssicherheit)[969].

Selbstverständlich muss aus Rechtsgleichheits- und Vertrauensschutzerwägungen jeweils gut überlegt werden, ob die neue Rechtsauffassung wirklich die rechtlich fundiertere ist[970]. Das Bundesgericht verwendet hier jeweils die Formel, dass sich die Rechtsprechungsänderung «*auf ernsthafte, sachliche Gründe*» stützen müsse[971]. Die Argumente der Rechtsgleichheit und des Vertrauensschutzes haben aber nur dann Vorrang, wenn tatsächlich eine argumentative «Pattsituation» (eine *non liquet*-Situation) vorliegt, wenn somit die Vorzugswürdigkeit einer neuen Interpretation nicht deutlich erweisbar ist, wobei deren (vielleicht gar nicht zu bestreitende, aber nicht wirklich durchschlagende)

---

[969] S. statt aller DESCHENAUX, 127 f.; SPIRO, ZSR 100 I (1981) 153; ARZT, 87; ZELLER, 349; zum deutschen Recht BROCKER, NJW 2012, 2996 ff. Auch für das Verwaltungsrecht ist davon auszugehen, dass das Prinzip der Gesetzmässigkeit der Verwaltung dem Rechtsgleichheitsprinzip vorgeht, sodass ein rechtlich nicht haltbares Präjudiz keinen Anspruch auf dessen Weiterführung gibt. Eine «Gleichbehandlung im Unrecht» widerspricht offensichtlich dem Legalitätsprinzip. Statt aller HÄFELIN/MÜLLER/UHLMANN, N 518; im Einzelnen WEBER-DÜRLER, ZBl 2004, 19 ff.; zuletzt HANGARTNER, AJP 2013, 613 (krit. Besprechung der Entscheidung der I. öffentlich-rechtlichen Abteilung des BGer vom 18.12.2012, 1C_142/2012, in der eine Gleichbehandlung im Unrecht «ausnahmsweise» befürwortet wird). Einen grundsätzlichen Vorrang des Rechtssicherheits- bzw. Vertrauensschutzarguments gegenüber dem Gebot der materiellen Richtigkeit der Rechtsprechung postulieren (im Hinblick auf eine ständige Rechtsprechung zu einer Fristbestimmung) BGE 49 I 293 (302); 56 I 440 (442); vgl. auch BGE 94 I 15 (16): Grundsätzlich keine Änderung der Rechtsprechung bei Fristfragen ohne vorherige Ankündigung. Zu dieser Sonderjudikatur zum «prospective overruling» (s. unten FN 992) GERMANN, ZSR 68 (1949) 327 ff.

[970] In diesem Sinn ist im Hinblick auf Präjudizien von einer «Berücksichtigungspflicht» auszugehen. Überzeugend PAYANDEH, 259 ff. Der französische und italienische Text von Art. 1 Abs. 3 ZGB (oben S. 284 f.) spricht zwar nicht ausdrücklich von einer Verpflichtung, sich von der bisherigen Rechtsprechung inspirieren zu lassen, ist aber zweifellos so zu verstehen.

[971] S. etwa BGE 111 Ia 161 (162); 114 II 131 (138); 133 III 335 (338); 135 I 79 (82); 135 III 66 (79); 144 III 235 (242). Zum deutschen Recht BVerfG NJW 2013, 523 (524), wo von «hinreichender Begründung» die Rede ist.

Vorzugswürdigkeit wegen der Gesichtspunkte der Rechtssicherheit und des Vertrauensschutzes umso strenger zu beurteilen ist, je länger die bisherige Sichtweise praktiziert worden ist[972]. Ist eine solche *deutliche Vorzugswürdigkeit* nicht erweislich und gibt es «gute Gründe» auch für die bisherige Rechtsprechung, so bietet, wie F. BYDLINSKI[973] überzeugend begründet hat, nur «die Beachtung der Präjudizien den Ausweg aus der sonst rechtlich kriterienlosen Wahl zwischen mehreren Lösungsmöglichkeiten»[974].

In *Fällen des gesetzesübersteigenden Richterrechts* leuchtet die Legitimität von Praxisänderungen – angesichts des Gleichbehandlungs- und Vertrauensschutzgebots – von vorneherein erheblich weniger ein, da sich die neue Praxis *ex definitione* nicht (oder doch nur unter Hinweis auf relativ vage Rechtsprinzipien) auf den Vorzug überwiegender Gesetzeskonformität berufen kann. I.S. dieses Gedankengangs (aber nicht zwischen gebundenem und gesetzesübersteigendem Richterrecht unterscheidend) hat FIKENTSCHER in der Tat immer dann eine Präjudizienbindung postuliert, wenn «über den möglichen Wortsinn des Gesetzes hinaus durch ... Analogie, Rechtsfortbildung oder dgl. ein Gesetz

---

[972] S. BGE 133 III 335 (338); 135 III 66 (79); 135 I 79 (82); 136 III 6 (8); 144 III 209 (213). Nach BGE 137 III 352 (360) ist die Rechtsprechungsänderung vor allem dann nicht vorzunehmen, wenn damit dem Gesetzgeber vorgegriffen wird, der im Zuge von Revisionsvorhaben mit dem zu beurteilenden Problem befasst ist, aber noch keine definitive Lösung gefunden hat (a.a.O., 361).

[973] BYDLINSKI, Methodenlehre, 501 ff.; vgl. *dens.,* JZ 1985, 152. S. auch BGE 114 II 131 (139): Für beide Lehrmeinungen (diejenige, welche die langjährige Bundesgerichtspraxis unterstützt, und die diese kritisierende) sprechen nach Auffassung des BGer «gute Gründe»: «Unter diesen Umständen geht es auch aus Überlegungen der Rechtssicherheit nicht an, eine ständige Rechtsprechung leichthin aufzugeben». Ebenso BGE 127 III 538 (541 f.); liechtensteinischer OGH LES 2003, 48 (52).

[974] BYDLINSKI, Methodenlehre, 506. Zustimmend etwa auch LARENZ/CANARIS, 256 f., die richtig betonen, dass die damit ausnahmsweise bejahte Präjudizienbindung sich nur auf höchstgerichtliche Entscheidungen beziehen könne.

zur Anwendung gebracht oder durch richterliche Rechtsneubildung jenseits des Gesetzes Recht gebildet wird»[975].

Nach der hier vertretenen Auffassung sollte indes auch im Bereich gesetzesübersteigenden Richterrechts ein «overruling» möglich sein. Dass dies kein Plädoyer für einen richterrechtlichen «Schlingerkurs», also für einzelfallbezogene, opportunistische Schwänker der Judikatur sein soll, versteht sich angesichts der Prinzipien der Gleichbehandlung und des Vertrauensschutzes von selbst. Es ist vielmehr i.S. von MEIER-HAYOZ[976] von einer «grundsätzlichen Befolgungspflicht» oder, wie es KRIELE[977] bezeichnet hat, von einer *«Präjudizienvermutung»* auszugehen. «Der Richter soll ... nicht in jedem Falle wieder alle Gründe und Gegengründe neu erwägen, um schon bei der kleinsten Änderung der Verhältnisse oder beim minimsten Wandel in den Wertungsmassstäben die Möglichkeit neuer Regelung zu haben; auch der Gesetzgeber tut dies nicht und soll es nicht tun. Der gute Gesetzgeber weiss um den Wert der Rechtssicherheit und achtet auf ein Mindestmass an Stabilität und Kontinuität des Rechtes»[978].

---

975 FIKENTSCHER, ZfRV 1985, 175; *ders.,* Bd. IV, 241 ff. Die Präjudizienbindung leitet FIKENTSCHER aus seiner «Fallnormtheorie» ab (s. FIKENTSCHER, Bd. IV, 202 ff.; vgl. *dens.,* ZfRV 1980, 161 ff.), nach der nicht «die abstrakten Normen der meisten Gesetze, sondern die ‹Fallnormen› das objektive Recht bilden» (FIKENTSCHER, ZfRV 1985, 175). Dazu eingehend AMSTUTZ, Evolutorisches Wirtschaftsrecht (Baden-Baden 2001) 319 ff. Für eine Präjudizienbindung im Bereich des Richterrechts auch DESCHENAUX, 129.

976 BK-ZGB/MEIER-HAYOZ, Art. 1 N 474 ff.; N 503. BÄR, 14 f., möchte von einer «Berücksichtigungspflicht» sprechen; ZK-ZGB/DÜRR, Art. 1 N 592, von einer « ‹unverbindlichen› Mitberücksichtigungspflicht»; DESCHENAUX, 126 ff., von einer «bedingten Pflicht, die bewährten Lösungen der Rechtsprechung zu übernehmen»; HAUSHEER/JAUN, Art. 1 N 50 («beschränkte Befolgungspflicht»).

977 KRIELE, 243 ff.; *ders.,* Recht und praktische Vernunft (Göttingen 1979) 91 ff.; zustimmend etwa SCHLÜCHTER, 115; EMMENEGGER/TSCHENTSCHER, Art. 1 N 500. BYDLINSKI, Methodenlehre, 511, spricht von einer «subsidiären» Verbindlichkeit bzw. Befolgungspflicht; *ders.,* Rechtstheorie 1985, 41 ff. Dazu (kritisch) KÄHLER, 334 ff.

978 So treffend BK-ZGB/MEIER-HAYOZ, Art. 1 N 511; kurz und bündig HEMRAJ, European Journal of Law Reform 4 (2002) 48: «The four advantages of judges adhering to precedent are predictability, reliance, equality and efficiency».

Ist es aber klar, dass eine «interprétation traditionnelle ... n'est plus soutenable en raison du changement des circonstances ou même de l'évolution des idées»[979] bzw. «des moers»[980], so muss auch im Bereich des gesetzesübersteigenden Richterrechts eine richterliche Neubewertung möglich sein; die rechtsfortbildend tätigen Richterinnen und Richter sollten sich als «Stückwerk-Ingenieure» (K. POPPER) verstehen, die sich der steten Falsifizierbarkeit ihrer in kleinen Schritten[981] vorgenommenen Innovationen bewusst sind. In diesem Sinn gilt also auch für das Richterrecht: «*Law must be stable and yet it cannot stand still*»[982].

c) Das Problem der Vertrauensenttäuschung bei Praxisänderungen

Änderungen einer ständigen höchstrichterlichen Rechtsprechung sind rechtsstaatlich problematisch, da sie dem Gebot der Rechts-

---

[979] BGE 94 II 65 (71); gleichsinnig etwa BGE 116 Ia 359 (368); vgl. auch OGer BL SJZ 1996, 129, Nr. 3 (massive Veränderung im «Bewusstsein» zur Frage der gemeinsamen elterlichen Gewalt nach Scheidung); zuletzt BGE 135 I 79 (88) mit dem Argument, seit dem Vorentscheid des BGer aus dem Jahr 1993 (BGE 119 Ia 178 ff.) habe sich das Bewusstsein im Hinblick auf das Anliegen der Integration von Ausländern, die einem anderen Kulturkreis entstammen, geschärft. Weit. Nachw. bei PROBST, 259 f.; dort (246 f.) auch zum Argument, dass neuere wissenschaftliche Erkenntnisse zu einer Rechtsprechungsänderung zwingen. Zu neuen Erkenntnissen in den Natur- und Sozialwissenschaften als Gründe für Rechtsprechungsänderungen KÄHLER, 87 ff.

[980] So BGE 135 II 78 (85).

[981] Dazu unten S. 338 f.

[982] CARDOZO (zit. nach ESSER, Festschrift für F. von Hippel, Tübingen 1967, 121 FN 69). Anschaulich zum kontinuierlichen Prozess der Falsifikation in der höchstrichterlichen Rechtsprechung SCHUBARTH, recht 1995, 156. Zum Experimentiercharakter der lückenfüllenden Rechtsprechung klassisch PORTALIS in seinem «Discours préliminaire» zum Projekt des Code Civil (zitiert nach dem Wiederabdruck in: PORTALIS, Discours et rapports sur le Code Civil [Paris 1844]) 15: «C'est à l'expérience à combler successivement les vides que nous laissons».

gleichheit widersprechen[983], einen dem Legalitätsprinzip zuwider laufenden Rückwirkungseffekt[984] haben und das Vertrauen, welches eine Partei in die bisherige Rechtsprechung gesetzt hat, ihr «Kontinuitätsinteresse»[985], enttäuschen[986]. Um diese Problematik[987] zu vermeiden oder sie zumindest zu entschärfen, sind in der reichhaltigen, namentlich in dem vom Richterrecht geprägten englischen und US-amerikanischen Recht intensiv geführten Diskussion[988] verschiedenste Lösungsvorschläge entwickelt worden, ohne dass sich freilich eine Patentlösung durchsetzen konnte.

Eine Lösung könnte darin bestehen, die Rechtsprechungsänderung nur für den konkreten Streitfall und dessen Streitparteien sofort *(ex nunc)* zu vollziehen, während im Übrigen die neue Rechtsprechung ausschliesslich auf künftige, d.h. auf später eingetretene Fälle anzuwenden wäre *(pro futuro)*: *«Rechtspre-*

---

[983] S. WEBER-DÜRLER, ZBl 2004, 16: Rechtsprechungsänderung führt zu «einer ungleichen Behandlung gleicher Fälle»; zustimmend PICHONNAZ, 63.

[984] Das Gericht beurteilt «einen Streitfall nicht nach jenen richterrechtlichen Regeln ..., die im Moment der tatsächlichen Ereignisse bzw. der massgeblichen Parteihandlungen, welche dem Rechtsstreit zugrunde liegen, Gültigkeit besassen und für die Parteien wegleitend waren, sondern nach *ad hoc geschaffenen* und *sofort* auf den hängigen Rechtsstreit zur Anwendung gebrachten Rechtsregeln» (PROBST, 450). Ein weitergehender Rückwirkungseffekt einer Rechtsprechungsänderung auch auf Fälle, die auf Basis der früheren Judikatur bereits entschieden worden sind, ist grundsätzlich abzulehnen. Sie wäre die Konsequenz einer «deklaratorischen» Natur der Rechtsprechungsänderung. Diese ist im Bereich des eigentlichen Richterrechts aber abzulehnen. Dazu oben S. 276 f. (Einschub).

[985] ZIPPELIUS, 66.

[986] Allgemein zum auf Art. 9 BV gestützten Argument des Vertrauensschutzes in der Rechtsanwendung ROHNER, in: EHRENZELLER u.a. (Hrsg.), St. Galler Kommentar zur BV, 3. Aufl. (Zürich u.a. 2014) Art. 9 N 47 ff.

[987] In der deutschen Diskussion (A. WEBER, WM 1996, 53) wird plastisch von «Rechtsprechungsrisiko» gesprochen. Zum Verhältnis des Vertrauensschutzarguments zur Problematik der Rückwirkung einer Rechtsprechungsänderung PROBST, 520 ff.

[988] S. etwa EISENBERG, The Nature of the Common Law (Cambridge, Mass./ London 1988) 104 ff. Zur entsprechenden englischen und irischen Gerichtspraxis anschaulich ARDEN, The Law Quarterly Review 120 (2004) 7 ff.; zum amerikanischen Recht RÖSLER, RabelsZ 79 (2015) 255 ff.

chungsänderung ex nunc et pro futuro»[989]. Diese Lösung begegnet aber dem starken Bedenken, dass entgegen dem Prinzip der Rechtsgleichheit nur gerade der «auslösende» Fall der Praxisänderung und damit einer Rückwirkung unterstellt wird, während alle anderen «Altfälle» noch nach der alten Rechtsprechung beurteilt werden[990]. Den Verstoss gegen das Gebot der Rechtsgleichheit vermeidet ein *«purely prospective overruling»,* das dadurch gekennzeichnet ist, dass das Gericht die bisherige Rechtsprechung *expressis verbis* aufgibt und sich verbindlich auf eine neue Linie festlegt, ohne diese neue Auffassung auf den zu beurteilenden Fall schon zur Anwendung zu bringen[991]. Auch diese Methode begegnet starken Bedenken, vor allem, weil sie «in stossender Weise den rechtlich Obsiegenden zum prozessualen Verlierer» werden lässt[992].

Dieses Bedenken vermeidet die blosse *Ankündigung einer Rechtsprechungsänderung in einem «obiter dictum»*[993]. Durch

---

[989]   S. PROBST, 680 ff.
[990]   S. PROBST, 681.
[991]   Eingehend PROBST, 700 ff.; neuerdings KLAPPSTEIN, Die Rechtsprechungsänderung mit Wirkung für die Zukunft (Berlin 2009).
[992]   PROBST, 706. Die im Text gerade angesprochenen Bedenken sind bei Änderungen der Rechtsprechung nicht durchschlagend, wo es um prozessuale Fristsetzungen (etwa Rechtsmittelfristen) geht und der dadurch Betroffene einen Rechtsverlust erleiden würde. Solche Rechtsprechungsänderungen müssen zuerst *pro futuro* angekündigt werden. So BGE 94 I 15 (16); 122 I 57 (60); 133 I 270 (274); 135 II 78 (85). Selbe Auffassung für steuerbelastende Praxisänderungen bei REICH/UTTINGER, ZSR 129 (2010) I, 163 ff. LANGENBUCHER (in: Festschrift für Helmut Koziol, Wien 2010, 1421) befürwortet ein *«prospective overruling»* immer dann, «wenn die drohende Vertrauenseinbuße verfassungsrechtlich unerträglich wird». Dies gilt namentlich für strafrechtliche Rechtsprechungsänderungen. Dazu KEMPF/SCHILLING, NJW 2012, 1853 mit Hinweis auf HASSEMER.
[993]   Von einem «schwachen» *prospective overruling* spricht BITTNER, JZ 2013, 645 ff. Zum Begriff des *obiter dictum* oben FN 806. Befürwortet wird die Ankündigung einer Praxisänderung in einem *obiter dictum* etwa von DUBS, SJZ 1991, 296; für Österreich BYDLINSKI, Methodenlehre, 509 f. Für das deutsche Recht s. vor allem BIRK, JZ 1974, 735 ff.; KEIL, Die Systematik privatrechtlicher Rechtsprechungsänderungen (Tübingen 2007) 80 ff.; dort (210 ff.) auch zu

ein solches Vorgehen werden die Rechtssuchenden (und die beratenden Anwälte und Notare) in die Lage versetzt, sich rechtzeitig auf eine neue Rechtsprechung einzustellen[994], bevor die neue Rechtsauffassung tatsächlich entscheidungserheblich geworden ist. Solche mehr oder weniger dezidierten Hinweise auf eine künftige Praxisänderung finden sich auch in der Judikatur des Bundesgerichts. So kann etwa in BGE 109 II 116 (120) eine doch recht deutliche Ankündigung[995] einer Praxisänderung zur Bankenhaftung (gemäss Art. 100 Abs. 2 und 101 Abs. 3 OR) gesehen werden, die in BGE 112 II 450 (455) dann auch vollzogen worden ist. Zumeist bedient sich die Ankündigung zurückhaltenderer, vorsichtigerer Wendungen, wie etwa, dass es «offen bleiben» könne, «wie weit» an einem Präjudiz «heute noch festzuhalten ist»[996], oder, dass man sich «fragen» könne, ob an der bisherigen «Rechtsauffassung in allen Teilen festzuhalten sei»[997]; oder dass es als «nicht ausgeschlossen» erachtet werde, dass in Zukunft angesichts neuerer Auffassungen eine neue Sicht favorisiert werde[998]. Es versteht sich von selbst, dass auf solcher Basis verlässliche Prognosen, wie das Gericht künftig tatsächlich entscheiden wird, nicht möglich sind; immerhin können die Parteien das Risiko (bzw. die Chance) einer Rechtsprechungsänderung im Ansatz

---

dezidierten Änderungen einer Praxis in einem *obiter dictum* (Beispiel: BGHZ 149, 10 ff.). Kritisch zur «Ankündigungsjudikatur» (wegen der damit verbundenen Unsicherheiten) BITTNER, JZ 2013, 645 ff.

[994] Mögliche Haftung eines beurkundenden Notars auch dann, wenn eine Rechtsfrage durch die bisherige Judikatur nicht abschliessend geregelt ist, die künftig Einspurung der Rechtsprechung aber absehbar ist und er die Parteien auf dieses Risiko nicht aufmerksam gemacht hat, gemäss BGH NJW 2016, 1324 (1325): Erkennbare Tendenzen der Rechtsprechung dürfen nicht übersehen werden.

[995] Die Auffassung der eine andere als die bisherige Praxis vertretenden Autoren habe – so das BGer (a.a.O.) – «einiges für sich», insbesondere wenn die fraglichen Regelungen «zeitgemäss» ausgelegt würden; die Kritik der Autoren an der bisherigen Rechtsprechung sei «ernst zu nehmen».

[996] BGE 108 Ib 419 (423).

[997] BGE 107 III 113 (115); ähnlich BGer 28.6.2011, 4A_178/2011; vgl. auch BGE 104 II 12 (14): «... allenfalls könnte» i.S. der Lehre «erwogen werden ...».

[998] S. BGE 99 Ia 262 (281). Weit. Nachw. bei BÄR, 8 ff.

einkalkulieren. Endgültig befriedigend sind solche vagen und unverbindlichen Vorwarnungen aber natürlich nicht. Man stelle sich den Ärger einer Partei vor, die auf Basis eines solchen *obiter dictum* den Weg zum Bundesgericht gescheut hat, dann aber konstatieren muss, dass dieses in einem anderen Fall trotz der vorgängig geäusserten Vorbehalte doch an der alten Praxis festgehalten hat[999].

Die konsequenteste Lösung des Rückwirkungs- und Vertrauensschutzproblems bestünde darin, wie zum schweizerischen Recht schon BÄR[1000] und dann – eingehender – PROBST[1001] nachgewiesen haben, dem Höchstgericht – entsprechend dem Modell der Gesetzgebung – eine Kompetenz zur Formulierung *richterlicher Übergangsordnungen* zuzuerkennen[1002]. PROBST hat dafür einen detaillierten Lösungsvorschlag unterbreitet, der bei privatrechtlichen Praxisänderungen[1003] nach den Gesichtspunkten differenziert, welche Partei auf die bisherige Rechtsprechung vertraut hat, und ob die Rechtsprechungsänderung für die vertrauende Partei (dies können auch beide Parteien sein) im Vergleich zur bisherigen Praxis nachteilig oder begünstigend wirkt[1004].

---

[999] S. PROBST, 695 ff.

[1000] BÄR, 21, befürwortet eine ausdrückliche gesetzliche Regelung der bundesgerichtlichen Kompetenz zum Erlass einer richterlichen Übergangsordnung; vgl. auch DUBS, SJZ 1991, 296 f.

[1001] PROBST, 707 ff. Kritisch dazu aber F. BYDLINSKI, JBl 2001, 11 ff.; EMMENEGGER, RabelsZ 79 (2015) 385 f.

[1002] Vgl. auch deutsches BVerfG NJW 2013, 523 (524), wo von «Bestimmungen zur zeitlichen Anwendbarkeit» der neuen Praxis die Rede ist.

[1003] PROBST, 722 ff.; zur Übergangsregelung bei Praxisänderungen im öffentlichen Recht *ders.,* 721 f.

[1004] Ein aktuelles Beispiel für eine solche höchstrichterlich formulierte Übergangsordnung aus der deutschen Rechtsprechung ist BGHZ 150, 1 ff. Leitsatz a) lautet: «Aus Gründen des Vertrauensschutzes dürfen sich Anlagegesellschafter bereits existierender geschlossener Immobilienfonds, die als Gesellschaften bürgerlichen Rechts ausgestaltet sind, auch nach der durch die Entscheidungen BGHZ 142, 315 und BGHZ 146, 341 eingetretenen Änderung der Rechtsprechung des Senats für die davor abgeschlossenen Verträge weiterhin auf eine im Gesellschaftsvertrag vorgesehene Haftungsbeschränkung unter der nach der

7. Legitimität und Grenzen des gesetzesübersteigenden Richterrechts

a) In den letzten Jahrzehnten hat es immer wieder Zeiten gegeben, in denen die Tendenz «vom Gesetzesstaat zum Richterstaat»[1005] mit grossem Optimismus, wenn nicht geradezu euphorisch begrüsst worden ist[1006]. Dies aus teilweise sehr unterschiedlichen Beweggründen. Die zu Beginn des 20. Jahrhunderts vor allem in Deutschland florierende, antiformalistische «Freirechtsbewegung», die alle Hoffnung auf eine möglichst freie richterliche Rechtsfindung setzte, ist als im Ansatz verständliche Reaktion auf überspitzte Positionen des Gesetzespositivismus zu sehen.

Grundlegend waren EHRLICH, Freie Rechtsfindung und freie Rechtswissenschaft (Leipzig 1903) und die 1906 erschienene Kampfschrift von KANTOROWICZ; aus der Folgeliteratur besonders hervorzuheben ISAY, Rechtsnorm und Entscheidung (Berlin 1929). Vgl. zur Freirechtsbewegung RIEBSCHLÄGER, Die Freirechtsbewegung (Berlin 1968); MOENCH, Die methodologischen Bestrebungen der Freirechtsbewegung auf dem Wege zur Methodenlehre der Gegenwart (Frankfurt a.M. 1971). In der französischen Lehre hatte unmittelbar vor der deutschen Freirechtsbewegung die «libre recherche scientifique» François GÉNYS (s. vor allem das 2. Kap. des 2. Bd. seines Hauptwerks: Méthode d'interprétation et sources en droit privé positif, 1. Aufl. [Paris 1899]) eine ähnliche Stossrichtung. Dazu eingehend FIKENTSCHER, Bd. I, 456 ff.

Im Anschluss an die 68er-Bewegung war dann (wiederum vor allem in Deutschland) die Hoffnung bestimmend, der «kritische», emanzipatorische Richter könne als «social engineer»[1007] ein

---

früheren Rechtsprechung massgebenden Voraussetzung berufen, dass die Haftungsbeschränkung dem Vertragspartner mindestens erkennbar war». Vgl. auch BGH ZIP 2003, 899 (902).

[1005] So der griffige Titel der rechtsphilosophischen Schrift von MARCIC, Vom Gesetzesstaat zum Richterstaat (Wien 1957).

[1006] Gegenteilig vor allem RÜTHERS, etwa JZ 2006, 60, wo er vor dem «Übergang vom demokratischen Rechtsstaat zum oligarchischen Richterstaat» warnt.

[1007] Der Richter als «social engineer» ist eine Leitidee der US-amerikanischen «Sociological Jurisprudence». S. vor allem POUND, 36 Harv. Law R. (1922–23) 955.

willkommenes Gegengewicht zu konservativen Verkrustungen in der politischen Landschaft bilden[1008]. Eine grosse Rolle spielte in der deutschen akademischen Diskussion der zweiten Hälfte des letzten Jahrhunderts die nach dunklen Zeiten der Abschottung freudig begrüsste Öffnung zum US-amerikanischen Recht und zu dessen methodologischen Grundlagen[1009]. Inzwischen hat sich eine nüchternere Betrachtung durchgesetzt, die zwar die in unserer stark beschleunigten Gesellschaft immer bedeutendere Rolle der «Dritten Gewalt» realistisch zur Kenntnis nimmt[1010], gleichzeitig aber auch die demokratische und institutionelle Problematik einer solchen komplementären Gesetzgebung thematisiert.

b) Diese *Problematik*, bei deren Erörterung der immer noch grundlegenden Abhandlung von MEIER-HAYOZ über «Strategische und taktische Aspekte der Fortbildung des Rechts»[1011] ge-

---

[1008] Repräsentativ WASSERMANN, Der politische Richter (München 1972); grundlegend für die kritisch-emanzipatorische Rechtsbetrachtung in den «68er»-Zeiten WIETHÖLTER, Rechtswissenschaft (Frankfurt a.M. 1968; Lizenzausgabe Basel/Frankfurt a.M. 1986).

[1009] S. etwa die beiden oben S. 308 (Einschub) zit. Monographien von CASPER und REICH. S. vor allem auch KRIELE, passim. In der schweizerischen Literatur repräsentiert die (heute fast schon selbstverständliche) Öffnung zur US-amerikanischen Szene erstmals prominent HALLER, Supreme Court und Politik in den USA (Bern 1972).

[1010] Im Bereich der EU ist zusätzlich der grosse (für manche Beobachter zu grosse, die Kompetenzen der EU tendenziell ausweitende) Einfluss der Judikatur des EuGH zu beobachten. Man spricht kaum übertrieben von einem «gouvernement des juges». S. zur Rechtsfortbildung durch den EuGH etwa COLIN, Le gouvernement des juges dans les communautés européennes (Paris 1966); HUMMER/OBWEXER, EuZW 1997, 295 ff.; W. SCHROEDER, in: Festschrift 50 Jahre ZfRV (Wien 2013) 199 ff. Zur Methode des EuGH wichtig BENGOETXEA, passim; DEDERICHS, Die Methodik des EuGH (Baden-Baden 2004); BECK, The Legal Reasoning of the Court of Justice of the EU (Oxford 2012). Zu den Grenzen richterlicher Rechtsfortbildung durch den EuGH CALLIES, NJW 2005, 929 ff.; zur defizitären demokratischen Legitimation des EuGH VON BOGDANDY/KRENN, JZ 2014, 529 ff.; krit. auch HONSELL/MAYER-MALY, 307 f., 315 ff.

[1011] MEIER-HAYOZ, JZ 1981, 417 ff.; aus deutscher Sicht WANK, Grenzen, 154 ff.; vgl. auch SÖLLNER, ZG 1995, 9 ff.

folgt wird, liegt einmal in der relativ schwachen demokratischen Legitimation der Richter[1012], die in den meisten Ländern nicht vom Volk gewählt, sondern von der Regierung (oder, wie in Liechtenstein, durch den Fürsten) ernannt werden[1013]. Auch wenn die schweizerischen Bundesrichter von der Bundesversammlung gewählt werden, so liegt darin doch nur eine mittelbare demokratische Legitimation. Direktdemokratische Elemente der schweizerischen Verfassung, wie die Möglichkeit eines Referendums, sind im Hinblick auf Richterrecht von vorneherein nicht gegeben. In der Vorbereitung von richterrechtlichen Entscheidungen gibt es selbstverständlich auch kein Vernehmlassungsverfahren (Art. 147 BV)[1014]. Richterrecht hat daher insgesamt überwiegend «oligarchischen» Charakter[1015]. «Zudem beschränkt die richterliche Unabhängigkeit die politische Verantwortlichkeit der

---

[1012] S. MEIER-HAYOZ, JZ 1981, 422; vgl. auch schon SÄCKER, ZRP 1971, 145 ff.; VOßKUHLE/SYDOW, JZ 2002, 673 ff. Die schwache demokratische Legitimation des Richters steht in untrennbarem Zusammenhang mit dem Argument, dass dem Gesetzgeber auf Grund des Gewaltenteilungsprinzips eine Gesetzgebungsprärogative zukommen muss. Zum Argument der Gewaltenteilung etwa MAYER-MALY, JZ 1986, 561; auch BGE 74 II 106 (109); 121 III 219 (224). Zu den demokratietheoretisch begründeten Grenzen richterrechtlicher Verfassungsfortbildung eingehend CHIARIELLO, 386 ff. Dass das Verfassungsargument keine «messerscharfe» Grenzziehung zwischen zulässiger und unzulässiger richterlicher Rechtsfortbildung erlaubt, liegt auf der Hand. S. BIAGGINI, Verfassung, 474 ff. Vgl. zur verfassungsrechtlichen Würdigung des Art. 1 Abs. 2 ZGB auch FLEINER, in: Gedächtnisschrift Peter Jäggi (Fribourg 1977) 323 ff.

[1013] Zur Richterwahl und -auswahl rechtsvergleichend BÜHLER, in: Aktuelle Aspekte des Schuld- und Sachenrechts. Festschrift für Heinz Rey (Zürich 2003) 521 ff. In der Schweiz erfolgt die Wahl der Bundesrichter durch die Bundesversammlung, während für die unteren Instanzen die (wegen der parteibezogenen Politisierungsgefahr nicht unbedenkliche) grosse Besonderheit der Volkswahl von Berufsrichtern besteht. S. BÜHLER (a.a.O.). Zur Richterbestellung in Deutschland TSCHENTSCHER, Demokratische Legitimation der dritten Gewalt (Tübingen 2006) 300 ff.

[1014] Darauf verweist schon BGE 74 II 106 (109); vgl. BÄR, 25: Richterrecht werde «in gepflegten Interieurs ersonnen» und habe «keinen Winden politischer Ausmarchung standgehalten».

[1015] Vgl. RÜTHERS, JZ 2002, 365 ff.

Rechtsanwendung. Kann sich der Richter aber den Konsequenzen von Fehlentscheidungen weitgehend entziehen, so muss seine Kompetenz zur rechtspolitischen Tätigkeit» eingeschränkt sein[1016]. Dazu kommen strukturelle Gründe: Richterliche Entscheidungen sind viel persönlicher, individueller geprägt als Entscheidungen grosser Kollektivorgane: «Die Individualität des einzelnen Richters hat zweifellos ein ganz anderes Gewicht für die Normgewinnung als die Individualität einer an der Gesetzgebung beteiligten Person. Sind in einem Dreierkollegium zwei Richter eher konservativ, so wird sich das viel stärker in den Entscheidungen niederschlagen, als wenn die gleichen zwei Parlamentarier wären»[1017]. Wird der Richter als «Ersatzgesetzgeber» rechtsfortbildend tätig, so fehlt ihm, wenn er seine Entscheidungen auf ausserrechtliche Erwägungen stützt, zudem weitgehend die zu deren Aufbereitung nötige Infrastruktur. Der Richter wird, wie Fritz BAUR[1018] treffend geschrieben hat, «an die Stelle des Gesetzgebers gerückt, ohne dass ihm dessen Hilfsmittel zur Verfügung stünden oder sein Urteil einem ähnlichen Gestaltungsprozess unterläge wie das Gesetz»[1019]. Namentlich gibt es etwa keine Expertenkommissionen zur Vorbereitung richterrechtlicher Innovationen[1020]. Eine unvermeidliche strukturelle Verengung der

---

[1016] MEIER-HAYOZ, JZ 1981, 422. Treffende Verknüpfung des Prinzips der richterlichen Unabhängigkeit mit der Gesetzesunterworfenheit des Richters in Art. 97 Abs. 1 GG.

[1017] MEIER-HAYOZ, JZ 1981, 422; vgl. auch RIEMER, recht 1999, 177 f. S. auch SCHUBARTH, ZSR 122 (2003) I, 184, der vor einer faktischen Verschiebung der Gesetzgebungskompetenz vom ordentlichen Gesetzgeber «auf ein kleines richterliches Gremium» warnt, «in welchem gegebenenfalls eine Zufallsmehrheit Entscheidungen von fundamentaler Bedeutung fällen kann, die im Widerspruch zu klaren Aussagen des demokratischen Gesetzgebers stehen».

[1018] BAUR, JZ 1957, 196.

[1019] Immer noch bedenkenswerte organisatorische Vorschläge bei HOPT, JZ 1975, 348; vgl. auch das Votum von SCHUBARTH vor dem Schweizerischen Juristentag in Neuchâtel 1987, ZSR 106 (1987) II, 591 f.

[1020] Zu Möglichkeiten der Verbesserung der Informationslage der Gerichte im Fall der richterlichen Rechtsfortbildung (rechtsvergleichend) die Beiträge in RabelsZ 80 (2016) Heft 2.

Optik ergibt sich auch aus der Einzelfallbezogenheit der richterlichen Tätigkeit, die den Richter zur Formulierung einer *ratio decidendi* verleiten könnte, die in inadäquater Weise über die Pathologie und Atypizität des konkreten Falles hinausweist: «Hard cases make bad law»[1021].

c) Aus all dem hat MEIER-HAYOZ[1022] richtigerweise die Mahnung zum *«judicial restraint»*[1023] und die Betonung einer *«Rechtssetzungsprärogative»* des parlamentarischen Gesetzgebers abgeleitet. Richterliche Rechtsfortbildung hat zwar Rechtswandel zu induzieren, die ihr eigene, der Gesetzgebung mangelnde Souplesse dient damit der Systemstabilisierung[1024]; ein «gouvernement des juges» (wie es für die Praxis des EuGH diagnostiziert worden ist[1025]), in dem ungeniert Politik gemacht wird, entspricht aber nicht der verfassungsrechtlichen Funktion der Justiz.

Versuch einer abstrakten Kennzeichnung einer verfassungsrechtlich illegitimen richterlichen Rechtsfortbildung in BVerfG NJW 2012, 669 (671): «Eine verfassungsrechtlich unzulässige richterliche Rechtsfortbildung ist dadurch gekennzeichnet, dass sie, ausgehend von einer teleologischen Interpretation, den klaren Wortlaut des Gesetzes hintanstellt, ihren Widerhall nicht im Gesetz findet und vom Gesetzgeber nicht ausdrücklich oder – bei Vorliegen einer erkennbar planwidrigen Gesetzeslücke – stillschweigend gebilligt wird» (mit Berufung auf

---

[1021] Zu diesem Argument MEIER-HAYOZ, JZ 1981, 417 ff., 421 f.; SCHÜRER, ZBl 114 (2013) 583 ff.; s. etwa auch WANK, Grenzen, 184.

[1022] Zusammenfassend MEIER-HAYOZ, JZ 1981, 422 f.; ihm folgend etwa STROLZ, 50 ff.; HAUSHEER/JAUN, Art. 1 N 227.

[1023] Das Begriffspaar «judicial restraint» – «judicial activism» spielt in der Diskussion über die Verfassungsinterpretation des US-amerikanischen Supreme Court eine zentrale Rolle. Vgl. vor allem das vieldiskutierte Buch von Robert H. BORK, The Tempting of America: The Political Seduction of the Law (New York/London 1990).

[1024] Schönes Bild bei A. BARAK (früher Präsident des Obersten Gerichtshofs Israels), Some Reflections on the Israeli Legal System and its Judiciary (Ius Commune Lectures on European Private Law, Nr. 3 [Maastricht 2001]) 13: «The law, like an eagle in the sky, is only stable when it moves».

[1025] Nachweise oben FN 1010.

BVerfGE 126, 286 [306]); neuerdings BVerfG NJW 2015, 1359 (1367): «Der Respekt vor dem demokratisch legitimierten Gesetzgeber verbietet es, im Wege der Auslegung einem nach Sinn und Wortlaut eindeutigem Gesetz einen entgegengesetzten Sinn beizulegen oder den normativen Gehalt einer Vorschrift grundlegend neu zu bestimmen»; vgl. auch BVerfG JZ 2015, 620 (623): «Die Grenzen richterlicher Rechtsfindung verlangen gerade dort besondere Beachtung, wo sich die rechtliche Situation des Bürgers verschlechtert, ohne dass verfassungsrechtliche Gründe dafür ins Feld geführt werden können». Zur in Deutschland heftig diskutierten Frage, ob nicht gerade das BVerfG sich zu wenig an die verfassungsrechtlichen Grenzen richterrechtlicher Kompetenz halte, s. die Nachw. unten S. 339.

Die Justiz sollte sich somit rechtspolitisch grundlegender, «strategischer» Neulandentscheidungen enthalten – das wäre sozusagen «Gesetzgebung ohne Auftrag» – und sich auf «taktische» Anpassungen und Fortbildungen des Rechts im Rahmen bereits bestehender Wertungszusammenhänge und damit auf eine (mehr oder weniger virtuos interpretierte) *«Politik der kleinen Schritte»* beschränken[1026]. Die Gerichte sollten sich nicht dazu aufgerufen fühlen, «die kontroversen Fragen der heutigen Gesellschaft beantworten zu wollen». «Ihr Arbeitsfeld» sollten schwerpunktmässig «vielmehr die relativ unkontroversen, bei weiten Teilen der Bevölkerung konsensfähigen Probleme»[1027] sein. H.P. WAL-

---

[1026] G. HIRSCH (ZRP 2006, 161; *ders.* JZ 2007, 858) hat als damaliger Präsident des BGH das (in der deutschen Diskussion zum Teil empört aufgenommene, aber doch eigentlich nur realistische und auch gar nicht anstössige) Bild vom Richter als Pianisten geprägt, der die Spielräume, die ihm die Vorgaben des Komponisten (des Gesetzgebers) belassen, «mehr oder weniger virtuos» interpretiere. Zum Vergleich zwischen juristischer und musikalischer Interpretation der Essay von WIEDEMANN, in: Moderne Arbeitswelt. Festschrift für Rolf Wank (München 2014) 647 ff. Zu Spanien ist folgende Sentenz weit verbreitet (Nachw. bei SCHALK, Deutsche Präjudizien und spanische «Jurisprudencia» des Zivilrechts [Frankfurt/M. 2009] 157): «La ley reina y la jurisprudencia gobierna» (das Gesetz thront und die Rechtsprechung regiert). Skizzierung einer «théorie micropolitique» (im Hinblick auf den «pouvoir du juge» bei GRANDJEAN, AJP 2013, 365 ff.

[1027] MEIER-HAYOZ, JZ 1981, 422; s. auch schon LARENZ, Festschrift für Ernst Rudolf Huber zum 70. Geburtstag am 8. Juni 1973 (Göttingen 1973) 304: Es ist

TER[1028] spricht gleichsinnig von «vorsichtig evolutionärer» richterlicher Rechtsfortbildung. Dass den Gerichten auch so noch ein sehr weites und schwieriges Arbeitsfeld verbleibt, versteht sich von selbst.

Zu den Grenzen richterlicher Rechtsfortbildung im deutschen Recht gemäss Art. 20 Abs. 3 GG s. BVerfGE 65, 182 (190 f.); vgl. auch BGHZ 108, 305 (309). Auf eine «Trendwende im BVerfG» (in Richtung auf eine Kontrolle richterlicher Zurückhaltung) hofft RÜTHERS (NJW 2009, 1461 f.) auf Grund von Minderheitenvoten zu einer Entscheidung des BVerfG zu den verfassungsrechtlichen Grenzen der richterlichen Rechtsfortbildung (BVerfG NJW 2009, 1469 ff. = JZ 2009, 675 ff., mit Besprechungsaufsatz MÖLLERS, JZ 2009, 668 ff.). Zu diesen Grenzen auch BVerfG NJW 2011, 836 (837 f.); NJW 2012, 669 (671 f.). Dazu wiederum RÜTHERS, NJW 2011, 1856 ff.; zuletzt BVerfG vom 6.6.2018 (1 BvL 7/14), JZ 2018, 879 ff. (N 73) mit Anm. KAMANABROU. Weit. Nachw. zur Judikatur des BVerfG zuletzt bei JOHANN, NJW 2019, 1929.

Zur Rechtsbindung des BVerfG und zur Kritik an der eigenen, zu freizügigen Judikatur des BVerfG etwa HONSELL/MAYER-MALY, 143 ff.; MÖLLERS, in: JESTAEDT/MÖLLERS/SCHÖNBERGER (Hrsg.), Das entgrenzte Gericht. Eine kritische Bilanz nach sechzig Jahren Bundesverfassungsgericht (Berlin 2011) 406 ff.; RÜTHERS, Die heimliche Revolution vom Rechtsstaat zum Richterstaat (Tübingen 2014) 103 ff.; SCHLINK, Erkundungen zu Geschichte, Moral, Recht und Glauben (Zürich 2015) vor allem 223 ff.; zuletzt WILLOWEIT, JZ 2016, 431: Heute müsse nicht so sehr die Unabhängigkeit der Gerichte, sondern die Unabhängigkeit des Gesetzesgebers vor den «Anmassungen» der verfassungsgerichtlichen Rechtsprechung verteidigt werden.

«gewiss nicht die Aufgabe der Jurisprudenz, Konzepte für gesellschaftliche Reformen großen Maßstabes zu entwerfen»; selber Tenor etwa bei COING, 53, wonach richterliche Rechtsfortbildung an die Kodifikation «angelehnt» sein solle; auch bei G. MÜLLER, in: Auf der Scholle und in lichten Höhen. Festschrift für Paul Richli, Zürich/St. Gallen/Baden-Baden 2011, 758 (mit Hinweis auf Art. 164 Abs. 1 BV); ebenso bereits BGE 74 II 106 (109);.

[1028] recht 2003, 10.

V. Internationale Aspekte der Juristischen Methodenlehre

1. Einleitung

Unsere Rechtsordnungen, namentlich die uns nahestehenden Privatrechtsordnungen, können immer weniger als nach aussen abgeschottete nationale Systeme begriffen werden; der Trend zur *«Internationalisierung»*, in Europa vor allem zur *«Europäisierung» unserer Rechtsordnungen*, nimmt im Zeichen der Globalisierung der Wirtschaftsbeziehungen rasant zu, ein Prozess, von dem auch die Juristische Methodenlehre nicht unberührt bleibt. Die nationalen Privatrechtsordnungen werden immer stärker durchsetzt oder flankiert durch nicht aus der «Küche» der nationalen Gesetzgebung stammende, internationale bzw. «europäische» Elemente, deren Interpretation zu methodologischen Sonderüberlegungen zwingt. Dieser Prozess soll hier am Beispiel der Interpretation von *internationalem Einheitsprivatrecht* («Konventionsprivatrecht») und von in der Schweiz «autonom nachvollzogenem» *Unionsprivatrecht* der EU illustriert werden.

2. Methodologische Sonderüberlegungen zum Einheitsprivatrecht am Beispiel des UN-Kaufrechts[1029]

Das UN-Kaufrecht (= CISG) regelt in Art. 7 ausdrücklich Auslegung und Lückenfüllung. Art. 7 Abs. 1, in dem es um die Ausle-

---

[1029] Dieselben methodologischen Probleme wie im UN-Kaufrecht stellen sich auch in anderen Fällen von Einheitsprivatrecht (Konventionsprivatrecht) bzw. in inoffiziellen internationalen privatrechtlichen Restatements (vgl. zu den UPICC S.299 [Einschub]). Üblicherweise werden gleiche oder ganz ähnliche Formulierungen verwendet wie in dem im Folgenden dargestellten Art. 7 UN-Kaufrecht. Vgl. etwa Art. 6 des Genfer UNIDROIT-Übereinkommens über die Vertretung bei internationalen Warenkäufen; Art. 6 des UNIDROIT-Übereinkommens über internationales Leasing von 1988; Art. 1: 106 der Principles of European Contract Law («PECL»).

gung i.e.s. geht, regelt freilich nicht eigentlich die Methode der Interpretation, sondern eine Zielvorgabe, welche der für einen Akt der internationalen Rechtsvereinheitlichung selbstverständlichen Gesamtteleologie der Konvention verpflichtet ist: Es sei bei der Auslegung der «internationale Charakter» des Übereinkommens sowie die «Notwendigkeit zu berücksichtigen, seine einheitliche Anwendung ... zu fördern». In Bezug auf die eigentliche Methode ist es auch im Rahmen des UN-Kaufrechts unbestritten, dass die klassischen Auslegungselemente des Wortlauts[1030], der Systematik der Konvention, der Entstehungsgeschichte und der Teleologie (der jeweiligen Regelungen) zu beachten sind[1031]. Der Einsatz dieser Auslegungsmittel soll freilich unter Bedacht der zitierten grundsätzlichen Zielvorgaben der *Wahrung des «internationalen Rechtsanwendungseinklangs»* erfolgen.

[1030] Offizielle Vertragssprachen sind Arabisch, Chinesisch, Englisch, Französisch, Spanisch und Russisch, wobei (entsprechend der «Unterzeichnungsklausel» im UN-Kaufrecht) «jeder Wortlaut gleichermassen verbindlich ist». Dies entspricht Art. 33 der Wiener Konvention über das Recht der Verträge (WVK) vom 23.5.1969. Da Englisch und Französisch die offiziellen Konferenzsprachen vor Beschlussfassung über die UN-Kaufrechtskonvention waren, kommt dem englischen Text (und subsidiär dem französischen) «eine erhöhte Bedeutung» zu, was bei Unklarheiten des Textes auch von schweizerischen Gerichten zu beachten ist (richtig BGE 130 III 258 [261 f.]). Zur Auslegung von Staatsverträgen im Allgemeinen etwa BGE 127 III 461 (465); H.P. WALTER, ZSR 126 (2007) I, 264 ff.; zur Auslegung der EMRK Nachw. in FN 374.

[1031] Zur Anwendung der klassischen Auslegungskanones auf das UN-Kaufrecht etwa MELIN, 369 ff. Angesichts unterschiedlicher nationaler Methodentraditionen ist eine tatsächlich (relativ) einheitliche methodologische Ausrichtung der nationalen Gerichte allerdings annäherungsweise nur dann erreichbar, wenn «methodologischer Nationalismus» abgelegt und eine «transnationale» (im europäischen Rahmen zumindest eine «gemeineuropäische») Methodenkonzeption entwickelt wird. Dazu statt aller REMIEN, ZfRV 1995, 116 ff.; VOGENAUER, ZEuP 2005, 234 ff.; KLÖCKNER, 21 ff. Zu methodologischen Konvergenzphänomenen (im Verhältnis Common Law und Civil Law) KRAMER, in: ASSMANN/BRÜGGEMEIER/SETHE (Hrsg.), Unterschiedliche Rechtskulturen – Konvergenz des Rechtsdenkens (Baden-Baden 2001) 31 ff.

Uniforme Interpretation und damit «Internationaler Rechtsanwendungseinklang» sind – wenigstens annäherungsweise – nur zu erreichen (und auf dem Interpretationsweg einfliessende «Renationalisierungen» des Einheitsrechts nur dann zu vermeiden), wenn die Konvention möglichst aus sich selbst heraus, *«autonom»,* und d.h. nicht im Licht und aus dem System des jeweiligen nationalen Rechts (der *lex fori*) interpretiert wird.

Zur Vereinheitlichung der Rechtsanwendung bei Auslegung des UN-Kaufrechts und zum Prinzip der autonomen Interpretation neben vielen anderen etwa GRUBER, 62 ff.; MELIN, 372 f.; KRAMER, JBl 1996, 137 ff.; KODEK, § 6 N 174 ff. Vgl. auch die Beiträge in: JANSSEN/MEYER (Eds.), CISG Methodology (München 2009); BLAUROCK/MAULTZSCH (Hrsg.), Einheitliches Kaufrecht und Vereinheitlichung der Rechtsanwendung (Baden-Baden 2017). Analyse der Gerichtspraxis zum UN-Kaufrecht im Hinblick auf die Beachtung des Autonomieprinzips bei FERRARI, IHR 2009, 8 ff.; *ders.,* IHR 2013, 181 ff. Während eine Interpretation des UN-Kaufrechts aus dem System des jeweiligen genuin nationalen Rechts heraus grundsätzlich abzulehnen ist, weil damit die Rechtseinheitsintention der Konvention desavouiert würde, ist umgekehrt eine unter Bedachtnahme auf das UN-Kaufrecht vorgenommene Interpretation oder Lückenfüllung im nationalen Recht durchaus denkbar und auch wünschenswert, wenn damit sachlich nicht verständliche Differenzierungen vermieden werden können. So etwa im Hinblick auf das Gebot der Substantiierung der Mängelrüge nach Art. 201 OR (mit Blick auf Art. 39 Abs. 1 UN-Kaufrecht) RUETSCHI, recht 2003, 117 ff. (im Anschluss an BGer, 1. Zivilabteilung, Urteil 4 C.395/2001 vom 28.5.2002). Zum Ganzen jetzt KRAMER, JBl 2019, 203 ff. Zur «autonomen» Interpretation des LugÜ BGE 140 III 345 (347) im Hinblick auf Gerichtsstandsvereinbarungen gemäss Art. 23 Abs. 1 LugÜ.

Dem gerade formulierten methodologischen Postulat entspricht es etwa, bei der Frage, ob eine Mängelrüge des Käufers noch «innerhalb einer angemessenen Frist» (Art. 39 Abs. 1 UN-Kaufrecht) erfolgt ist, nicht die viel striktere Textierung des § 377 Abs. 1 (deutsches) HGB («unverzüglich») oder des Art. 201 Abs. 1 OR («sofort») zu Grunde zu legen, sondern den aus Gründen der internationalen Akzeptanz bewusst toleranteren

Regelungsgehalt der Konvention[1032]. Zusätzlich ist «internationaler Rechtsanwendungseinklang» aber auch im Wege systematischer *«Rechtsprechungsvergleichung»* anzustreben, d.h. einschlägige Präjudizien aus den übrigen Konventionsstaaten sollten genauso berücksichtigt werden wie auf die Konvention bezogene Präjudizien heimischer Gerichte.

Ausdrücklich dazu Art. 1 Abs. 1 des 2. Protokolls zum LuGÜ (im Hinblick auf die massgeblichen Entscheidungen von Gerichten der Konventionsstaaten und des EuGH); dazu BGE 134 III 218 (221); 141 III 28 (32); H.P. WALTER, ZSR 126 (2007) I, 274; KLETT, recht 2008, 228 ff.; FURRER, SZIER 2006, 321 f.; LINHART, 88 ff. Zur grundsätzlichen Beachtlichkeit der Judikatur des EuGH (zur EuGVVO) bei Interpretation des LugÜ s. BGE 140 III 115 (121); 140 III 320 (322). Zur Internationalisierung der Auslegung des PatG (Berücksichtigung der Rechtsprechung der Beschwerdekammer des Europäischen Patentamtes und von Entscheiden ausländischer Gerichte) auf der Grundlage des Europäischen Patentübereinkommens (EPÜ) BGE 137 III 170 (175); KLETT, recht 2008, 230 ff.; zu neuen Wegen zu einer einheitlichen Auslegung des EPÜ LUGINBÜHL, GRUR Int. 2010, 97 ff. Vorbildliche Rechtsprechungsvergleichung zu einer Frage des UN-Kaufrechts etwa in der Entscheidung *Al Palazzo S.r.l.* des Tribunale di Rimini (26.11.2002), publiziert in The Vindobona Journal of International Commercial Law and Arbitration 2004, 165; vgl. etwa auch Tribunale di Cuneo vom 31.1.1996, CISG-online 268, das zur Entscheidungsfindung sowohl auf ein deutsches als auch ein schweizerische Urteil Bezug genommen hat.

Die hier propagierte «Rechtsprechungsvergleichung» ist von einer «echten» komparativen Methode bei Auslegung des UN-Kaufrechts, bei welcher im Falle der Unklarheit rechtsvergleichend auf Lösungen in nationalen Rechtsordnungen

---

[1032] Dazu im Einzelnen KRAMER, in: Beiträge zum Unternehmensrecht, Festschrift für H.G. Koppensteiner (Wien 2001) 622 ff.: methodologisch (aber nicht im Ergebnis) gleichsinning SCHWENZER, in: SCHLECHTRIEM/SCHWENZER/SCHROETER (Hrsg.), Kommentar zum UN-Kaufrecht (CISG) –, 7. Aufl. (München 2019) Art. 39 N 17. Der österreichische Gesetzgeber hat § 377 UGB (im Unterschied zum deutschen Gesetzgeber im Hinblick auf § 377 HGB) inzwischen an das UN-Kaufrecht angepasst und spricht von Rüge in «angemessener» Frist. Plädoyer für eine differenzierende (über offen formulierte Tatbestände ermöglichte) Berücksichtigung des Gesichtspunkts der Internationalität eines Sachverhalts bei der Auslegung des nationalen Sachrechts bei C. WIDMER, in: BONOMI/CASHIN RITAINE (éds.), La loi fédérale de droit international privé: vingt ans après (Zürich 2009) 207 ff.

Bezug genommen wird, zu unterscheiden. Eine solche Relevanz einzelner nationaler Lösungsmodelle für die Interpretation des UN-Kaufrechts ist (wegen der Gefahr der Aufweichung des Prinzips der autonomen Interpretation) nur mit grösster Zurückhaltung zu befürworten, nämlich dann, wenn klar erweislich ist, dass das UN-Kaufrecht bewusst und uneingeschränkt einzelne nationale Rechtsinstitute (etwa des Common Law) rezipiert hat. Zum Rekurs auf die «Ursprungsrechtsordnungen» etwa MELIN, 339 ff. Zur Ablehnung der Lückenfüllung durch Rechtsvergleichung sogleich im Text bei FN 1038.

Eine eigentliche Bindungswirkung entfalten die ausländischen Präjudizien freilich nicht[1033]. Liegt allerdings «zu einer Frage eine international ganz überwiegende und damit gefestigte einheitliche Rechtsprechung vor, ist» mit H.P. WALTER «von der Richtigkeitsvermutung der Präjudizien auszugehen und besonders sorgfältig zu überlegen, ob es verantwortbar erscheint, den internationalen Entscheidungseinklang zu stören. Von der ausländischen Rechtsprechung ist diesfalls nur abzuweichen, wenn die mit ihr begründete Praxis wertungsmässig geradezu als unvertretbar erscheint»[1034].

Im Hinblick auf die Füllung von «*internen*» *Lücken*, d.h. sich aus dem «inneren System» der Konvention ergebenden «planwidrigen Unvollständigkeiten» des UN-Kaufrechts verweist Art. 7 Abs. 2, wie bereits erwähnt[1035], auf die allgemeinen, der Konvention zu Grunde liegenden Grundsätze[1036]. In diesem Sinn ist eine «*autonome Lückenfüllung*» vorzunehmen[1037].

[1033] So auch FERRARI, in: FERRARI (Ed.), Quo Vadis CISG? (Bruxelles/Paris 2005) 21 f.

[1034] H.P. WALTER, ZSR 126 (2007) I, 275; *ders.*, GRUR 1998, 869 f. Ebenso schon KRAMER, JBl 1996, 146. Monographisch etwa KLÖCKNER, 161 ff.; MELIN, 388 ff.

[1035] Oben S. 291 f.

[1036] Zur Frage, ob allenfalls Restatements zum internationalen Vertragsrecht (wie namentlich die UNIDROIT Principles of International Commercial Contracts [UPICC]) (als Ausdruck international konsentierter Rechtsgrundsätze) zur Füllung von Lücken im Rahmen des UN-Kaufrecht herangezogen werden können, befürwortend BURKART, Interpretatives Zusammenwirken von CISG und UN-

Im Unterschied zu den in Art. 7 Abs. 2 UN-Kaufrecht angesprochenen «internen» Lücken bezieht sich der Begriff der «externen» Lücken des UN-Kaufrechts auf bewusst in der Konvention nicht vereinheitlichte Materien (s. etwa Art. 4 und 5 UN-Kaufrecht). Hier ist die massgebende Rechtsordnung für den internationalen Kaufvertrag internationalprivatrechtlich zu bestimmen. So (für die im UN-Kaufrecht nicht geregelte Frage der Höhe der Verzugszinsen) zuletzt wieder Handelsgericht Bern (HG 17 98 vom 23.1.2018, ius.focus 2018, Heft 9, 25). Zu Art. 7 Abs. 2 UN-Kaufrecht PAAL, ZfVglRw 2011, 70 ff., vor allem 77 ff.; OMLOR/BECKHAUS, IHR 2013, 237 ff.; FLECHTNER, in: Festschrift für Ulrich Magnus (München 2014) 193 ff.

Das durch Art. 7 Abs. 1 vorgegebene Ziel des internationalen Rechtsanwendungseinklangs, in Abs. 2 also des *«Lückenfüllungseinklangs»*, bedeutet, dass die allgemeinen Grundsätze des Übereinkommens von den einzelnen staatlichen Jurisdiktionen möglichst konform erarbeitet werden sollten, was auch hier die systematische Berücksichtigung von zur Konvention ergangenen ausländischen Präjudizien voraussetzt. Eine eigentliche rechtsvergleichende Methode der Lückenfüllung, so wie sie hier für Lücken des genuin schweizerischen Rechts auf Basis von Art. 1 Abs. 2 ZGB vertreten worden ist[1038], d.h. durch rechtsvergleichende Bezugnahme auf Problemlösungen des unvereinheitlichten nationalen Rechts der Konventionsstaaten oder auf Regelungen anderer internationaler Konventionen, ist in Art. 7 Abs. 2 UN-Kaufrecht hingegen nicht vorgesehen. Vielmehr wird der Richter, wenn eine Lückenfüllung mit Hilfe allgemeiner Prinzipien der Konvention nicht möglich ist, subsidiär auf das Recht verwiesen, das nach den Regeln des Internationalen Privatrechts zuständig ist («internationalprivatrechtliche Lückenfüllung»).

IDROIT- Principles (Baden-Baden 2000) 209 ff.; wohlwollend auch BASEDOW, RabelsZ 81 (2017) 24 f.; ablehnend etwa MELIN, 418 ff.; GRUBER, 304; sehr zurückhaltend SCHROETER, RabelsZ 81 (2017) 64 ff.

[1037] Dazu eingehend die Luzerner Diss. von BENEDICK, Die Informationspflichten im UN-Kaufrecht (CISG) und ihre Verletzung (Bern/München 2008) 59 ff. mit zahlr. Nachw.

[1038] Oben S. 297 ff.

Dieses Recht kann – *qua* kollisionsrechtlicher Verweisung – natürlich auch das genuin nationale Recht des Forumstaates sein. Dass dieses nicht sofort zur Lückenfüllung herangezogen werden kann, auch wenn es Regelungen enthalten sollte, die von der Sache her einen Analogieschluss durchaus nahe legen würden, braucht angesichts des vom UN-Kaufrecht angestrebten Ziels des internationalen Rechtsanwendungseinklangs wohl gar nicht betont zu werden. Zur umgekehrten Konstellation (Füllung von Lücken des genuin nationalen Rechts durch Analogie aus dem UN-Kaufrecht) oben S. 245 (Einschub).

3. Spezifische Probleme bei der Auslegung von durch die Schweiz «autonom nachvollzogenem» Unionsprivatrecht

a) Einen besonders wichtigen methodologischen Internationalisierungsfaktor stellt im Rahmen der EU (und des EWR) das *Gebot richtlinenkonformer Interpretation*[1039] nationalen Rechts in der Ausformung dar, wie es im Anschluss an das Urteil *Marleasing* vom EuGH[1040] entwickelt worden ist. Danach sind sämtliche

---

[1039] Neben der richtlinienkonformen Interpretation wurde von «gemeinschaftskonformer Interpretation» (heute: «unionskonformer Interpretation») gesprochen, wenn es um die an die Vorgaben des «primären Unionsrechts» ausgerichtete Interpretation von nationalem Recht geht. Dagegen geht es bei der richtlinienkonformen Interpretation um das spezielle Problem der Auslegung des nationalen Rechts im Lichte der Richtlinien i.S. von Art. 288 Abs. 3 AEUV. Unionsrechtskonforme und richtlinienkonforme Interpretation können unter den Oberbegriff der «europarechtskonformen Interpretation» zusammengefasst werden.

[1040] EuGH vom 13.11.1990 – Rs.C-106/89, Slg. 1990, I-4135. Zur «autonomen» und «einheitlichen» Auslegung der Richtlinien selbst etwa EuGH in N 37 der Entscheidung vom 30.4.2014 – Rs. C-26/13 (*Kásler*), ÖBA 2014, 956 (959). Allgemein zum Autonomieprinzip bei der Auslegung des Unionsrechts und dessen richterlichen Fortbildung MARTENS, 335 ff.; zutreffend REBHAHN, N 18: «Die Auslegung von Unionsrecht nach der Methodenlehre des Mitgliedstaates anstatt jener des Unionsrechts ist ... fehlerhaft»; *ders.*, ZfPW 2016, 181 ff. Auf die spezifischen Methodenprobleme bei Auslegung von EU-Recht wird hier nicht weiter eingegangen. Vgl. dazu etwa die Darstellungen der beiden gerade zitierten Autoren, den von RIESENHUBER hrsg. Sammelband (a.a.O.) sowie BALDUS/RAPP in: GEBAUER/TEICHMANN (Hrsg.), Europäisches Privat- und Unternehmensrecht (Baden-Baden 2016) § 3 (S. 153 ff.). Zur Auslegung von Unionsrecht, das auf Grund kollisionsrechtlicher Verweisung von schweizeri-

innerstaatliche Bestimmungen, die in den Anwendungsbereich einer EU-Richtlinie fallen, «as far as possible» (soweit dies die nationalen Methodengrundsätze zulassen[1041]) im Licht des Wortlauts und des (namentlich aus der Präambel der Richtlinie ersichtlichen) Zwecks der Richtlinie zu interpretieren[1042], wobei sich die Grundlagen dieser Verpflichtung für die Mitgliedsstaaten aus Art. 4 Abs. 3 EUV i.V.m. Art. 288 Abs. 3 AEUV ergeben. Daraus folgt, dass die Gerichte der Mitgliedsstaaten das in den Anwendungsbereich der Richtlinie fallende nationale Recht nach demselben methodologischen Teilansatz (eben dem der Richtlinienkonformität) zu interpretieren haben, ein Gebot, über das im Weg des «Vorabentscheidungsverfahrens» (Art. 267 AEUV) letztlich der EuGH zu befinden hat.

b) Die *Schweiz* hat bekanntlich eine Reihe unionsprivatrechtlicher Richtlinien – wie man angesichts wirtschaftlicher und politischer Sachzwänge euphemistisch sagt – «autonom nachvollzogen»[1043] und wird dies unter dem Leitbild der «Europaver-

---

schen Gerichten anzuwenden ist, ERNST/SUNARIC, in: Festschrift für Anton K. Schnyder (Zürich/Basel/Genf 2018) 79 ff.

[1041] Zu dieser Einschränkung (sog. «interpretatorische Autonomie» der Mitgliedsstaaten) kritisch KRAMER, GPR 2015, 262.

[1042] Vgl. aus der deutschen und österreichischen Literatur statt vieler anderer LUTTER, JZ 1992, 593 ff.; BRECHMANN, Die richtlinienkonforme Auslegung (München 1994); RÜFFLER, ÖJZ 1997, 121 ff.; FRANZEN, Privatrechtsangleichung durch die Europäische Gemeinschaft (Berlin/New York 1999) 292 ff.; CANARIS, FS Bydlinski, 47 ff.; KLAMERT, Die richtlinienkonforme Auslegung nationalen Rechts (Wien 2011); BABUSIAUX, Die richtlinienkonforme Auslegung im deutschen und französischen Zivilrecht (Baden-Baden 2007); SUHR, Richtlinienkonforme Auslegung im Privatrecht und nationale Auslegungsmethodik (Baden-Baden 2011); PERNER, EU-Richtlinien und Privatrecht (Wien 2012); ROTH/JOPEN, in: RIESENHUBER, § 13 N 1 ff.; LEENEN, Jura 2012, 753 ff.; REBHAHN, N 136 ff.; REIMER, JZ 2015, 910 ff.; HAYDEN, ZfRV 2016, 244 ff. Zum speziellen Problem der «Vorwirkung» von Richtlinien Nachw. oben S. 248 (Einschub).

[1043] Dies namentlich in Gestalt des nach dem Scheitern des Beitritts der Schweiz zum EWR (6.12.1992) verabschiedeten «SwissLex»-Reformpakets. Vgl. Botschaft über das Folgeprogramm nach der Ablehnung des EWR-Abkommens

träglichkeit» des schweizerischen Rechts – namentlich des privaten Wirtschaftsrechts – wohl auch in Zukunft tun. Selbstverständlich kann eine Verpflichtung zur richtlinienkonformen Interpretation dieser schweizerischen «leges europaeae»[1044] nicht wie in den Mitgliedsstaaten institutionell (aus dem EUV) begründet werden[1045]. Die richtlinienkonforme Interpretation ist in der Schweiz vielmehr auf das binnenstaatliche Gebot teleologischer Interpretation, gleichzeitig aber auch auf das historische Auslegungselement zurückzuführen. Der autonome Nachvollzug des schweizerischen Gesetzgebers bezweckt ja gerade die Rechtsangleichung an die europäischen Vorgaben; daraus ergibt sich ohne Weiteres, dass das Umsetzungsrecht (nicht – wie in den Mitgliedstaaten[1046] – auch das lediglich objektiv in den Anwendungsbereich einer Richtlinie fallende, aber nicht in Umsetzung einer Richtlinie erlassene Recht) im Sinne dieser Zwecksetzung richtlinienkonform, namentlich auf Basis der in den Erwägungsgründen zum Ausdruck kommenden Teleologie der Richtlinie und unter Zugrundelegung der einschlägigen Judikatur des EuGH

---

vom 24.2.1993, BBl 1993 I 805 ff. Es geht im Bereich des privatrechtlichen Verbraucherschutzes um das PRG, das KKG und das PrHG. Dazu kommt noch die Revision von Art. 330 OR in Bezug auf das Problem des Betriebsübergangs. Weitere Beispiele aus der schweizerischen Gesetzgebung bei KUNZ, ZVglRWiss 108 (2009) 54 ff.

[1044] PROBST, BJM 2004, 231.

[1045] Echte Rechtspflicht der schweizerischen Gerichte zur Berücksichtigung der einschlägigen Judikatur des EuGH (ergangen bis zum Stichtag 21.6.1999) aber auf Basis von Art. 16 Abs. 2 S. 1 des Abkommens über die Personenfreizügigkeit (FZA). Dazu JUNG, ZSR 129 (2010) I, 534 f.; FURRER, SZIER 2006, 322 f.; SEILER, ZBJV 150 (2014) 275 f. Auf das politisch weiterhin umstrittene Problem der Auslegung des auf Grund der «bilateralen Verträge» der Schweiz mit der EU übernommenen europäischen Rechts wird hier nicht eingegangen. Hier geht es nicht um «autonomen Nachvollzug», sondern um eine Übernahme von EU-Recht, zu der sich die Schweiz staatsvertraglich verpflichtet hat.

[1046] Nachw. aus der diesbezüglichen EuGH-Rechtsprechung bei HÖPFNER/RÜTHERS, AcP 209 (2009) 25 FN 132; ROTH/JOPEN, in: RIESENHUBER, § 13 N 15.

(sowie unter Bedachtnahme auf die Judikatur der Mitgliedsstaaten) zu interpretieren ist[1047].

c) Davon geht seit BGE 129 III 335 (350)[1048] auch das Bundesgericht aus, wobei diese Position allerdings etwas «sibyllinisch»[1049] dahingehend eingeschränkt wird, dass die europarechtskonforme Interpretation «nachvollzogenen Binnenrechts» lediglich «im Zweifel» eingreife und nur insoweit, als dies «die binnenstaatlich zu beachtende Methodologie» zulasse.

Die letztgenannte Einschränkung ist für die Schweiz eine Selbstverständlichkeit: Selbstverständlich muss sich das Gebot europarechtskonformer Interpretation in der nicht der EU angehörenden Schweiz aus zum schweizerischen Recht entwickelten methodologischen Überlegungen ableiten lassen[1050]. Diese Ablei-

---

[1047] Aus der reichhaltigen schweizerischen Literatur zur richtlinienkonformen Interpretation von «autonom nachvollzogenem» schweizerischem Recht etwa WIEGAND/BRÜHLHART, Die Auslegung von autonom nachvollzogenem Recht der Europäischen Gemeinschaft (Bern) 1992; WIEGAND, in: Der Einfluss des europäischen Rechts auf die Schweiz. Festschrift für Roger Zäch (Zürich 1999) 177 ff.; COTTIER/DZAMKO/EVTIMOV, Schweizerisches Jb. für Europarecht 2003, 363 ff.; PROBST, BJM 2004, 225 ff.; AMSTUTZ, in: WERRO/PROBST (Hrsg.), Le droit privé suisse face au droit communautaire européen – Das schweizerische Privatrecht im Lichte des europäischen Gemeinschaftsrechts (Bern 2004) 105 ff.; ders., Interpretatio multiplex, 67 ff.; BIERI, AJP 2007, 208 ff.; H.P. WALTER, ZSR 126 (2007) I, 268 ff.; MIGNON, Le droit privé suisse à l'épreuve du droit privé communautaire (Bern 2010) 519 ff.; JUNG, ZSR 129 (2010) I, 539 ff.; EMMENEGGER/TSCHENTSCHER, Art. 1 N 300 ff.; E. KOHLER, in: COTTIER (Hrsg.), Die Eurokompatibilität des schweizerischen Wirtschaftsrechts: Konvergenz und Divergenz (Basel 2012) 45 ff.; HEINEMANN, 32 ff.

[1048] Vgl. seit dieser Entscheidung etwa noch BGE 130 III 182 (190); 133 III 81 (83 f.); 136 III 552 (558); 137 III 487 (495); 139 III 217 (220); 144 III 285 (291).

[1049] H.P. WALTER, ZSR 126 (2007) I, 270.

[1050] In den EU-Mitgliedsstaaten ist die jeweilige Methodenlehre im Unterschied zur Schweiz an die institutionelle Integration der Staaten in die supranationale Gemeinschaft anzupassen; eine rein national konzipierte «interpretatorische Autonomie» erscheint im Hinblick auf nationale Umsetzungsakte daher fragwürdig. Zur Notwendigkeit der Entwicklung eines «methodischen Mindestkonsenses»

tung macht freilich auch keine grundsätzlichen Probleme: Steht, was der Regelungsabsicht des historischen Gesetzgebers zu entnehmen ist, fest, dass tatsächlich ein schweizerisches «Umsetzungsrecht» vorliegt[1051], so entspricht die Richtlinienkonformität der Auslegung des harmonisierten schweizerischen Rechts, wie gerade ausgeführt, sowohl dem historischen Auslegungselement als auch dem Postulat objektiv teleologischer Interpretation. Diese Interpretationsmaximen sind aber nicht nur «im Zweifel», sondern – wie bei der Interpretation genuin schweizerischen Rechts – durchgängig zu beachten[1052].

Aus dem Gesagten ergibt sich, dass die richtlinienkonforme Interpretation nicht erst dann (und nur dann) zum Zug kommen und den Ausschlag geben sollte, wenn eine zuerst unabhängig vom unionsprivatrechtlichen Ursprung der Norm vorgenommene Interpretation mehrere Deutungen (und unter diesen unter anderem auch eine richtlinienkonforme) zulässt[1053]; vielmehr ist die Auslegung (unter dem Titel historischer und teleologischer Interpretation) sofort am europäischen Ursprung der auszulegenden

---

in den Mitgliedstaaten der EU FLEISCHER, RabelsZ 75 (2011) 710; vgl. auch RÖSLER, Rechtstheorie 2012, 495 ff.; KRAMER, GPR 2015, 262.

[1051] Eine praktisch nicht zu unterschätzende Frage ist, ob der Richter, der die Materialien nicht konsultiert, namentlich der Richter unterer Instanzen, überhaupt realisiert, dass das von ihm anzuwendende Recht auf einer Umsetzung europäischer Grundlagen beruht. Man sieht ihm das ja nicht an, vor allem wenn die Revision in schweizerische Stammgesetze (etwa das OR) eingefügt worden ist. Es erschiene daher angebracht, in Umsetzungsgesetzen (nicht nur in den Materialien) jeweils ausdrücklich auf den europäischen Ursprung des Gesetzes und das Gebot richtlinienkonformer Interpretation hinzuweisen.

[1052] Wie hier BIERI, AJP 2007, 714.

[1053] So AMSTUTZ, Interpretatio multiplex, 89 f. Ebenso CANARIS, Festschrift Bydlinski, 80 f., wobei er (im Unterschied zu AMSTUTZ) freilich auf Basis eines EU-Mitgliedstaates argumentiert, für den das Gebot richtlinienkonformer Interpretation wegen ihrer unionsrechtlichen Fundierung auf einem eigenständigen Geltungsgrund beruht, während es in der Schweiz um ein letztlich innerschweizerisch zu begründendes, rein binnenstaatlich entwickeltes Auslegungsgebot geht.

Norm zu orientieren. In Bezug auf das teleologische Auslegungs-element bedeutet dies konkret zweierlei. Einmal, dass die *ratio legis* der konkret auszulegenden Bestimmung anhand der Richt-linie (namentlich anhand von deren Erwägungsgründen) zu eruie-ren ist, und zum anderen, dass gleichzeitig jeweils auch der auf Harmonisierung mit der Rechtslage in der EU zielende Gesamt-zweck der schweizerischen Umsetzungsgesetzgebung zu beach-ten ist, woraus vor allem abzuleiten ist, dass grundsätzlich der Rechtsprechung des EuGH zu folgen ist[1054]; letzteres – von Fäl-len klarer rechtlicher Fehlbeurteilung durch den EuGH abgese-hen – übrigens auch dann, wenn das schweizerische Gericht zur Auffassung kommen sollte, eine von der Interpretation des EuGH abweichende Auslegung einer Vorschrift des schweizerischen Umsetzungsrechts würde der – wohlverstanden autonom aus der Richtlinie entnommenen, also nicht aus dem System des genuin schweizerischen Rechtsumfelds abgeleiteten[1055] – Teleologie der in Frage stehenden Umsetzungsregelung[1056] besser entsprechen. Fehlen zum Auslegungsproblem klärende Entscheidungen des EuGH, sollten die schweizerischen Gerichte naheliegender Weise

---

[1054] A.M. BSK-ZGB/HONSELL, Art. 1 N 19: Keine Bindung an die Judikatur des EuGH. Selbstverständlich ist die Bindung bei einem Drittstaat nicht institutio-nell begründet, sondern muss, wie ausgeführt, methodologisch aus der Teleolo-gie des autonomen Nachvollzugs abgeleitet werden. Zu Art. 16 FZA schon oben FN 1045. In der Botschaft zum Gleichstellungsgesetz (GlG) empfiehlt der Bun-desrat ausdrücklich, das Gesetz im Lichte der in der Judikatur des EuGH entwi-ckelten Grundsätze auszulegen. Dazu J.-F. STÖCKLI, in: Zivilprozessrecht, Ar-beitsrecht (Kolloquium zu Ehren von Prof. Adrian Staehelin [1997]) 126 f.

[1055] Dazu (im Hinblick auf Einheitsprivatrecht) schon oben bei S. 343.

[1056] Auch hier gilt – wie allgemein (vgl. S. 155 ff.) – der Grundsatz, dass es nicht unbedingt auf den historischen Zweck der Vorschrift (also letztlich die histori-sche Zwecksetzung der Richtlinie) ankommt, sondern dass namentlich inzwi-schen erfolgte Weiterentwicklungen des EU-Rechts (allenfalls auch nachträgli-che ausdrückliche Änderungen der umgesetzten Richtlinie) zu beachten sind, sofern die auszulegenden Bestimmung der schweizerischen Umsetzungsgesetz-gebung dafür Interpretationsspielräume lässt. In diesem Sinn ist wohl auch der Hinweis des BGer (BGE 129 III 335 [350]) auf die «Weiterentwicklung des Rechts, mit dem eine Harmonisierung angestrebt wurde», zu verstehen.

die Gerichtspraxis der der Schweiz benachbarten EU-Staaten besonders berücksichtigen.

d) Steht tatsächlich fest, dass der schweizerische Gesetzgeber seine Umsetzungsgesetzgebung integral und vorbehaltlos am Inhalt der europäischen Vorgabe orientieren wollte, so sollte die europarechtskonforme Interpretation auch dann zum Zug kommen, wenn der schweizerische Gesetzgeber die Umsetzung fehlerhaft, d.h. entgegen seiner Absicht planwidrig unvollständig (lückenhaft) vollzogen hat. In solchen Fällen bildet der Wortlaut der Umsetzungsgesetzgebung keine Grenze für eine richtlinienkonforme Interpretation, die dann eigentliche *«richtlinienkonforme richterliche Rechtsfortbildung»* ist[1057]; vielmehr steht bei offenen Gesetzeslücken die lückenschliessende Anleihe aus der Richtlinie selbst[1058] (oder aus der korrekten Umsetzungsgesetzgebung der EU-Staaten) zur Verfügung; in Fällen von Ausnahmelücken besteht die Möglichkeit einer, der europarechtskonformen Zwecksetzung der Norm entsprechenden teleologischen Reduktion, sofern diese nicht geradezu eine teleologische Totalkorrektur einer gesetzlichen Anordnung (eine «Reduktion auf null») mit sich brächte[1059].

Zur richtlinienkonformen teleologischen Reduktion die *«Quelle»*-Folgeentscheidung BGHZ 179, 27 (34 ff.) = NJW 2009, 427 ff. (mit Anm. PFEIFFER, NJW

[1057] Allgemein von «richtlinienkonformer Rechtsgewinnung» (die sowohl die Interpretation i.e.S. als auch die richtlinienkonforme Rechtsfortbildung umfasst) spricht HERRESTHAL, JuS 2014, 289 ff.

[1058] Zur Heranziehung der Richtlinie als Mittel zur Lückenfeststellung CANARIS, FS Bydlinski, 85. Ergibt sich die Lückenhaftigkeit der Umsetzungsgesetzgebung aus der planwidrigen Unvollständigkeit der Richtlinie selber, so muss versucht werden, diese möglichst autonom (d.h. aus europarechtlichen Überlegungen), etwa im Analogieweg aus Richtlinien, die ähnliche Probleme lösen, zu schliessen.

[1059] Zu deren Ablehnung oben S.260; ebenso (im Hinblick auf OGH EvBl 2011 Nr. 88 kritisch) auch P. BYDLINSKI, JBl 2015, 11 f.; vgl. *dens.* nun auch in Österreichische Richterzeitung 2019, 30 ff. Zur Möglichkeit einer «gespaltenen Auslegung» unten S. 355 f. (Einschub); im Hinblick auf BGH NJW 2015, 1023 (1024) kritisch MICHAEL/PAYANDEH, NJW 2015, 2393 ff.

2009, 412 f.); ebenso für Österreich OGH EvBl 2011 Nr. 88 (und dazu PERNER, ÖJZ 2011, 621 ff.). Aus der reichhaltigen deutschen Diskussion dazu (methodologisch grundsätzlich zustimmend) MÖLLERS/MÖHRING, JZ 2008, 919 ff.; HERRESTHAL, NJW 2008, 2475 ff.; *ders.*, ZEuP 2009, 598 ff.; PFEIFFER, NJW 2009, 412 f.; JUD, GPR 2009, 79 ff.; GEBAUER, GPR 2009, 82 ff.; LANGENBUCHER, in: LANGENBUCHER (Hrsg.), Europäisches Privat- und Wirtschaftsrecht, 3. Aufl. (Baden-Baden 2013) § 1 N 99 ff.; ROTH/JOPEN, in: RIESENHUBER, § 13 N 55 ff.; kritisch etwa HÖPFNER/RÜTHERS, AcP 209 (2009) 32 ff.; HÖPFNER, JZ 2009, 403 ff.; P. BYDLINSKI, JBl 2015, 2 ff. Zur richtlinienkonformen teleologischen Reduktion des § 439 Abs. 3 BGB BGHZ 192, 148 (160 ff.) = JZ 2012, 468 (470 f.) mit kritischer Anm. HÖPFNER, JZ 2012, 475 f.; zum Versicherungsvertragsgesetz BGHZ 201, 101 (109 ff.) = NJW 2014, 2646 (2647); dazu kritisch etwa BÜRKLE, VersR 2015, 398 ff.; BGH NJW 2015, 1023 (1024). Zum Problem monographisch HERRESTHAL, passim; neuerdings neben vielen anderen BALDAUF, Richtlinienverstoß und Verschiebung der Contra-legem-Grenze im Privatrechtsverhältnis (Tübingen 2013); FRIELING, in: Jahrbuch Junger Zivilrechtswissenschaftler 2014, 37 ff. Zu den Grenzen richtlinienkonformer Interpretation (auf Grund des nach deutschem Recht methodisch Erlaubten) auch BVerfG NJW 2012, 669 (670 f.); die Möglichkeit teleologischer Reduktion wird vom BVerfG (NJW 2012, 669, 672) ausdrücklich anerkannt.

e) Hat der schweizerische Gesetzgeber die europarechtliche Vorgabe nur partiell zum Modell seiner Umsetzungsgesetzgebung nehmen wollen, in Bezug auf einzelne Fragen hingegen eine autonom schweizerische Lösung vorgezogen *(«Umsetzung à la carte»)*, so scheidet eine europarechtskonforme Interpretation bzw. Lückenfüllung für diese letzteren Regelungsbereiche selbstverständlich von vorneherein aus[1060]. Liegt, von diesem Fall bewusster Abweichung von europäischen Vorgaben abgesehen, genuin schweizerisches Recht vor oder hat der Gesetzgeber – namentlich im Wirtschaftsrecht – zwar im Ansatz eurokompatible, aber doch eigenständig adaptierende Regelungen erlassen, die nicht als ei-

---

[1060] Ebenso etwa CANARIS, Festschrift Bydlinski, 85; für die Schweiz H.P. WALTER, ZSR 126 (2007) I, 270. Anders offenbar BAUDENBACHER, SZW 1998, 320, wenn er auch dann, wenn der schweizerische Gesetzgeber in Einzelfragen bewusst vom ansonsten übernommenen EU-Vorbild abweicht, «im Blick auf die Teleologie des Nachvollzuges als Ganzes» eine richtlinienkonforme Interpretation für möglich erachtet.

gentliche, autonome Umsetzung bezeichnet werden können, so schliesst diese Eigenständigkeit freilich keineswegs aus, dass sich die Gerichte bei ihrer Interpretation, vor allem aber bei Lückenhaftigkeit der Regelung[1061], von den europäischen Modellen inspirieren lassen. Eine solche europarechtliche Orientierung der Rechtsanwendung drängt sich bei grundsätzlich eurokompatiblen (aber nicht i.e.S. im Wege «autonomen Nachvollzugs» erlassenen) schweizerischen Regelungen vielmehr geradezu auf[1062]; die Rechtsakte der EU dienen hier als willkommene «Auslegungshilfe»[1063]. In Rechtsbereichen, die nur teilweise (etwa nur im Fall des Vorliegens von Verbraucherverträgen) durch «autonomen Nachvollzug» geprägt sind, während ansonsten genuin schweizerisches Recht gilt, ist eine solche Orientierung geeignet, teleologisch inkonsistente «Rechtsspaltungen» zwischen den harmonisierten (und teleologisch auch tatsächlich verallgemeinerungsfähigen) und den nicht harmonisierten Regelungsbereichen wenigstens etwas abzuschwächen.

Zur Gefahr der «Rechtsspaltung» bereits PROBST, BJM 2004, 256 ff. Vom nationalen Gesetzgeber kann eine «Rechtsspaltung» von vornherein vermieden werden, wenn eine europäische Richtlinie zum Anlass genommen wird, einen Rechtsbereich insgesamt, also über den (etwa auf Verbraucherverträge beschränkten) Anwendungsbereich der Richtlinie hinaus, an die inhaltlichen Vor-

---

[1061] Dabei darf die Lückenhaftigkeit (planwidrige Unvollständigkeit) bei tatsächlich eigenständigen schweizerischer Regelungen allerdings nicht unter Bedachtnahme auf das nicht umgesetzte europäische Recht konstatiert werden; vielmehr muss sie sich aus der genuin schweizerischen Regelung ergeben.

[1062] So für den Bereich der Gesetzgebung zum geistigen Eigentum auch PIAGET, sic! 2006, 736 f.; zum KG s. BGE 139 I 72 (89); zur Heranziehung der EU-Fernsehrichtlinie als «Auslegungshilfe» BGE 133 II 136 (143). Vgl. dazu auch HEINEMANN, 33 f., der von einer gleitenden Skala von Fällen eines eigentlichen Nachvollzugs bis hin zu Beispielen, wo das EU-Recht lediglich Inspirationsquelle des schweizerischen Gesetzgebers war, ausgeht und den Oberbegriff «autonome Anpassung» vorschlägt.

[1063] So BGE 133 II 163 (143) mit Hinweis auf die EU-Fernseh-Richtlinie. Zur an das EU-Recht angelehnten Judikatur zum Mehrwertsteuerrecht SEILER, ZBJV 150 (2014) 305 f.

gaben der Richtlinie anzupassen. Eine solche «überschiessende Umsetzung» von Richtlinien ist in den EU-Staaten keineswegs selten. Vgl. etwa im österreichischen Gewährleistungsrecht §§ 924, 933 Abs. 1 ABGB. Eingehend HABERSACK/MAYER, in: RIESENHUBER, § 14 N 1 ff. Zur Frage, ob bei solchen «hybriden» Normenkomplexen (teilweise eigentliches Umsetzungsrecht, teilweise freiwillig angepasstes nationales Recht) auch im Bereich der überschiessenden Umsetzung richtlinienkonform bzw. zumindest «richtlinienorientiert» zu interpretieren ist («einheitliche Auslegung»), oder ob eine methodisch «gespaltene Auslegung» vorzunehmen ist (indem im überschiessenden Bereich national interpretiert wird), im Zweifel für die erste Alternative MAYER/SCHÜRNBRAND, JZ 2004, 551 (jederzeit widerlegbare Vermutung für einheitliche Auslegung); s. auch HABERSACK/MAYER, in: RIESENHUBER, § 14 N 41; HÖPFNER/RÜTHERS, AcP 209 (2009) 29 f.; JÄGER, Überschießende Richtlinienumsetzung im Privatrecht (Baden-Baden 2006) 156; WEISS, EuZW 2012, 733 ff.; HERRESTHAL, in: LANGENBUCHER (Hrsg.), Europäisches Privat- und Wirtschaftsrecht, 3. Aufl. (Baden-Baden 2013) § 2 N 174 ff. Zur gespaltenen Auslegung des § 439 BGB (je nachdem, ob ein Verbrauchervertrag vorliegt oder nicht) aber der BGH in seiner *«Granulat»*-Entscheidung EuZW 2013, 157 ff. (Anm. FORNASIER) = JZ 2013, 189 ff. (Anm. MÖRSDORF). In diesem Fall (dazu eingehend J. SCHMIDT, GPR 2013, 210 ff.) hatte der deutsche Gesetzgeber sich aber für den überschiessenden (nicht verbraucherrechtlichen) Bereich erwiesener Massen nie an die europarechtliche Vorgabe (mit dem Sinn, den der EuGH ihr dann entnahm) anpassen wollen. Wie der BGH auch OGH JBl 2014, 531 ff. (dagegen P. BYDLINSKI, JBl 2015, 12 ff.; nun auch AUGENHOFER, JBl 2019, 7).

f) Die «Dynamik der europäischen Rechtsentwicklung» stellt den schweizerischen Gesetzgeber, wie treffend beobachtet worden ist[1064], «nicht selten vor die Tatsache, dass ein neues Gesetz schon bei seinem Inkrafttreten oder bald danach nicht mehr die angestrebte EU-Kompatibilität erfüllt». Trotz des grundsätzlichen Ziels der EU-Kompatibilität kann vor diesem Hintergrund nicht davon ausgegangen werden, dass die Neuerungen des EU-Rechts vom schweizerischen Gesetzgeber sozusagen unbesehen integral abgesegnet seien. Wird also etwa eine von der Schweiz «autonom nachvollzogene» Richtlinie von der EU einer Revision un-

---

[1064] FORSTMOSER, in: GRIFFEL (Hrsg.), Vom Wert einer guten Gesetzgebung. 16 Essays (Bern 2014) 9 ff.

terzogen (wie etwa die Richtlinie über den Konsumkredit oder neuerdings die Pauschalreiserichtlinie), so sind die Neuerungen dieser Neufassung in der Schweiz erst dann zu beachten, wenn der schweizerischen Gesetzgeber auch die Neufassung (durch eine Revision des KKG oder des PRG) rezipiert. Von einer automatischen Beachtlichkeit der Neufassung (i.S. des Gedankens einer «dynamischen» Rezeption der Richtlinie in der jeweils in der EU geltenden Fassung) kann nicht die Rede sein. Vor einer Revision der schweizerischen Rechtslage können Neuerungen allenfalls im Hinblick auf Mehrdeutigkeiten oder Lückenhaftigkeiten der bisherigen Rechtslage Beachtung finden. Eine die geltende Umsetzungsgesetzgebung mit Berufung auf die neue EU-Rechtslage offen korrigierende oder (im Hinblick auf neue rechtspolitische Anliegen) erweiternde Rechtsanwendung ist abzulehnen[1065].

g) Besonders zugespitzt ist in diesem Zusammenhang folgende Situation: Der Regelungsgehalt eines Teils einer Richtlinie ist nicht klar, der schweizerische Gesetzgeber trifft in seinem autonomen Nachvollzug in Bezug auf die nicht klar geregelte Teilfrage eine Lösung, die (ohne dass ihm dies im Widerspruch zur Richtlinie zu stehen scheint) bisheriger (dem Gesetzgeber bewusst willkommene) schweizerischer Rechtsauffassung entspricht, und schliesslich entscheidet der EuGH – wie im viel diskutierten Fall *Leitner*[1066] (zum Problem des Ersatzes des entgangenen Urlaubsgenusses bei Pauschalreisen) – die Zweifelsfrage in einer Weise, die der schweizerischen Umsetzungsgesetzgebung (PRG) und der etablierten schweizerischen Rechtsauffassung gerade nicht entspricht. Sollen die schweizerischen Gerichte dann ohne ein neuerliches klärendes Wort des schweizerischen

---

[1065] Weitergehend wohl WERRO/PICHONNAZ, in: Schweizerisches Jahrbuch für Europarecht 2011/2012, 194 f.: Die Neufassung der Richtlinie sei auch vor einer Umsetzung durch den schweizerischen Gesetzgeber möglichst zu beachten. Ebenso offenbar auch KUNZ, recht 2017, 148 (mit FN 111).
[1066] Urteil vom 12.3.2002 – Rs.C-168/00 (NJW 2002, 1255 f.).

Gesetzgebers im Wege der Lückenfüllung (des Analogieschlusses oder der teleologischen Reduktion) dieser Rechtsprechung des EuGH folgen (mit dem Argument, dass sich der schweizerische Gesetzgeber ja grundsätzlich der europäischen Rechtslage anschliessen wollte), oder ist die klare Absicht des Gesetzgebers, die betreffende offene Frage in einer der genuin schweizerischen Rechtsauffassung entsprechenden – und eben vermeintlich auch richtlinienkompatiblen – Weise zu lösen, weiterhin massgebend?[1067] Das Bundesgericht scheint (allerdings nicht im Hinblick auf das gerade angesprochene PRG-Problem) in BGE 129 III 335 (350) grundsätzlich eher der ersten Alternative, einer «dynamischen Harmonisierung», zuzuneigen[1068], wenn es schreibt, dass die schweizerischen Gerichte auch «die Weiterentwicklung des Rechts, mit dem eine Harmonisierung angestrebt worden ist, im Auge zu behalten» hätten. Dem Prinzip richterrechtlichen Zurückhaltung entspricht es aber eher, in solchen Fällen eine neuerliche Entscheidung des schweizerischen Gesetzgebers abzuwarten[1069]. Es ist ja nicht auszuschliessen, dass der Gesetzgeber eine eigenständig schweizerische Lösung auch dann vorgezogen hätte, wenn es ihm bewusst gewesen wäre, dass sie der europäischen Richtlinie nicht entspricht. Etwas anderes könnte nur dann gelten, wenn klar erweislich ist, dass sich der schweizerische Gesetzgeber in Bezug auf eine bestimmte europäische Vorlage «auf Gedeih und Verderb» – was auch immer der EuGH dazu judiziere! – dem europäischen Zug anschliessen wollte.

[1067] Zu diesem Dilemma anschaulich H.P. WALTER, ZSR 126 (2007) I, 270 ff.

[1068] Aus der Lehre (spezifisch zum PRG-Problem des entgangenen Feriengenusses) und dessen Lösung durch den EuGH im Fall *Leitner*) ebenso WERRO, in: Gauchs Welt. Festschrift für Peter Gauch (Zürich 2004) 704 ff.; STAUDER, in: SPR X: Konsumentenschutz im Privatrecht (Basel 2008) 360 f.; ablehnend WIEDE, Reiserecht (Zürich/Basel/Genf 2014) N 1189 ff.; ROBERTO, HAVE 2016, 278 f.

[1069] In diesem Sinne auch schon H.P. WALTER, ZSR 126 (2007) I, 272.

VI. Grundsätzliche Zweifelsfragen zur «traditionellen» Methodenlehre (Regelskeptizismus; Vorverständnis) und Schlusswort

1. Einleitung

Die traditionelle Methodenlehre, die, wie in der vorliegenden Einführung dargestellt, versucht, ausgehend vom Wortlaut der auszulegenden Norm normative Regeln über die juristische Interpretation zu entwickeln, ist in den letzten Jahrzehnten vor allem von zwei Seiten grundsätzlich verunsichert worden: Von dem sich auf die Sprachphilosophie Ludwig WITTGENSTEINs berufenden radikal «regelskeptizistischen» Argument, dass die Annahme einer dem Interpreten «vorgegebenen» Bedeutung des Normtextes von vornherein unhaltbar sei; zum anderen von der sich auf die Kategorie des «Vorverständnisses» des Interpreten berufenden Auffassung, dass das Streben nach möglichst «objektiver» Interpretation aus hermeneutischen Gründen illusorisch sei.

2. Regelskeptizismus

a) Der (radikale) Regelskeptizismus geht von WITTGENSTEINs «Gebrauchstheorie» der Sprache aus. Aus WITTGENSTEINs berühmter Sentenz: «Die Bedeutung eines Wortes ist sein Gebrauch in der Sprache»[1070], wird abgeleitet, dass ein dem Interpreten objektiv vorgegebener semantischer Gehalt eines sprachlichen Ausdrucks von vornherein nicht existiere. Sinn und

---

[1070] WITTGENSTEIN, Philosophische Untersuchungen (1953; zit. nach der Werkausgabe Bd. 1, Frankfurt/M 1995) Nr. 43. Zur Sprachtheorie WITTGENSTEINS (aus der Sicht juristischer Methodenprobleme) informativ KLEY-STRULLER, recht 1996, 189 ff.; BINZ, Gesetzesbindung. Aus der Perspektive der Spätphilosophie Ludwig Wittgensteins (Basel 2008) 37 ff.; HÄNNI, in: SENN/FRITSCHI (Hrsg.), Rechtswissenschaft und Hermeneutik (Stuttgart 2009) 209 ff.

Zweck einer Norm könnten sich, so AMSTUTZ und NIGGLI – die beiden Hauptvertreter des von WITTGENSTEIN inspirierten Regelskeptizismus in der Schweiz –, «weder aus dem Text der Norm noch aus ihrer Entstehung ergeben»; entscheidend seien vielmehr Bindungen an eine «gemeinsame Lebensform»[1071].

International besonders einflussreich ist der Versuch der Begründung eines radikalen Regelskeptizismus durch S.A. KRIPKE, Wittgenstein on Rules and Private Language (Oxford 1982). Dazu kritisch RÖHL/RÖHL, 46 ff.; *dies.*, 608: «Nicht radikaler Skeptizismus à la ‹Kripkenstein› ist angebracht, sondern *Wittgensteins* Vertrauen in die Praxis, denn der Umgang mit juristischen Texten ist eine soziale Praxis, bei der die Teilnehmer die Regeln der Sprache beherrschen. Die Praxis lebt von der Selbstverständlichkeit des Sprachgebrauchs». Eingehende kritische Auseinandersetzung mit KRIPKE bei KLATT, 161 ff.; vgl. auch dessen neuerliche Kritik am sprachphilosophischen Regelskeptizismus (und Verteidigung der «semantischen Normativität»): KLATT, in: LERCH (Hrsg.), Die Sprache des Rechts, Bd. 2 (Berlin/New York 2005) 347 ff.; neuerdings auch NEUMANN, 90: «Gesetzestexte sind keine willkürlichen oder zufälligen Zeichenkombinationen, denen allererst im Akt der Interpretation Bedeutung verliehen würde. Sie sind vielmehr semantisch eingebunden in das sprachliche Regelwerk, das für ihre Zeit verbindlich ist»; vgl. auch PIAGET, ZSR 128 (2009) I, 306 f.; E. MAYR, in: BÄCKER/KLATT/ZUCCA-SOEST, Sprache – Recht – Gesellschaft (Tübingen 2012) 187 ff.

Mit den gerade zitierten oder ähnlichen «bedeutungsnihilistischen» Aussagen[1072], die einen der konkreten Rechtsanwendung vorgegebenen und grundsätzlich verbindlichen Bedeutungsgehalt von Normtexten leugnen, wird, wie Kaspar HOTZ zutreffend

---

[1071] AMSTUTZ/NIGGLI, 32 f.; s. auch Zitat in FN 1079; sowie NIGGLI/KESHELAVA, in: Festschrift für Walter Ott (Zürich/St. Gallen 2008) 136: «Ergibt sich der Bedeutungsgehalt einer Rechtsnorm erst aus ihrer Anwendung, so kann dieser den Richter *nicht* binden». Gleiche oder ähnliche Formulierungen finden sich in weiteren Festschriftbeiträgen zu «Recht und Wittgenstein» von AMSTUTZ und NIGGLI (vgl. Festschriften für Gauch, Otto und Bolle). Kompilation früher erschienener Festschriftbeiträge bei NIGGLI/AMSTUTZ, in: HEER (Hrsg.), Der Richter und sein Bild / Le juge et son image (Bern 2008) 193 ff. Ähnlich im Ergebnis nun auch KUNTZ, AcP 215 (2015) 448.

[1072] In der italienischen Diskussion wird vom «nichilismo giuridico» gesprochen. Dazu krit. MENGONI, Riv. trim. dir. e proc. civile 55 (2001) 1 ff.

schreibt, «das Kind mit dem Bade» ausgeschüttet: «Für WITT-GENSTEIN geht es darum, dass es neben dem Gebrauch von Wörtern nichts anderes (also keine sprachunabhängigen Entitäten) gibt, worin deren Bedeutung besteht ... Dass Wörtern oder Ausdrücken innerhalb bestehender ‹Gepflogenheiten›, Praktiken oder ‹Lebensformen› (einschliesslich einer bestimmten Rechtskultur bzw. -praxis) normalerweise mehr oder weniger feste ... Bedeutungen zukommen, weil sie (angelernten) konventionellen Verwendungsweisen entsprechen, wird nicht bezweifelt»[1073]. Konventionelle Regelhaftigkeit und damit allgemeine, objektive Verständlichkeit der Sprache im Rahmen eines kulturell abgegrenzten «Sprachspiels» scheinen somit durch WITTGENSTEIN keineswegs ausgeschlossen worden zu sein[1074]. Ihre Anerkennung ist im Übrigen ihrerseits implizit auch Grundlage der Argumentation der Regelskeptizisten. Denn: «If language has no meaning, then there is no meaning to the statement that language has no meaning»![1075]

[1073] HOTZ, 55 FN 77, unter Berufung auf VON KUTSCHERA, Sprachphilosophie, 2. Aufl. (Nachdruck München 1993) 141. Vgl. auch HONSELL/MAYER-MALY, 113.

[1074] In den erst nach dem Tod des Philosophen herausgegebenen letzten Aufzeichnungen WITTGENSTEINS (deutsch: Über Gewißheit, Frankfurt/M. 1970) wird dies besonders deutlich. Vgl. dort Nr. 370: «...Dass ich ohne Skrupel das Wort ‹Hand› und all die übrigen Wörter meines Satzes gebrauche, ja, dass ich vor dem Nichts stünde, sowie ich auch nur versuchen wollte zu zweifeln – zeigt, dass die Zweifellosigkeit zum Wesen des Sprachspiels gehört ...»; Nr. 522: «...Wenn das Kind die Sprache – und also ihre Anwendung – beherrscht, muss es die Bedeutung der Worte wissen. Es muss z.B. einem weissen, schwarzen, roten, blauen Ding seinen Farbnamen, in der Abwesenheit jedes Zweifels, beilegen können». Dazu zutreffend KESHELAVA, Der Methodenpluralismus und die ratio legis. Eine sprachkritische Untersuchung (Basel 2012) 158: «Sprachspiele sind eben nicht ins Belieben des Einzelnen gestellt».Vgl. auch MATTEOTTI, ZSR 129 (2010) I, 231 f., sowie EMMENEGGER/TSCHENTSCHER, Art. 1 N 514 ff.

[1075] BARAK, 24, unter Berufung auf PUTNAM, Reason, Truth and History (Cambridge 1961) 119.

Das Gesagte bedeutet natürlich nicht, dass der Sinn von Gesetzestexten gänzlich unberührt vom gesellschaftlichen Wandel ein für allemal in Stein gemeisselt ist[1076], bedeutet auch nicht, dass Richterinnen und Richter durch ihre Interpretation von Gesetzestexten nicht selbst an dieser, sich wie ein Gewebe kontinuierlich weiterentwickelnden, gesellschaftlichen Sprach- und Bedeutungsevolution beteiligt wären[1077]. Lehnt man damit ein «essentialistisches» Sprachverständnis ab, so ist die Wortlautbindung des Interpreten tatsächlich notwendiger Weise eine lediglich relative. Dies wird von der heute vertretenen «traditionellen»

[1076] In seinem Beitrag zum Schweizerischen Juristentag 2007 (ZSR 126 [2007] II, 237 ff.) propagiert AMSTUTZ eine Abkehr von dem angeblich «in alteuropäischen Errungenschaften und Glaubenssätzen verstrickte[n] Textbild der schweizerischen Methodenlehre» (245) und einen Anschluss an die «Grammatologie» von Jacques DERRIDA, die von einer die jeweiligen gesellschaftlichen Kontexte aufnehmenden «Offenheit des Textbildes» ausgehe. Ähnlich CR CC I/WERRO, Art. 1 N 13, wo der Text im Anschluss an DERRIDA als eine «machine productrice de sens» bezeichnet wird, die sich neuen Realitäten öffne. Eine solche Offenheit des Textes steht nun aber keineswegs im Gegensatz zu («alteuropäischen»[!]) «traditionellen» methodologischen Positionen, sofern diese, wie es auch im vorliegenden Versuch geschieht (vgl. S. 155 ff.), von einer geltungszeitlich fokussierten Interpretation ausgehen. Andererseits schiessen Sätze wie folgende – jedenfalls im Hinblick auf das nüchterne Geschäft der Interpretation von Gesetzen (bei Interpretation von Texten mit künstlerischem Anspruch mag dies anders sein) – in ihrer Emphase doch weit über das Ziel hinaus: «Jede Begegnung mit einem Text ist ein einmaliges Erlebnis, das sich nie gleich wiederholen lässt. Denn jedes Mal, wenn man sich an einen Text annähert, spürt man, dass dieser Text nicht derselbe wie jener ist, den man noch gestern gelesen hat. Texte gleiten uns immer wieder aus der Hand, sie sind nie festzuhalten. Sie können uns zum Delirium bringen…» (AMSTUTZ a.a.O., 275). Kritisch dazu auch HÜRLIMANN-KAUP/SCHMID, N 168. MOOR, 239 f., betont den persönlichen Willensakt des Textinterpreten. Aber dieser – und dies erscheint für die juristische Interpretation wesentlich – «coexiste avec ... une contrainte de motivation – sinon, pourquoi édicter des textes ...: si indéterminés qu'ils soient, leurs programmes normatifs ouvrent des chemins argumentatifs qui *doivent* être parcourus».

[1077] Zur «Porosität» der Sprache, also der «Tatsache, dass die Sprache offen ist, um neue Erfahrungen in ihr Bedeutungsinventar aufzunehmen», MORLOK, 34; vgl. dazu auch VOGEL/CHRISTENSEN, Rechtstheorie 2013, 35 f.

(nach Einschätzung von AMSTUTZ und NIGGLI «orthodoxen») Methodenlehre, die die Bindung an den blossen Wortlaut des Gesetzes durch vielerlei zusätzliche Interpretationsüberlegungen wesentlich relativiert und dynamisiert, aber auch nicht in Frage gestellt. Genauso wenig in Frage gestellt wird von ihr aber umgekehrt auch die Binsenweisheit, dass der durch den je herrschenden Sprachgebrauch bestimmte Wortsinn des Normtexts trotz aller Relativierungen immer noch das primäre und wichtigste Normsinnindiz ist[1078]. Geht man von dieser Prämisse aus, so hält man sich nicht ohne Bangen das Szenario vor Augen, dass Richterinnen und Richter inskünftig – frei nach angeblich von WITTGENSTEIN abgesegneten Erkentnissen – den Gesetzestext als ohnehin «nichtssagend» einfach beiseite schieben und ihre Entscheidungen stattdessen im direkten Durchgriff auf eine wie auch immer verstandene «Lebensform» begründen[1079].

b) AMSTUTZ und NIGGLI kritisieren die traditionelle Methodenlehre mit dem zusätzlichen Argument, dass auch das verfassungsrechtliche Gewaltenteilungsprinzip, das dem Gebot der Bindung der Gerichte an Bundesgesetze (Art. 190 BV) zugrunde liegt, «sprachtheoretisch unmöglich» sei[1080]: Es entpuppe sich «bei genauem Hinschauen als einer dieser vielen Mythen, die in der kontinentaleuropäischen Rechtsmethodik wuchern»[1081]. Mit

---

[1078] Analysiert man die vorzüglichen «dogmatischen» Publikationen von AMSTUTZ und NIGGLI (namentlich ihre Kommentierungen), so hat man keineswegs den Eindruck, die beiden Autoren würden sich dieser «Binsenweisheit» verschliessen und einer radikalen Dekonstruktion von Textbedeutungen folgen.

[1079] Vgl. AMSTUTZ/NIGGLI, 32: Die «Bindungen» der Rechtsanwendung «scheinen ganz anderer Art als die von Methodenlehre und juristischer Praxis behaupteten. Fragte man uns aber, worin denn diese Bindungen bestehen könnten, so würden wir antworten wollen: *in der Lebensform*». Treffend PECZENIK, 123 «... references to the form of life do not fulfil standards of clarity ... They suggest something important but unclear ...».

[1080] Mélanges Pierre Henri Bolle (Basel etc. 2006) 157 ff.

[1081] Das Zitat bezieht sich auf den in der vorangehenden FN zitierten Festschriftbeitrag, 171.

dem Gewaltenteilungsprinzip sprechen NIGGLI und AMSTUTZ in der Tat ein ganz grundsätzliches Problem an, doch ist es nicht das Problem angeblicher «sprachtheoretischer Unmöglichkeit» dieses staatstheoretischen Prinzips, sondern das rechtstheoretische Problem der Letztbegründung normativer Verbindlichkeit von Recht überhaupt. Im Hinblick auf Art. 190 BV wäre zu fragen: Wie kann die (dem Gewaltenteilungsprinzip verpflichtete) verfassungsrechtliche Bindung der Gerichte an Bundesgesetze normativ begründet werden? Und ganz allgemein: Wie kann die Bindung unserer Staatsorgane an unsere Verfassung normativ begründet werden? Dieses Dilemma der normativen Letztbegründung von Recht hat KELSEN bekanntlich durch die Annahme einer (fiktiven) «Grundnorm» zu beheben versucht[1082]. Überzeugender erscheint das offene Eingeständnis, dass eine normative Letztbegründung von Recht – ohne Zuflucht zu Fiktionen oder naturrechtlichen Aprioritäten – nicht möglich ist und dass es «ultimately informal, non-institutionalized conventions, which are seated in the customs and usages of citizens, particularly those in public office»[1083], sind, welche – faktisch – dazu führen, dass Verfassung und Gesetze im Allgemeinen beachtet und von primären und sekundären Normadressaten (nach ihrem «internal point of view»[1084]) als normativ verbindlich empfunden und anerkannt werden[1085]. Solange nun aber in einer funktionierenden Rechtsgemeinschaft tatsächlich überwiegend dieses Empfinden

---

[1082] KELSEN, 196 ff. Auf Belege zur geradezu unüberschaubaren internationalen Diskussion zu KELSENS Grundnorm muss an dieser Stelle verzichtet werden.

[1083] DWYER, Modern Law Review 71 (2008) 829, mit Hinweisen zur Rechtstheorie von H.L.A. HART («rule of recognition») und von Neil MACCORMICK. Zu HART (im Vergleich zu KELSEN) eingehend PECZENIK, 187 ff.

[1084] Vgl. HART, 86 ff.

[1085] Im CR-CC I/WERRO, Art. 1 N 19 bzw. N 75, wird von der «illusion de la place première donnée à la loi» bzw. von der «tyrannie de la primauté consacrée de la loi» gesprochen. In einem Rechtsstaat mit einem demokratisch legitimierten Gesetzgebungsorgan von einer Tyrannei des Vorrangs des Gesetzes zu sprechen, erscheint doch etwas merkwürdig.

besteht[1086], ist eine normative Analyse einer Rechtsordnung sinnvoll – *und erscheint auch eine normativ verstandene Methodenlehre sinnvoll.*

3. Vorverständis des Interpreten

a) Einleitung

Die hier vorgelegte Einführung in die Juristische Methodenlehre
geht durchgängig von der Zielvorstellung einer möglichst objektiven, von subjektiven «Launen» des Richters freien Rechtsfindung aus. Diese Zielvorstellung, der eine normativ verstandene
Methodenlehre durch die Erarbeitung eines relativ geordneten
Argumentariums von Auslegungsgesichtspunkten dienen soll,
wird von Vielen zwar als rechtspolitisch durchaus honorig be-
wertet, gleichzeitig aber auch als hoffnungslos illusorisch,[1087]
wenn nicht gar naiv. Gesetzesbindung und Objektivität der
Rechtsfindung seien ganz grundsätzlich wegen der notwendigerweise vorverständnisgeprägten Struktur des Verstehensvorgangs
gar nicht erreichbar. Dem Interpreten könne bei dieser Sachlage[1088] eigentlich nur ans Herz gelegt werden, sich seines Vorverständnisses bewusst zu sein, es in seiner Begründung auch offen

---

1086 Vgl. VOẞKUHLE, NJW 2018, 3159: Entscheidend für das Funktionieren des
Rechtsstaats sei die «innere Einstellung» all derer, die «Recht gestalten, konkretisieren und umsetzen».

1087 Repräsentativ SCHWENZER, Schweizerisches Obligationenrecht. Allgemeiner
Teil, 7. Aufl. (Bern 2016) N 33.03: Auch eine noch so ausgefeilte Methode
könne «nicht viel mehr als eine *Scheinrationalität* begründen». Vgl. auch OGO-
REK, in: Wirtschafts- und Medienrecht in der offenen Demokratie (Freundesga-
be für Friedrich Kübler, Heidelberg 1997) 14 ff. («Gesetzesbindungsikone als
historisch deutbare Lebenslüge des Rechtsstaats»).

1088 Im Anschluss an einen griffigen Monographietitel (HAVERKATE) wird zu deren
Charakterisierung oft von «Gewissheitsverluste[n] im juristischen Denken» gesprochen.

zu deklarieren[1089] und auf diese Weise dem gesellschaftlichen Diskurs auszusetzen. Die Auseinandersetzung mit dieser Position setzt wenigstens in wenigen Worten eine Vorstellung der «neueren Hermeneutik» voraus, für welche die Kategorie des Vorverständnisses des Interpreten tatsächlich zentral ist.

b) Die hermeneutische Kategorie des Vorverständnisses und ihre Rezeption in der rechtsmethodologischen Diskussion

Die vor allem durch das philosophische Werk von Hans-Georg GADAMER[1090] geprägte neuere Hermeneutik geht von einer untrennbaren Verbindung zwischen dem zu interpretierenden Text und dessen Interpreten aus. Der Interpret trete dem Text nicht unbefangen gegenüber, sondern jeweils – dies sei eine notwendige «Bedingung des Verstehens» – mit einem «Vor-Urteil» («Vorverständnis»), d.h. mit einer bestimmten antizipierten «*Sinnerwartung*»[1091]; oder – wie es Marcel PROUST formuliert hat –: «En réalité chaque lecteur est, quand il lit, le propre lecteur de soi-même».[1092] Dieses Vorverständnis leite den Verstehensvorgang, werde aber im Zuge des Verstehensprozesses auch laufend korrigiert, worin sich die «Zirkelhaftigkeit» des hermeneutischen Vorgangs manifestiere[1093]. Das Vorverständnis des Inter-

---

[1089] Punktuelle Vorwegnahme einer Kritik an der im Text gerade referierten Argumentation (im Hinblick auf das Postulat der Offenlegung des Vorurteils): «Das Offenlegen von Unmethode kann das Fehlen von Methode nicht kompensieren» (SCHLINK, Der Staat 1980, 90).

[1090] Sein Hauptwerk «Wahrheit und Methode» ist 1960 in 1. Aufl. erschienen. Die folgende Kurzzusammenfassung bezieht sich auf die Aufl. Tübingen 2010.

[1091] S. GADAMER, 281 ff. (zu den Vorurteilen als Bedingungen des Verstehens); ebenso schon HEIDEGGER, Sein und Zeit, 15. Aufl. (Tübingen 1964) 152 f.

[1092] Zit. nach CARONI, ZNR 2002, 28. Schön auch das Zitat des spanischen Autors Carlos Ruiz ZAFÓN, Der Schatten des Windes (zit. nach GAUCH, recht 2007, 168): Texte «sind Spiegel: Man sieht in ihnen nur, was man schon in sich hat».

[1093] Vgl. GADAMER, 296 ff. Dazu vor allem auch STEGMÜLLER, Das Problem der Induktion: Humes Herausforderung und moderne Antworten. Der sog. Zirkel des Verstehens (Braunschweig 1971).

preten entwickle sich wiederum nicht isoliert, sondern sei ganz wesentlich durch die jeweilige geschichtliche Situation des Interpreten determiniert, die er an den in der Vergangenheit entwickelten Text heranträgt. Vergangener und gegenwärtiger «Verständnishorizont» würden im Wege der Interpretation «verschmolzen», ein Vorgang, der die «Wirkungsgeschichte» des in Frage stehenden Textes bestimme[1094]. Gleichzeitig sei die juristische Interpretation als anwendungsbezogene Interpretation in exemplarischer Weise durch den zu beurteilenden konkreten Fall geleitet. Interpretatorisches Verstehen sei im juristischen Bereich immer *«applikatives» Verstehen* in der konkreten Situation, d.h. Konkretisierung des Gesetzes an Hand des jeweiligen Falles[1095].

Die Rezeption dieser hermeneutischen Konzeption in die Juristische Methodenlehre, die vor allem in der Aufsehen erregenden Schrift von Josef ESSER über «Vorverständnis und Methodenwahl in der Rechtsfindung» erfolgt ist[1096], leitet aus der vorverständnisgeprägten Struktur des Verstehens ab, dass der Richter jeweils mit einer ganz wesentlich auch aus ausserdogmatischen Quellen schöpfenden, materialen «Richtigkeitsüberzeugung» an den zu interpretierenden Text herantrete[1097]. ESSER spricht in diesem Zusammenhang auch von einer «Suspendierung dogmatischer Autorität» und einem «Durchgriff» auf allgemein einsichtige rechtspolitische Argumente über die «Sachgerechtig-

---

[1094] Vgl. GADAMER, 305 ff.

[1095] S. GADAMER, 335.

[1096] In 1. Aufl. 1970 erschienen. Die folgenden Zitate beziehen sich auf die 2. Aufl. (Frankfurt a.M. 1972). Eingehende Rezensionsabhandlung von SCHWERDTNER, JuS 1972, 357 ff.; s. auch KÖNDGEN, JZ 2001, 809 ff.; VESTING, 132 ff. (N 218 ff.); monographisch KASPERS, Philosophie-Hermeneutik-Jurisprudenz (Berlin 2014). In der juristischen Methodendiskussion der Schweiz wurde die Hermeneutik GADAMERS vor allem von HINDERLING, Rechtsnorm und Verstehen (Bern 1971), ZÄCH, ZSR 96 (1977) I, 320 ff., sowie von RHINOW, Rechtsetzung, 135 ff., eingeführt; eingehend dann auch IMMENHAUSER, in: Festschrift für Eugen Bucher (Bern 2009) 297 ff.

[1097] S. vor allem ESSER, Vorverständnis und Methodenwahl, 134 ff.; 149 ff.

keit»[1098] einer Interpretation. Solche Erwägungen über «Vernünftigkeit», «Brauchbarkeit» und Konsensfähigkeit des Ergebnisses determinierten auch die «Methodenwahl». ESSER[1099] bezeichnet es geradezu als «Normalsituation» für den Rechtsanwender, «dass er seine Methodenwahl aus einer teleologischen Richtigkeitskontrolle des Ergebnisses unter dem Gesichtspunkt der Akzeptierbarkeit in einer gegebenen sozialen Ordnung her steuert». So erkläre sich, «dass trotz aller von der Praxis kaum zur Kenntnis genommenen methodologischen Darlegungen» je nach Brauchbarkeit eines Interpretationselements und d.h. «vom Ergebnis bestimmt, historische oder grammatische, systematische oder zweckreflektierende Interpretationsmerkmale selektiv benutzt werden»[1100]. Nach dem berühmtem Diktum RADBRUCHs[1101] formelhaft zugespitzt bedeutet dies: «Die Auslegung ist ... das Ergebnis – ihres Ergebnisses».

c) «Schichten» des Vorverständnisses

Bevor eine Stellungnahme zu diesen Thesen skizziert wird, ist vorerst zu präzisieren, was bei der Rechtsfindung unter Vorverständnis des Interpreten verstanden werden kann.

Das Vorverständnis kann sich nämlich auf sehr verschiedene Verständnishorizonte des Interpreten beziehen; insofern kann von «Schichten» des Vorverständnisses gesprochen werden. Es kann sich um ein *individual-psychologisches «Vorurteil»* handeln, etwa um Frauenfeindlichkeit, die den Richter zu einer sehr einseitigen rechtlichen Beurteilung eines Rechtsstreits (etwa bei Scheidung) verleitet. Das Vorurteil kann auch *schichtenspezifisch* be-

---

[1098] S. ESSER, Vorverständnis und Methodenwahl, 19: Das «dogmatische» Begründungselement wird von ESSER allerdings nicht ignoriert. Er spricht (Vorverständnis und Methodenwahl, 19) von einer «Stimmigkeitskontrolle» in Bezug auf die Verträglichkeit der Lösung mit dem positiven Rechtssystem.

[1099] ESSER, Vorverständnis und Methodenwahl, 126.

[1100] ESSER, Vorverständnis und Methodenwahl, 126.

[1101] Einführung in die Rechtswissenschaft, 13. Aufl. (Stuttgart 1980) 169.

stimmt, also etwa durch konservativ-«bürgerliche», genderabhängige[1102], auch parteipolitische, konfessionelle oder rassistische Neigungen des Interpreten motiviert sein[1103]. In einem noch kollektiveren Sinn beruht das Vorverständnis auf dem jeweiligen *«Zeitgeist»*[1104] und den diesen prägenden Ideologien und philosophischen Strömungen, in welche die Interpretation (und ihre theoretische Fundierung) eingebettet ist[1105], und ist damit ein «Gemisch von moralischen, rechtsphilosophischen und politischen Überzeugungen»[1106], die von weiten Kreisen der Bevölke-

---

[1102] Zu geschlechtsspezifischen Einstellungen zu Recht und Gerechtigkeit TSCHENTSCHER, AJP 2003, 1139 ff. Methodisch bedeutsame Teilanalyse: EMMENEGGER, Feministische Kritik des Vertragsrechts (Freiburg/Schweiz 1999).

[1103] Die unterschiedliche Sozialisation des Rechtsanwenders schlägt sich etwa in der Scheidungspraxis der Gerichte nieder. Zur instanzgerichtlichen Scheidungspraxis in der deutschen Schweiz BINKERT/WYSS, Die Gleichstellung von Frau und Mann im Ehescheidungsrecht (Basel/Frankfurt a.M. 1997) 26 ff. Wichtig zur Richtersozialisation und daraus abzuleitenden Prägungen aus deutscher Sicht HELDRICH/SCHMIDTCHEN, Gerechtigkeit als Beruf (München 1982).

[1104] Zum Einfluss des «Zeitgeistes» auf die Rechtsfindung HAFNER, AJP 1996, 296 ff. Richter und Richterinnen sind nun einmal «Kinder ihrer Zeit» (so zuletzt BRAUN, ARSP 2019, 61). Vgl. auch die Beiträge in KISCHEL/KIRCHNER (Hrsg.), Ideologie und Weltanschauung im Recht (Tübingen 2012). Im konkreten Fall wenig überzeugende Berufung auf den «Zeitgeist» in BGE 123 III 292 (298). Dass der in der Rechtsanwendung bemühte Zeitgeist auch «Zeitungeist» sein kann, versteht sich von selbst. RÜTHERS (Unbegrenzte Auslegung, passim) hat dies für die Judikatur in der Zeit des Nationalsozialismus eindrucksvoll belegt. Dem Zeitungeist mit ausschliesslich methodologischen Argumenten entgegenzuwirken, erscheint indes geradezu aussichtslos. Insofern kann durchaus von der «Ohnmacht» der juristischen Methodenlehre gesprochen werden. Vgl. dazu LUIG, NJW 1992, 2536 ff. Weit. Nachw. in FN 1113.

[1105] Zur Einbettung der Methodengeschichte des deutschen Privatrechts in die politischen und philosophischen Strömungen des 20. Jahrhunderts eindrucksvoll HAFERKAMP, AcP 214 (2014) 60 ff.

[1106] LIMBACH, LJZ 1997, 9. Dass die jeweilige politische Ausrichtung des Interpreten (oder seine berufliche Stellung als Vertreter von Verbandsinteressen), einen starken Einfluss auf seine Interpretation hat, ist gerade in rechtspolitisch brisanten Materien des Privatrechts unübersehbar. Man vergleiche nur die Kommentare zum Mietrecht oder Arbeitsrecht, die von Interessenverbänden herausgegeben werden. Wie wichtig die politische Einstellung des Richters, genauer: seine Einstellung zu wichtigen gesellschaftspolitischen Fragen ist, zeigt sich spektakulär

rung geteilt werden und deren «Rechtsparadigma»,[1107] d.h. deren Einstellung zu rechtlichen, vor allem auch rechtspolitischen Fragestellungen leitbildartig prägen.

Schliesslich gibt es eine Form des Vorverständnisses, deren Bedeutung für die tägliche juristische Arbeit, namentlich unserer Höchstgerichte, besonders hervorzuheben ist und die man als *«professionelles Vorverständnis»* bezeichnen kann. Es geht darum, dass das «Rechtsempfinden» («Rechtsgefühl») «gerade beim geschulten Richter» von durchaus «rationalen Elementen und einer oft jahrzehntelangen Begegnung mit allen Problemen des Rechtes geprägt» ist[1108]. Diese «Professionalität» leitet sein oft sehr ausgefeiltes fachspezifisches («dogmatisches») Vorverständnis, sein in diesem Sinn *common sense*-geprägtes «Judiz» über die fachlich «richtige» Begründung eines Falles[1109]; sie ist gleichzeitig gekennzeichnet durch eine starke «Verinnerlichung» der «Grundgedanken der Rechtsordnung: Rechtsgleichheit, Rechtssicherheit, persönliche Freiheitsbereiche, Schutz wohlerworbener Rechte, in der Schweiz auch Schutz der dezentralisierten Struktur, des sogenannten Föderalismus. Diese Rechtsüberzeugung gibt ihm vor allem den Impuls, nach einer tragbaren, ra-

---

an der oft ausserordentlich umstrittenen (vom Senat zu bestätigenden) Nominierung eines Kandidaten für das Amt eines Richters am US-amerikanischen Supreme Court durch den jeweiligen amerikanischen Präsidenten. Zur parteipolitisch bedingten Richterwahl in der Schweiz s. S. 335 mit FN 1013.

[1107] S. HABERMAS, 468 ff.

[1108] O.K. KAUFMANN, 372, der über seine langjährige Erfahrung als Bundesrichter referiert; vgl. auch (Oberrichter) H. SCHMID, SJZ 2007, 98 ff.

[1109] S. auch ESSER, Vorverständnis und Methodenwahl, 10: «So können wir von einem im weitesten Sinne durch soziale Erfahrung genommenen kategorialen Apparat sprechen, mit dessen Hilfe der Richter die ‹offensichtlich› relevanten Merkmale eines Falles und der ‹geeigneten› Normen zu dessen Lösung schon unbewusst auswählt, registriert und einordnet». Vgl. auch MASTRONARDI, N 576 f.; H. SCHMID, SJZ 2007, 100; zur «socializzazione professionale» als wesentlichem Faktor des richterlichen Vorverständnisses auch PASTORE, Rivista di diritto civile 2001, p. II, 300.

tionalen Entscheidung so lange zu suchen, bis er glaubt, sie im Richterkollegium erfolgreich durchbringen zu können»[1110].

d) Stellungnahme zur Bedeutung des Vorverständnisses

Wie ist nun der Einfluss des Vorverständnisses und seiner verschiedenen Schichten aus der Sicht der hier vorgetragenen Methodenlehre zu bewerten?

In Bezug auf gewisse Schichten des Vorverständnisses ist von vorneherein kein Gegensatz zur traditionellen, vom Postulat möglichst objektiver Rechtsfindung geprägten Methodenlehre zu konstatieren. Dies betrifft namentlich das zuletzt apostrophierte «professionelle Vorverständnis». Das hier in der Tat zu beobachtende «reasoning backwards» vom spontan als rechtlich «richtig» empfundenen Ergebnis (auf die im konkreten Fall massgebliche Interpretation) basiert ja gerade auf langjähriger professioneller Erfahrung im Umgang mit *lege artis* begründeten Normsinnhypothesen. Auch der Einfluss des jeweiligen Zeitgeistes, der sich besonders deutlich bei der Interpretation unbestimmter Rechtsbegriffe und Generalklauseln sowie bei der Konkretisierung des richterlichen Ermessens manifestiert, erscheint für die hier vertretene Methodenlehre als ohne Weiteres «normgerecht». Es ist ja, wie dargestellt[1111], gerade die, vom Gesetzgeber bewusst eingesetzte Funktion der angesprochenen Gesetzesbestandteile, eine kontinuierliche Anpassung des Rechts an neue gesellschaftliche Wertungshorizonte zu ermöglichen. Solange sich dieser Prozess

---

[1110] O.K. KAUFMANN, 372. Ausserordentlich illustrative Darstellung der zur Urteilsfindung führenden Erwägungen eines erstinstanzlichen Strafrichters, der einen betäubungsmittelrechtlichen Fall zu beurteilen hatte und der nach eigenem Bekunden von einem liberalen Straf- und Rechtsverständnis geprägt ist (und dieses in seine kriminalpolitischen und verfassungsrechtlichen Anschauungen einfliessen lässt), bei ALBRECHT, in: «Toujours agité – jamais abattu», Festschrift für Hans Wiprächtiger (Basel 2011) 130 ff.

[1111] Oben S. 84 f.

in einer «offenen Gesellschaft» vollzieht[1112] und nicht von totalitären Ideologien bestimmt wird[1113], ist darin auch aus ergebnisorientierter Sicht nichts Bedenkliches zu sehen.

Für die übrigen Schichten der Vorverständnisse drängt sich eine differenzierende Bewertung auf.

Ganz grundsätzlich ist zu betonen, dass es wirklichkeitsfremd wäre, würde man die Augen vor persönlich geprägten Vorverständnissen des Interpreten, vor seiner «intuition, emotion and preconception»,[1114] verschliessen. Der Interpret ist keine «seelenlose» Maschine, die Richterinnen und Richter sitzen nicht im «Glashaus»[1115]. Juristische Interpretation ist, wie es RADBRUCH[1116] formuliert hat, «ein unlösbares Gemisch theoretischer und praktischer, erkennender und schöpferischer, reproduktiver und produktiver, ... objektiver und subjektiver Elemente». Dies ist ja auch der entscheidende Grund, warum es oft – nicht nur im Ausnahmekonstellationen – eine ganze Bandbreite juristisch

---

[1112] HÄBERLE, JZ 1975, 297 ff., spricht insofern von einer «offenen Gesellschaft von Verfassungsinterpreten».

[1113] Wie es etwa mit den Generalklauseln des BGB in der NS-Zeit geschah. Dazu grundlegend RÜTHERS, Unbegrenzte Auslegung, 210 ff. Dass die Juristische Methodenlehre letztlich untauglich ist, eine wirksame «Schranke gegen totalitäre Rechtsperversionen» aufzubauen (RÜTHERS, Unbegrenzte Auslegung, 442 ff.), ist ohne Weiteres zuzugeben. Zuletzt (in Auseinandersetzung mit HILLGRUBER, JZ 2008, 745 ff.) in aller Nüchternheit OGOREK, 170: «Methodenlehre ist ... jedem Inhalt dienstbar»; sie ist in ihrer instrumentellen Funktion «wertneutral». Anders jetzt REIMER, N 531 ff. («Gerechtigkeit als methodologisches Argument»). Zum Problem (in Auseinandersetzung mit RÜTHERS) auch LUIG, NJW 1992, 2536 ff. Hier sei lediglich darauf hingewiesen, dass bei Etablierung eines Unrechtregimes eine diesem nicht willfährige methodologische Strategie darin bestehen könnte, das «konstitutionelle Recht» aus der Zeit vor dem Umbruch möglichst historisch und nicht objektiv-zeitgemäss zu interpretieren.

[1114] R.A. POSNER, How Judges Think (Cambridge Mass./London 2008) 98.

[1115] Vgl. zu «gefühlsgeleiteten Faktoren» des Entscheidens auf phänomenologischer Basis J.F. HÄNNI, Vom Gefühl am Grund der Rechtsfindung. Objektivität und Emotionalität in der Rechtsanwendung, Diss. St. Gallen 2010, vor allem 173 ff. Zur Rolle von Emotionen im juristischen Entscheidungsprozess nun auch LUNDMARK, Rechtstheorie 2018, 243 ff.

[1116] RADBRUCH, 207.

noch plausibel begründbarer Interpretationen gibt und es nicht möglich erscheint zu sagen, es gebe jeweils nur eine einzig «richtige» Interpretation eines Gesetzestextes[1117].

Die Idee einer Bandbreite, eines «Rahmens» von möglichen Interpretationen, denen wissenschaftlich derselbe Stellenwert zukomme, liegt auch KELSENS Konzept der «wissenschaftlichen Interpretation» zugrunde. Er kritisiert (349) die traditionelle Interpretationstheorie, die «glauben machen» möchte, «dass das Gesetz, auf den konkreten Fall angewendet, stets nur *eine* richtige Entscheidung liefern könnte». In der aktuellen rechtstheoretischen Diskussion findet sich aber auch wieder Sukkurs für eine Theorie der einzig richtigen Entscheidung. S. etwa CANARIS, Ansprache zur Ehrenpromotion, in: Grazer Universitätsreden, Heft 50 (Graz 1993) 22 ff.; vgl. auch LARENZ/CANARIS, 116. Zu Ronald DWORKINS «right answer thesis» ablehnend etwa KLATT, Ratio Juris 20 (2007) 511 ff.; vgl. dazu auch STROLZ, 140 ff.; AUER, 88 ff.; PAVČNIK, 128 ff.; MÖLLERS, § 1 N 24, 31; SIEDENBURG, Die kommunikative Begründung. Zur Argumentationsfigur der einzig richtigen Entscheidung (Baden-Baden 2016). HERBST, JZ 2012, 891 ff., vor allem 898 ff., lehnt zwar die Idee einer einzig richtigen Entscheidung im objektiven Sinn ab, postuliert aber, dass der Rechtsanwender eine solche in einem subjektiv empfundenen Sinn anstreben müsse. Das Problem der «Wahrheit» («Richtigkeit») einer juristischen Interpretation lässt sich letztlich nur auf Grund einer Stellungnahme zum erkenntnistheoretischen Wahrheitsproblem klären, worauf hier nicht näher eingegangen werden kann. Guter Überblick zum Stand der Diskussion über «Recht und Wahrheit» bei DECKERT, ARSP 1996, 43 ff. Es sei lediglich angedeutet, dass eine der Realität juristischer Interpretation nahekommende Wahrheitstheorie jedenfalls nicht ohne Elemente einer «Konsensustheorie» von Wahrheit auskommen wird können. Diese ist im deutschen Sprachraum vor allem mit dem Namen HABERMAS verbunden. S. etwa HABERMAS' Stellungnahme zu «Wahrheitstheorien», in: Wirklichkeit und Reflexion. Walter Schulz zum 60. Geburtstag (Pfullingen 1973) 211 ff. Hinweise zum Interpretationskonsens der Lehre oben S. 290. ALEXY hat Elemente der Konsensustheorie zu einer «Theorie des allgemeinen rationalen praktischen Diskurses» weiterentwickelt (219 ff.). Zu ALEXY wiederum HABERMAS, 281 ff.

1117 So aber noch BGE 95 I 33 (40): «Richtig ist stets nur eine einzige Auslegung». Gegen die Konzeption der einzig richtigen Entscheidung und statt dessen für das Kriterium der «Vertretbarkeit» ZIPPELIUS, 101 ff.; aus der schweizerischen Literatur s. vor allem MEIER-HAYOZ, JZ 1981, 419; RIEMER, § 4 N 184; WIPRÄCHTIGER, recht 1995, 148 (als «Selbstzeugnis» eines Bundesrichters besonders bedeutsam); vgl. auch ZÄCH, ZSR 96 (1977) I, 33.

Zum Ganzen auch NEUNER, 38 ff.; MARTENS, 57 ff., der von «pragmatischer Wahrheit» juristischer Aussagen spricht.

Nüchtern betrachtet gibt es nun einmal in vielen Fällen eine mehr oder minder grosse Zahl noch «*vertretbarer*» *(plausibler) Interpretationen*[1118], auch wenn der in der praktischen Rechtsfindung tätige oder dogmatisch-theoretisch argumentierende Interpret subjektiv oft der Auffassung sein wird, seine Auslegung sei die der Problemstellung objektiv adäquateste.

Traditionellerweise vermeidet der Rechtsanwender in seiner Entscheidungsbegründung Erwägungen, «die auch eine andere Lösung als möglich erscheinen lassen könnten; dazu trägt natürlich auch die soziale ‹Rolle› bei, in der die Rechtsuchenden den Richter sehen und in der er sich selbst sieht. Rollenerwartung und Rollenvorstellung erlauben dem Richter nicht das Eingeständnis, in einem konkreten Fall nicht genau zu wissen, was rechtens sei. Die zu Überlegenheit und Entrücktheit hochstilisierte Rolle des Richters auch in der modernen Gesellschaft führt zu (unreflektierten) Verhaltensweisen, die nur zum Teil sachlich gerechtfertigt sind» (HORAK, in: SPRUNG [Hrsg.], Die Entscheidungsbegründung in europäischen Verfahrensrechten und im Verfahren vor internationalen Gerichten [Wien/New York 1974] 21 f.). Nach NEUMANN, 96, ist die «Darstellung» der Entscheidung als (einzig) «richtig» (und nicht nur «vertretbar») auch heute noch institutionell geboten. NEUMANN folgend SIEDENBURG, Die kommunikative Begründung. Zur Argumentationsfigur der einzig richtigen Entscheidung (Baden-Baden 2016). DAIMLER/ZEYHER, AcP 218 (2018) 921, sprechen von einer «nützlichen Illusion». In einer «offenen Gesellschaft» erscheint es indes grundsätzlich fragwürdig, die Akzeptanz einer Entscheidung mit Hilfe fiktiver Annahmen, sprich: mit einer frommen Lüge, fördern zu wollen.
Eine ganz andere Situation liegt von vorneherein in den Rechtsordnungen (vor allem des anglo-amerikanischen Rechtskreises) vor, die bei Kollegialent-

---

[1118] Vgl. schon PODLECH, Jb. für Rechtssoziologie und Rechtstheorie, Bd. II (1972) 499 f. Nach HABERMAS, 277, bedeutet «Richtigkeit» «rationale, durch gute Gründe gestützte Akzeptabilität». Dem kann ohne Weiteres gefolgt werden, bedeutet aber gleichzeitig, dass regelmässig nicht nur eine einzige Interpretation «richtig» ist. Zu betonen ist immerhin, dass die Bandbreite methodologisch noch vertretbarer Interpretationen zuweilen sehr eng ist und ihre Varianten nahe beieinanderliegen. Stark übertrieben ADOMEIT, JZ 1980, 344, wonach man sich für jedes publizierte Urteil ein «gegenteilig ausgefallenes Urteil vorstellen» könne, «das methodologisch nicht weniger überzeugend begründet wäre».

scheidungen eine «dissenting opinion» überstimmter Richter zulassen. Dazu etwa LAMPRECHT, Richter contra Richter. Abweichende Meinungen und ihre Bedeutung für die Rechtskultur (Baden-Baden 1992); BALDEGGER, ZBl 2017, 131 ff.; viele rechtsvergleichende Hinweise bei GONIN, ZSR 136 (2017) I, 66 ff.; grundsätzlich ablehnend gegenüber der Einführung von «dissenting opinions» beim Bundesgericht nun KELLER/ZIMMERMANN, ZSR 138 (2019) I, 156 ff. Für Offenlegung des Bestehens abweichender Auffassungen bei Kollegialentscheidungen auch in unserem Rechtssystem ERNST, JZ 2012, 648; ders., Rechtserkenntnis durch Richtermehrheiten: «group choice» in europäischen Justiztraditionen (Tübingen 2016) 313.

Die Bedeutung der subjektiven Eigenwertung des Richters im Rahmen mehrerer vertretbarer rechtlicher Begründungen ist geradezu vorprogrammiert, wenn er Generalklauseln konkretisiert, gesetzesübersteigend Recht fortbildet oder Ermessensentscheide zu treffen hat; sie ist aber – wenn auch klarerweise weniger ausgeprägt – auch bei der eigentlichen Rechtsanwendung nicht zu verleugnen und im Übrigen auch unvermeidlich, namentlich wenn teleologische Erwägungen anzustellen sind[1119].

Eine sich normativ verstehende Methodenlehre, die auf möglichste Objektivität der Rechtsfindung bedacht ist, braucht vor diesem Hintergrund nicht in Resignation zu verfallen. Zum einen sollte das Element persönlicher Wertung nicht schlichtweg mit Irrationalität gleichgesetzt werden[1120]. Politische Erwägungen des Richters etwa, die er «als Gesetzgeber» i.S. von Art. 1 Abs. 2 ZGB anstellt, sind – sofern sie argumentativ differenziert reflektiert sind[1121] und nicht auf unkritisch nachgebeteter Parteipolitik

---

[1119] S. oben S. 177. Anschaulich aus der Sicht eines kantonalen Strafrichters ALBRECHT, ZStrR 121 (2003) 336 ff.

[1120] Zur «praktischen Rationalität» in der Rechtsprechung eingehend VISSER'T HOOFT, in: ACHTERBERG (Hrsg.), Rechtsprechungslehre (Köln etc. 1986) 213 ff.

[1121] Eine differenzierte Reflexion setzt das «Bewusstsein des Richters von persönlichen Hintergründen» seiner Wertung voraus. Nur dieses befähigt ihn «zu kritischer Distanz gegenüber ... eigenen Anschauungen und zur Offenheit für andere Meinungen und Wertvorstellungen». So WIPRÄCHTIGER, in: Gauchs Welt. Festschrift für Peter Gauch (Zürich 2004) 329.

beruhen[1122] – nicht einfach Ausdruck blanker Dezision; würde man dies anders sehen, wäre jede Politik, speziell Rechtspolitik, letztlich nicht mehr als dezisionistische Willkür. «Irrational» und damit rechtsstaatlich tatsächlich ausserordentlich bedenklich – ja vielfach verfassungsrechtlich verpönt, da i.S. von Art. 8 Abs. 2 BV diskriminierend – erscheinen hingegen undifferenzierte, pauschale Festlegungen sowie individual-psychologisch bedingte, einseitige «Vorurteile» des Interpreten[1123].

Dazu kommt, dass die Relevanz subjektiver Attitüden des Rechtsanwenders und damit der jeweiligen «Richterpersönlichkeit» für die Rechtsfindung zwar nicht ausgeblendet, aber auch nicht überbewertet werden sollte. Das oft verwendete Aperçu: «Die Gerichte tun nicht, was sie sagen, und sagen nicht, was sie tun»[1124], der Befund also, dass der Rechtsanwender seine Lösungen in aller Regel oder geradezu zwangsläufig primär nach seinem ganz persönlichen Rechtsgefühl finde und erst *nachträglich* versuche, das Ergebnis mit gerade probaten juristischen und methodologischen Erwägungen sozusagen «ornamental» zu rechtfertigen[1125], erscheint jedenfalls für die Bereiche der eigentlichen Interpretation und des gebundenen Richterrechts reichlich über-

---

[1122] Vgl. dazu ALBRECHT, SJZ 2005, 284 f. Eine sklavische Befolgung von Parteiprogrammen, konfessionellen Richtlinien und ählichem würde dem Leitbild der inneren Unabhängigkeit des Richters widersprechen. Dazu KIENER, Richterliche Unabhängigkeit (Bern 2001) 57. Die Bedingungen, die RIKLIN (Verantwortung des Akademikers, St. Gallen 1987, 28 ff.) für ein «Wertungsengagement» des Sozialwissenschafters formuliert (Explizitheit, Begründung, Aufrichtigkeit, Vorläufigkeit), sind auch für den Richter beherzigenswert.

[1123] GADAMERS (281 ff.) Wortwahl, das Vorverständnis generell als «Vorurteil» zu bezeichnen, ist – da im Gegensatz zum allgemeinen Sprachgebrauch stehend – wenig glücklich. Kritisch etwa auch LARENZ/CANARIS, 30. Selbstverständlich unterscheidet aber auch GADAMER (a.a.O.) zwischen legitimen und illegitimen Vorurteilen. Ähnlich LINDNER, NJW 2019, 282, mit seiner Unterscheidung zwischen vermeidbarem und unvermeidbarem Vorverständnis.

[1124] S. etwa CHRISTENSEN, Was heißt Gesetzesbindung? (Berlin 1989) 64.

[1125] Zuletzt wieder JESTAEDT, 49: Juristische Methodenlehre fungiere primär als «Darstellungshilfe im entscheidungsnachfolgenden Begründungszusammenhang».

trieben und unglaubwürdig[1126]. Eine viel grössere Rolle scheint – namentlich in höheren und höchsten Gerichtsinstanzen – das «professionelle» Vorverständnis zu spielen, das, wie gezeigt[1127], aus langjährig entwickelter Erfahrung mit *lege artis* entschiedenen Rechtsfällen aufgebaut ist; mit der Konsequenz, dass sich in vielen Fällen letztlich dann doch nicht die vielleicht zuerst im Vordergrund stehenden subjektiven, ausserjuristisch gebildeten, aber juristisch nicht überzeugend begründbaren Präferenzen des Richters/der Richterin durchsetzen werden[1128].

Fazit: Vor dem skizzierten Hintergrund hiesse es, das Kind mit dem Bade auszuschütten, würde man wegen der zweifellos gegebenen Relevanz des subjektiv-persönlichen Elements in der Rechtsfindung diese schlichtweg als ausschliesslich subjektives, d.h. durch vorgegebene *und* nachweisbare Wertungen der Rechtsordnung nicht motiviertes und begrenztes Geschäft bezeichnen. Zwar gibt es in vielen Fällen eine mehr oder minder grosse Bandbreite «vertretbarer» Interpretationen, innerhalb derer dann letztlich die persönliche Wertung des Interpreten entscheidet. Dies impliziert aber, was leider allzu oft übersehen wird, dass es ausserhalb dieser Bandbreite einen – weit grösseren – *Bereich objektiv «unvertretbarer», rechtlich schlicht nicht haltbarer Interpretationen gibt*[1129].

[1126] S. etwa BYDLINSKI, Methodenlehre, 152 ff.; vgl. auch COING, 42: Die «Spontaneität» der richterlichen Entscheidung werde überschätzt.

[1127] Oben S. 370 f.

[1128] Ebenso (auf seine Erfahrungen als Verfassungsrichter Bezug nehmend) SCHLINK, Erkundungen zu Geschichte, Moral, Recht und Glauben (Zürich 2015) 201.

[1129] S. etwa auch SEELMANN/DEMKO, § 4 N 14: «Semantische und pragmatische Spielräume» der Interpretation müssten noch lange nicht bedeuten, «dass jede Entscheidung mit einem Normtext vereinbar wäre». Etwa auch OST, Ars Interpretandi: Yearbook of Legal Hermeneutics 7 (2002) 144: «Des limites... permettent d'identifier sinon la seule ‹bonne› interprétation, du moins les significations nettement déraisonnables...»; *ders.* auch in: Aux confins du droit. Essais en l'honneur du Professeur Charles-Albert Morand (Basel u.a. 2001) 111 ff. Man kann dies i.S. der Wissenschaftstheorie auch so ausdrücken, dass sich einzig richtige Interpretationen zwar nicht «verifizieren» lassen, dass aber eine Fal-

4. Schlusswort

Schliesslich ist dem Rechtsanwender – beurteilt aus der Warte der hier vertretenen methodologischen Position – immer wieder in Erinnerung zu rufen, dass es nicht darum gehen kann, seine Persönlichkeit in der Rechtsanwendung voll «einzubringen», sie geradezu zu kultivieren. Dem *Ethos des in der Rechtsanwendung tätigen Interpreten* entspricht es, dass es ihm um «Rechtsverwirklichung», nicht um «Selbstverwirklichung» geht[1130]. «Richterinnen und Richter», so formuliert es ein ehemaliger Bundesrichter[1131], «müssen eine kritische Distanz gegenüber ihren eigenen Anschauungen haben und offen sein für andere Meinungen und Wertvorstellungen». Die Aufklärung über den unvermeidlichen Anteil der Subjektivität bei jeder hermeneutischen Arbeit soll den Rechtsanwender um so mehr dazu anspornen, «seine Eigenwertung so weit wie möglich zurückzudrängen zugunsten einer ‹objektiven› Ermittlung der Regeln und Wertungen des geltenden Rechts»[1132]. Solch distanzierter, «handwerklich»-professioneller und in diesem Sinn *disziplinierter Sinnermittlung* sollen, wie gezeigt, gerade die vielfältigen Regeln und Argumente einer normativ verstandenen Methodenlehre dienen. Diese strukturiert nicht nur den Prozess eigentlicher Rechtsanwendung und die richterliche Rechtsfindung im Bereich des gebundenen Richterrechts,

---

sifizierung unvertretbarer Interpretationen im POPPERschen «Rechtfertigungszusammenhang» («context of justification») durchaus möglich ist.

[1130] Treffend HAGER, 329.

[1131] WIPRÄCHTIGER, in: Festschrift für Hans Giger (Bern 2009) 86.

[1132] PICKER, JZ 1988, 72. Selber Tenor schon bei RIEZLER, Das Rechtsgefühl (München 1946) 190: «Der Raum für eine Gefühlsjurisprudenz muß immer enger werden, das ist eine der vornehmsten Aufgaben der Rechtswissenschaft». Schon 1877 schrieben PFAFF/HOFMANN, Commentar zu einem österreichischen allgemeinen bürgerlichen Gesetzbuche Bd. I/1 (Wien 1877) 167, dass zu einem «tüchtigen Interpreten» (neben Übung, gediegenem juristischem Wissen etc.) die «Unterordnung der eigenen Subjektivität unter das Gegebene» gehöre. Von einem «Abtragen» dessen, was dem Interpreten durch sein Vorverständnis «suggeriert» wird, spricht im Übrigen auch GADAMER, Der Anfang des Wissens (Stuttgart 1999) 29.

sondern versucht selbst dort, wo die Funktionen eigentlicher Komplementärgesetzgebung zu erfüllen sind, Orientierungsgesichtspunkte zur Verfügung zu stellen. Mit einer doktrinären Überschätzung der zweifellos lediglich beschränkten Leistungsfähigkeit der dabei entwickelten Regeln hat dieses Bemühen nichts zu tun; mit Gängelung des Rechtsanwenders durch Auferlegung eines ridigen Methodenzwangs und mit Misstrauen gegen die Justiz schon gar nichts. Massgebend sind allein mehr oder weniger selbstverständliche rechtsstaatliche Postulate der Rationalität und Regelhaftigkeit des richterlichen Geschäfts.

Verzeichnis der zitierten Bundesgerichts-entscheidungen[*]

---

[*] Die Verweise in *Kursivschrift* beziehen sich auf Fussnoten, solche in Normalschrift auf Seitenzahlen.

99 II 159	*681*	108 Ia 122	*919, 921*
99 II 221	*255*	108 Ib 419	*996*
100 II 52	*340, 342, 380, 445*	109 Ia 19	*721*
100 IV 252	*506*	109 II 81	247
101 Ib 252	*258, 524*	109 II 116	331
101 II 321	196	109 II 452	*772*
102 II 85	*258, 524*	110 Ib 1	143; *165, 333*
102 II 292	*264*	110 II 293	*338,* 247
102 II 313	322	110 II 466	153
102 II 401	*507*	111 Ia 161	*971*
102 IV 153	*240*	111 Ia 292	96, 725; *167, 721, 723*
103 Ia 242	47		
103 Ia 288	*341*	111 II 67	*718*
103 Ia 394	*338*	111 II 245	*190, 119, 777*
103 II 84	*681*	111 II 284	*446*
103 II 294	*342*	112 II 1	137, 145; *300, 355*
104 II 12	*997*	112 II 118	*258*
104 II 15	72, 114, 215, 231, 236; *229, 531,* 215, 231	112 II 167	*254, 340, 350*
		112 II 450	240, 331
		113 Ia 12	*721*
104 II 204	*690*	113 Ia 107	*245*
105 Ib 49	*371*	113 II 402	*681*
105 II 35	276	113 II 406	95, *399*
106 Ia 136	*242, 243*	113 III 116	*623*
106 II 75	*278*	114 Ia 25	*168, 359*
106 II 201	*670*	114 Ia 191	*341, 342, 343, 346*
106 II 213	196	114 Ia 329	*245*
107 Ia 112	73; *690*	114 II 91	382
107 Ia 234	*338*	114 II 131	*277, 281, 669, 786, 873, 971, 973*
107 Ia 277	*247*		
107 II 50	*673*	114 II 230	240
107 II 179	416	114 II 239	301; *546*
107 II 216	*421*	114 II 295	262
107 II 419	*633*	114 V 219	95; *165, 333*
107 III 113	*997*	115 II 6	*921*
107 V 214	95; *240*	115 II 175	199; *690, 694*

132 III 305	*873*
132 III 359	*875, 901*
132 III 470	*574, 657*
132 III 689	241
133 I 77	*243*
133 I 270	*992*
133 II 136	*1062*
133 III 81	*1048*
133 III 153	*282*
133 III 175	*277, 333*
133 III 180	*873*
133 III 213	*416*
133 III 257	*742*
133 III 273	*341, 342*
133 III 335	*971, 972*
133 III 431	*135*
133 III 645	*333*
133 V 9	*341, 439*
134 III 16	*442*
134 III 59	*187*
134 III 218	344
134 III 273	147; *723*
134 III 438	*507*
134 III 497	241; *422*
134 III 534	*795*
134 V 170	41; *333, 340, 341, 342, 343, 350*
134 V 369	*247, 416*
135 I 79	*971, 972, 979*
135 II 78	*968, 980, 992*
135 II 416	118
135 III 59	146
135 III 66	*968, 971, 972*
135 III 112	41; *333, 337*
135 III 385	*574, 657, 723*
135 III 640	95

135 V 319	147
136 III 6	*696, 972*
136 III 283	*333, 416, 723*
136 III 552	*759, 1048*
137 III 102	*921*
137 III 145	*870*
137 III 170	344
137 III 241	*738*
137 III 344	95
137 III 352	*972*
137 III 470	95; *341*
137 III 487	*1048*
137 III 539	*649*
138 I 378	*857*
138 II 440	95; *333, 341, 873*
138 II 524	134
138 III 157	*147*
138 III 276	*258*
138 III 625	*667*
138 III 694	*333*
138 III 755	*694*
138 IV 13	81
139 I 16	100; *292, 376*
139 I 72	*1062*
139 III 98	146
139 III 135	95
139 III 217	*1048*
139 III 368	*342, 343, 350*
139 III 478	*723*
139 V 82	*723*
140 I 2	*723*
140 II 495	*723*
140 III 115	344
140 III 206	147; *333, 574, 662*
140 III 320	344
140 III 404	161

Bundesgerichts-entscheidungen ausserhalb der BGE-Sammlung; obergerichtliche Entscheidungen:

Sachregister

Die Verweise in *Kursivschrift* beziehen sich auf Fussnoten, solche in Normalschrift auf Seitenzahlen.